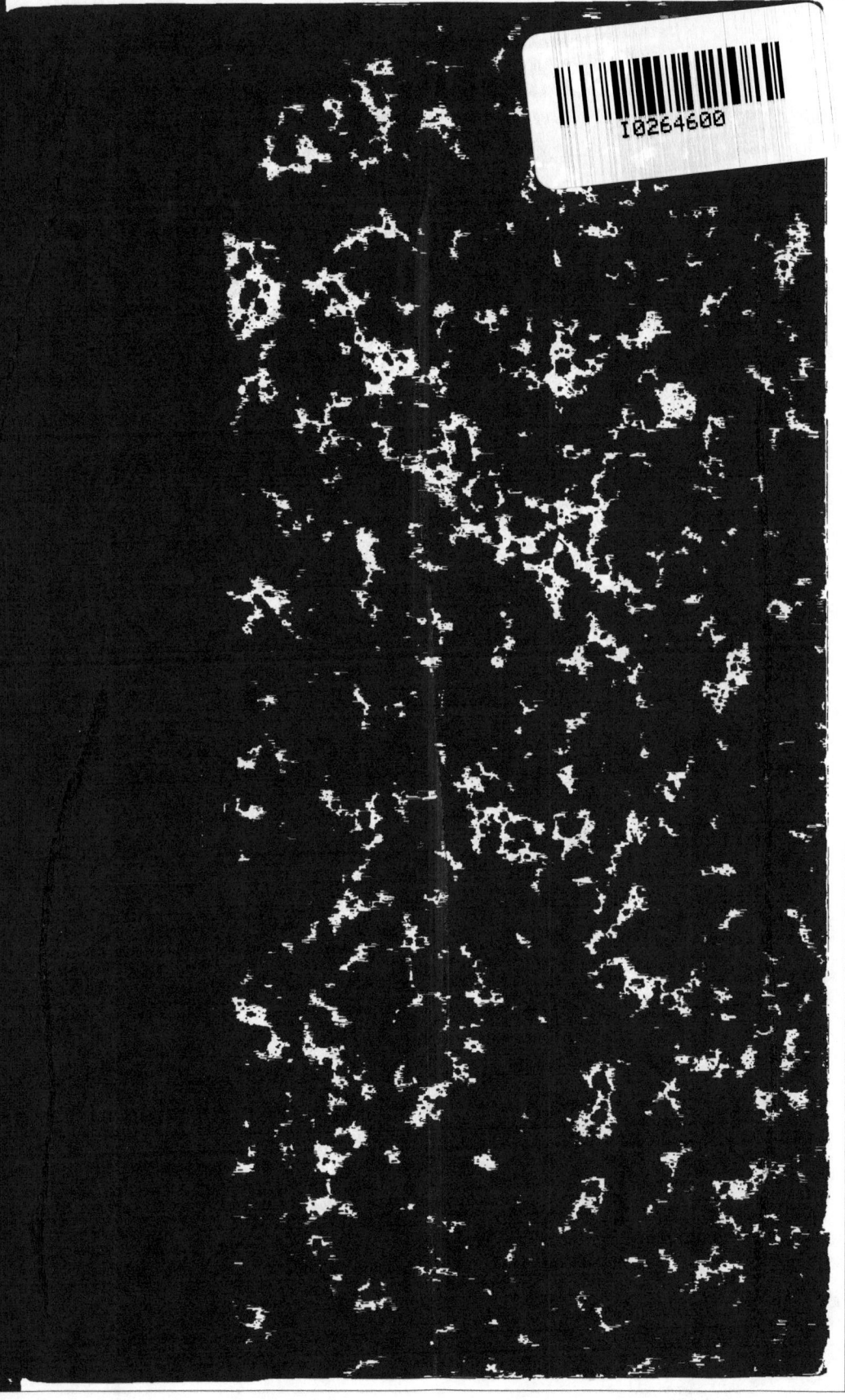

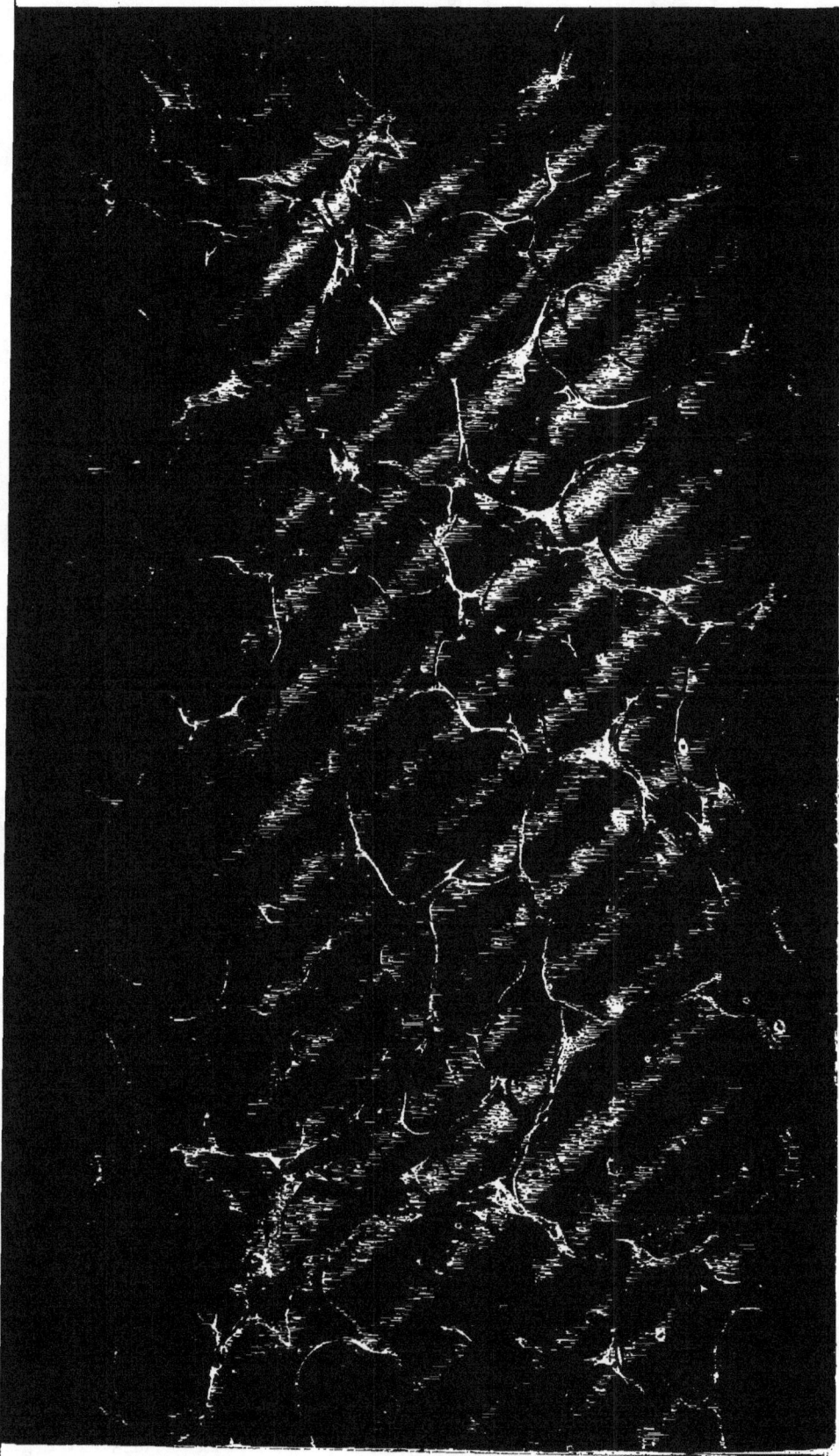

LA Guerre DE 1870-71

LES OPÉRATIONS AUTOUR DE METZ
Du 13 au 18 Août

I
Journées des 13 et 14 Août

DOCUMENTS ANNEXES

PARIS
LIBRAIRIE MILITAIRE R. CHAPELOT et Cⁱᵉ
IMPRIMEURS-ÉDITEURS
30, Rue et Passage Dauphine, 30

—

1903
Tous droits réservés.

LA
GUERRE DE 1870-71

LES OPÉRATIONS AUTOUR DE METZ
Du 13 au 18 Août

I
Journées des 13 et 14 Août

DOCUMENTS ANNEXES

Publié par la **Revue d'Histoire**

rédigée à la Section historique de l'État-Major de l'armée

LA Guerre DE 1870-71

LES OPÉRATIONS AUTOUR DE METZ
Du 13 au 18 Août

I
Journées des 13 et 14 Août

DOCUMENTS ANNEXES

PARIS
LIBRAIRIE MILITAIRE R. CHAPELOT et Cⁱᵉ
IMPRIMEURS-ÉDITEURS
30, Rue et Passage Dauphine, 30
—
1903
Tous droits réservés.

SOMMAIRE

DOCUMENTS ANNEXES

La journée du 13 août en Lorraine.

Grand quartier général	1
2ᵉ corps	33
3ᵉ corps	41
4ᵉ corps	49
6ᵉ corps	59
Garde impériale	70
Réserve de cavalerie	73
Réserve générale d'artillerie	77
Réserve générale du génie	81
Plan de Metz	82
Renseignements	91

La journée du 14 août.

Grand quartier général	105
2ᵉ corps	128
6ᵉ corps	144
Réserve de cavalerie	153
Réserve générale d'artillerie	158
Génie de l'armée	160
Plan de Metz	161
3ᵉ corps	177
Garde impériale	252
4ᵉ corps	276
Renseignements	350

DOCUMENTS ANNEXES.

La journée du 13 août en Lorraine.

GRAND QUARTIER GÉNÉRAL.

a) Journaux de marche.

Les 2e, 3e, 4e, 6e corps, la Garde et les réserves conservent leurs emplacements de la veille.

Le 1er corps se porte à Gondrecourt; le 5e corps fait séjour à Mirecourt.

Trois ponts sont établis sur les deux bras de la Moselle, en aval de Metz, pour l'exécution du mouvement que le maréchal Bazaine compte faire accomplir à l'armée sur la rive gauche de la Moselle (1).

b) Organisation et administration.

L'Impératrice à l'Empereur (D. T.).

Paris, 13 août, 3 h. 40 soir.

Les ordres sont expédiés (2). Le Ministre assure qu'il y aura

---

(1) En fait, on ne construisit le 13, en aval de Metz, qu'un seul pont nouveau, mais on entreprit la réparation de ceux que la crue de la Moselle avait détériorés. Le Journal de marche est muet sur les ponts d'amont déjà construits et en partie détériorés.

(2) Le 12 août, l'Empereur avait adressé à l'Impératrice une dépêche lui prescrivant de « réunir à Châlons les éléments d'une puissante armée » à laquelle les cinq divisions du maréchal de Mac-Mahon, en

80,000 hommes à Châlons dans quatre jours, en comptant les corps de Mac-Mahon et de Failly.

Le maréchal Bazaine au maréchal de Mac-Mahon, à Gondrecourt et à Ligny, et au général de Failly, à Mirecourt (D. T.).

Metz, 13 août, 8 h 25 soir.

L'Empereur me charge de vous informer qu'il m'a confié le commandement en chef de l'armée du Rhin.

Note du général Jarras, chef d'état-major général de l'armée.

13 août.

Si le général Manèque rentre au 3ᵉ corps en qualité de chef d'état-major, le colonel Balland sera maintenu à la Garde, et il n'y aura plus lieu de donner suite à la demande de M. le général Picard.

Cette question se reproduit à propos des commandants de l'artillerie et du génie et de l'intendant général.

MM. les généraux de Rocheboüet et Vialla et l'intendant Friant ont été nommés commandants de l'artillerie et du génie et intendant général de l'armée composée des 2ᵉ, 3ᵉ et 4ᵉ corps. Il n'existe plus aujourd'hui que l'armée du Rhin, comprenant les sept corps et la Garde, dont les chefs de service sont MM. les généraux Soleille, Coffinières et l'intendant général Wolff. Par suite, les généraux de Rocheboüet et Vialla et l'intendant Friant se trouvent dépossédés de leur nouvel emploi. On pourrait leur restituer leurs anciennes positions dans le 3ᵉ corps, et c'est ainsi qu'on l'avait compris jusqu'ici.

Faut-il donner des ordres dans ce sens? Les choses rentreraient alors dans leur état primitif (1).

---

route pour le camp, devaient servir de noyau. « Vous pouvez y appeler par le télégraphe le général de Failly, qui est à Mirecourt. Enfin vous pourrez faire venir les deux divisions du général Douay, qui sont trop isolées à Belfort. »

(1) *Réponse en marge* : Oui.

Maréchal BAZAINE.

Le Major général au Ministre de la guerre (Lettre).

Metz, 13 août.

Monsieur le Ministre,

J'ai l'honneur d'adresser ci-joint à Votre Excellence :

1° Deux décrets portant nomination : de M. le maréchal Bazaine au commandement en chef de l'armée du Rhin ; de trois généraux de division et de quatre généraux de brigade : L'Hérillier, Pellé, Aymard, généraux de division ; Gresley, Carteret-Trécourt, Gandil, Chagrin de Saint-Hilaire, généraux de brigade ;

2° Deux décisions impériales relatives à la nomination de M. le général Jarras aux fonctions de chef d'état-major de l'armée du Rhin ; à des désignations affectées à des officiers généraux : L'Hérillier, au commandement de la 3e division du 1er corps ; Pellé, au commandement de la 2e division du 1er corps ; Aymard, au commandement de la 4e division du 3e corps ; Gresley, aux fonctions de sous-chef d'état-major du 1er corps ; Carteret-Trécourt, au commandement de la 2e brigade de la 1re division du 7e corps ; Gandil, au commandement de la 1re brigade de la 3e division du 1er corps ; Chagrin de Saint-Hilaire, au commandement de la 2e brigade de la 2e division du 1er corps.

Rapport du 13 août.

Au quartier général, à Borny, 13 août (1).

M. le maréchal Bazaine, commandant en chef des 2e, 3e et 4e corps, prescrit les mesures suivantes :

MM. les commandants de corps d'armée et chefs de service ne doivent pas perdre de vue qu'il est indispensable que les troupes sous leurs ordres soient toujours pourvues de deux jours de vivres dans le sac, sans compter le jour courant, et que leurs réserves divisionnaires doivent toujours avoir, sur les voitures du train militaire, au moins quatre jours de vivres pour les hommes et les chevaux.

Le paquetage des hommes d'infanterie devra être fait de manière à ne jamais gêner le jeu des armes à feu et fait plutôt en hauteur qu'en largeur.

Les charges des chevaux devront être allégées autant que possible et l'on se dispensera désormais de faire emporter aux cavaliers des bottil-

---

(1) Le 13 *au soir*. Interrogatoire du Maréchal. *Procès Bazaine*, page 162.

lons de fourrage qui les surchargent inutilement. Avec du grain, la cavalerie doit pouvoir marcher plusieurs jours.

L'artillerie doit éviter de mettre sur ses voitures de combat toute espèce de surcharge en vivres pour les hommes et les chevaux.

Les bagages des officiers de toutes armes et de tous grades seront immédiatement réduits aux limites réglementaires, comme volume et comme poids; tout l'excédent devra être laissé en arrière et sous aucun prétexte ne sera toléré dans les colonnes.

MM. les commandants de corps d'armée et chefs de services organiseront immédiatement les petits dépôts prévus par l'article 22 du règlement sur le service en campagne. Ces petits dépôts, organisés par armes et par divisions, seront placés sous le commandement d'officiers fatigués ou, à défaut, d'officiers actifs.

M. le général Crespin, commandant la 5e division territoriale à Metz, est prévenu qu'il ait à les recevoir. Ces petits dépôts seront dirigés sur Metz aujourd'hui, et MM. les officiers destinés à les commander emporteront des états par corps, nominatifs pour les officiers, numériques pour la troupe. En arrivant à Metz, ils se présenteront à l'état-major divisionnaire et prendront des ordres pour leur installation et leur service.

M. le Maréchal a remarqué que, dans les colonnes en route, les têtes de colonne d'infanterie marchent d'un pas trop hâtif et que, même par bataillon, les derniers pelotons sont obligés de courir. Il recommande expressément que les têtes de colonne marchent toujours à l'allure du pas de route; que chaque colonne formée par demi-sections marche à distance entière, afin de pouvoir toujours être en mesure de se former à gauche ou à droite en bataille. Il sera formé à la gauche de chaque régiment une arrière-garde de gradés, afin qu'on fasse rejoindre tous les hommes que la paresse fait rester en arrière.

Chaque régiment devra avoir à sa suite, à la disposition du docteur qui marche à la queue de la colonne, un certain nombre de cacolets, afin de pouvoir ramasser les hommes réellement malingres, éclopés ou fatigués de la marche.

Les bagages des corps ne devront, à moins d'ordres contraires ou de marches très à proximité de l'ennemi, avoir d'autre garde que les hommes chargés de leur conduite, les ordonnances d'officiers et un petit nombre d'hommes mis à la disposition des vaguemestres, et MM. les prévôts des divisions devront veiller scrupuleusement à ce que, sous aucun prétexte, ces hommes ne mettent leurs fusils ou leurs gibernes sur les voitures.

MM. les commandants de corps d'armée seront juges de l'opportunité qu'il pourrait y avoir à donner aux bagages une escorte plus considérable.

Quant aux transports auxiliaires de l'administration, ils devront toujours être maintenus au moins à une demi-journée en arrière des corps d'armée.

Toutes les permissions de suivre l'armée qui ont été accordées à des cantiniers civils doivent être immédiatement retirées. MM. les prévôts seront, sous leur responsabilité personnelle, chargés de l'exécution de cet ordre.

MM. les commandants de corps d'armée ou chefs de services s'assureront que les cantinières régimentaires sont réduites au chiffre réglementaire et que leurs attelages sont en parfait état pour suivre les colonnes.

Le Maréchal insiste de nouveau sur la nécessité absolue qu'une fois en position de combat ou de campement, toutes les voies de communication en avant, à gauche ou à droite de chaque division, soient constamment dégagées de toutes voitures inutiles au combat, et, au besoin, on fera jeter dans le fossé des chemins tous les récalcitrants. Le Maréchal recommande expressément que chaque régiment d'infanterie, même en colonne de route, soit suivi de ses caissons de munitions à deux roues. L'artillerie a été prévenue et doit donner des ordres en conséquence.

Le Maréchal commandant en chef a eu l'occasion de constater que le service des avant-postes est généralement mal compris ; il ne peut que rappeler à tous les généraux, chefs de corps et officiers de tous grades placés sous ses ordres, qu'ils ne peuvent avoir de meilleur guide dans cette portion très importante du service que les prescriptions du règlement du 3 mai 1832. Ce règlement, résultat de l'expérience de nos pères pendant les guerres de la République et de l'Empire, doit être notre évangile ; que chacun, du haut en bas de la hiérarchie, s'en inspire, et nous ne pouvons avoir de meilleure règle, en y ajoutant les nécessités qui résultent de l'armement nouveau de nous et de nos ennemis.....

. . . .

MM. les commandants d'artillerie et du génie de chaque corps d'armée devront, pour ce qui concerne leur service, correspondre directement avec MM. les généraux de Rocheboüet, de l'artillerie ; Vialla, du génie, et avec M. l'intendant militaire Friant.

*Le Maréchal de France commandant en chef
les 2e, 3e et 4e corps d'armée.*

Par ordre :

Le Général chef d'état-major général,

MANÈQUE.

Le Général commandant supérieur à Verdun au général Crespin, commandant la 3ᵉ division militaire à Metz (D. T.).

Verdun, 13 août, 3 h. 40 soir.

Le colonel et deux escadrons du 4ᵉ chasseurs d'Afrique sont à Commercy ; où faut-il les diriger ? (1).

Un grand nombre de militaires isolés s'arrêtent à Bar-le-Duc. Quelle direction faut-il leur donner ? Donner cette direction une fois pour toutes.

Le général Coffinières au général Jarras, chef d'état-major général de l'armée (Lettre).

Metz, 13 août.

Mon cher Général,

Je vous envoie ci-joint une dépêche télégraphique concernant le 4ᵉ régiment de chasseurs d'Afrique, en vous priant de vouloir bien indiquer la direction à donner à ce régiment ainsi qu'aux militaires isolés qui sont arrêtés à Bar-le-Duc.

Le général Jarras, chef d'état-major général de l'armée, au Sous-Préfet de Commercy (D. T.).

Metz, 13 août, 10 h. 14 soir.

Dirigez sur Verdun la batterie de la 2ᵉ division (Bisson) arrivée à Commercy. Dirigez également sur Verdun les deux batteries et la réserve divisionnaire qui suivront (2), ainsi que les deux escadrons du 4ᵉ chasseurs d'Afrique, toutes les autres batteries de la 4ᵉ division et les réserves qui suivent (3).

Résumé des dépêches reçues le 13 août (Service télégraphique des résidences impériales).

Schlestadt.

Le commandant de place informe que Schlestadt n'a pour garnison

---

(1) Le 4ᵉ régiment de chasseurs d'Afrique ne rejoignit pas la 1ʳᵉ division de réserve de cavalerie et fut dirigé sur le camp de Châlons.
(2) Reste de l'artillerie de la 2ᵉ division du 6ᵉ corps (Bisson).
(3) Artillerie de la 4ᵉ division du 6ᵉ corps (Levassor-Sorval) et les batteries de la réserve du même corps d'armée.

qu'un bataillon de mobiles et deux dépôts de lanciers; il demande le remplacement de la cavalerie par de l'infanterie............

Toul.

Le général directeur des parcs de l'armée, à Toul, prévient le Ministre de la guerre que les communications sont interrompues avec Metz et que Nancy est occupée par une armée.

Ordre.
Au grand quartier général, à Borny, 13 août.

M. Arnous-Rivière est autorisé à organiser un petit corps d'éclaireurs volontaires dont la mission spéciale sera de se renseigner sur les positions de l'ennemi.

Il dépendra directement du grand quartier général.

Le Maréchal commandant en chef,
BAZAINE.

A Leurs Excellences MM. les Maréchaux et MM. les Généraux commandant les corps d'armée; MM. les Généraux commandant les divisions territoriales et actives; MM. les Colonels des régiments d'infanterie de ligne.

Paris, 13 août.

Messieurs,

Aux termes des circulaires des 15 et 17 juillet dernier et par application du décret du 14 du même mois, j'ai décidé qu'il sera organisé deux nouvelles compagnies dans chaque régiment d'infanterie de ligne.

Ces compagnies, dès qu'elles auront été constituées, formeront les 5e et 6e compagnies du 4e bataillon.

Le dépôt restera tel qu'il est; il n'aura que deux compagnies au lieu de quatre prévues par les circulaires précitées.

Les officiers des deux nouvelles compagnies, nommés par décret du 9 de ce mois, ont reçu l'ordre de rejoindre sur-le-champ leur poste.

Vous aurez à nommer sans délai les sous-officiers et les caporaux. Ces emplois seront remplis soit par des sous-officiers et caporaux de la réserve, soit par des sujets portés au tableau d'avancement.

Je vous prie de donner les ordres nécessaires pour assurer l'exécution de la présente décision.....

Le Ministre secrétaire d'État de la guerre,
DE MONTAUBAN.

L'Intendant général de l'armée au Ministre de la guerre (D. T.).

Metz, 13 août, 10 h. 38 matin. Expédiée à 11 heures matin (n° 30440).

Si vous n'envoyez pas de suite et journellement par train spécial et express, et par les voies libres au moins cent mille rations de pain ou biscuit, il faudra distribuer de la farine, faute de moyens de fabrication.

Je crains qu'on ne passe plus par Frouard.

Le Sous-Intendant au Ministre de la guerre (D. T.).

Bar, 13 août, 10 heures matin. Expédiée à 11 h. 15 matin.

Le pain expédié sur Metz n'a pu franchir Frouard et m'est retourné. Faut-il le diriger sur le camp de Châlons ; si les communications avec Metz sont interrompues, faut-il continuer la fabrication ?

L'intendant général de l'armée Wolff au Major général (Lettre).

Metz, 13 août.

Monsieur le Major général,

J'ai l'honneur d'appeler de nouveau votre attention sur notre situation au point de vue de la subsistance de l'armée.

Nos approvisionnements, tant en magasin qu'en gare, en ne comprenant que les quantités réellement arrivées sous Metz, représentent, à la date du 12, pour 200,000 hommes et 50,000 chevaux :

Blé.................................	7 jours.
Farine.............................	15 à 20 jours.
Biscuit............................	1 jour et demi.
Riz.................................	6 jours.
Sel.................................	23 jours.
Sucre..............................	12 jours.
Café torréfié ou non.............	18 jours.
Vin.................................	3 jours.
Eau-de-vie.......................	9 jours.
Lard...............................	3/4 de jour.
Avoine et foin...................	12 à 15 jours à raison de 4 kilos par cheval.

Par suite de la destruction d'un grand nombre de fours de campagne, de l'impossibilité où sont les corps d'armée en mouvement de fabriquer avec les fours dont ils disposent, la place de Metz va se trouver dans l'impossibilité de satisfaire à tous les besoins. Avec ses moyens actuels, y compris ce que la boulangerie civile lui donne, elle ne peut guère fabriquer que 65,000 à 70,000 rations au maximum.

Les arrivages du dehors provenant de Nancy, de Lunéville, de Bar, de Commercy, de Thionville, de Montmédy donnaient plus de 50,000 rations par jour. C'était là une précieuse ressource qui nous manque.

Nos lignes de communications se trouvant coupées momentanément, il a été demandé avant-hier à Paris d'envoyer par train spécial et express, en remplacement de trains de voyageurs, 100,000 rations de pain ou biscuit. Cela a été promis quant à la quantité, mais si la ligne de Frouard est coupée (1), c'est une ressource qui va nous manquer jusqu'à ce qu'on ait pu organiser une voie de communication par Verdun, avec relais, ce dont on s'occupe en ce moment.

Les arrivages par Thionville sont devenus nuls par l'impossibilité de faire venir les trains pour cause d'encombrement de la voie occasionné en partie sans doute par le transport du 6e corps.

De tout cela il ressort, ainsi que je vous l'ai déjà signalé, la nécessité de ne distribuer, à défaut du biscuit (qui manque presque totalement, comme vous le savez), que la demi-ration de pain ou de biscuit, en remplaçant le surplus par 300 grammes de farine. Dans le cas où il ne pourrait être donné ni pain ni biscuit, chaque homme recevrait 600 grammes de farine.

Si vous approuvez cette mesure devenue absolument nécessaire, je vous prie de la porter, par la voie de l'ordre, à la connaissance des troupes.

On s'occupe, pour parer à l'insuffisance, d'installer à Metz des fours de construction au nombre de dix et aussi les fours de campagne dont on rallie le matériel. Il faut quelques jours avant qu'ils soient construits ; l'emplacement est choisi ; on réunit les matériaux ; le personnel est en partie prêt. On en construira d'autres ensuite. Mais pour les servir, il faudra des boulangers auxiliaires, le personnel habituel étant insuffisant, et la garde mobile n'ayant donné qu'un petit nombre d'hommes. Dans cette situation, il faut que de Paris, par tous les moyens possibles et impossibles, on fasse arriver biscuit et lard.

Le service des vivres-viande par l'entreprise générale s'installe péniblement ; quelques corps, tels que la Garde, le 4e corps, le 6e corps, les divisions de cavalerie de réserve et l'artillerie de réserve, sont servis par l'entreprise ; les autres corps sont encore approvisionnés par des entrepreneurs spéciaux dont les marchés expirent sous peu. L'entrepreneur

---

(1) Ce qui était effectivement vrai.

a jusqu'au 25 du courant pour constituer, pour toute l'armée, une réserve de 15 jours. La suspension des communications avec Paris par suite des événements rendra la constitution de cette réserve difficile. On le pousse à acheter le plus possible sur place et à former un parc à Verdun.

La situation n'est donc pas favorable ; le seul moyen de ne pas la voir s'aggraver est d'obliger chacun à l'accepter et à se contenter des substitutions faites, qui n'altèrent pas d'ailleurs les proportions habituelles.

Pour que l'ordre s'établisse, il faut que MM. les intendants des corps d'armée pourvoient leurs divisions directement, le plus largement possible, et ne demandent au grand quartier général que le strict nécessaire. Bien des demandes arrivent des divisions directement au grand quartier général. C'est là, à tous égards, une mauvaise chose, car il doit en résulter forcément des doubles emplois préjudiciables à l'intérêt de tous.

Il faut aussi que MM. les intendants des corps d'armée, qui disposent des moyens de transport, envoient au grand quartier général les voitures nécessaires pour faire enlever ce qu'ils demandent.

Enfin, il est indispensable, si l'on ne veut pas que la sécurité de l'armée soit compromise, que, par tels moyens militaires que le commandement jugera utiles et convenables d'employer nos communications avec Paris soient maintenues par Verdun et la ligne du chemin de fer des Ardennes, afin que nous puissions recevoir journellement 100,000 rations de pain ou biscuit, du lard et même de la viande.

Avant de terminer, je dois signaler à Votre Excellence l'avantage qu'il y aurait, dans l'intérêt de tous, à assurer la sécurité des convois et leur direction en les faisant escorter militairement.

Le maréchal Bazaine aux Généraux commandant les corps d'armée sous Metz (Lettre).

Metz, 13 août.

Mon cher Général,

L'arrivage des trains qui transportent les denrées nécessaires à l'armée éprouvant des difficultés qui coïncident avec le mouvement de concentration sous Metz, il importe de prévoir le cas où les distributions de pain ne pourraient pas s'effectuer intégralement.

J'ai l'honneur de vous informer que si cette éventualité venait à se produire, on ne distribuerait que la demi-ration de pain ou de biscuit, en remplaçant le surplus par 300 grammes de farine, et, dans le cas où il ne pourrait être donné ni pain ni biscuit, chaque homme recevrait 600 grammes de farine.

Veuillez donner les ordres nécessaires pour assurer l'exécution de ces dispositions, qui ont été arrêtées de concert avec M. l'Intendant général.

L'intendant général de l'armée Wolff, à l'Intendant de la 5ᵉ division militaire (Note).

Metz, 13 août.

En réponse à la note que vous venez de m'écrire, j'ai l'honneur de vous informer que je ne fais prélever sur les approvisionnements existant dans la place que les quantités dont j'ai rigoureusement besoin, ainsi que j'en ai reçu l'ordre de M. le Maréchal commandant en chef.

Tout le surplus restera donc, suivant toute probabilité, à votre disposition, pour constituer les approvisionnements de la place qui se trouveront ainsi mieux assurés que si l'armée était restée sous les murs de Metz.

MM. les officiers comptables placés sous vos ordres seront à même de vous faire connaître ce qui restera dans la place.

Je vous fais remarquer que les quantités déchargées ou en voie de déchargement en gare viendront accroître ces ressources.

Je suis obligé de vous laisser le soin d'assurer la rentrée en magasin des approvisionnements arrivés et qui arriveront en gare. En ce qui concerne les vivres-viande, je donne à l'entrepreneur qui, aux termes de son marché, ne peut pas encore être obligé à constituer sa réserve, l'ordre de laisser dans la place un troupeau de 500 à 600 têtes de bétail.

Je pense que cette ressource lui permettra de constituer promptement et dans le délai de son marché la réserve à entretenir à Metz.

L'intendant général de l'armée Wolff au Major général (Lettre).

Metz, 13 août.

Monsieur le Maréchal,

J'ai l'honneur de vous faire connaître que M. Legrand, entrepreneur de la fourniture de la viande pour l'armée du Rhin, est en train de former son parc de réserve. Ce parc est installé dans le pré Saint-Symphorien.

Je vous prie de faire donner une garde journalière pour assurer la conservation du troupeau; cette mesure me paraît d'autant plus utile que déjà, à deux reprises différentes, les corps de troupe voisins se sont emparés des fourrages destinés à ces bestiaux.

L'intendant général de l'armée Wolff au Major général, à Metz (D. T.) (1).

Verdun, 13 août, 1 h. 31 soir.

J'apprends que l'intendant Friant (2) ne m'a pas remplacé à Metz : il faut un homme comme lui pour me suppléer quand je m'absente.

On m'assure que nos approvisionnements ne passent plus : je n'ose le croire.

Je me rends à Paris pour obvier à cet état de choses.

J'envoie des sous-intendants à Montmédy et à Mézières pour organiser des moyens de transport afin de ravitailler l'armée par Verdun.

L'intendant général de l'armée Wolff au Major général (D. T.).

Verdun, 13 août, 2 h. 36 soir.

On m'annonce le départ pour Verdun et Châlons de l'intendant Vigo-Roussillon.

Je ne comprends pas quelle peut être sa mission.

Je n'en pars pas moins pour Paris, afin d'assurer nos ravitaillements, et je n'en envoie pas moins des sous-intendants dans la Meuse et les Ardennes, pour réunir des moyens de transport qui seront dirigés sur Verdun.

L'Intendant général de l'armée au Commandant de la place de Montmédy (D. T.).

Verdun, 13 août, 4 h. 50 soir.

Deux sous-intendants sont partis pour Montmédy ; faites-les *prévenir de rentrer de suite*, l'un à Verdun, l'autre à Sainte-Menehould, pour y préparer des vivres pour l'armée.

Prendre des renseignements à Verdun.

Très urgent.

---

(1) L'intendant général de l'armée avait été envoyé par l'Empereur à Verdun pour constituer dans cette place des approvisionnements destinés, primitivement, à être expédiés à l'armée. (Instruction du procès Bazaine, déposition 210 et Procès Bazaine, page 256.)

(2) Intendant du 3ᵉ corps d'armée.

Le sous-intendant militaire Richard (1), *en mission, au Ministre de la guerre* (Lettre).

Paris, 8 septembre.

J'ai l'honneur de vous rendre compte de mes opérations administratives, depuis le 13 août dernier, jour où j'ai quitté le quartier général pour accomplir les diverses missions qui m'ont été confiées.

Le 13, à 6 heures du soir, je reçois de M. l'intendant militaire de Préval, qui avait, en l'absence de M. l'intendant général Wolff, la direction des services administratifs de l'armée, l'ordre de me rendre immédiatement à Verdun, afin d'y réunir, en vue de la retraite sur cette place, les approvisionnements nécessaires pour ravitailler 150,000 hommes et 50,000 chevaux, et de demander au Ministre de faire aussi diriger sur Longuyon 300,000 rations de toutes espèces.

Je quittai Metz à 10 h. 1/2 du soir et j'arrivai le lendemain matin à Verdun, après avoir appris pendant la route que les Prussiens, venant de Pont-à-Mousson, s'étaient rapprochés de Metz et occupaient en masses profondes les bois que nous avions traversés.

Je fis connaître à M. l'intendant général Wolff, que je trouvai à Verdun, la mission dont j'étais chargé, et, après avoir reçu ses instructions, je vous écrivis le même jour pour vous demander de faire arriver à Verdun les vivres et fourrages présumés nécessaires, et l'envoi sur Longuyon de 2 millions de rations.

Les denrées arrivèrent successivement à Verdun et, soit par les envois qui furent faits d'après vos ordres, soit par les achats sur place, je parvins, du 14 au 18 août inclus, à constituer des approvisionnements s'élevant à huit jours de vivres et de fourrages pour les effectifs indiqués et à former un troupeau de près de 3,000 têtes de bétail.

D'après les ordres de M. l'intendant général, qui était revenu de Montmédy pour s'assurer de l'exécution des instructions qui m'avaient été données, la moitié de ces approvisionnements avaient été emmagasinés dans la gare afin d'être distribués aux hommes et emportés par eux; l'autre moitié, chargée sur les wagons, était divisée en deux grands trains qui devaient suivre la marche des colonnes, de manière à pouvoir être mise à chaque instant à la disposition des parties prenantes; on avait ainsi la certitude que, sans toucher aux rations de réserve, l'armée trouverait à vivre sur tout le parcours de la route de Verdun au camp de Châlons, point sur lequel on supposait qu'elle se dirigerait pour faire jonction avec l'armée du maréchal de Mac-Mahon.

---

(1) Directeur des services de l'habillement, du harnachement et du campement de l'armée.

Les événements de guerre ne permirent pas la réalisation de ce projet; il fut impossible à l'armée du Rhin de se replier sur Verdun.

. . . .

Le général Jarras, chef d'état-major général de l'armée, à l'intendant général Wolff (Lettre).

12 août.

Monsieur l'Intendant,

J'ai l'honneur de vous prier de vouloir bien faire ordonnancer, au titre des fonds secrets, la somme de 5,000 francs, qui sera touchée par M. le colonel d'état-major Lewal, chargé du service des renseignements.

Extrait du Registre des fonds secrets.

13 août.

	fr.	c.
A un espion	50	00
Id.	50	00
Id.	60	00
Id.	40	00
Id.	20	00
Voiture	10	50

c) Correspondance relative aux opérations.

L'Empereur au maréchal Bazaine (Lettre autographe).

13 août (1).

Les Prussiens sont à Pont-à-Mousson; 300 sont à Corny. D'un autre côté, on dit que le prince Frédéric-Charles fait un mouvement tournant vers Thionville. Il n'y a pas un moment à perdre pour faire le mouvement arrêté.

NAPOLÉON.

---

(1) Les renseignements contenus dans cette lettre paraissent provenir :
1° De la dépêche de l'agent spécial de Thionville au Major général (expédiée de Thionville à 11 h. 23 du matin);
2° De la dépêche du sergent du génie de garde au pont de Jouy au général Coffinières (expédiée d'Ars à 12 h. 8 de l'après-midi).

La lettre de l'Empereur au Maréchal aurait donc été écrite dans le courant de l'après-midi du 13 août, c'est-à-dire à la suite de l'entrevue qui eut lieu vers midi ou 1 heure à la préfecture.

Le maréchal Bazaine à l'Empereur (Lettre extraite du Registre de correspondance).

Borny, 13 août.

J'ai reçu l'ordre de Votre Majesté de hâter le mouvement de passage sur la rive gauche de la Moselle ; mais M. le général Coffinières, qui est en ce moment avec moi, m'affirme que, malgré toute la diligence possible, les ponts seront à peine prêts demain matin. D'un autre côté l'intendant déclare ne pouvoir faire les distributions immédiatement.

Je n'en donne pas moins des ordres pour que l'on reconnaisse les abords et les débouchés des ponts et pour que l'on se tienne prêt à commencer le mouvement demain matin.

Au moment de terminer ma lettre, je reçois de M. le général Decaen l'avis qu'une forte reconnaissance prussienne se présente à Retonfey, ainsi qu'à Ars-Laquenexy (1).

BAZAINE.

Instructions du maréchal Bazaine.

Borny, 13 août.

Le général Jarras s'assurera, avec le concours du général Coffinières, que les artères principales de Metz conduisant aux deux portes de la ville seront libres dans l'après-midi, pour le passage des bagages de la Garde et du 3ᵉ corps, ainsi que de la réserve du général Canu.

Ces bagages et convois devront se garer au Ban-Saint-Martin. A cet effet, le général Jarras donnera l'ordre aux divisions Forton et du Barail de quitter leur camp vers 1 heure de l'après-midi : leurs bagages resteront au Ban-Saint-Martin pour prendre place dans le convoi, de sorte que les divisions soient aussi légères que possible. La division Forton suivra la route de Verdun par Mars-la-Tour ; la division du Barail celle de Verdun par Doncourt-les-Conflans (ou en Jarnisy). Elles s'éclaireront en avant et sur leur flanc découvert et se relieront entre elles ; elles s'établiront toutes les deux à Gravelotte, s'il y a assez d'eau ; dans le cas contraire, l'une des deux serait à Gravelotte, l'autre à Rezonville. Elles échelonneront deux ou trois escadrons en avant, sur la droite et sur la gauche, de manière à bien couvrir le terrain et à permettre aux troupes de déboucher plus tard.

---

(1) Le rapport du général Decaen auquel il est fait allusion est sans doute celui qui est daté de Borny, 4 heures du soir. Cette lettre du maréchal Bazaine aurait donc été écrite dans les dernières heures de l'après-midi.

Le général Jarras préviendra également les parcs de tous les corps de se mettre en mouvement quand on saura que les convois des 2e et 4e corps commencent leur mouvement. Ces parcs se placeront sur le même emplacement que les convois de leur corps d'armée, mais en tête de ces convois. On devra, à cet effet, faire reconnaître les emplacements à l'avance, pour voir s'ils sont suffisants ; dans le cas contraire, les parcs devraient suivre les mouvements des troupes.

Des ordres ont été expédiés ce matin, de très bonne heure, aux 2e et 4e corps ; ils vont être adressés à la Garde et au 3e corps ; le général Jarras devra prévenir le 6e corps.

Le 2e et le 6e corps placeront leurs convois entre Longeville et Moulins-les-Metz ; le 4e placera le sien à gauche de ses ponts, vers la Maison de Planches. Le 3e corps, la Garde et la réserve du général Canu placeront leurs convois au Ban-Saint-Martin.

Le 2e et le 6e corps suivront la route de Verdun par Mars-la-Tour, Harville, Manheulle ; le 4e et le 3e s'avanceront par Conflans, Étain ; la Garde suivra le 3e corps ou exécutera les ordres qui lui seront donnés par l'Empereur.

Le mouvement des troupes ne commencera vraisemblablement que dans la soirée, au clair de lune ; si cela est possible, il commencera dans l'après-midi.

Le général Jarras est prié d'envoyer un officier à Borny pour faire dire à M. le Maréchal si le Ban-Saint-Martin sera libre vers 2 heures et si les artères de la ville seront dégagées pour laisser passer les bagages du 3e corps et de la Garde.

Dès que M. le Maréchal aura reçu les rapports de ses reconnaissances, s'il n'y a rien de nouveau, il ira prendre les ordres de l'Empereur à Metz ; mais il ne peut savoir à quelle heure cela lui sera possible.

Bazaine.

Le maréchal Bazaine aux généraux de Ladmirault et Frossard (Lettre).

Château de Borny, 13 août.

Mon cher Général,

Faites de suite reconnaître les ponts qui ont été jetés derrière vous et donnez des ordres pour que l'on soit prêt à exécuter un mouvement ce soir, dès que la lune sera assez haute, si l'installation des ponts le permet, car la crue des eaux de la Moselle a couvert d'eau les ponts de chevalets et d'un blanc d'eau les prairies par lesquelles on débouche.

On signale à droite, à Ars-Laquenexy et à Retonfey, de fortes reconnaissances ennemies, et il y a constamment des coups de fusil échangés entre nos grand'gardes et elles.

P.-S. — Il est probable que le mouvement ne pourra se faire que demain.

Prescriptions du maréchal Bazaine.

13 août.

L'armée se tiendra prête à se mettre en mouvement demain 14 courant, à 5 heures du matin. A cet effet on prendra aujourd'hui des vivres pour les journées des 14, 15 et 16.

M. l'intendant général fera emporter par les moyens de transport dont il dispose la plus grande quantité possible de vivres, ne laissant dans Metz que les transports nécessaires pour le service de la garnison.

Dès ce soir, les troupes seront visitées par les médecins qui désigneront les hommes qui ne seraient pas en état de marcher. Ces hommes, réunis par détachements régimentaires, de brigade et de division, seront placés sous les ordres d'officiers, sous-officiers, brigadiers et caporaux pris parmi ceux qui ne pourraient pas suivre, et ils seront à la disposition de M. le général commandant supérieur de la place de Metz.

Les chevaux malades et éclopés seront envoyés au dépôt qui a été organisé par M. le général commandant la 5e division militaire dans la place de Metz.

Des ordres définitifs de départ seront ultérieurement donnés.

L'Empereur au maréchal Bazaine (Lettre autographe).

13 août, 8 h. 1/2 soir.

Mon cher Maréchal,

Je reçois votre lettre; dans ces circonstances, c'est à vous de voir si le passage en arrière est possible.

Croyez à mon amitié et prévenez-moi demain matin.

NAPOLÉON.

Le maréchal Bazaine à l'Empereur.

Metz, 13 août, 9 heures soir.

L'ennemi paraissant se rapprocher de nous et vouloir surveiller nos mouvements, de telle façon que le passage à effectuer sur la rive gauche pourrait entraîner un combat défavorable pour nous, il est préférable soit de l'attendre dans nos lignes, soit d'aller à lui par un mouvement général d'offensive.

Je vais tâcher d'avoir des renseignements sur les positions qu'il occupe et sur l'étendue de son front. J'ordonnerai alors les mouvements que l'on devra exécuter et j'en rendrai compte immédiatement à Votre Majesté.

Les fils télégraphiques sont constamment rompus et je crains que ce ne soit pas un bon système de les laisser courir sur le sol au milieu d'une agglomération aussi forte que la nôtre.

Le maréchal Bazaine (1) *aux Commandants des corps d'armée.*

Château de Borny, 13 août.

Général,

Demain dimanche 14 août, à 4 h. 1/2 du matin, toutes vos troupes devront être prêtes à exécuter un ordre de mouvement; les chevaux seront sellés, les voitures chargées (1).

L'Empereur au maréchal Bazaine (Lettre autographe).

13 août, 11 heures soir.

Mon cher Maréchal,

La dépêche que je vous envoie, de l'Impératrice (2), montre bien l'importance que l'ennemi attache à ce que nous ne passions pas sur la rive gauche.

Il faut donc tout faire pour cela, et si vous croyez devoir faire un mouvement offensif, qu'il ne nous entraîne pas de manière à ne pas pouvoir opérer notre passage.

Quant aux distributions, on pourra les faire sur la rive gauche, en restant liés avec le chemin de fer.

Croyez à mon amitié.

NAPOLÉON.

---

(1) L'en-tête de cet ordre porte : « Maréchal Bazaine, commandant en chef des 2e, 3e et 4e corps ». Il est signé du général Manèque.

Le texte de la dépêche expédiée au général Frossard est un peu différent :

« Tenez vos troupes prêtes demain matin à 4 heures, les tentes restant tendues ». Cette dernière dépêche fut reçue par le bureau télégraphique destinataire à 9 h. 30 du soir.

(2) Dépêche datée de Paris, 7 h. 45 du soir.

L'Impératrice à l'Empereur (D. T.).

Paris, 13 août, 7 h. 45 soir.

Ne savez-vous rien d'un mouvement au Nord de Thionville sur le chemin de fer de Sierk, sur la frontière du Luxembourg? On dit que le prince Frédéric-Charles pourrait bien se diriger par là sur Verdun et il peut se faire qu'il ait opéré sa jonction avec le général Steinmetz et qu'alors il marche sur Verdun pour y joindre le Prince royal et passer, l'un par le Nord, l'autre par le Sud.

La personne qui nous donne ce renseignement croit que le mouvement sur Nancy et le bruit qu'on en fait pourraient n'avoir pour but que d'attirer notre attention vers le Sud, afin de faciliter la marche que le prince Frédéric-Charles fera dans le Nord.

Il pourrait tenter cela avec les huit corps dont il dispose.

Le Prince opère-t-il ainsi ou essaye-t-il de rejoindre le Prince royal en avant de Metz, pour franchir ensemble la Moselle?

Paris est plus calme et attend avec moins d'impatience.

L'IMPÉRATRICE.

d) Correspondance relative à la construction des ponts sur la Moselle.

Le général Soleille au général de Rocheboüet, commandant l'artillerie des 2e, 3e et 4e corps (Lettre).

Metz, 13 août.

Mon cher Général,

J'ai l'honneur de vous informer que j'ai donné l'ordre aux compagnies de pontonniers des 2e, 3e et 4e corps d'armée, de se mettre, avec le personnel et le matériel dont elles disposent, à la disposition de M. Frécot, ingénieur en chef de la navigation de la Moselle, pour rétablir, sur le grand bras de cette rivière, une communication qui a été enlevée ce matin par une crue.

Les deux équipages de ponts des 2e et 4e corps d'armée sont employés à établir un pont de 180 à 200 mètres de longueur.

Rapport sur le service des pontonniers (1).

13 août.

Le 13, le Maréchal commandant en chef ayant ordonné que les com-

---

(1) Ce rapport, écrit au cours même des opérations, a le caractère d'authenticité d'un journal de marche.

munications fussent rétablies pour le lendemain, les 2ᵉ et 8ᵉ compagnies (1) construisirent en aval de la place un pont de bateaux avec le matériel de leur équipage, un peu au-dessus du premier pont de chevalets.

Ce pont, commencé simultanément sur les deux rives vers midi, fut terminé en une heure et demie.

Les deux mêmes compagnies travaillèrent ensuite à la reconstruction de l'un des ponts de chevalets.

Il fallut d'abord détruire la partie submergée, puis consolider la partie restante et enfin achever le pont avec du matériel d'équipage.

Ce travail, commencé dans la soirée du 13 et mené sans interruption, a été terminé le 14 à 7 heures du matin. Le second pont de chevalets ainsi que le pont de radeaux furent abandonnés.

Pendant ce temps les ponts et chaussées avaient relevé les ponts sur le petit bras et y avaient ajouté une travée à chaque rive.

Dans la journée du 13, les corps francs avaient commencé à réparer l'un des ponts de chevalets établis en amont de la place sur le grand bras de la Moselle; mais réduits à leurs seules ressources ils ne pouvaient terminer assez tôt.

Le général commandant la place, informé de ce contre-temps, réunit, le soir même, les chefs de service de l'artillerie et du génie afin de prendre les mesures nécessaires pour que la réparation des ponts du grand bras, ou au moins de l'un d'eux, fut achevé le lendemain avant midi.

Le génie consulté d'abord, déclara qu'il lui était impossible d'exécuter ce travail en aussi peu de temps.

Le général s'adressa alors au colonel directeur des ponts qui accepta la mission et promit que l'un des ponts et peut être deux seraient rétablis et livrés à la circulation le lendemain à midi.

Le capitaine commandant la 4ᵉ compagnie (2) de pontonniers reçut immédiatement l'ordre de se trouver le lendemain à 4 heures du matin dans l'île de Saulcy avec toute sa compagnie et les outils et matériaux nécessaires à la construction de chevalets et à la réparation des ponts sauf les bois qui se trouvaient sur place et devaient être indiqués par le génie.

La 4ᵉ compagnie ne possédant aucun outil ni matériel, les officiers se rendirent à minuit à l'arsenal et, de concert avec la compagnie d'ouvriers, préparèrent les outils et firent forger les clameaux, broches, etc., dont l'arsenal n'était pas approvisionné.

---

(1) Appartenant respectivement aux 2ᵉ et 4ᵉ corps d'armée.
(2) Appartenant au 3ᵉ corps d'armée.

Note sur les communications établies sur la Moselle, en amont et en aval de Metz, en dehors des fortifications (1).

Metz, 13 août.

COMMUNICATIONS D'AMONT.

Trois ponts sont établis sur chacun des trois bras de la Moselle; ils permettent de passer des glacis de la citadelle au Ban-Saint-Martin, en traversant le pré Saint-Symphorien et l'île de Saulcy.

Bras mort : trois ponts.

1° Le pont d'aval débouche près de la porte de secours de l'ouvrage à cornes. Il est formé de deux bateaux d'un fort tonnage et de chevalets de quatre pieds. Le tablier, formé de matériaux convenables, a quatre mètres de largeur.

Ce pont serait dans de bonnes conditions pour le passage des troupes, s'il ne débouchait pas dans le pré Saint-Symphorien, sur un terrain en partie inondé; il paraît urgent de le déplacer et de le remonter vers le pont du milieu;

2° Le pont du milieu est composé de bateaux en très bon état et d'un tonnage convenable. Le tablier, de quatre mètres de largeur, est en bons matériaux.

Les débouchés sont faciles et le trajet dans l'île Saint-Symphorien devient possible en se rapprochant des terres labourées de l'île;

3° Le pont d'amont a un tablier de quatre mètres en bons matériaux, mais qui est supporté par des radeaux d'arbres en bois pourri, ne présentant aucune garantie comme force de support.

Les radeaux paraissent devoir être remplacés ou renforcés.

Les débouchés de ce pont sont faciles ainsi que le passage dans l'île Saint-Symphorien.

---

(1) Cette note porte en marge :

« Transmise à titre de renseignements officieux au général Coffinières.

Note de l'officier de pontonniers chargé par moi de la reconnaissance des ponts et passages. »

Général SOLEILLE.

Elle fut probablement rédigée, ainsi qu'on le verra plus loin, dans les premières heures de l'après-midi du 13.

Bras du milieu : trois ponts.

Ce bras est traversé sur trois ponts de radeaux d'arbres avec tablier de quatre mètres de largeur ; les matériaux sont de bonne qualité et présentent des garanties de solidité.

Toutefois, le tablier n'est pas partout convenablement placé par rapport au centre de gravité des radeaux : il pourrait en résulter des déversements au moment du passage. Il y aurait aussi avantage à faire déboucher ces ponts vers des points plus en amont et plus secs de l'île Saint-Symphorien.

Grand bras de la Moselle.

Trois ponts de chevalets à quatre pieds mettent l'île de Saulcy en communication avec le Ban-Saint-Martin.

1° **Pont d'aval.** — Il débouche sur le glacis de la branche gauche de la double couronne du fort Moselle.

Par suite de la crue survenue dans la Moselle, le tablier de ce pont et ses raccordements avec les rives sont en partie inondés et impraticables dans ce moment.

2° **Pont du milieu.** — Ce pont, situé à environ 200 mètres en amont du précédent, est également impraticable.

3° **Pont d'amont.** — A 700 mètres environ des fortifications. Est construit sur une longueur de 100 mètres. La lacune de 50 mètres qui reste à ponter du côté du Ban-Saint-Martin, pourra l'être dans la nuit.

En résumé, voici la situation des communications établies en amont de la ville.

Sur le bras mort, il y a deux ponts praticables sur trois ; le troisième, celui d'amont, peut être mis en état facilement en renforçant les radeaux par quelques arbres en bois sain. Le pont d'aval devrait être remonté pour avoir un débouché plus convenable.

Le tracé du trajet par l'île Saint-Symphorien devrait être dirigé par les points les plus élevés de l'île.

Le bras du milieu est traversé par trois ponts en bon état qu'il suffirait de remonter pour éviter de déboucher dans les parties humides de l'île Saint-Symphorien.

Le grand bras est franchi sur trois ponts de chevalets à quatre pieds, dont deux sont à peu près impraticables ; le troisième, en voie de construction, pourra être livré à la circulation dans la nuit ou demain dans la matinée.

Il semblerait utile de diriger sur ce point la 4° compagnie de pontonniers qui se trouve sans emploi par suite de la perte de l'équipage de ponts du 3° corps.

Cette compagnie, campée dans l'île de Saulcy, pourrait concourir à l'achèvement des ponts : elle procéderait aux rectifications signalées et fournirait ensuite des détachements chargés de la garde et de l'entretien des ponts.

COMMUNICATIONS ÉTABLIES EN AVAL DE LA VILLE.

Grand bras : trois ponts.

1° *Un pont de chevalets* à quatre pieds avait été construit à hauteur de la lunette 195 pour établir une communication entre la rive gauche de ce bras et l'île Chambière. La partie de ce pont touchant la rive gauche, a été enlevée sur une longueur de 50 mètres environ par suite de la crue; une autre partie, d'une longueur de 40 mètres environ, est menacée par le courant et a dû être chargée de moellons. Cinquante mètres du pont sont en bon état.

Des ordres ont été donnés aux compagnies de pontonniers des 2e et 4e corps de construire, en amont de ce pont, un pont de bateaux au moyen du matériel des équipages de corps d'armée. Ce pont doit être terminé actuellement (1).

2° *Pont du milieu.* — A 400 mètres environ de la lunette 195, un pont de radeaux d'arbres a été enlevé par les eaux. Les radeaux sont formés avec des peupliers fraîchement coupés et sont d'une force de support insuffisante.

D'ailleurs, la faible longueur des arbres (8 mètres) offre peu de garanties de stabilité. Ce travail est entièrement à refaire.

3° *Pont d'aval.* — A environ 500 mètres du précédent, un pont de chevalets à quatre pieds, formé de deux tronçons de pont séparés par un banc de gravier, a été rendu impraticable par la crue de la Moselle. Le banc de gravier est inondé par 50 centimètres d'eau et le tablier a dû être fortement chargé pour n'être pas enlevé.

Bras canalisé.

Trois ponts ont été établis par le service des ponts et chaussées en aval du pont suspendu de Chambière. Ces ponts consistent en culées faites avec des enrochements et en piles de pierres sèches. Des tabliers recouverts de macadam relient ces différentes parties.

Ils seront tous praticables ce soir.

---

(1) Ce pont a été terminé vers 1 h. 1/2. (Historique des 2e, 4e et 8e compagnies du régiment de pontonniers).

La présente note a donc dû être rédigée dans les premières heures de l'après-midi.

Le premier pont, à 400 mètres au-dessous du pont suspendu, est relié à la route de Saint-Julien et débouche à hauteur du saillant de la lunette Miollis.

Le deuxième et le troisième pont sont à 400 mètres environ du premier et du deuxième et établis d'après le même système.

Ils conduisent au polygone de Chambière par des rampes qui sont terminées et correspondent aux divers chemins de Saint-Julien.

Un quatrième pont est projeté; on l'établira probablement à 100 mètres en amont du premier.

En résumé, l'état actuel des communications établies sur les deux bras de la Moselle, en aval de la ville, est le suivant :

Le passage sur le grand bras est assuré par le pont de bateaux qui vient d'être construit par les pontonniers du 2e et du 4e corps. Les trois autres ponts sont à réparer ou à refaire.

Sur le petit bras il existe, outre le pont suspendu, trois ponts qui peuvent être considérés comme terminés.

Un quatrième pont est projeté.

Le général Jarras, chef d'état-major général de l'armée, au général Coffinières (Lettre).

Metz, 13 août, 9 heures soir.

Mon cher Général,

M. le Maréchal commandant en chef me charge de vous inviter à donner des ordres pour que l'on travaille pendant toute la nuit, aussi activement que possible, à l'établissement des ponts sur la Moselle en amont et en aval de Metz.

Son Excellence vous prie de lui faire connaître demain, avant le jour, ce qui aura été fait et l'état de ces ponts, en indiquant d'une manière précise ceux qui pourront être praticables à 5 heures du matin et à quel moment il sera possible de se servir des autres.

Très urgent.

Le général Coffinières au maréchal Bazaine (Lettre).

Metz, 13 août, 11 heures soir.

Monsieur le Maréchal,

La construction des ponts en amont et en aval de Metz était terminée, lorsqu'une crue exceptionnelle s'est produite aujourd'hui et a détruit notre ouvrage. Dans l'état actuel des choses, nous avons en amont :

Cinq ponts sur la Seille,

Trois ponts sur le bras mort de la Moselle,

Trois ponts sur le petit bras de la Moselle; mais le grand bras de la Moselle ne sera praticable que vers midi (1).

Par conséquent, cette ligne ne pourra être parcourue dans la matinée.

De ce côté de la place, il n'y a donc de communication que sur la chaussée du chemin de fer et par la ville, en entrant par la porte Serpenoise et aboutissant au pont des Morts, pour déboucher sur la rive opposée par la porte de France.

Dans l'état où se trouve le sol, toutes les voitures devraient passer par l'intérieur de la ville.

Au-dessous de Metz, en aval, il existe :

Trois ponts sur le petit bras de la Moselle, et deux ponts sur le grand bras.

On pourrait donc faire passer l'infanterie sur ces ponts en dehors de la ville. Je conseillerais de faire passer les voitures à travers la ville, en entrant soit par la porte Mazelle, soit par celle des Allemands et aboutissant au Pontiffroy et de là à la porte de Thionville.

Il est bien entendu que si le mouvement des troupes ne s'opérait qu'à midi, l'infanterie et les voitures pourraient faire une manœuvre semblable en amont de la place.

Il serait bon que des officiers d'état-major fussent placés à la tête de chaque colonne.

COFFINIÈRES.

P.-S. — Plusieurs dépêches m'ont annoncé que de nombreuses colonnes marchaient sur Metz comme l'indiquent les dépêches ci-jointes (2).

Note du lieutenant-colonel Salanson, sous-chef d'état-major du génie de l'armée (Pour M. le général de Rivière).

Versailles, 29 mai 1872.

J'ai indiqué sur une carte au 1/80,000ᵉ les emplacements des ponts qui ont servi au passage de la Seille et de la Moselle le 14 août 1870 (3).

---

(1) Le lendemain 14 août.

(2) Sans doute des renseignements parvenus directement au Gouverneur de Metz.

(3) Cette carte n'a pas été retrouvée.

1° Sur la Seille, au droit du fort de Queuleu :
   Ponts de chevalets............................ 3
   Au pied des glacis de la place, pont sur pilotis, rétabli................................ 1
   Plus un passage pour piétons, en fascines.......... 1

2° Sur la Moselle (amont) :
   Bras mort de Montigny. { Pont de radeaux............. 1 }
   { Pont de bateaux............... 1 } 3
   { Pont mixte, bateaux et chevalets. 1 }
   Bras du Saulcy. Ponts de radeaux................. 3
   Bras du Wadrineau. Ponts de chevalets........... 3
   Demander sur ces trois ponts des renseignements au commandant du génie Lallemaud, aide de camp du général Frossard.

3° Sur la Moselle (aval) :
   Grand bras à l'Ouest de l'île Chambière :
   Ponts de chevalets........................ 2 }
   Pont de radeaux.......................... 1 } 3
   La crue ayant fortement endommagé les ponts, je crois bien que deux d'entre eux seulement durent servir au passage.
   Bras navigable. Ponts sur piles en pierre, en enrochements................................. 3

   TOTAL des passages préparés..... 20

Sans compter les deux ponts de Metz et le pont suspendu de Chambière.

Note (1) *non signée sur les ponts.*

En amont :
Cinq ponts sur la Seille.
Trois ponts sur le bras mort de la Moselle.
Trois ponts sur le petit bras de la Moselle.
Le grand bras ne sera praticable qu'à midi.
Il n'y a donc en ce moment de communications que :
Par la chaussée du chemin de fer ;
Par la ville : porte Serpenoise, pont des Morts, débouché sur la rive gauche par la porte de France.

---

(1) Vraisemblablement écrite le 14 au matin.

En aval :
Trois ponts sur le petit bras de la Moselle.
Deux ponts sur le grand bras.
Par la ville : porte de Mazelle ou celle des Allemands, Pontiffroy, Porte de Thionville.

Le général Soleille au général Coffinières (Lettre).

Metz, 13 août.

Mon cher Général,

J'ai l'honneur de vous faire connaître que je laisse à Metz M. le colonel Marion, directeur des ponts du 3ᵉ corps, avec la 4ᵉ compagnie du régiment de pontonniers, en les mettant à votre disposition pour les opérations de pontage que pourra nécessiter la défense de la place.

Le général Soleille au général de Mecquenem, commandant l'artillerie de la place de Metz (Lettre).

Metz, 13 août.

Mon cher Général,

J'ai l'honneur de vous faire connaître que je donne l'ordre à M. le colonel Marion de rester à Metz avec la 4ᵉ compagnie de pontonniers, pour être employés aux travaux de pontage que pourra nécessiter la défense de la place de Metz.

Le général Soleille au général de Mecquenem, commandant l'artillerie de la place de Metz (Lettre).

Metz, 13 août (1).

Mon cher Général,

Le parc du 2ᵉ corps n'ayant point d'attelages pour son équipage de ponts, j'ai décidé que la 15ᵉ compagnie principale du 1ᵉʳ régiment du train serait attachée à ce parc pour atteler son équipage. Je vous prie, en conséquence, de vouloir bien donner des ordres pour qu'elle se trouve prête à partir à la suite de l'armée.

Les ponts de bateaux jetés sur le grand bras de la Moselle, et qui emploient les équipages des 2ᵉ et 4ᵉ corps, serviront au passage de

---

(1) Cette lettre porte en marge :
« Reçue à 11 heures du soir. »

L. DE M.

l'armée sur la rive gauche. Ils devront être repliés assez à temps pour pouvoir être protégés par l'arrière-garde pendant les opérations du repliement, du chargement et du départ.

Je vous charge de donner les ordres nécessaires, après mon départ, pour assurer autant que possible la réussite de ces opérations, et de prendre les mesures de détail convenables pour que le matériel entier de l'équipage, dont une partie est remise à l'arsenal, soit mis, ainsi que les attelages, à la disposition du capitaine commandant la compagnie de pontonniers du 2e corps, au moment où leur réunion sera devenue nécessaire.

d) Situation et emplacements.

Emplacement des corps au 13 août 1870 (1).

2e corps. (FROSSARD.) Haute-Bévoye.	1re division (Vergé)....	En avant du fort de Queuleu, entre la route de Strasbourg et le chemin de fer de Sarrebrück (2).
	2e division (Bataille)...	*Ibid.*
	3e division (de Laveaucoupet)............	Metz.
	Division de cavalerie (Marmier).........	»
	Réserve d'artillerie.....	»
3e corps. (DECAEN.) Borny.	1re division (Montaudon).	Grigy.
	2e division (de Castagny)	Montoy (2).
	3e division (Metman)...	En arrière de Colombey.
	4e division (Aymard)...	Nouilly (2).
	Division de cavalerie (de Clérembault)........	En arrière de la 4e division (2).
	Réserve d'artillerie.....	En arrière de Borny (2).
4e corps. (LADMIRAULT.) Château de Grimont.	1re division (de Cissey)..	Mey et en avant vers la Salette.
	2e division (Grenier)...	1re brigade à droite de la route. 2e brigade à gauche de la route de Burtoncourt.

(1) Tableau joint au Journal de marche de l'armée et contenant des lacunes et quelques inexactitudes manifestes.

(2) Inexact.

4ᵉ corps (*suite*).	3ᵉ division (de Lorencez)............	{ 1ʳᵉ brigade près Vany. { 2ᵉ brigade près Chieulles.
	Division de cavalerie (Legrand)	Châtillon.
	Réserve d'artillerie.....	*Ibid* (2).
	Service administratif...	Vantoux.
6ᵉ corps. (CANROBERT.) Metz.	1ʳᵉ division (Tixier).....	En arrière de Saint-Privat, tenant la droite, s'étendant jusqu'à la Moselle.
	2ᵉ division (Bisson)	De Woippy à la Moselle.
	3ᵉ division (La Font de Villiers)...........	En partie dans les forts; le reste à hauteur de la grange Mercier.
	4ᵉ division (Levassor-Sorval)............	Même emplacement que la 2ᵉ (de Woippy à la Moselle) (1).
	Division de cavalerie (de Salignac-Fénélon) ...	»
	Réserve d'artillerie.....	»
Garde impériale. (BOURBAKI.) Camp des Bordes.	1ʳᵉ division (Deligny)...	Camp des Bordes (1).
	2ᵉ division (Picard)....	*Ibid* (1).
	Division de cavalerie (Desvaux)..........	*Ibid*.
	Réserve d'artillerie.....	*Ibid*.
Réserve de cavalerie.	1ʳᵉ division (du Barail)..	Ban-Saint-Martin.
	3ᵉ division (de Forton)..	Montigny.
	Artillerie pour la réserve de cavalerie :	
	2 batteries du 19ᵉ régiment (1ʳᵉ division)...	Montigny (1).
	2 batteries du 20ᵉ régiment (3ᵉ division)....	*Ibid*.
Réserve de l'artillerie................		Plantières.
Réserve du génie...................		Metz.

---

(1) Inexact.

Situation d'effectif des troupes de l'armée du Rhin réunies autour de Metz le 13 août 1870 (1).

CORPS ET DIVISIONS.	HOMMES.	CHEVAUX.	EMPLACEMENTS.
2ᵉ CORPS (2).			En avant du fort Queuleu.
1ʳᵉ division	»	»	
2ᵉ division	»	»	
3ᵉ division	»	»	
Division de cavalerie	»	»	
Réserve d'artillerie et du génie	»	»	
Totaux (3)	25,000	5,000	
3ᵉ CORPS.			Borny.
Divers	660	761	
1ʳᵉ division	9,875	578	Grigy.
2ᵉ division	10,201	788	Montoy (7).
3ᵉ division	10,272	628	En arrière de Colombey.
4ᵉ division	10,024	747	Nouilly (7).
Division de cavalerie	4,624	4,112	En arrière de Nouilly (7).
Réserve d'artillerie et du génie	2,603	2,706	En arrière de Borny (7).
Totaux (4)	48,259	10,320	
4ᵉ CORPS.			Château de Grimont.
Divers	834	743	
1ʳᵉ division	9,960	691	Mey.
2ᵉ division	10,017	708	Ibid (7).
3ᵉ division	10,034	731	Châtillon et Vany (7).
Division de cavalerie	2,543	2,426	Châtillon.
Réserve d'artillerie et du génie	1,675	1,633	Ibid (7).
Totaux (5)	35,063	6,902	
5ᵉ CORPS.			
1ʳᵉ division	»	»	
2ᵉ division (brigade Lapasset)	2,700	40	
3ᵉ division	»	»	Campe avec le 2ᵉ corps en avant du fort Queuleu.
Division de cavalerie { 3ᵉ lanciers	500	440	
{ 12ᵉ chasseurs	120	100	
Une batterie d'artillerie	150	100	
Totaux (6)	3,470	680	

(1) Cette situation est donnée ici telle qu'elle fut établie au grand quartier général de l'armée du Rhin. Elle contient des lacunes importantes et des indications manifestement erronées. Une comparaison avec la situation du 12 (9ᵉ fascicule. *Documents annexes*, page 310) montre : qu'aucun renseignement nouveau n'est venu modifier l'évaluation approximative de l'effectif du 2ᵉ corps; que les effectifs du 3ᵉ corps et du 4ᵉ corps peuvent être considérés comme à peu près exacts; que les chiffres du 6ᵉ corps, de la Garde et de la réserve de cavalerie datent toujours du 10 août; qu'enfin les chiffres de la réserve générale d'artillerie et ceux de la réserve du génie peuvent être considérés comme sensiblement exacts.
(2) Le 2ᵉ corps a ramené à Metz la brigade Lapasset, le 3ᵉ lanciers, un escadron du 12ᵉ chasseurs et une batterie d'artillerie appartenant au 5ᵉ corps.
(3) Effectifs approximatifs.
(4) Effectifs au 12 août.
(5) Effectifs au 13 août.
(6) Ces chiffres sont approximatifs.
(7) Inexact.

CORPS ET DIVISIONS.	HOMMES.	CHEVAUX.	EMPLACEMENTS.
6ᵉ CORPS.			
1ʳᵉ division................	10,966	626	Autour de Metz.
2ᵉ division................	9,238	613	En route pour Metz.
3ᵉ division................	8,401	630	Autour de Metz.
4ᵉ division................	9,484	600	*Ibid.*
Division de cavalerie........	»	»	Au camp de Châlons.
Réserve d'artillerie et du génie..	»	»	*Ibid.*
Totaux (1)......	38,089	2,469	
7ᵉ CORPS.			
1ʳᵉ division................	»	»	Marche avec le 1ᵉʳ corps.
2ᵉ division................	»	»	
3ᵉ division................	»	»	
Division de cavalerie........	»	»	
Réserve d'artillerie et du génie.	»	»	
Totaux (2)......	»	»	
Garde impériale.			
1ʳᵉ division................	8,013	173	Au camp des Bordes, près Metz (7).
2ᵉ division................	6,219	156	
Division de cavalerie........	4,236	3,825	
Artillerie et génie...........	2,548	2,327	A Chambière (7).
Divers......................	449	648	
Totaux (3)......	21,465	7,129	
Réserve de cavalerie.			
1ʳᵉ division................	2,327	2,195	Au Ban-Saint-Martin.
2ᵉ division................	»	»	Marche avec le 1ᵉʳ corps.
3ᵉ division................	2,247	4,266	A Montigny.
Artillerie pour la réserve de cavalerie................	»	»	
Totaux (4)......	4,574	6,461	
Réserve d'artillerie (5)......	2,061	2,129	Camp des Bordes.
Réserve du génie (6)........	648	596	A Metz.

(1) Ces chiffres sont empruntés à une situation du 10 août.
(2) Le reste du 7ᵉ corps conservait un effectif de 23,845 hommes et 4,273 chevaux à la date du 8 août.
(3) Effectifs au 10 août.
(4) Effectifs au 10 août.
(5) Effectifs au 13 août.
(6) Effectifs au 13 août.
(7) Inexact.

Total général au 13 août 1870.

	Hommes.	Chevaux.
2ᵉ corps	25,000	5,000
3ᵉ corps	48,259	10,320
4ᵉ corps	35,063	6,902
5ᵉ corps (fraction)	3,470	680
6ᵉ corps	38,089	2,469
7ᵉ corps	»	»
Garde impériale	21,465	7,129
Réserve de cavalerie	4,574	6,464
Réserve d'artillerie	2,061	2,129
Réserve du génie	648	596
TOTAUX GÉNÉRAUX	178,629	41,686 (1)

(1) Il résulte des observations précédentes (note 1. page 646), que ces chiffres ne représentent que d'une manière très approchée l'effectif du 13 août.

Situation sommaire d'effectif des 2ᵉ, 3ᵉ et 4ᵉ corps au 13 août 1870.

CORPS.	OFFICIERS.	SOUS-OFFICIERS et SOLDATS.	TOTAUX.	CHEVAUX.	OBSERVATIONS
2ᵉ corps, y compris la brigade Lapasset	975	30,964	31,936	5,911	Cette situation ne comprend pas l'effectif en hommes et en chevaux des divisions de cavalerie de Forton et du Barail. Cet effectif figurera sur la situation de demain.
3ᵉ corps	1,642	46,761	48,403	10,236	
4ᵉ corps	1,249	30,474	31,723	6,313	
TOTAUX GÉNÉRAUX	3,866	108,196	112,062	22,460	

Journée du 13 août.

2ᵉ CORPS.

a) Journaux de marche.

Journal de marche du 2ᵉ corps d'armée.

13 août.

Le corps d'armée reste dans ses positions (1); l'ennemi tente une reconnaissance dans les bois du château de Mercy, mais il en est vigoureusement repoussé par le 97ᵉ de ligne de la brigade Lapasset.

Il se montre encore, comme la veille, en avant de Peltre, et un dragon du 7ᵉ régiment est tué dans une reconnaissance fournie par les escadrons de grand'gardes, qui sont relevés et remplacés le soir par trois escadrons du 12ᵉ dragons.

En prévision d'un mouvement pour le lendemain, le général Frossard envoie le chef d'état-major du génie, avec un officier, reconnaître l'emplacement et l'état des ponts jetés sur la Seille et sur la Moselle (2).

Journal de marche.

13 août.

Quartier général. — Basse-Bévoye.

1ʳᵉ *division.* — A droite de la Basse-Bévoye, derrière le chemin de fer et sur la Seille.

2ᵉ *division.* — Basse-Bévoye.

3ᵉ *division.* — Reste devant Metz pour concourir à la défense de la place.

(Brigade Lapasset à Mercy-le-Haut.)

Cavalerie. — Haute-Bévoye (à l'Ouest).

---

(1) Sauf quelques légers changements, peut-être provoqués par le Maréchal commandant en chef qui avait parcouru les camps et fait « rectifier leurs emplacements ». Quartier général à la Basse-Bévoye.

(2) En exécution de l'ordre donné par le Maréchal commandant en chef.

1re DIVISION.

13 août.

Les troupes restent dans les emplacements occupés la veille. (En arrière et au-dessus de Magny) (1).

2e brigade de la 1re division.

13 août.

La brigade reçoit l'ordre à midi de se porter le long de la ligne du chemin de fer : elle vient occuper son campement une heure après.

Le général Frossard au général Vergé, commandant la 1re division du 2e corps (Lettre).

13 août.

Mon cher Général,

Votre 2e brigade doit rester sur la ligne des crêtes, à la droite de la division Bataille et jusqu'au chemin de fer ; il est nécessaire qu'elle y soit et elle n'a pas à y craindre une attaque.

Quant à votre 1re brigade, sur vos observations de ce matin, j'ai admis qu'elle quitterait la partie des crêtes au delà du chemin de fer pour venir s'établir sur les pentes, en arrière et au-dessus, moins le 32e de ligne, qui occuperait le village de Magny. Vous placerez une section d'artillerie sur la route, près du débouché de ce village, plutôt pour tirer contre une reconnaissance qui viendrait trop près que pour résister à une attaque qui se présenterait de ce côté ; car, soyez-en certain, vous ne devez pas craindre une attaque par ce point. Ce n'est pas par Magny que les Prussiens voudraient prendre Metz. Du reste, je vais monter à cheval et j'irai voir tout cela. S'il y a quelque chose à modifier aux dispositions qui précèdent, nous en conviendrons (2).

2e DIVISION.

La division conserve la position qu'elle a prise le 11 août (sur les

---

(1) Il résulte, au contraire, des documents suivants et des historiques des régiments, que la 1re division a été portée en avant : la 1re brigade à Magny et à l'Est, la 2e brigade le long de la voie ferrée.

(2) C'est sans doute à la suite de la visite annoncée par le général Frossard que les dispositions indiquées par les historiques furent prises : 1re brigade dans Magny et à l'Est ; 2e brigade le long de la voie ferrée, entre Magny et Peltre.

hauteurs, en avant du fort Queuleu, la gauche appuyée à la ferme de la Basse-Bévoye).

DIVISION BATAILLE.

Rapport journalier du 13 au 14 août 1870.

Événements. — Rien à signaler. La division a pris les armes à 4 heures.

3ᵉ DIVISION.

13 août.

Les corps occupent les mêmes emplacements que la veille.

Les 7ᵉ et 8ᵉ batteries du 15ᵉ sont complétées par des hommes et des chevaux venant du 17ᵉ.

Les ordres les plus sévères sont donnés pour que les bagages des officiers de tout grade soient immédiatement réduits aux limites réglementaires comme volume et comme poids.

La division reçoit en outre l'ordre d'organiser les petits dépôts conformément à l'article 22 du règlement sur le service en campagne.

Cette organisation ayant eu lieu à Bening, les corps se bornent à envoyer à Metz, où leurs petits dépôts ont été évacués de Saint-Avold, leurs excédents de bagages et leurs hommes fatigués.

A 10 heures du soir, la division reçoit l'ordre d'être le lendemain sous les armes à 4 heures du matin, les tentes restant tendues.

Journal de marche de la brigade Lapasset.

13 août.

Ordre de combat.

1° Les deux bataillons (1) du 84ᵉ de ligne déploient deux compagnies par bataillon sur la lisière des vignes d'en haut. (Château de Mercy-le-Haut.)

Les autres compagnies, formées en colonnes par peloton, se portent en arrière, *de façon à être à l'abri;*

2° Le bataillon (2) détaché dans les bois en défend vigoureusement les abords jusqu'à la dernière extrémité; forcé, il se retire : les compa-

---

(1) Les Iᵉʳ et IIIᵉ bataillons. Le IIᵉ bataillon était aux avant-postes au Sud de Mercy.

(2) Le IIIᵉ bataillon.

gnies de droite sur la droite du chemin creux ; les trois compagnies de gauche : deux les plus près du chemin creux, par la droite dudit chemin ; la troisième la plus rapprochée du petit bois de la chapelle (1) sur ledit bouquet, occupé par une compagnie du 97e de ligne ;

3° Le commandant Genolhac prendra le commandement du réduit et s'entendra avec le commandant du génie pour s'en faire expliquer toute la fortification ;

4° Le colonel Copmartin commandera la réserve, composée, dans le principe, des trois compagnies isolées et des trois restant du IIIe bataillon du 97e. A cette réserve s'ajouteront les six compagnies du 84e, dans le cas où elles seraient obligées d'abandonner la position du bois ;

5° Le colonel Grandvallet, avec les deux bataillons restant du 97e, défendra l'accès du bois du château (2).

Il devra s'assurer que le bois qui est à sa gauche et en avant est occupé. Il portera la majeure partie de ses forces sur sa gauche.

Dans le cas où il serait forcé, il refuserait l'épaule gauche pour se replier sur le château ;

6° Pour ne pas fatiguer les hommes, les compagnies qui se trouvent sous bois mettront, la nuit, de 10 heures à 4 heures, sous les armes, une escouade qui se relèvera d'heure en heure.

(Un sergent et un officier veilleront deux heures.)

Les deux escouades qui n'auront pas veillé la nuit feront le service de jour.

La troupe aura sac au dos. Seulement, en cas d'effort en avant, ou dans la position de repos, on devra le faire mettre à terre ;

7° L'artillerie, suivant l'attaque, se portera aux points les plus favorables ;

8° L'escadron, en colonnes par peloton, se mettra à l'abri et saisira les circonstances.

Bien entendu, en cas de retraite un peu vive, charger à fond et vigoureusement pour donner à l'infanterie le temps de respirer ;

9° En cas d'attaque serieuse, charger les bagages et voitures, qui se replieront sur Metz par la route de Strasbourg.

Artillerie.

13 août.

Général commandant l'artillerie et son état-major : ferme de la Basse-Bévoye.

---

(1) A l'Est de Mercy.
(2) Au Sud-Est de Mercy.

1re *division* (5e, 6e et 12e batteries du 5e régiment.)

Le 13, les batteries se rapprochent du fort de Queuleu. Une section de la 12e batterie est détachée en avant-garde et bivouaque en avant de Magny. La 6e batterie (à balles) est campée en face de Magny, de manière à battre la route jusqu'à l'entrée de ce village (1).

2e *division* (7e, 8e et 9e batteries du 5e régiment). — Même campement (Basse-Bévoye).

3e *division* (7e, 8e et 11e batteries du 15e régiment). — Même campement (Mercy-le-Haut) (2).

Brigade Lapasset (7e batterie du 2e régiment). — Séjour à Mercy.

Réserve (10e et 11e batteries du 5e régiment; 6e et 10e batteries du 15e; 7e et 8e batteries du 17e). — Même position (entre les fermes de la Haute et de la Basse-Bévoye).

Génie.

13 août.

Dans la nuit du 13 au 14, le chef d'état-major et un officier sont envoyés, en vue d'un passage de l'armée de la rive droite sur la rive gauche de la Moselle, pour reconnaître l'emplacement et l'état des ponts établis sur la Seille et sur la Moselle par le génie de la place de Metz. Ces ponts donnent quelques inquiétudes en raison d'une crue subite de la Moselle.

Division de cavalerie (3).

13 août.

L'ennemi se montrant de nouveau en avant de Peltre, la brigade de chasseurs se porte sur ce point et envoie des reconnaissances.

Dans une reconnaissance fournie par l'escadron du 7e dragons en grand'garde à Magny, un cavalier est tué et un cheval blessé.

A 4 h. 1/2, le 12e dragons fournit trois escadrons de grand'-gardes (4).

---

(1) Il y a confusion de numéros, puisque c'est la 12e batterie qui est une batterie de mitrailleuse. L'historique paraît rectifier cette erreur et dit que deux sections appartenant aux 5e et 12e batteries furent envoyées aux avant-postes à Magny; c'est la version qu'on a adoptée.

(2) Erreur évidente, d'ailleurs l'historique dit que le campement est établi à 1 kilomètre plus près du fort de Queuleu.

(3) La division de cavalerie campe au même emplacement que la veille, à la Haute-Bévoye.

(4) L'historique du régiment dit: deux escadrons.

b) **Organisation et administration.**

Le général Frossard au maréchal Bazaine (Lettre).

13 août.

Monsieur le Maréchal,

Lors de son départ de Sarreguemines, le général Lapasset a rallié tous les détachements composés d'hommes de la réserve et destinés au 5e corps et il en a formé, sous les ordres du lieutenant-colonel du 84e, un bataillon ainsi composé :

	Officiers.	Hommes.
14e bataillon de chasseurs	3	151
46e de ligne	1	334
49e —	2	409
68e —	1	203
88e —	2	345
Total	9	1,442

Ces différents détachements ainsi constitués, avec des cadres tout à fait insuffisants, surtout en raison de l'origine des militaires qui les composent, sont pour le général Lapasset une cause de faiblesse et une source de difficultés, et il y aurait, au contraire, un réel intérêt à ce qu'ils puissent se rallier au général de Failly.

J'ai l'honneur de transmettre ces sortes de choses à Votre Excellence, et je la prie d'y donner telles suites qu'elle jugera convenables.

Artillerie.

Camp sous Metz, 13 août.

Situation du matériel et des munitions.

1re *division d'infanterie.* — Le matériel et les munitions des batteries d'artillerie sont au complet.

Le matériel et les munitions des réserves divisionnaires d'infanterie sont au complet.

Les corps d'infanterie ont recomplété l'approvisionnement de cartouches de chaque homme.

2e *division d'infanterie.* — Le matériel et les munitions des batteries d'artillerie sont au complet.

Le matériel et les munitions des réserves divisionnaires d'infanterie sont au complet.

Les corps d'infanterie n'ont pas encore recomplété l'approvisionnement en cartouches de chaque homme.

3e division d'infanterie. — Le matériel et les munitions des batteries d'artillerie sont au complet, excepté à la mitrailleuse, où il manque 314 coups.

Le matériel et les munitions des réserves divisionnaires d'infanterie ne sont pas complets; il manque deux caissons légers à deux roues restés sur le champ de bataille et la moitié d'un coffre de caisson à quatre roues.

Les corps d'infanterie ont touché 120,000 cartouches pour recompléter l'approvisionnement de chaque homme.

Ces cartouches ont été remplacées par le parc du 2e corps.

Réserve d'artillerie. — Toutes les batteries ont leur matériel et leurs munitions au complet.

Des ordres réitérés depuis deux jours ont prescrit aux batteries et aux réserves divisionnaires d'infanterie de se compléter immédiatement.

Les lacunes qui existent encore devront disparaître aujourd'hui, s'il est possible.

Le lieutenant-colonel chef d'état-major,
A. FRANCHESSIN.

c) Opérations et mouvements.

Le maréchal Bazaine au général Frossard (D. T.).

13 août (1).

Tenez vos troupes prêtes demain matin à 4 heures, les tentes restant tendues.

(*Même dépêche* aux autres généraux commandant les corps d'armée) (2).

Le général Frossard aux Généraux commandant les divisions du 2e corps. — *Ordre.*

Basse-Bévoye, 13 août, 10 heures soir.

Les troupes devront être sous les armes demain matin à 4 heures. Les tentes resteront tendues et vous attendrez des ordres.

---

(1) Le bulletin télégraphique, signé du fonctionnaire du télégraphe porte : « Dépêche reçue à 9 h. 30 du soir. »
(2) Contrairement à cette mention, le texte en est différent.

d) Situations et emplacements.

3ᵉ DIVISION.

Situation d'effectif à la date du 13 août 1870.

CORPS.	OFFICIERS					TROUPE					CHEVAUX OU MULETS		
	disponibles.	indisponibles.	aux hôpitaux ou détachés.	aux ambulances.	TOTAL.	disponibles.	indisponibles.	aux hôpitaux ou détachés.	aux ambulances.	TOTAL.	disponibles.	indisponibles.	TOTAL.
État-major divisionnaire	7	»	1	»	8	»	»	»	»	4	33	5	38
Intendance	2	»	»	»	2	»	»	»	»	»	8	»	8
Génie	9	»	»	1	4	134	»	4	19	451	47	»	47
10ᵉ bataillon de chasseurs	34	»	9	2	20	653	»	49	480	852	7	»	7
2ᵉ de ligne	54	»	36	3	70	1,578	»	»	377	1,955	43	»	43
63ᵉ de ligne	41	»	10	11	64	1,496	»	9	492	1,997	27	»	27
24ᵉ de ligne	32	1	11	20	64	1,830	45	343	433	2,361	27	»	27
40ᵉ de ligne	42	4	8	10	64	1,764	25	304	169	2,262	25	4	29
Artillerie	»	»	2	»	14	442	»	26	3	441	334	»	334
Train d'artillerie	21	»	»	1	»	45	»	»	»	45	66	1	67
Cavalerie	6	»	»	»	22	258	»	20	»	278	244	7	251
Ambulance	2	»	»	»	6	20	»	»	»	20	»	»	»
Subsistances militaires	»	»	»	»	3	26	»	»	»	26	32	»	32
Train des équipages	»	»	»	»	»	30	»	4	»	30	»	3	32
Force publique	»	»	»	»	1	14	»	»	»	15	8	3	11
TOTAUX	**220**	**5**	**77**	**38**	**344**	**8,261**	**70**	**723**	**4,373**	**10,427**	**841**	**27**	**868**

Emplacements.

Quartier général. — Basse-Bévoye.
1re *division* (VERGÉ). — Entre Magny et Peltre (exclusivement).
2e *division* (BATAILLE). — A la Basse-Bévoye et sur les pentes qui descendent vers l'Ouest.
3e *division* (LAVAUCOUPET). — Entre les Haute et Basse-Bévoye d'une part et la route de Strasbourg d'autre part.
Brigade Lapasset. — A Mercy-le-Haut, entre la route de Strasbourg et le bois situé entre Mercy et Ars-Laquenexy.
Réserve d'artillerie. — Entre la Haute et la Basse-Bévoye.
Division de cavalerie. — A l'Ouest de la Haute-Bévoye.

Journée du 13 août.

3e CORPS.

a) **Journaux de marche.**

Journal de marche du 3e corps d'armée.

13 août.

Le 13 août, le passage de l'armée entière sur la rive gauche de la Moselle fut ordonné, laissant une garnison suffisante dans la ville de Metz.

L'Empereur s'était décidé à se replier sur le camp de Châlons avec toute l'armée du Rhin, afin d'y rallier les 1er, 5e et 7e corps qui se dirigeaient sur ce point.

Plusieurs ponts avaient été jetés sur la Moselle pour hâter le passage des divers corps d'armée campés sur la rive droite; mais une crue subite ayant rendu la plupart des ponts impraticables, le mouvement ordonné pour le 14 à 4 heures du matin se trouva considérablement retardé et ce ne fut que vers 11 heures du matin que le convoi du 3e corps put se mettre en marche et que le mouvement des troupes de ce corps d'armée, qui devait couvrir la retraite, commença à se dessiner.

1re DIVISION.

13 août.

Séjour de la division à Grigy.

2ᵉ DIVISION.
13 août.

Séjour à Montoy (1).

4ᵉ DIVISION.
13 août.

La division reste en position (entre la ferme de Bellecroix et Vantoux). Rien à signaler.

RÉSERVE ET PARC D'ARTILLERIE.
13 août.

Séjour au bivouac de Vallières. Le général de Berckheim reçoit dans la journée l'avis qu'il doit prendre le commandement de l'artillerie du 3ᵉ corps, dont le général Decaen devient le commandant à la place du maréchal Bazaine.

Le général de Berckheim quitte en conséquence la réserve d'artillerie, qui passe sous les ordres immédiats du colonel de Lajaille et va s'installer à Borny.

Renseignements succincts sur les marches, opérations militaires et travaux exécutés par le service du génie du 3ᵉ corps.
13 août.

Établissement à Grigy, sur le côté gauche de la route, d'un épaulement pour six pièces d'artillerie et de tranchées-abris pour l'infanterie.

DIVISION DE CAVALERIE.
13 août.

La division conserve son campement (2).

Des reconnaissances d'un régiment sont envoyées par la brigade de chasseurs dans la direction d'Ars-Laquenexy et par la 3ᵉ brigade dans celle de Colombey. Les unes et les autres signalent la présence de l'ennemi, mais en petit nombre. Il y a tout lieu de supposer qu'il n'y a devant nous que des avant-postes.

---

(1) Erreur manifeste devant les témoignages concordants des historiques.
(2) A l'Est de Borny.

Les renseignements de l'après-midi concordent avec ceux de la matinée (1).

Les escadrons du 8º dragons enlèvent une vedette ennemie.

A 4 h. 1/2 du soir, le 3º régiment de chasseurs rallie la 1ʳᵉ brigade.

Le 10ᵉ chasseurs envoie quatre de ses escadrons aux divisions d'infanterie du corps d'armée.

Ordre de M. le général Decaen, commandant le 3ᵉ corps, de former deux escadrons d'éclaireurs. Préparée à l'avance par le général de division qui l'avait provoquée, cette organisation eut lieu immédiatement.

Ordre d'abattre les tentes et de se tenir prêt à lever le camp le lendemain à 3 heures du matin.

b) **Organisation et administration.**

Ordre de la 1ʳᵉ division.

13 août.

M. le colonel Dauphin, du 62ᵉ, prendra à la date de ce jour le commandement de la 1ʳᵉ brigade de la division en remplacement de M. le général Aymard, promu général de division.

Il remettra le commandement de son régiment à M. le lieutenant-colonel Louis, du 62ᵉ.

Le général Decaen au maréchal Bazaine (Lettre).

Borny, 13 août.

M. le Maréchal,

J'ai l'honneur d'adresser à Votre Excellence les renseignements qu'Elle m'a demandés par sa lettre d'hier, savoir :

1º La situation numérique de mes troupes ;

2º Un état indiquant mes besoins de toute nature.

Les sous-intendants sont en mesure de fournir aux hommes deux jours de vivres dans le sac et deux jours de grains pour les chevaux.

Leurs ressources leur permettent de faire porter à leur suite quatre jours de vivres de campagne et de faire suivre de la viande sur pied.

---

(1) Contradiction avec les récits très précis des historiques. (Manuscrits de 1871.)

Toutefois, la 4ᵉ compagnie de sapeurs de la réserve manque des moyens nécessaires pour satisfaire à ces deux conditions.

A la 3ᵉ division d'infanterie il manque quatre jours de biscuit; le sous-intendant espérait se les procurer aujourd'hui.

c) Opérations et mouvements.

Le général Montaudon, commandant la 1ʳᵉ division du 3ᵉ corps, au général Decaen (Lettre).

13 août.

Mon Général,

J'ai l'honneur de vous faire remarquer que la nature du terrain, en avant du front de ma division, est très couverte, et qu'il est nécessaire, par conséquent, d'avoir des renseignements sur l'ennemi à tous les moments du jour et de la nuit.

La cavalerie mise à ma disposition se composant d'un seul escadron, il m'est bien difficile de m'éclairer suffisamment. D'un autre côté, les reconnaissances qu'on peut envoyer, le matin ou le jour, ne rendent compte que de ce qu'elles voient sur le moment, et rien n'empêche l'ennemi de se former dans l'intervalle de deux reconnaissances.

Il me paraîtrait plus utile d'envoyer des postes permanents de cavalerie pendant le jour. Ces postes, après avoir bien reconnu leur terrrain, pourraient s'avancer en sécurité et se prolonger sur les flancs de l'ennemi.

Je crois devoir vous transmettre ces observations motivées par l'ignorance dans laquelle nous sommes de la position et des desseins des forces que nous avons devant nous.

Le général Decaen au général Montaudon, commandant la 1ʳᵉ division du 3ᵉ corps. — Note.

Ferme de Borny, 13 août.

Le Maréchal a prescrit des mesures pour les escadrons attachés à chaque division (un seul).

Avec cet escadron, vous pourrez, sans le fatiguer, jeter quelques vedettes en avant des grand'gardes et petits postes, bien en avant.

Quant aux reconnaissances, elles se font par la cavalerie, non seulement le matin, mais pendant toute la journée. Des ordres sont donnés et exécutés dans ce sens depuis ce matin. De votre côté, elles vont au delà de Laquenexy et sur votre front.

Rien, depuis ce matin, n'annonce que vous ayez des groupes ennemis devant vous, si ce n'est des postes d'éclaireurs habituels.

Le maréchal Bazaine au général Decaen, commandant le 3ᵉ corps (Lettre).

Borny, 13 août.

Mon cher Général,

A la gauche du régiment (1), placé à la gauche du 7ᵉ de ligne, contre la ferme et dans le prolongement d'une tranchée-abri, une batterie a été placée (2).

Elle a vue seulement dans la direction d'Ars-Laquenexy. Le château d'Aubigny, qui domine à bonne portée le 7ᵉ de ligne, étant occupé par l'ennemi, pourrait lui donner une excellente position.

Il y aurait peut-être lieu de diriger la moitié des pièces de la batterie en question contre le château d'Aubigny et de retourner l'épaulement contre le chemin du château, à Colombey.

Le bois placé en face du 7ᵉ de ligne peut devenir très dangereux pour ce régiment; il pourrait être utile de le brûler.

J'ai l'honneur de vous transmettre ces observations en vous invitant à les examiner et à en tenir compte dans la mesure que vous jugerez utile.

Le général Decaen au général de division X... (3), du 3ᵉ corps d'armée (Lettre).

Ferme de Borny, 13 août.

Mon cher Général,

Je reçois à l'instant la dépêche de M. le maréchal Bazaine, qui m'était adressée et qui vous a été envoyée parce que j'étais à cheval.

Les indications fournies par le Maréchal me paraissent fort justes et j'aurais désiré que vous me fissiez connaître les mesures que vous avez prises pour assurer l'exécution des dispositions indiquées par Son Excellence.

Quoi qu'il en soit, si demain matin la position n'est pas changée et si le point indiqué par le Maréchal continue à être menaçant, vous me le ferez savoir et je pense qu'il conviendra d'envoyer sur le point menacé une batterie de 12, prise dans la réserve; je me réserve le soin de

---

(1) Le 59ᵉ régiment d'infanterie.
(2) La 6ᵉ batterie du 11ᵉ.
(3) Probablement le général Metman.

donner l'ordre nécessaire pour assurer l'exécution de cette disposition.

Dans cette prévision, faites construire des épaulements sur le terrain que cette batterie occuperait.

. . . .

Le général Metman, commandant la 3ᵉ division du 3ᵉ corps, au général Decaen (Lettre).

13 août.

Mon Général,

Le général de Potier me rend compte que la position d'Ars-Laquenexy, à l'arrivée des troupes chargées de fouiller les bois qui l'environnent, s'est trouvée occupée par environ 2,000 hommes qui s'étaient retranchés dans le cimetière, d'où ils s'apprêtaient à tourner la gauche du 97ᵉ et à envahir le bois qui avoisine le front de notre position, d'où ils auraient pu, demain, se jeter sur nos tranchées-abris (1).

Du petit engagement qui a eu lieu, il résulte que 25 hommes des 7ᵉ et 29ᵉ ont été blessés.....

Le général Lapasset au général Metman, commandant la 3ᵉ division du 3ᵉ corps (Lettre).

Château de Mercy-le-Haut. 13 août.

Mon Général,

Sur les 4 heure environ, 500 fantassins se sont jetés dans le bois d'Ars-Laquenexy (2) ; les postes de votre division s'étant repliés, ces fantassins ont voulu pénétrer dans le bois de Mercy probablement pour le reconnaître, savoir s'il était occupé et voir si, par cette trouée, la position ne pourrait pas être tournée. Une fusillade a été échangée entre le 97ᵉ de ligne et cette infanterie qui, voyant le bois occupé, s'est rejetée sur le bois d'Ars-Laquenexy, puis s'est retirée par ce dernier village.

Cette tentative prouve, ce dont je suis pénétré, ainsi que tous mes officiers, l'importance du bois du château, non pas seulement pour moi, mais encore pour la gauche du général de Laveaucoupet, car l'ennemi, en étant maître, tourne facilement la position de Mercy-le-

---

(1) Bataillon d'avant-postes de la *26ᵉ* brigade bivouaquée à Laquenexy.

(2) Bois situé entre Ars-Laquenexy et la Grange-aux-Bois.

Haut et tombe sur la gauche de votre division ; l'inspection et l'examen attentif des lieux le prouvent d'une façon surabondante.

Dans cet ordre d'idées, il serait vivement à souhaiter que votre division occupât d'une façon plus sérieuse le bois d'Ars-Laqueuexy.

J'apprends à l'instant qu'il y a beaucoup de monde de ce côté ; qu'un bataillon du 29ᵉ de votre division y est installé (1), mais qu'il s'y trouve trop faible et demande un second bataillon.

Vous ferez ce que vous croirez opportun, mon Général ; mais je vous l'affirme de nouveau pour l'avoir reconnu deux fois, la position est des plus importante. Dans le bois du château, j'ai trois bataillons (2) ; ils s'y sont installés, ont fait des abatis, sont prêts à donner la main aux vôtres et n'y craignent personne. Si le 29ᵉ en fait autant de son côté, nous déjouerons le projet de l'ennemi, de faire sa trouée par ce point, jusqu'à présent trop accessible (3).

Le général Montaudon, commandant la 1ʳᵉ division du 3ᵉ corps, au général Metman, commandant la 3ᵉ division (Lettre).

Belletange, 13 août.

Mon cher Général,

L'examen attentif de la ligne de défense occupée par ma division m'a fait voir la nécessité d'organiser défensivement les maisons et les murs de clôture des Bordes (4).

---

(1) Il s'agit de grand'gardes du 29ᵉ occupant le bois concurremment avec celles du 7ᵉ.

(2) $\frac{1, III}{84}$ et $\frac{III}{97}$.

(3) L'absence absolue d'ordres émanant du haut commandement au sujet du stationnement, laissait les chefs en sous-ordre sans aucune idée générale sur la situation de l'armée, la conduite à tenir en cas d'attaque.... etc ; et cette ignorance conduisait presque fatalement chacun d'eux à se croire isolé et à exagérer l'importance des faits qui se passaient dans son voisinage immédiat. C'est ainsi, sans doute, que le général commandant la brigade mixte envisage le projet de l'ennemi « de faire sa trouée » par Ars-Laquenexy, sous prétexte que 500 fantassins se sont jetés dans le bois voisin.

(4) Cette lettre, ainsi que la suivante, paraissent incompréhensibles. On se demande comment les commandants des 1ʳᵉ et 3ᵉ divisions du 3ᵉ corps furent amenés à organiser défensivement le plateau des Bordes

Je vais faire faire ce travail pour les quelques maisons et murs qui se trouvent en arrière de la redoute, entre la grand'route et le chemin des Bordes à Borny ; je crois qu'il serait utile d'agir de même pour les maisons qui sont sur l'autre côté de la route, en arrière de vos lignes.

Je vous prierai aussi de vouloir bien me faire connaître ce que vous avez décidé au sujet de la batterie construite à la gauche de la redoute des Bordes, entre ce fort et la grand'route. Il m'a été dit ce matin que cette batterie devait être occupée par vos mitrailleuses ; je le désirerais fort, car je n'ai pas de pièces à y mettre ; à droite de la redoute sont placées une batterie de 4 et ma mitrailleuse, et ma seconde batterie de 4 se trouve à mon aile droite sur la route de Strasbourg.

Veuillez, je vous prie, me répondre de suite, afin que je puisse demander une batterie à Son Excellence le Maréchal commandant le 3ᵉ corps, dans le cas où vous ne placeriez plus vos mitrailleuses à gauche de la redoute.

Le général Metman, commandant la 3ᵉ division du 3ᵉ corps, au général Montaudon, commandant la 1ʳᵉ division (Lettre).

Vallières, 13 août.

Mon cher Général,

En réponse à votre lettre en date de ce jour, j'ai l'honneur de vous faire connaître que, conformément aux dispositions adoptées par M. le général de Rocheboüet et approuvées par le Maréchal commandant le 3ᵉ corps sur l'emplacement de l'artillerie en cas d'attaque, la batterie construite à la gauche de la redoute des Bordes, entre cette redoute et la route de Sarrelouis, sera occupée par la batterie de mitrailleuses de ma division.

La maison à gauche de la route des Bordes, qui était occupée par le 95ᵉ et qui se trouve comme point d'appui de la tranchée-abri, a été crénelée.

---

où bivouaquaient alors la 2ᵉ division de la Garde et la réserve d'artillerie du 3ᵉ corps. Les deux lettres en question sont cependant d'une authenticité non douteuse ; la première est de la main même du général Montaudon ; la seconde est écrite en entier par le lieutenant-colonel d'Orléans, chef d'état-major de la 3ᵉ division.

Journée du 13 août.

4ᵉ CORPS.

a) **Journaux de marche.**

Journal de marche du 4ᵉ corps d'armée.

13 août.

Quartier général, au château de Grimont. — Alerte à 4 heures du soir motivée par la présence de détachements ennemis signalés par nos avant-postes. Les troupes prennent les armes. Le général en chef se porte sur la route de Bouzonville vers le village de Servigny ; une heure après, les troupes rentrent dans leurs campements.

Cavalerie. — Quitte son camp de Châtillon pour aller s'installer dans les fonds, derrière la gauche de la 3ᵉ division, à droite de la route de Kedange.

Artillerie. — Les réserves vont établir leur camp à droite de la route de Bouzonville très peu en avant du parc réservé de Grimont (1).

Le repos et un peu de soleil dans la journée ont remis les troupes en bonnes dispositions pour reprendre les opérations.

Dans la soirée, on reçoit l'ordre de se tenir prêt à marcher le lendemain.

1ʳᵉ DIVISION.

12 et 13 août.

Les journées du 12 et du 13 se passent sans incident (2), à Mey.

---

(1) La réserve d'artillerie occupa en effet cet emplacement jusqu'à 4 heures ou 5 heures du soir, mais elle vint passer la nuit plus en arrière c'est-à-dire à hauteur du fort Saint-Julien. (Historique des 5ᵉ et 6ᵉ batteries du 17ᵉ régiment d'artillerie et Journal de campagne du lieutenant Palle).

(2) Le 1ᵉʳ régiment d'infanterie qui fournissait les avant-postes rentre au camp entre Nouilly, Mey et la route de Bouzonville, tandis que le 57ᵉ le relève et occupe Poixe et Servigny avec deux bataillons, Villers-l'Orme et Failly avec un troisième. (Historiques des 1ᵉʳ et 73ᵉ régiments. Manusc. de 1871.)

2ᵉ DIVISION.

13 août.

Repos à Mey.

3ᵉ DIVISION.

13 août.

Séjour à Chieulles (1).

DIVISION DE CAVALERIE.

13 août.

Bivouac en avant de la ferme de Châtillon.

Journal de campagne du lieutenant Palle (9ᵉ *batterie du* 8ᵉ *d'artillerie. — Réserve du* 4ᵉ *corps*).

13 août.

On nous réveille à 4 heures pour atteler les batteries de combat dans les mêmes conditions que la veille; mais on attend, pour atteler, le retour des reconnaissances. A midi, on nous fait changer de campement : nous allons de l'autre côté du bois de Grimont, au Sud et contre la petite route de Bouzonville, à 400 ou 500 mètres en avant du château, près des fours à chaux. Dans la journée, on voit quelques hulans et on se prépare : mais rien.

Nous trouvant là en avant de la 2ᵉ division d'infanterie, on nous fait passer en arrière à 5 heures du soir pour nous placer à hauteur du fort, en arrière d'un amas de terre provenant de la construction du fort. Le beau temps est revenu.

Dans la journée, nous avons été au fourrage à Metz. Nous avions touché le foin au Saulcy, l'avoine au fort Moselle. Le fourrage n'est rentré qu'à 6 heures du soir.

Ordre du 13 *août.* — Les hommes ne doivent pas s'éloigner de leur camp.

Demain 14, au réveil, les hommes se tiendront sous les armes : les sacs seront faits, les chevaux paquetés et garnis; les tentes resteront dressées.

---

(1) Le camp est très légèrement déplacé vers Chieulles. La division s'établit face au Nord-Est sur les hauteurs qui dominent au Sud le ravin de Chieulles.

Le 54ᵉ régiment établit une grand'garde à l'entrée de ce dernier village. (Historique du régiment.)

Il est interdit, *quelle que soit la circonstance*, de sonner la *générale*.
On devra se tenir prêt à exécuter des mouvements demain.

Prescriptions. — Instruction pour l'exécution du tir de l'artillerie sur le champ de bataille.

« Une des questions les plus importantes pour l'artillerie, est de régler rapidement son tir sur le champ de bataille.

Pour atteindre ce but, la connaissance exacte des distances présente sans doute une utilité incontestable, mais elle n'est *pas toujours suffisante, car les pièces de même espèce n'ont pas toujours une portée uniforme.*

Le moyen le plus pratique consiste à régler le tir d'après l'observation des points de chute fournis par les premiers coups tirés. Or, au delà d'une certaine distance, il est quelquefois difficile d'observer les points de chute des projectiles ordinaires (1) et il devient dès lors indispensable de recourir à l'emploi des fusées percutantes.

Mais l'opération de dévisser une fusée fusante et de visser à sa place une fusée percutante, présente des difficultés au moment de l'action et il importe d'avoir quelques projectiles armés à l'avance de fusées percutantes (2). En conséquence, on fera préparer à l'avance dans chaque batterie, trois projectiles par pièce avec des fusées percutantes, en leur assignant dans le coffre de l'avant-train une place bien déterminée et en prenant les dispositions qui paraîtront les plus efficaces pour éviter les accidents.

Lorsque les pièces sont neuves et ont une portée bien régulière, le tir est le plus souvent réglé avant la fin de la première salve; il suffit, pour cela, de rectifier la hausse après chaque coup jusqu'à ce qu'on soit arrivé à obtenir une bonne portée.

Si les pièces sont usées et n'ont pas une portée régulière, il sera souvent préférable de ne faire les rectifications à la hausse que de deux en deux coups, car telle variation de portée qu'on est tenté d'attribuer à une variation de la hausse peut être une conséquence du degré d'usure des pièces. »

---

(1) Armés de fusées fusantes à deux durées dont le fonctionnement était très irrégulier après que le projectile avait touché le sol.

(2) On sait que les obus ordinaires et les obus à balles étaient tous armés d'une fusée fusante, mais que chaque batterie de 4 possédait un approvisionnement complémentaire de 256 fusées percutantes destinées à remplacer, au besoin, les premières.

b) Organisation et administration.

Le général de Ladmirault au général de Cissey, commandant la 1re division du 4e corps (Lettre).

13 août.

Mon cher Général,

Vous m'avez soumis un projet ayant pour but de faire éclairer d'une manière active, permanente et certaine, les troupes de la division sous vos ordres, à l'aide d'un groupe de 150 hommes pris dans chaque brigade et affectés à ce service spécial.

J'approuve entièrement l'organisation que vous me proposez, qui est appelée à rendre des services réels.....

Le général de Ladmirault à l'intendant militaire Gayard, du 4e corps d'armée (Lettre).

Grimont, 13 août.

Monsieur l'Intendant,

Il va être formé dans chaque division d'infanterie un corps d'éclaireurs volontaires dont je ne puis dès aujourd'hui vous faire connaître l'effectif qui sera de 200 hommes environ.

J'ai décidé, en conséquence, que ces militaires percevraient chaque jour un supplément d'une ration de sucre et café à titre de gratification.

c) Opérations et mouvements.

Division de cavalerie.

Le général de Ladmirault au général Legrand, commandant la division de cavalerie du 4e corps (Lettre).

13 août.

Mon cher Général,

Je vous prie de prendre vos dispositions pour changer votre bivouac aussitôt que la soupe du matin aura été mangée. Je laisse auprès de vous les deux batteries à cheval de la réserve (1), elles y seront à votre disposition.

---

(1) 5e et 6e batteries du 17e régiment à cheval.

Vous choisirez un emplacement où elles pourront s'installer à côté de votre camp; elles devront établir des rampes pour arriver facilement de leur campement sur la route.

Je vous prie de donner des ordres pour assurer l'exécution de ces dispositions (1).

Le colonel Luxer, directeur du parc du 4e corps, au général Soleille (Lettre).

Metz, 13 août.

Mon Général,

J'ai l'honneur de vous rendre compte que les 6e compagnie principale et 6e compagnie *bis* du 1er régiment du train d'artillerie, étant arrivées à Verdun le 10 courant, en sont parties le 11, amenant à Metz, en 24 heures, le restant du parc du 4e corps d'armée.

Ce parc se trouve ainsi, depuis hier, à 6 h. 1/2 du soir, réuni tout entier dans cette dernière place.

Les hommes, les chevaux et le matériel sont installés à l'entrée de l'île Chambière, dans le champ de manœuvre du régiment monté.

Le général de Ladmirault aux Généraux commandant les divisions du 4e corps (Lettre).

Château de Grimont, 13 août.

Mon cher Général,

Je viens de recevoir une dépêche de M. le maréchal Bazaine, commandant en chef, qui me prescrit de faire reconnaître les ponts qui ont été établis sur la Moselle derrière notre bivouac, c'est-à-dire à hauteur de l'île Chambière. Il me prescrit en même temps de donner des ordres pour être prêt à exécuter un mouvement ce soir, si toutefois l'installation des ponts le permet.

J'ai fait reconnaître les ponts en question : ils offrent peu de solidité et quelques-uns ont été emportés par la crue des eaux qui vient d'avoir lieu (2). Je doute qu'il soit possible d'opérer cette nuit le passage de la Moselle; cependant, il faut se tenir prêt à exécuter l'ordre qui me serait donné de faire cette opération.

---

(1) C'est à la suite de cette lettre, qui paraît n'être que l'ordre d'exécution des dispositions concertées à l'avance, que la division de cavalerie leva son camp (vers 11 heures) et se porta à 2 kilomètres plus au Nord entre Grimont et Chieulles, ainsi que cela résulte des historiques des régiments (manuscrits de 1871).

(2) Parmi ceux du grand bras de la Moselle.

Dans ce cas, mon intention serait de faire filer devant nous nos bagages; puis, viendrait le défilé des troupes et de l'artillerie, selon l'ordre que je vous adresserais à cet égard.

Dans cette prévision, il faut faire ses préparatifs. A cet effet, les bagages des officiers seront chargés dans leurs voitures; les chevaux seront tenus prêts, mais non attelés. Si le départ a lieu, il se fera sans sonnerie ni batterie, et on évitera de donner des ordres à haute voix et de s'appeler de loin.

Mais, vous n'ignorez pas que nous nous trouvons à peu près en présence de l'ennemi, dont les grand'gardes touchent les nôtres.

Peut-être a-t-il l'intention de nous attaquer demain matin. Il faut donc parer à cette double prévision.

Prescrivez la plus grande vigilance à vos grand'gardes; jetez des petits postes au loin pour être prévenu; tenez, dans vos lignes, la moitié de vos hommes éveillés et que l'autre moitié se repose; que vos pièces d'artillerie soient prêtes à être attelées.

Dans la cavalerie, un régiment de hussards et un régiment de dragons resteront sellés et se reposeront alternativement.

Demain, dimanche 14, le réveil aura lieu à 3 heures du matin, sans sonnerie ni batterie. Les pièces d'artillerie prendront leur place de combat. Les reconnaissances seront faites par les divisions avec toute la prudence possible, mais de manière à être éclairés sur la présence de l'ennemi. Les tentes seront ployées et les hommes prendront le café.

Des ordres seront donnés, selon les circonstances et les instructions qui pourront arriver pendant la nuit de la part du Maréchal commandant en chef.

Le général de Ladmirault au maréchal Bazaine (Lettre).

Château de Grimont, 13 août.

Monsieur le Maréchal,

J'ai reçu la dépêche que vous m'avez adressée, qui me prescrit de me préparer à exécuter, ce soir, le passage de la Moselle.

J'ai fait reconnaître les ponts. Sur le bras navigable de la Moselle, en aval de Metz, on ne peut actuellement arriver dans l'île Chambière que par le pont suspendu, qui est trop faible pour porter un fort convoi, et par un pont qui devait être réparé ce soir, mais auquel on travaillait encore.

En aval de ce dernier se trouvent encore deux autres ponts que la crue de la Moselle a tellement endommagés que, même en y travaillant la nuit, les ingénieurs ne pensent pas avoir terminé la réparation avant demain, de 8 heures à 10 heures du matin.

Pour sortir de l'île Chambière et passer sur la rive gauche, il reste encore à franchir le grand bras de la Moselle. Les ponts de radeaux et de chevalets qu'on y avait établis ont été emportés par les eaux; il ne reste plus qu'une partie d'un de ces ponts, que l'on espère compléter d'ici à demain soir. Un peu en amont de l'endroit où avait été construit ce pont, on a établi aujourd'hui même un pont de bateaux, qui reste le seul moyen de communication entre l'île Chambière et la rive gauche.

Voilà pour les moyens de passage en aval.

Quant à ceux d'amont, il paraît résulter des renseignements recueillis qu'on a construit trois ponts sur le bras mort qui passe au pied de Montigny, trois ponts sur le bras navigable, pour faire communiquer le pré Saint-Symphorien avec l'île du Saulcy, et un pont (1) sur le grand bras de la Moselle, pour passer de cette île sur la rive gauche. On n'a pas pu me donner la certitude que ce dernier avait résisté à la crue.

Dans ces conditions, il me semble difficile de pouvoir exécuter cette nuit le passage de la Moselle.

Ordre du Commandant du 4ᵉ corps.

Mey, 13 août.

Par ordre du général en chef, les bagages des corps et des officiers devront être terminés et chargés dès ce soir, afin d'être prêts à être mis en route au premier ordre.

Les chevaux seront tenus prêts, mais non attelés : si le départ a lieu cette nuit, il se fera sans sonnerie ni batterie et sans ordres, ni cris à haute voix.

L'intention de M. le Maréchal commandant l'armée est de faire traverser la Moselle sur des ponts établis en arrière du bivouac.

Demain dimanche 14, réveil à 3 heures du matin sans sonnerie ni batterie.

Les pièces d'artillerie prendront leurs places de combat.

On s'éclairera pour avoir des renseignements sur la position de l'ennemi. Les tentes seront ployées et les hommes prendront le café.

Redoubler de surveillance pendant la nuit.

Les grand'gardes seront prévenues d'être vigilantes. On établira des petits postes détachés au loin. La moitié des hommes de nos lignes veillera et l'autre moitié se reposera.

L'artillerie sera prête à atteler ses pièces.

On se tiendra prêt à recevoir cette nuit des ordres du Maréchal commandant l'armée.

---

(1) Trois, en réalité.

d) Situations.

4ᵉ CORPS.

Situation sommaire d'effectif au 13 août 1870.

		OFFICIERS.	SOUS-OFFICIERS et TROUPE.	TOTAUX.	CHEVAUX.	EMPLACEMENTS.
État-Major général............		32	»	32	75	Château de Grimont.
1ʳᵉ division d'infanterie.						
État-major..............		10	»	10	35	Mey.
1ʳᵉ brigade.	20ᵉ bataillon de chasseurs......	23	875	898	9	
	1ᵉʳ régiment de ligne........	66	2,028	2,094	29	
	6ᵉ régiment de ligne........	67	1,735	1,802	34	
2ᵉ brigade.	57ᵉ régiment de ligne........	68	2,065	2,133	26	Mey et en avant vers la Salette.
	73ᵉ régiment de ligne........	63	2,226	2,289	29	
Artillerie : 13ᵉ régiment.	5ᵉ batterie......	7	432	439	121	
	9ᵉ batterie......	4	145	149	127	
	12ᵉ batterie......	4	147	151	124	
Réserve...............		1	45	46	76	
Génie.................		5	78	83	20	
Train des équipages...........		1	43	44	51	
Services administratifs........		12	110	122	40	
Totaux pour la 1ʳᵉ division.		334	9,629	9,960	691	
2ᵉ division d'infanterie.						
État-major..............		14	»	14	45	Mey.
1ʳᵉ brigade.	5ᵉ bataillon de chasseurs......	23	788	811	11	A droite de la route de Metz à Burtoncourt (500 mètres environ en avant de Grimont)
	43ᵉ régiment de ligne........	64	1,897	1,964	34	
	43ᵉ régiment de ligne........	66	1,969	2,035	35	
2ᵉ brigade.	64ᵉ régiment de ligne........	66	2,055	2,121	29	A gauche de la route de Metz à Burtoncourt (500 mètres environ en avant de Grimont).
	98ᵉ régiment de ligne........	60	2,293	2,353	31	
A reporter.....		293	9,002	9,295	185	

	OFFICIERS.	SOUS-OFFICIERS et TROUPE.	TOTAUX.	CHEVAUX.	EMPLACEMENTS.
Report.......	293	9,002	9,295	185	A cheval sur la route de Metz à Burtoncourt (500 mètres environ en avant de Grimont).
Artillerie : 5e batterie.....	5	149	154	125	
1er 6e batterie.....	4	155	159	123	
régiment 7e batterie.....	4	151	155	120	
Réserve...........	»	48	48	74	
Génie.............	4	80	84	18	
Train des équipages..........	1	42	43	50	
Services administratifs........	13	66	79	13	
TOTAUX pour la 2e division.	324	9,693	10,017	708	
3e division d'infanterie.					
État-major...........	12	»	12	45	Chieulles.
2e bataillon de chasseurs.....	22	841	863	10	
1re brigade. 15e régiment de ligne........	66	2,223	2,289	33	Près Vany (2 kilomètres de Grimont).
33e régiment de ligne........	67	1,952	2,019	43	
2e brigade. 54e régiment de ligne........	61	1,866	1,927	36	
65e régiment de ligne........	60	2,145	2,205	40	
Artillerie : 8e batterie.....	7	154	161	128	
1er 9e batterie.....	4	148	152	120	Près de Chieulles.
régiment. 10e batterie.....	4	147	151	126	
Réserve...........	1	46	47	76	
Génie.............	5	101	106	20	
Train des équipages..........	»	42	42	48	
Services administratifs........	12	48	60	6	
TOTAUX pour la 3e division.	321	9,743	10,034	731	
Division de cavalerie.					
État-major...........	10	»	10	41	A Châtillon.
1re brigade. 2e régiment de hussards.....	46	616	662	632	Groupée à Châtillon (700 mètres de Grimont (1).
7e régiment de hussards.....	48	649	697	663	
A reporter.....	104	1,265	1,369	1,356	

(1) Inexact.

CORPS	OFFICIERS.	SOUS-OFFICIERS et TROUPE.	TOTAUX.	CHEVAUX.	EMPLACEMENTS.
Report..........	104	1,265	1,369	1,356	
2ᵉ brigade. { 3ᵉ régiment de dragons......	41	490	531	549	Groupée à Châtillon (700 mètres de Grimont) (1).
11ᵉ régiment de dragons......	40	540	580	536	
Train et services administratifs..	8	55	63	15	
TOTAUX pour la cavalerie....	193	2,350	2,543	2,456	
Réserve d'artillerie.					
État-major..............	5	»	5	21	Ferme de Châtillon.
1ᵉʳ régiment. { 11ᵉ batterie......	4	196	200	169	
12ᵉ batterie.....	3	193	196	170	
8ᵉ régiment. { 6ᵉ batterie......	4	142	146	120	Groupée à Châtillon (700 mètres de Grimont) (2).
9ᵉ batterie......	4	139	143	120	
17ᵉ régiment. { 5ᵉ batterie......	4	157	161	182	
6ᵉ batterie......	4	155	159	177	
Parc du corps d'armée.........	8	517	525	597	
TOTAUX pour l'artillerie....	36	1,499	1,535	1,556	
Réserve du génie............	4	97	101	16	Château de Grimont (sur la route allant de Grimont à Châtillon).
Parc du génie...............	»	39	39	61	
TOTAUX......	4	136	140	77	
Train des équipages. { 1ᵉʳ régiment : 2ᵉ compagnie.....	2	78	80	78	
3ᵉ régiment : 3ᵉ compagnie.....	2	188	190	204	Vantoux (3 kilomètres de Grimont).
3ᵉ régiment : 10ᵉ compagnie.....	3	197	200	260	
Force publique...............	5	85	90	65	
Service des subsistances.......	»	80	80	»	
Service des hôpitaux..........	»	113	113	»	
Service du campement.........	1	»	1	»	Château de Grimont.
Trésor et postes.............	17	31	48	31	
TOTAUX......	30	772	802	638	

Au château de Grimont, le 13 août 1870.

(1) Inexact.
(2) Exact le matin, mais dans la journée, la réserve d'artillerie est venue établir son parc au Sud de la route de Bouzonville et près du fort Saint-Julien.

DÉTAIL.	OFFICIERS.	SOUS-OFFICIERS et troupe.	TOTAUX.	CHEVAUX.	OBSERVATIONS.
RÉCAPITULATION GÉNÉRALE.					
État-major général.........	32	»	32	75	
1re division...............	331	9,629	9,960	691	
2e division...............	324	9,693	10,047	708	
3e division...............	321	9,713	10,034	734	
Division de cavalerie......	493	2,350	2,843	2,426	
Réserve d'artillerie.........	36	1,499	1,535	1,556	
Réserve et parc du génie....	4	136	140	77	
Services divers du quartier général...............	30	772	802	638	
TOTAUX GÉNÉRAUX...	4,271	33,792	35,063	6,902	

Journée du 13 août.

6e CORPS.

a) Journaux de marche.

Journal de marche du 6e corps d'armée.

13 août.

Les troupes du 6e corps sont établies dans les positions suivantes :
Le quartier général chez les Jésuites à Saint-Clément (1);
La 1re division au Sud de Metz, près Montigny;
La 2e division à la ferme de Saint-Éloi et près de la porte de Thionville, à 1200 mètres en arrière du village de Woippy (2);

---

(1) A Metz.
(2) La 2e division se trouvait réduite à un seul régiment, le 9e.
Les autres troupes de cette division ne purent rejoindre Metz. Cependant, la 12e batterie du 8e régiment, partie du camp de Châlons le 13, parvint à Metz en passant par Thionville. Mais elle n'arriva à destination que le 14 au soir et fut jointe à l'artillerie de la 1re division.

La 3ᵉ division a son quartier général au petit séminaire, près Montigny;

Le 75ᵉ réparti entre les forts de Plappeville et Saint-Julien;
Le 91ᵉ aux forts de Plappeville et Moselle;
Le 93ᵉ aux forts Queuleu et Bellecroix;
Le 94ᵉ à la Horgne (1).

1ʳᵉ DIVISION.

13 août.

La division ne fait pas de mouvements.

Journal du lieutenant-colonel de Montluisant.

13 août.

Le 13 au matin, j'aperçois sur les épaulements informes de la lunette de Saint-Privat (2), la silhouette audacieuse d'un hulan isolé : personne devant nous pour nous éclairer, pas de reconnaissances faites par les officiers d'état-major, pas un seul cavalier en avant pour nous renseigner sur la marche de l'ennemi : l'état-major n'a transmis aucun renseignement. Les paysans affolés, en fuite vers la ville, affirment que les avant-postes ennemis sont à quelques pas devant nous.

Le commandant de la 1ʳᵉ brigade, général Péchot, est immédiatement chargé d'organiser la défense avec moi. Nous reconnaissons avec soin notre front, de la Moselle aux Sablons sous le fort de Queuleu. Lancés rapidement sur la route de Nancy, nous ne nous replions sur l'Est qu'aux environs d'Augny. Les renseignements concordent ; l'ennemi est à 4 kilomètres, il a déjà envoyé plusieurs reconnaissances à Saint-Privat, mais elles se sont repliées sur Nancy.

Le général Tixier fait placer les enfants perdus à 1 kilomètre à hauteur des bois du château de Frescati. Je prescris à une de mes batteries d'être toujours prête à aller au feu ; aux caissons à deux roues, de rejoindre leurs bataillons (3), et à tout le monde d'être sur le qui-vive. On nous invite, à 4 heures, à prendre des vivres pour 3 jours et à nous préparer à partir le lendemain matin à 5 heures.

---

(1) Le journal de marche ne fait pas mention des régiments de la 4ᵉ division bivouaquée près de Woippy. L'artillerie de cette division et celle de la réserve restèrent au camp de Châlons.

(2) Au Sud de Metz.

(3) **En principe**, chaque bataillon était suivi, pendant le combat, par un caisson léger à deux roues de la réserve divisionnaire d'infanterie.

2ᵉ DIVISION.

13 août.

Séjour (château de Saint-Éloi).

Le général est informé qu'après l'arrivée du 2ᵉ convoi, la ligne ferrée a été coupée de nouveau à Pont-à-Mousson. Il n'y a donc au camp sous Metz que l'état-major de la division et le 9ᵉ de ligne, dont 9 voitures de bagages sur 11 n'ont pu rejoindre. Les convois portant les 14ᵉ, 20ᵉ et 31ᵉ de ligne, le génie, l'artillerie, la gendarmerie, le fonctionnaire de l'intendance et l'ambulance, ont été forcés de rétrograder.

Dans l'après-midi, la 2ᵉ division, ainsi que toutes les troupes de l'armée du Rhin, reçoit l'ordre de se tenir prête à marcher le lendemain à 5 heures du matin.

3ᵉ DIVISION.

13 août.

Par ordre du Maréchal commandant en chef l'armée du Rhin, l'armée se tiendra prête à se mettre en mouvement demain 14 du courant, à 5 heures du matin. On prendra des vivres pour les journées des 14, 15 et 16.

Dès ce soir les troupes seront visitées par les médecins qui désigneront les hommes qui ne seraient pas en état de marcher. Ces hommes réunis par détachements régimentaires de brigade et de division seront placés sous les ordres d'officiers, sous-officiers, brigadiers et caporaux, pris parmi ceux qui ne pourraient pas suivre et ils seront à la disposition de M. le général commandant supérieur de la place de Metz.

Les chevaux malades et éclopés seront envoyés au dépôt qui a été organisé dans la place de Metz par M. le Général commandant la 5ᵉ division militaire.

4ᵉ DIVISION.

13 août.

Campement de la division au Nord de Metz, sur la rive gauche de la Moselle, entre Woippy et Thury (1).

---

(1) Le 26ᵉ régiment, arrivé la veille, campe à Woippy puis est appelé à Metz pour assurer le service de la place; le 25ᵉ régiment, débarqué le 11, campe près et à l'Est de la route de Thionville, à hauteur de Woippy; le 28ᵉ régiment, débarqué dans la nuit du 12 au 13, s'installe sur la lisière Est de Woippy; le 70ᵉ régiment, débarqué également dans la nuit du 12 au 13, dresse ses tentes sur le plateau entre Woippy et Lorry. (La division de cavalerie et la réserve d'artillerie du 6ᵉ corps, ne peuvent rejoindre Metz et restent au camp de Châlons).

GÉNIE.

13 août.

Nous sommes campés au Sud de Metz, au hameau de Saint-Privat, à gauche et en avant de Montigny.

Les sapeurs ont commencé le samedi soir, 50 mètres courants de tranchées-abris.

b) **Organisation et administration.**

Troupes du 6ᵉ corps arrivées à Metz à la date du 13.

Gare de Devant-les-Ponts, 13 août, 6 h. 30 matin (1).

1ʳᵉ DIVISION.

9ᵉ bataillon de chasseurs. — 4ᵉ, 10ᵉ, 12ᵉ, 100ᵉ de ligne.

3ᵉ DIVISION.

75ᵉ, 91ᵉ, 93ᵉ, 94ᵉ de ligne.

4ᵉ DIVISION.

25ᵉ, 26ᵉ, 28ᵉ, 70ᵉ de ligne.
(Le 28ᵉ et le 70ᵉ sont arrivés dans la nuit du 12 au 13.)

Le Général commandant le camp de Châlons au maréchal Canrobert (D. T.).

Camp de Châlons, 13 août, 9 h. 30 soir.

Conformément à vos ordres, les divisions d'infanterie d'abord, et

---

(1) Le 9ᵉ régiment de la 2ᵉ division n'arriva à la gare de Devant-les-Ponts qu'à midi. En arrivant à Pont-à-Mousson dans la matinée, le train qui le transportait avait dû stopper sur l'avis que des cavaliers prussiens occupaient le village. Cinq compagnies $\left(3, 4, 5 \text{ et } 6 \frac{\text{II}}{9} \text{ et } 1 \frac{\text{III}}{6}\right)$ fouillèrent la localité et ses abords sur les deux rives de la Moselle. On tira quelques coups de feu contre des patrouilles ennemies, puis on repartit pour Metz. (Historique du 9ᵉ régiment, manuscrit de 1871.)

Dans la soirée, les transports étaient définitivement interrompus.

depuis ce matin 8 heures, les batteries et le génie divisionnaires ont été dirigés sur Metz. On m'informe que les trains ont été renvoyés sur Frouard ou arrêtés à Bar-le-Duc, sur l'annonce que la ligne ferrée avait été coupée entre Frouard et Metz.

Je me hâte de vous transmettre ce renseignement, afin que Votre Excellence puisse donner les ordres qu'elle jugera convenables, si elle ne l'a fait déjà, aux troupes, qui, sans doute, attendent ses instructions.

Je retiens ici jusqu'à nouvel ordre le parc du génie, qui devait partir demain matin, ainsi que les batteries de la 4e division d'infanterie, le génie et les réserves divisionnaires de cette division.

Le Sous-Préfet de Commercy au général Bisson, commandant la 2e division du 6e corps, ou, à défaut, au Major général, à Metz (D. T.).

Commercy, 13 août, 7 h. 29 soir.

Une batterie (1) de la 2e division (Bisson, 6e corps) ayant ordre de gagner Metz, arrive à Commercy. Deux autres batteries et une réserve divisionnaire suivent, le tout sous les ordres du lieutenant-colonel Colcomb, commandant l'artillerie. Cet officier demande à gagner Metz avec ses troupes, sous escorte du 4e chasseurs d'Afrique (2) (2 escadrons) par voie de terre, route de Verdun (3 étapes).

Il y aurait lieu d'arrêter sur la ligne toutes les autres batteries de la 4e division et les réserves qui doivent suivre le mouvement commencé par le colonel Colcomb.

Le général Jarras, chef d'état-major général de l'armée, au Sous-Préfet de Commercy (D. T.).

Metz, 13 août, 11 heures soir.

Dirigez sur Verdun la batterie (3) de la 2e division (Bisson) arrivée à Commercy. Dirigez également sur Verdun les deux batteries et la réserve divisionnaire qui suivent, ainsi que les deux escadrons du 4e chasseurs d'Afrique.

---

(1) $\frac{12}{8}$.
(2) De la division du Barail.
(3) $\frac{12}{8}$.

Toutes les autres batteries de la 4ᵉ division, et les réserves qui suivent, seront aussi dirigées sur Verdun.

Le Sous-Préfet de Commercy au général Bisson, commandant la 2ᵉ division du 6ᵉ corps, à Metz (D. T.).

Commercy, 13 août, 9 h. 25 soir.

Le 4ᵉ chasseurs d'Afrique, 2 escadrons, reçoit l'ordre du général du Barail de se diriger sur Saint-Mihiel et, de là, sur Verdun ou Metz, selon les circonstances.

Les trois batteries et la réserve divisionnaire du lieutenant-colonel Colcomb, suivies d'autres batteries et trains militaires, attendent à Commercy des ordres sur leur destination.

Si le train portant le 31ᵉ de ligne est dirigé sur Frouard, les trains arrêtés ici rétrogradent (*sic*) sans doute également?

En marge, de la main du maréchal Bazaine : Tous ces détachements doivent être dirigés sur Verdun.

Maréchal BAZAINE.

Le Général commandant le camp de Châlons au maréchal Canrobert (D. T.).

Camp de Châlons, 13 août, 5 h. 40 soir.

Le parc du génie ne peut pas repartir avant 6 h. 1/2, demain matin 14; cette heure de départ est encore subordonnée à la présence du matériel nécessaire.

Ordre du Général commandant la 1ʳᵉ division.

Au camp sous Metz, 13 août.

Le général commandant la division fait connaître à MM. les chefs de corps d'infanterie et d'artillerie que les caissons de la réserve divisionnaire d'infanterie marcheront et camperont avec leurs bataillons respectifs.

Dans les combats ils auront soin de se tenir autant que possible en dehors des projectiles en suivant les mouvements des bataillons auxquels ils seront subordonnés.

Chaque chef de bataillon devra avoir dans sa poche la clef du caisson.

M. le lieutenant-colonel commandant l'artillerie de la division rendra compte que toutes les dispositions nécessaires sont prises.

Le général commandant la 1re division,
Tixier.

L'intendant Vigo-Roussillon au Ministre de la guerre.

Limoges, 20 septembre 1870.

J'ai eu l'honneur de vous rendre compte que j'ai quitté Metz le 13 août au soir, par ordre de S. E. le maréchal Canrobert, commandant le 6e corps, pour venir former à Verdun un convoi de vivres destiné à ce corps. Au moment de mon départ, on commençait à parler du mouvement de retraite du maréchal Bazaine, qui, dirigé sur Verdun, devait commencer le lendemain. Le Maréchal me dit que c'était une raison de plus de me hâter.

Je sortis donc de Metz le 13, à 4 heures du soir, emmenant avec moi M. Verdy (Joseph-Hippolyte), adjudant en deuxième de mes bureaux, monté, et montant bien à cheval en qualité d'ancien sous-officier de lanciers. J'avais en outre avec moi mon ordonnance et une de mes voitures attelée de deux chevaux trottant vite, sur laquelle j'avais fait monter M. Lagasse, officier d'administration comptable de 1re classe du service des vivres, porteur d'une avance de 20,000 francs en or. Notre mission était de nous rendre à Verdun, d'y réquérir des voitures et d'organiser un convoi, de le charger de vivres que je pourrais tirer du camp de Châlons par le chemin de fer de Verdun, et de revenir au plus vite au-devant de l'armée, jusqu'à Metz si cela était nécessaire. Nous devions en outre organiser d'une manière permanente un service de convois régulier entre Verdun et Metz. Mais l'armée prussienne, venant s'établir tout entière sur la ligne de retraite de l'armée du maréchal Bazaine, ne nous a pas permis de rejoindre cette armée, et nous avons dû nous borner à accumuler dans Verdun, de concert avec M. l'intendant général Wolff, et toujours dans l'espoir que le maréchal Bazaine allait réussir à se faire jour, à accumuler, dis-je, 1,000,000 de rations de vivres de toute espèce, qui ont échappé à l'ennemi et ont contribué plus tard au ravitaillement de l'armée du maréchal de Mac-Mahon à Reims et Rethel.

J'avais laissé à Metz le personnel et le matériel de mes bureaux, ainsi que deux voitures, et la plus grande partie de mes bagages. M. Verdy a suivi mon sort jusqu'à la fin ; il a fait, comme moi, partie de l'armée du maréchal de Mac-Mahon, et a été compris dans la capitulation..... En conséquence, j'ai l'honneur de demander à V. E., de me laisser jusqu'à la fin du mois, pour assurer les comptes de l'armée, M. Verdy, qui m'a rendu d'excellents services, et de l'attacher ensuite aux bureaux de l'intendance de la 21e division qu'il avait quittés pour venir me rejoindre au 6e corps.

c) Opérations et mouvements.

Ordre du Général commandant la 1re division.

Au camp sous Metz, le 13 août.

Demain à 3 heures du matin, sans clairon ni tambour, un bataillon du 10e de ligne partira du camp pour se rendre directement à la redoute Saint-Privat où il sera rallié à la même heure par une batterie d'artillerie dont le mouvement s'opérera également sans sonnerie.

Au point du jour, c'est-à-dire vers 3 h. 1/2, appel en armes pour toute la division. On sera sans sacs et on mettra le complément des cartouches dans l'étui-musette. On attendra ainsi l'arrivée des rapports des reconnaissances des grand'gardes.

MM. les chefs de brigade sont priés d'inviter les commandants des grand'gardes à faire connaître tous les mouvements de leurs patrouilles sur leurs rapports.

Les chefs de corps devront recommander avec soin aux troupes sous leurs ordres de ne point trop s'alarmer de l'émotion causée dans les populations civiles et qui se trouve naturellement provoquée par le passage de quelques rôdeurs.

Il y aura même lieu de sévir, si cela est nécessaire, contre les alarmistes.

Il est question, à partir de demain, de payer en farine la ration journalière de pain due aux hommes.

Des reconnaissances à ce sujet se font en ce moment pour découvrir les fours nécessaires.

MM. les chefs de corps sont invités à faire connaître les résultats des renseignements qu'ils pourront prendre dans le voisinage de leur camp.

Le général commandant la 1re division,
Tixier.

Du général La Font de Villiers, commandant la 3e division du 6e corps. — Note.

13 août.

Envoyer immédiatement au général Coffinières, hôtel de la Princerie, à Metz (quartier général), un officier du génie auquel on fera connaître les points de passage de la Moselle. Ces points seront jalonnés par des sous-officiers ou caporaux du génie.

Cet officier rendra compte immédiatement et personnellement au Général en chef de l'état des chemins qui conduisent à ces passages afin que, si cela est possible, on passe en dehors de la ville pour accélérer le mouvement.

Pour le départ des troupes on enverra des ordres ultérieurs.

Faire immédiatement les bagages pour les faire passer sur la rive gauche de la Moselle, où ils doivent être massés de manière à ne pas entraver la marche des colonnes qui doivent gagner, par Longeville et Moulins-les-Metz, la route de Conflans. La division ne gardera avec elle que son artillerie au complet, y compris les réserves divisionnaires, et ses cacolets, ainsi que les cantines d'ambulance des corps, qui doivent être portées à dos de mulet. Les voitures devront être orientées de manière à pouvoir prendre la route de Conflans.

d) Situations.

Situations numériques des troupes à la date du 13 août 1870.

93ᵉ régiment d'infanterie.

EMPLACEMENT.	PRÉSENTS sous les armes.		INDISPONIBLES.				EFFECTIF total.		CHE-VAUX.		OBSERVA-TIONS.
			Officiers		Soldats						
	Officiers.	Troupe.	employés hors du corps.	malades.	détachés, employés, musiciens, absents.	malades.	Officiers.	Troupe.	disponibles.	indisponibles.	
Fort de Queuleu (1)..	46	1,033	1	1	111	»	48	1,155	27	»	2 hommes venus du dépôt.
Fort de Bellecroix (2).	20	562	»	»	30	»	20	592	5	»	
Totaux...	66	1,595	1	1	141	»	68	1,747	32	»	
Différence { en plus...	»	1	»	»	»	»	»	2	»	»	
{ en moins.	»	»	»	»	»	»	»	»	»	»	

(1) $\frac{I, II}{93}$ et état-major du régiment.

(2) $\frac{III}{93}$.

Rapport sur les distributions. { *Vivres de campagne.* — Les vivres de distribution, le bois et le fourrage du 12 août ont été touchés par le corps.

Au fort de Queuleu, le 13 août 1870.

94ᵉ régiment d'infanterie.

DÉSIGNATION des CORPS.	PRÉSENTS sous les armes.		INDISPONIBLES.				EFFECTIF total.		CHE-VAUX.		OBSERVA-TIONS.
			Officiers		Soldats						
	Officiers.	Troupe.	employés hors du corps.	malades.	détachés, employés, musiciens, absents.	malades.	Officiers.	Troupe.	disponibles.	indisponibles.	
94ᵉ rég. de ligne.....	62	2,172	3	»	145	»	65	2,317	30	»	1 homme sorti de l'hôpital.
Différence avec la situation précédente { en plus...	»	1	»	»	»	»	»	»	»	»	
{ en moins.	»	»	»	»	»	»	»	»	»	»	

Au camp de Metz, le 13 août 1870.

PARC D'ARTILLERIE DU 6ᵉ CORPS.

EFFECTIF AU 9 AOUT 1870.				GAINS.				PERTES.				EFFECTIF AU 13 AOUT 1870.				OBSERVATIONS.
HOMMES.		CHEVAUX.		HOMMES.		CHEVAUX.		HOMMES.		CHEVAUX.		HOMMES.		CHEVAUX.		
Offi- ciers.	Troupe.	d'offi- ciers.	de troupe.	Offi- ciers.	Troupe.	d'offi- ciers.	de troupe.	Offi- ciers.	Troupe.	d'offi- ciers.	de troupe.	Offi- ciers.	Troupe.	d'offi- ciers.	de troupe.	
45	758	21	1,063	»	2	»	»	»	»	»	»	45	760	21	1,063	Dont 2 gardes et 1 vétérinaire.

A la Fère, le 13 août 1870.

Journée du 13 août.

GARDE IMPÉRIALE.

a) Journaux de marche.

Journal de marche de la Garde impériale.

13 août.

On a reçu l'ordre de se tenir prêts à un mouvement pour le lendemain. Les chevaux sont (1) sellés, ceux de l'artillerie garnis.

Les hommes malingres et fatigués sont envoyés à Metz, où s'organisent les petits dépôts des corps, à raison d'un par chaque division.

1re DIVISION.

13 août.

Séjour au camp de Borny.

Les hommes malingres ou fatigués, au nombre de 62, sont envoyés à Metz, où s'organisent les petits dépôts des corps, à raison d'un pour chaque division.....

2e DIVISION.

13 août.

La division occupe le même bivouac que la veille (entre les Bordes et Borny).

Journal de marche du 2e régiment de grenadiers (2e division de la Garde impériale).

13 août.

Séjour à Borny.

Journal de marche de la division de cavalerie de la Garde impériale.

13 août.

Séjour au bivouac des Bordes.

Dans l'après-midi et par ordre du Maréchal commandant en chef, on

---

(1) Il faut sans doute lire : *seront*.

passe une revue des cartouches et de la chaussure, et on fait diriger sur Metz tous les hommes malingres, en prévision d'une attaque pour le lendemain matin.

A 8 heures du soir, il est constitué à Metz, pour chaque corps, un petit dépôt commandé par un officier.

b) Organisation et administration.

Le général Desvaux, commandant la division de cavalerie de la Garde impériale, au général Bourbaki (Lettre).

Bivouac du fort des Bottes (1), 13 août.

Mon Général,

J'ai l'honneur de vous rendre compte que chaque cavalier, dans le régiment de dragons de l'Impératrice, est muni de 32 cartouches.

Celles qui ont été échangées ont été prises à Metz, à la direction d'artillerie.

Les hommes portent avec eux :
Avoine, jusqu'au 15 inclus ;
Pain, jusqu'au 15 inclus ;
Biscuit, quatre jours ;
Vivres de campagne, jusqu'au 18 inclus.

Le convoi auxiliaire porte :
Lard, 22 quintaux, 2 jours et demi ;
Avoine, 2 jours ;
Eau-de-vie, 5 jours ;
Vivres de campagne, 30 jours.

En sus de ce qui précède, j'espère pour ce soir pouvoir faire distribuer une ration de pain.

Rapport du 13 août 1870 (de la 2ᵉ division).

. . . .

Vivres. — Les corps sont alignés en pain jusqu'au 14. On a pris deux jours de biscuit de réserve et on en touchera deux autres aussitôt qu'il sera arrivé, pour constituer la réserve à quatre jours.

On a l'avoine jusqu'au 13 inclus.

Munitions. — Au complet et en bon état.

---

(1) *Sic.* Le hameau des Bordes était ainsi désigné sur les anciennes cartes.

c) **Opérations et mouvements.**

Rapport du 13 août 1870 (État-major général).

Il est probable que le corps d'armée fera mouvement demain. Les ordres d'exécution seront donnés quand le commandant en chef les connaîtra.

Toutes les troupes doivent être approvisionnées à quatre jours de biscuit et de vivres de campagne.

L'intendant prendra ses dispositions pour que le pain confectionné soit distribué ce soir ou cette nuit au plus tard.

. . . .

Les officiers et les hommes malades, malingres et ne pouvant suivre dans le rang seront dirigés ce soir sur Metz. Il y aura au moins un officier par division qui prendra le commandement des petits dépôts de la division constitués avec les hommes malingres et fatigués. Je ne veux pas qu'on laisse un homme valide.

Chaque général de division profitera de cette occasion pour se débarrasser de ce qui lui est inutile. M. le sous-intendant Brassel restera à Metz pour administrer ces petits dépôts.

Les chevaux malingres seront mis en subsistance au 1ᵉʳ d'artillerie.

. . . .

Le général Bourbaki aux généraux Deligny, Picard et Desvaux (Lettre).

Au camp, 13 août.

Mon cher Général,

Le maréchal Bazaine m'adresse la dépêche suivante :

M. le général commandant le 3ᵉ corps me prévient que l'ennemi paraît être en force à Retonfey et à Ars-Laquenexy.

Veuillez donner l'ordre que l'on ne sorte pas des camps.

Veuillez prescrire les mesures nécessaires à cet effet.

Le général d'Auvergne, chef d'état-major général de la Garde impériale, au général Manèque (D. T.).

13 août, 8 h. 20 soir.

Le général Bourbaki n'a pas reçu d'ordres pour le mouvement de demain.

Le maréchal Bazaine au général Bourbaki (D. T.).

13 août, 9 h. 45 soir.

C'est par erreur que vous n'avez pas reçu la même dépêche que les autres généraux commandants de corps.

Elle disait : « Tenez-vous prêt demain matin à 4 h. 30 à faire mouvement, mais les tentes restant dressées, les chevaux sellés. »

Du général Bourbaki. Ordre.

Camp des Bordes, 13 août, 10 heures soir.

Les troupes se tiendront prêtes à faire mouvement demain matin, 14 août, à 4 h. 30.

Toutefois, les tentes resteront dressées, mais les chevaux de la cavalerie seront sellés et ceux de l'artillerie seront garnis.

La diane sera battue à 3 h. 30.

Journée du 13 août.

RÉSERVE DE CAVALERIE.

1re DIVISION.

a) Journal de marche.

13 août.

La division ne fait pas mouvement. Une partie des chevaux pris à l'ennemi sont vendus.

L'on reçoit avis de la nomination de S. E. le maréchal Bazaine au commandement en chef de l'armée du Rhin et l'ordre de se tenir prêt à partir pour Verdun le 14 au matin.

L'outillage général de la division est mis au complet et on laisse à Metz les hommes et chevaux indisponibles.

c) **Opérations et mouvements.**

Ordre de mouvement (1).

Metz, 13 août.

Les troupes se tiendront prêtes à se mettre en marche demain matin à 5 heures. On touchera aujourd'hui des vivres pour les journées des 14, 15 et 16.

Les médecins des corps visiteront les hommes qui ne sont pas en état de marcher; ces hommes, réunis par détachements de régiments, seront placés sous les ordres d'officiers, sous-officiers et brigadiers, pris parmi ceux qui ne pourraient pas suivre.

Ces détachements seront mis à la disposition de M. le général commandant la place de Metz. Les chevaux malades et éclopés seront envoyés au dépôt organisé dans la place. Les ordres définitifs seront ultérieurement donnés.

---

(1) Exemplaire adressé au colonel commandant le 2e chasseurs d'Afrique.

Situation de l'effectif de la 1re division de cavalerie.

CORPS.	EMPLACEMENT de CHAQUE CORPS.	PRÉSENTS.			ABSENTS.									CHEVAUX.								
					OFFICIERS.			TROUPE.						DISPONIBLES.				INDISPONIBLES.				
		Officiers.	Troupe.	Total.	En mission.	Détachés.	Aux hôpitaux ou ambulances.	En congé.	Aux hôpitaux ou ambulances.	Détenus ou en jugement.	Déserteurs.	Prisonniers.	Détachés.	Total.	D'officiers.	De troupe.	De trait.	Mulets.	Total.	Chevaux.	Mulets.	Total.	Effectif.
État-major général	A Metz	3 off. généraux.	»	3	»	»	»	»	»	»	»	»	»	»	18	»	7	»	25	»	»	»	25
Corps d'état-major, officiers d'ordonnance	Id.	8	»	8	»	»	»	»	»	»	»	»	»	»	21	»	4	»	25	»	»	»	25
Ordonnances, secrétaires, conducteurs de voitures	Id.	»	29	29	»	»	»	»	»	»	»	»	»	»	»	»	»	»	»	»	»	»	»
Personnel administratif : Sous-intendant militaire	Id.	1	»	1	»	»	»	»	»	»	»	»	»	»	2	»	2	»	4	4	»	4	4
Officiers d'administration	Id.	2	2	4	»	»	»	»	»	»	»	»	»	»	2	»	»	»	2	1	»	1	1
Commis aux écritures	Id.	»	4	4	»	»	»	»	»	»	»	»	»	»	»	»	»	»	»	»	»	»	»
Officiers de santé	Id.	4	»	4	»	»	»	»	»	»	»	»	»	»	4	»	»	»	4	»	»	»	»
Aumônier	Id.	1	»	1	»	»	»	»	»	»	»	»	»	»	1	»	»	»	1	»	»	»	»
1er régiment de chasseurs d'Afrique	Id.	41	610	651	»	21	19	»	»	1	»	»	1	23	83	490	7	3	588	15	»	15	603
3e régiment de chasseurs d'Afrique	Id.	40	642	682	»	1	6	»	1	»	»	»	»	7	88	482	7	23	600	4	»	4	604
2e régiment de chasseurs d'Afrique	Id.	40	584	624	»	21	15	»	»	»	»	»	1	46	68	496	4	39	607	6	»	6	613
4e régiment de chasseurs d'Afrique	Non arrivé.	»	»	»	»	»	»	»	»	»	»	»	»	»	»	»	»	»	»	»	»	»	»
5e et 6e batteries du 19e régiment d'artillerie à cheval	A Metz	43	307	320	»	3	3	»	»	»	»	»	1	4	20	168	164	»	352	5	»	5	357
Gendarmerie	Id.	1	21	22	»	»	»	»	»	»	»	»	»	»	2	19	»	»	21	2	»	2	23
TOTAUX		154	2,195	2,349	»	50	43	»	1	1	»	»	2	80	308	1,635	195	65	2,223	34	»	34	2,336

Au quartier général, à Metz, le 13 août 1870.

3ᵉ DIVISION.

a) Journal de marche.

13 août.

Le 13, le 9ᵉ dragons est envoyé en reconnaissance sur la route de Metz à Pont-à-Mousson.

c) Opérations et mouvements.

Le général de Forton, commandant la 3ᵉ division de la réserve de la cavalerie, au maréchal Bazaine (Lettre).

Camp de Montigny-les-Metz, 13 août.

Monsieur le Maréchal,

La reconnaissance ordonnée par vous, sur la demande de M. Gérardin, dans la direction de Corny, a été envoyée par moi à 2 h. 45 minutes. Elle se compose de deux escadrons du 9ᵉ régiment de dragons, que j'ai fait suivre à distance d'une demi-heure, par deux autres escadrons du même régiment.

Le général de brigade prince Murat, qui est parti avec ces deux derniers escadrons, m'écrit qu'il a connaissance de la présence de cavaliers prussiens entre Jouy-aux-Arches et Corny. Le 1ᵉʳ régiment de dragons est prêt à monter à cheval, dans le cas où le 9ᵉ trouverait devant lui des forces trop considérables.

Jouy-aux-Arches est à 8 kilomètres de Montigny-les-Metz, où bivouaque la division.

En faisant partir la première reconnaissance du 9ᵉ dragons, j'ai prévenu par écrit M. le Major général, n'ayant pas encore reçu l'annonce officielle du changement opéré dans le commandement en chef de l'armée, et j'attends le retour du prince Murat pour vous rendre compte du résultat.

J'ai fait prévenir également le commandant de la division du 6ᵉ corps dont les troupes sont campées à droite et à gauche de la route qui mène à Corny (1).

---

(1) Général Tixier, commandant la 1ʳᵉ division.

d) **Situation et emplacements.**

Situation de l'effectif de la division le 13 août 1870 (1).

CORPS.	OFFICIERS.	SOUS-OFFICIERS ET TROUPE.	TOTAUX.	CHEVAUX.	EMPLACEMENTS.
1er dragons............	41	571	612	564	Camp de Montigny-les-Metz.
9e —	40	573	613	545	Ibid.
7e cuirassiers..........	38	513	551	499	Ibid.
10e —	42	482	524	500	Ibid.
Artillerie...............	10	315	325	369	Ibid.
Gendarmerie...........	1	20	21	22	Ibid.
Services administratifs..	10	18	28	8	Ibid.
TOTAUX.........	182	2,492	2,674	2,507	

Journée du 13 août.

RÉSERVE GÉNÉRALE D'ARTILLERIE.

a) Journaux de marche.

Journal des opérations du général Soleille.

13 août.

La place, en effet, allait être abandonnée à ses propres ressources. Le maréchal Bazaine avait résolu d'opérer sa jonction avec le maréchal de Mac-Mahon; craignant que cette opération ne fut empêchée par l'ennemi, il se décidait à marcher immédiatement vers Châlons par Verdun. Les ordres de mouvement furent donnés le 13 et le 14 dans les termes suivants :

---

(1) Pareille situation a été envoyée ce matin à S. E. M. le Major général.

« Metz, 13 août. »

« Mon cher Général,

M. le Maréchal commandant en chef l'armée du Rhin me charge d'avoir l'honneur de vous informer que l'armée devra se tenir prête à se mettre en mouvement, demain 14 août, à 5 heures du matin. A cet effet on prendra dès aujourd'hui des vivres pour les journées des 14, 15, 16.

Monsieur l'intendant général fera emporter par les moyens de transport dont il dispose la plus grande quantité possible de vivres, ne laissant dans Metz que les transports nécessaires pour le service de la garnison.

Dès ce soir les troupes seront visitées par les médecins qui désigneront les hommes qui ne seraient pas en état de marcher. Ces hommes réunis par détachements régimentaires de brigade et de division seront placés sous les ordres d'officiers, sous-officiers, brigadiers ou caporaux pris parmi ceux qui ne pourraient pas suivre, et ils seront à la disposition de M. le général commandant supérieur de la place de Metz. Les chevaux malades et éclopés seront envoyés au dépôt qui a été organisé dans la place de Metz par M. le Général commandant la 5ᵉ division militaire.

Des ordres définitifs de départ seront donnés ultérieurement. Veuillez prendre des dispositions en conséquence. »

Général JARRAS.

b) Organisation et administration.

Le général Canu, commandant la réserve générale d'artillerie, au général Soleille (Lettre).

13 août.

Mon Général,

J'ai l'honneur de vous rappeler que les batteries du 13ᵉ régiment d'artillerie sont maintenant détachées à Metz, où elles ont été provisoirement affectées à la défense de la place (1). Peut-être penserez-vous qu'en les y laissant, la réserve générale d'artillerie serait très affaiblie, et, comme elles n'auront que peu de chances pour la rejoindre par suite du mouvement qui va s'exécuter, il serait urgent de prendre une décision à cet égard.

---

(1) Les 5ᵉ, 6ᵉ, 7ᵉ et 8ᵉ batteries seulement. Au moins, les 9ᵉ, 10ᵉ, 11ᵉ et 12ᵉ batteries continuaient-elles à stationner au camp des Bordes (Historique du 13ᵉ régiment).

Le général Mitrecé, directeur général des parcs, au général Jarras, chef d'état-major général de l'armée, à Metz (D. T.).

Toul, 13 août, 8 h. 40 matin.

Le Commandant du génie de la place de Toul m'informe que la place a été déclarée en état de siège par décret du 7 août. J'en ai pris provisoirement le commandement supérieur ce matin. Je demande que le décret, s'il existe, me soit notifié.

Le général Jarras au général Mitrecé, à Toul (D.T.).

Metz, 13 août, 11 h. 30.

Le décret du 7 août a été notifié au commandant de la place de Toul, qui a dû vous le faire savoir.
Agissez en conséquence.

Le général Mitrecé, directeur général des parcs, au Major général, à Metz (D. T.).

Toul, 13 août, 4 h. 35 soir.

Je reçois la dépêche télégraphique suivante du Ministre de la guerre :
« A moins d'ordres formels du grand quartier général, retirez-vous sur le camp de Châlons avec ce que vous pourrez de votre matériel et personnel, en laissant à Toul ce qui appartient à cette place. »
J'attends les ordres de Votre Excellence, la prévenant que le grand parc n'a plus à Toul ni matériel ni munitions.

Le général Jarras, chef d'état-major général de l'armée, au général Mitrecé, à Toul (D. T.).

Metz, 13 août, 9 h. 15 soir.

Je n'ai pas d'ordres à vous donner en opposition à ceux du Ministre.

Le général Mitrecé, directeur général des parcs, au général Soleille (D. T.).

Toul, 13 août, 7 heures soir.

Je prends provisoirement le commandement supérieur et la direction générale des services militaires de la place de Toul.

Le général Soleille au colonel de Girels, directeur de l'artillerie, à Metz (Lettre).

Metz, 13 août.

Mon cher Colonel,

Je suis informé que, d'après les ordres du Ministre, les réserves divisionnaires des divisions de la réserve générale de cavalerie ont été organisées, comme matériel, sur un pied beaucoup plus considérable que celles des divisions de cavalerie attachées aux corps d'armée.

Cette disposition est de nature à amener des difficultés sérieuses dans le service de l'artillerie attachée aux divisions de cavalerie de la réserve.

En conséquence, j'ai fixé comme il suit le matériel qui devra composer ces réserves divisionnaires :

Caissons modèle 1827 pour cartouches d'infanterie.......	2
Chariot de batterie modèle 1833 pour harnachement.....	1
TOTAL.......	3

Les coffres des deux caissons devront avoir un chargement de cartouches approprié à l'armement des troupes de la division.

Pour la division de chasseurs d'Afrique :
    5 coffres de cartouches modèle 1866.
    1 —   —   — 1863.

Pour la 2ᵉ division (cuirassiers) :
    6 coffres de cartouches modèle 1863.

Pour la 3ᵉ division (cuirassiers et dragons) :
    5 coffres de cartouches modèle 1866.
    1 —   —   — 1863.

Je vous autorise, en outre, à remplacer, sur la demande des commandants de l'artillerie des divisions, un certain nombre de cartouches modèle 1863 par des cartouches pour revolver, si les approvisionnements en cartouches de cette espèce annoncés par le Ministre vous sont arrivés.

Le Ministre de la guerre à Monsieur le général Soleille, à Metz (D. T.).

Paris, 13 août, 7 h. 55 soir (1).

Saint-Mihiel est dit-on occupé. N'est-il pas à craindre que les appro-

---

(1) Expédiée à 8 h. 15.

visionnements que vous demandez pour Verdun ne courent des dangers. Dans tous les cas, il en arrive à Châlons où vous pourrez en demander.

c) Opérations et mouvements.

Le maréchal Bazaine au général Canu, commandant la réserve d'artillerie (Lettre).

Château de Borny, 13 août.

Général,

Demain dimanche 14 août, à 4 h. 30 du matin, toutes vos troupes devront être prêtes à exécuter un ordre de mouvement : les chevaux seront sellés, les voitures chargées (1).

Journée du 13 août.

RÉSERVE GÉNÉRALE DU GÉNIE.

a) Journaux de marche.

Rapport sur les opérations du grand parc du génie.

13 août.

Le 13, en passant la revue de la troupe, on reconnut que les hommes étaient novices pour leur service de conducteurs. Ils ne savaient ni harnacher ni conduire les chevaux. Ils étaient pourvus de mousquetons en assez mauvais état : plusieurs d'entre eux contenaient des

---

(1) La réserve d'artillerie était campée aux Bordes (3 kilomètres Est de Metz) comme la veille.
Les 5e et 6e batteries du 13e régiment séjournent au polygone du génie et au fort Moselle « qu'elles sont destinées à défendre dans le cas où l'armée quitterait Metz » (Historique du 13e régiment d'artillerie).
La 7e batterie du 13e régiment concourt à l'armement du fort Bellecroix; la 8e batterie à l'armement du fort Moselle et du fort Bellecroix.
Les 9e, 10e, 11e et 12e batteries seules campent aux Bordes avec les huit batteries du 18e régiment.

balles fortement enchâssées dans leur tonnerre. On ne les avait pas même remis en état dans les arsenaux de l'artillerie avant de les distribuer à la troupe. Les hommes étaient dépourvus de cartouches. Ils n'avaient pas pu en obtenir à Versailles.

Il fallut de longues démarches à Metz pour réparer cette omission. Les cartouches n'étaient pas encore reçues le 15 au matin, lorsqu'on aurait pu les utiliser.

d) Situation et emplacements.

Situation sommaire au 13 août.

CORPS.	OFFICIERS.	SOUS-OFFI-CIERS ET TROUPE.	TOTAUX.	CHEVAUX.	EMPLACEMENTS.
1ᵉʳ régiment.					
2ᵉ compagnie de sapeurs (télégraphie)..........	5	157	162	134	Metz.
3ᵉ régiment.					
1ʳᵉ compagnie de mineurs..	4	104	108	47	Fort Saint-Julien.
1ʳᵉ compagnie de sapeurs (chemin de fer).........	4	123	127	48	Montigny-les-Metz.
Sapeurs-conducteurs......	1	250	251	400	Sur les glacis de la citadelle.
Compagnie d'ouvriers.					
Détachement..........	1	35	36	»	A l'arsenal du génie.
Totaux.....	15	669	684	596	

Journée du 13 août.

PLACE DE METZ.

a) Journaux de marche.

Journal de la défense de la place de Metz.

13 août.

La crue de la Moselle ne s'arrête pas.

Donné ordre de remettre au colonel de Loqueyssie, pour déposer les cartouches de la garde nationale, divers petits magasins sous les remparts ou à côté, à raison d'un environ pour deux fronts.

. . . .

Notes du général Coffinières de Nordeck, sur la campagne de 1870.

13 août.

Un train venant de Châlons et portant des troupes du 6ᵉ corps est arrêté entre Frouard et Metz et obligé de faire le coup de feu pour se dégager (1). A partir de ce moment, il n'est plus arrivé de troupes et l'armée n'a plus subi que des pertes. Son effectif était d'environ 170,000 hommes.

Le général Margueritte est envoyé avec les chasseurs d'Afrique sur la ligne de Frouard pour repousser les hulans (2) Il rentre après quelques engagements de peu d'importance. Les éclaireurs prussiens se montrent à Gorze, à Corny, à Novéant; des troupes d'infanterie sont signalées vers Servigny, Poixe, Sainte-Barbe et Retonfey.

L'Empereur s'arrête à l'idée de faire passer notre armée sur la rive gauche de la Moselle et d'opérer sa retraite par Verdun et Châlons.

Le commandant supérieur demande 18,000 hommes de troupes régulières pour constituer la garnison de la place. Le maréchal Bazaine lui accorde seulement une division d'infanterie (la 3ᵉ division du 2ᵉ corps, commandée par le général Laveaucoupet, et qui avait beaucoup souffert à Spicheren) (3).

Le général en chef fait distribuer trois jours de vivres à l'armée et emporte une quantité considérable de farine, biscuit, riz, etc., etc.

Dans la place, nous travaillons nuit et jour à la construction de ponts sur la Seille et sur la haute et basse Moselle. Grâce au concours des pontonniers, du génie, des ponts-et-chaussées, de la compagnie des chemins de fer et de l'arsenal du génie, nous parvenons à établir quinze ponts (4) présentant ensemble une longueur de près de mille mètres. Il y avait en outre deux passages parfaitement distincts à travers la ville. L'armée pouvait donc passer au moins sur quatre ou cinq colonnes.

---

(1) Train du 9ᵉ régiment d'infanterie.
(2) La veille, 12 août.
(3) Cet ordre fut donné par l'Empereur lui-même, bien que la demande dont parle le Gouverneur de Metz ait été adressée au maréchal Bazaine.
(4) Sur la Moselle seulement.

b) Organisation et administration.

Rapport du Commandant du fort de Plappeville.

Fort de Plappeville.

Le 77ᵉ régiment d'infanterie, à l'effectif de 1 officier et 136 hommes, a quitté le fort ce matin, suivant les ordres reçus.

Un détachement de 1 lieutenant, 1 sous-officier, 1 brigadier, 25 servants à pied appartenant au 3ᵉ régiment d'artillerie, est arrivé au fort pour y faire le service, d'après les ordres du général commandant l'artillerie.....

Une réserve de vivres pour dix jours avait été annoncée ; rien n'est encore arrivé.

Un détachement d'hommes du génie serait d'une bien grande utilité pour le service du fort de Plappeville, ainsi que pour celui du fort de Saint-Quentin.

On demande qu'il soit envoyé environ 1000 mètres de cordeau porte-feu.

Du bétail sur pied a été envoyé pour la nourriture des troupes.....

Le commandant du fort,
DUCHÊNE.

Rapport du lieutenant-colonel Protche, commandant le fort Saint-Julien.

Fort de Saint-Julien, le 13 août.

Mon Général,

J'ai l'honneur de vous adresser, à la date du 13 août, midi, les diverses situations du fort.

Personnel. — Le détachement de chasseurs est rentré ce matin à Metz. J'avais demandé à conserver quelques hommes exercés au tir des bouches à feu ; ce matin, l'autorisation m'est arrivée, après le départ. J'ai immédiatement envoyé au commandant du dépôt du 11ᵉ chasseurs l'ordre de me renvoyer 100 hommes et les cadres ; il me répond qu'ils me seront envoyés dans la soirée.

Chasseurs à pied (11ᵉ bataillon)..........	100 hommes.
1ᵉʳ d'artillerie......................	65 —
13ᵉ d'artillerie, 1 lieutenant et........	28 —
Génie........................	104 —
60ᵉ de ligne (un bataillon)..........	700 —
75ᵉ de ligne (deux bataillons).........	1,400 —
TOTAL.............	2,397 hommes.

Le détachement du 55ᵉ est parti ce matin sur l'avis que j'ai reçu de lui faire rejoindre son corps, campé sous Queuleu.

J'ai fait rentrer dans le fort le 60ᵉ ; je n'ai donc plus en dehors que le 75ᵉ de ligne.

On a chargé depuis hier, à 3 heures :

Obus ordinaires de 12......................	167
— de 4........................	116
— de 15.......................	110
Bombes de 22............................	30

J'ai fait ouvrir sur les flancs des bastions des embrasures ; on armera demain. J'ai continué à faire établir des plates-formes là où il en manquait. Je ferai changer l'armement de la gauche du cavalier ; il y avait du 4 de montagne (quatre pièces mises en cas d'attaque imprévue) ; on les remplacera successivement par du 4 de campagne ou du 12 et on fortifiera l'épaulement au fur et à mesure.

Si le beau temps continue, la besogne avancera vite et se fera bien.

Le génie continue à faire des percées dans les bois et à nous donner des vues sur les points importants. Les parapets s'élèvent dans certains endroits et s'épaississent dans d'autres.

Je vois que chacun fait de son mieux. Les mouvements de troupes de ce matin ont cependant nui un peu à la rapidité du travail.....

Le colonel Merlin, commandant le fort de Queuleu, au général Coffinières (Lettre).

Fort de Queuleu, 13 août.

Mon Général,

Veuillez me faire l'honneur de m'excuser de n'avoir pas fait connaître les détails de ce qui s'est passé ici depuis deux ou trois jours, qui ont passé comme deux ou trois heures. Le répit que nous accordent les Prussiens nous a permis de nous clore assez convenablement pour n'avoir à craindre aucune insulte. Mes 2,800 hommes travaillent avec entrain ; la discipline laisse peu à désirer et chaque jour de plus nous rend plus fort.

J'ai maintenant 40 pièces de gros calibre en batterie. Elles sont approvisionnées en moyenne à 40 coups, dont 600 coups à mitraille. On prépare les plates-formes et emplacements des obusiers et mortiers qui restent à placer au nombre de 39 ; cela ne sera pas long à terminer.

Mon ordre d'aujourd'hui ci-joint résume les dispositions générales que j'ai prises, pour être prêt, sans désordre, à repousser toute attaque de vive force. Si l'attaque est méthodique, j'agirai suivant la marche adoptée par l'ennemi.

Comme vous le verrez dans l'ordre, il me suffira de faire battre la générale pour que chacun soit à son poste.

J'ai transformé en artilleurs 160 sapeurs avec 1 capitaine et 3 lieutenants du génie. Avec l'aide de l'artillerie de la garde mobile et des 100 artilleurs de la ligne, je puis équiper mes pièces avec 3 artilleurs pour deux pièces et le reste des servants pris dans les corps désignés ci-dessus.

Chaque homme a 90 cartouches; j'ai en magasin de quoi leur en donner encore 40 par homme.

Le service des vivres laisse un peu à désirer; il se rectifie aujourd'hui, mais il serait urgent de mettre à exécution l'annonce qui m'a été faite de me donner un approvisionnement de dix jours de vivres. J'ai préparé les locaux pour les caser. J'insiste sur cette nécessité, parce qu'au milieu des grands mouvements de troupe qui s'opèrent autour de nous, il peut arriver des malentendus, comme hier, par exemple, où le pain a failli manquer.

Toute la garnison travaille rudement; les terres sont difficiles à manier; les hommes se fatiguent, et lorsque le pain manque, ils ne font rien.

Si on avait un approvisionnement de biscuit, on aurait le temps d'aviser.

. . . .

Ordre du 13 août 1870.

Fort de Queuleu, 13 août.

Le commandant du fort de Queuleu porte à la connaissance de la garnison les mesures prises pour assurer l'achèvement des travaux de défense et la défense elle-même des différentes parties du fort.

Chaque bastion avec ses deux demi-courtines adjacentes est affecté à l'une des six compagnies du 1er régiment de génie.

Le bastion n° 1 à la 1re compagnie, capitaine Flambart.
Le bastion n° 2 à la 13e compagnie, capitaine Schwartz.
Le bastion n° 3 à la 2e compagnie de dépôt, capitaine Vouaux.
Le bastion n° 4 à la 16e compagnie, capitaine Picavet.
Le bastion n° 5 à la 14e compagnie, capitaine Lussan.
Le bastion n° 6 à la 1re compagnie de dépôt, capitaine Keller.

Les commandants de ces compagnies recevront de M. le commandant Gillon les instructions nécessaires à l'achèvement des travaux à faire sur chacune de ses portions d'enceinte dont la défense leur est confiée, ainsi qu'aux officiers d'infanterie désignés.

En cas d'alerte générale, un bataillon du 93e de ligne se portera sur les remparts. Les six compagnies se dirigeront sur les six bastions de même numéro et se réuniront aux demi-compagnies du génie désignées précédemment. L'autre bataillon et la deuxième portion des compagnies de génie se réuniront devant la caserne pour être dirigés sur les points plus particulièrement menacés.

Le Ier bataillon du 93e sera de service pour la première alerte et les capitaines des compagnies désigneront nominativement les hommes qui feront partie de la première demi-compagnie à marcher. Les artilleurs, la garde mobile, les sapeurs et soldats d'infanterie destinés au service de l'artillerie se rendront chacun à sa pièce.

Il est donc possible, dès à présent, à chaque officier de prendre connaissance de l'ouvrage qu'il aura à défendre en cas d'alerte.

Le commandant du fort fait connaître que tout homme récalcitrant soit au travail, soit au service intérieur ou qui manquerait aux appels, sera puni d'un ou plusieurs jours de garde dans une des places d'armes extérieures.

Le nombre des hommes de garde sera en outre augmenté dans les compagnies auxquelles appartiennent ces hommes.

Il est expressément défendu, en dehors des heures de travail, de monter sur les parapets, murs, gabionnades, etc.

Le commandant du fort prie tous les officiers de faire comprendre à leurs hommes le danger qu'il y a pour la discipline, le bon ordre et même la sécurité du fort, de se laisser aller aux excès de curiosité suivis de tumulte qui ont eu lieu hier soir (1).

La stricte surveillance des gens suspects, qui doit s'exercer avec plus de rigueur que jamais, ne peut que gagner à s'accomplir avec plus de calme.

A l'exception des ordres donnés par les chefs, les cris de toute espèce sont interdits.

Colonel MERLIN.

---

(1) Le 12 août, « un cri poussé par un officier d'artillerie, fort bien intentionné du reste, du haut de la branche droite du cavalier : « Arrêtez-le, arrêtez-le ! » a mis en émoi toute la garnison du fort. En un clin d'œil, plus de 2,000 hommes quittaient la soupe et se précipitaient sur la gorge du fort, escaladant nos gabionnades, sautant dans les fossés, hurlant : « à mort l'espion ! » qu'on ramenait pâle comme un mort de cette chasse d'une nouvelle espèce. J'ai eu beau crier, tempêter, menacer, rien n'y faisait ; il passaient devant moi comme un fleuve débordé. » (Le colonel Merlin au général Coffinières. Fort de Queuleu, 13 août.)

Situation de l'artillerie de la place, le 13 août 1870.

Fort des Carrières (Plappeville).

Personnel.

Artillerie de la ligne : 2 détachements :

Du 1er : 4e batterie : 1 capitaine, 1 maréchal des logis chef, 4 maréchaux des logis, 2 brigadiers, 4 artificiers, 1 trompette, 54 canonniers.

Du 3e : 1 lieutenant, 1 maréchal des logis, 1 brigadier, 25 canonniers.

Batterie de la garde nationale mobile (Moselle) :

1 capitaine, 2 lieutenants, 1 maréchal des logis chef, 1 fourrier, 1 maréchal des logis, 4 brigadiers, 54 canonniers.

Matériel.

Bouches à feu.

Canons rayés de 24 de place..............	4
— — de siège...............	8
— de 12 de place...............	11
— — de siège...............	14
— — de campagne..........	6
— de 4 —	6
— — de montagne.........	4
Obusiers de 22 centimètres...............	1
— de 16 —	5
Mortiers de 27 —	2
— de 22 —	4
— de 15 —	3

Projectiles.

Obus oblongs de 24......................	722
— de 12.....................	3,476
— de 4.....................	1,218
Obus de 22 centimètres....................	996
— de 16 —	500
Bombes de 27 centimètres.................	240
— de 15 —	360

Munitions confectionnées.

Gargousses de 24.........................	240
— de 12 de place................	400

Gargousses de 12 de siège............... 400
— de 12 de campagne............. 240
— de 4 — 240
— de 4 de montagne............. 160
— d'obusiers de 22 centimètres....... 160
— — de 16 — 200

Obus chargés.

Obus oblong de 24...................... 250
— de 12...................... 880
— de 4...................... 250
— de 22 centimètres............ 100
— de 16 — 260
— de 15 — 100

Boîtes à mitraille.

Boîtes à mitraille de 24.................. 30
— de 12.................. 150
— de 4.................. 100
— de 22.................. 10
— de 16.................. 40

Cartouches d'infanterie.

74,565 cartouches d'infanterie, modèle 1866.
3,008 — — 1867 pour fusil transformé.

Poudre.

Il y a en poudre et fusées de quoi confectionner des charges et charger les projectiles de façon à compléter l'approvisionnement à 120 coups par pièce.

Le général Coffinières au maréchal Bazaine (Brouillon de lettre).

Metz, 13 août.

Monsieur le Maréchal,

Depuis que S. M. l'Empereur m'a confié les fonctions de commandant supérieur de Metz, j'ai dû sérieusement réfléchir sur la défense de cette place.

Les forts extérieurs qui constituent le camp retranché sont situés à une distance moyenne de 4,000 mètres de l'enceinte : ils sont séparés les uns des autres par des intervalles immenses; ces forts ne sont pas terminés; celui de Saint-Julien a une large brèche produite par un éboulement; une brèche à peu près aussi grande existe au fort de Queuleu.

Il est de la plus haute importance de conserver la place de Metz : il faut donc lui donner les moyens de se défendre énergiquement, malgré ce fâcheux état des forts extérieurs.

A cet égard, je demande et je considère comme absolument indispensable :

Au fort de Queuleu....................	3,000 hommes.
Pour le fort de Saint-Julien............	3,000 —
Pour le fort de Plappeville.............	2,500 —
Pour le fort de Saint-Quentin..........	1,500 —
Pour la ligne du chemin de fer.........	2,000 —
Pour le fort de Bellecroix..............	2,000 —
Pour le fort Moselle...................	2,000 —
De cavalerie..........................	500 —
Canonniers...........................	500 —
Du génie.............................	500 —
Boulangers, infirmiers, etc., force publique.	500 —
TOTAL....	18,000 hommes.

La place sera défendue par la garde nationale.

RENSEIGNEMENTS

BULLETIN DE RENSEIGNEMENTS DU GRAND QUARTIER GÉNÉRAL (1).

13 août.

Le gros des colonnes prussiennes annoncé jusqu'à ce jour n'a pas encore été aperçu; cependant les éclaireurs de cavalerie et les reconnaissances se rapprochant et se montrant en grand nombre et sur beaucoup de points à la fois, on peut en conclure que les corps d'armée ne tarderont pas à déboucher sur Nancy et Pont-à-Mousson (2).

On pense que les deux armées du Prince royal et du prince Frédéric-Charles, peut-être neuf corps d'armée (3), y arriveront demain 14 août.

Les deux corps d'armée du général Steinmetz (VIIe et VIIIe), semblent devoir couvrir le mouvement à droite en faisant une démonstration sur les routes de Sarrebrück et de Boulay (4).

On affirme que le Roi de Prusse aurait établi son quartier général à Sarrebrück, avec Bismarck et de Moltke.

On dit aussi que Vogel de Falkenstein doit pénétrer par Thionville et Longwy avec 150,000 hommes, mais le mouvement n'a été aperçu par personne.

Le général chef d'état-major général,

JARRAS.

---

(1) Transmis aux généraux commandants les corps d'armée.

(2) En réalité, le gros des colonnes de la IIIe armée atteignait seulement la ligne Moyenvic, Arracourt, Einville et Lunéville dans la journée du 14 août. A la même date, la Garde et le Xe corps étaient sur la Meuse devant Dieulouard et Pont-à-Mousson. Une division du Xe corps avait même atteint ce dernier point dès l'après-midi du 13.

(3) En réalité dix, car le IIe corps, maintenu provisoirement sur le territoire au début des opérations, avait commencé son débarquement à Neunkirchen le 9 août et arrivait le 13 aux environs de Saint-Avold.

(4) Le Ier corps avait déjà rejoint la 1re armée et arrivait le 13 au soir sur la Nied française aux côtés du VIIe corps.

Le Ministre des affaires étrangères à l'Empereur (D. T.).

Paris, 13 août, 1 heure matin.

Je reçois de notre chargé d'affaires à Bruxelles le télégramme suivant :

La ligne de chemin de fer Guillaume-Luxembourg vient d'être avisée que le service est interrompu entre Thionville et la frontière luxembourgeoise.

On a lieu de croire que la ligne a été coupée par les Prussiens.

X... de Luxembourg au Ministre des affaires étrangères (Lettre).

Luxembourg, 13 août.

Monsieur le Ministre,

Je m'empresse de transmettre ci-après à Votre Excellence la copie des deux télégrammes que j'ai eu l'honneur de lui adresser hier soir, 12 août, à 7 heures, et ce matin 13, à 10 heures :

1° « M. de Bismarck, les généraux de Moltke, de Roon et Steinmetz se trouvent avec le Roi à Forbach. Le prince Frédéric-Charles aurait quitté l'armée de Sarrebrück, pour remplacer le général Steinmetz à l'armée de la Sarre. »

2° « Général de Gœben quitté Forbach avant-hier matin ; a suivi prince Frédéric-Charles vers Lauterbach et Carling. Prince doit avoir pris commandement de ce corps de la Sarre, destiné, dit-on à Sarrebrück, à faire mouvement tournant.....

D'après les renseignements qui me parviennent à l'instant, un corps d'armée évalué à 30,000 hommes et composé en grande partie de Hessois, me dit-on (sans qu'il ait été possible de savoir s'il s'agit du corps hessois-prussien, recruté dans l'ancien électorat ou bien des Hessois de Darmstadt) aurait passé par Trèves et Conz, hier, se dirigeant vers la haute Sarre.....

Les communications télégraphiques entre Luxembourg et Metz existent encore, mais les trains de voyageurs ont cessé de circuler entre Thionville et Metz.

Toutefois, l'administration des chemins de fer s'attend à voir les lignes coupées d'un moment à l'autre car elle a donné l'ordre de ne plus expédier des groupes (*sic*) de finances vers la frontière française.

L'Agent spécial de Thionville au Major général (Lettre).

Thionville, 13 août.

Monsieur le Major général,

Trèves, Wittlich, Sarrebourg, Conz et la frontière luxembourgeoise sont aujourd'hui complètement dégarnis de troupes.

A Berncastel, il reste 180 hulans et deux compagnies de landwehr du *68e* de ligne.

Sept compagnies des *63e*, *31e*, *7e*, *68e* et *59e* de ligne se seraient jointes aux troupes qui occupent actuellement la frontière française.

Toutes les forces militaires de l'Ouest et du Nord se dirigeraient vers la frontière française.

Le *69e* de ligne a quitté hier Coblenz pour se diriger vers le Sud.

Des voitures arrivent de Coblenz, de Cologne, de Dusseldorf, etc... Une file de 4,000 voitures suit actuellement la route de la Sarre entre Sarrebourg et Sarrelouis. On ne sait où ces voitures s'arrêteront et à quoi elles serviront.

On croit que les transports par Trèves sont achevés, puisqu'on a dégarni la frontière luxembourgeoise; mais on croit que des transports plus importants s'effectuent actuellement sur les bords du Rhin, pour renforcer les troupes massées sur la Nahe.

Je viens d'envoyer un exprès à Birckenfeld.

L'Agent spécial de Thionville au Préfet de la Moselle (Lettre).

Thionville, 13 août.

Monsieur le Préfet,

J'ai l'honneur de vous faire connaître, qu'on évalue à une dizaine de mille hommes, les troupes actuellement campées entre la Sarre et la frontière française. Ces troupes paraissent former l'arrière-garde du VIIIe corps d'armée.

On s'occuperait actuellement à transporter de l'intérieur de la Prusse, pour les planter (*sic*) sur les hauteurs boisées qui bordent la Sarre, toutes les grosses pièces d'artillerie.

Les frontières luxembourgeoises sont à peu près complètement dégarnies de troupes.

La garnison de Trèves est à peu près nulle; celle de Sarrelouis est insignifiante; mais cette dernière place est suffisamment gardée par les troupes qui infestent nos frontières et qui poussent des reconnaissances jusqu'aux portes de Thionville, sans trouver la moindre résistance.

On ne parle plus de l'armée du général Vogel de Falkenstein. On m'a promis à Luxembourg, d'avoir bien l'œil sur la marche de cette armée et d'en donner avis, si elle devait se rapprocher de la France.

Je vais à Luxembourg pour me renseigner sur le séjour dans le Grand-Duché de plusieurs individus (dont deux Français), arrêtés à Thionville, sous la prévention d'espionnage.

On croit à Luxembourg, que le roi de Prusse, avide de cueillir à son tour quelques lauriers, va réunir sous son commandement les deux armées du prince Frédéric-Charles et du général de Steinmetz.

Sa Majesté prussienne a visité le champ de bataille de Spicheren et est accompagnée du comte de Bismarck, du ministre de la guerre de Roon, du général de Moltke, du grand-duc de Saxe-Weimar, du prince Luitpold de Bavière, etc...

. . . .

7 heures du soir.

P.-S. — Ma dépêche n'ayant pu partir encore, je vais y ajouter les renseignements que je viens d'obtenir :

Environ 4,000 voitures de réquisition circulent en ce moment entre Sarrebourg, Mertzig et Sarrelouis. On ne sait me dire à quoi elles serviront et où elles iront.

X..., fait prisonnier par les Prussiens à Sarrebrück, vient de rentrer par Trèves. Il raconte que le roi de Prusse prendra le commandement général des armées prussiennes et que le prince Frédéric-Charles se mettra à la tête de l'armée du Palatinat pour la ramener sur la Sarre et cerner Metz par Boulay et Bouzonville.

La frontière luxembourgeoise est complètement dégarnie de troupes, ce qui fait supposer que les transports par Trèves et Conz sont à peu près achevés.

Mais on croit que des transports plus importants s'effectueront ou sont en voie de s'effectuer par Coblentz et la ligne de la Nahe.....

L'Agent spécial de Thionville au Major général et au Préfet de la Moselle, à Metz (D. T.).

Thionville, 13 août 11 h. 25 matin,

X..., de Luxembourg, fait connaître que général Gœben et prince Frédéric-Charles ont quitté Forbach pour aller vers Lauterbach.

Ils doivent revenir à la Sarre avec les troupes du Palatinat pour opérer un mouvement tournant (1).

Je vais aux informations.

Dépêche télégraphique expédiée de Luxembourg à l'Agent spécial de Thionville.

Luxembourg, 13 août, 8 h. 20 soir.

Entre Sarrebourg, Mertzig et Perl, sont amassées troupes, entre autres des *27ᵉ*, *29ᵉ*, *69ᵉ*, hussards, hulans, landwehr et artillerie du *8ᵉ*, avec beaucoup de canons.

A Perl seul, 1500.

Il en arrive constamment de Trèves, où ils ne font que passer.

On dit que, demain, tout cela réuni formera 35,000 hommes destinés à opérer entre Thionville et Metz lundi.

De Vogel de Falkenstein, rien encore de certain.

L'Agent spécial de Thionville au Major général (D.T.).

Thionville, 13 août, 9 h. 15 soir.

De nouvelles troupes arrivées de Trèves (hussards, hulans, landwehr, artillerie), s'échelonnent depuis midi entre Sarrebourg, Mertzig et Perl. — Ces transports doivent continuer demain.

On parle de la concentration de 35,000 hommes destinés à opérer entre Thionville et Metz.

Le capitaine Vosseur au Major général, à Metz (D.T.).

Toul, 13 août, 11 h. 15 soir.

Six trains de chemin de fer portant les 14ᵉ, 20ᵉ et 31ᵉ de ligne (2), à destination de Metz, ont été arrêtés près Marbache. Ligne coupée sur grande longueur. Attaqués par des cavaliers et de l'artillerie (3), ils ont

---

(1) C'est peut-être la nouvelle qui, adressée directement à Paris par X... de Luxembourg, motiva la dépêche de l'Impératrice à l'Empereur : (13 août, 7 h. 45 soir) dépêche où il est question d'un mouvement possible du prince Frédéric-Charles sur Verdun par le Nord de Thionville.

(2) De la division Bisson (2ᵉ du 6ᵉ corps).

(3) Un escadron du *1ᵉʳ* régiment de dragons de la Garde avec une batterie à cheval. (*Historique du Grand État-Major prussien.*)

rebroussé sur Toul et ont été dirigés par général Mitrecé sur Bar-le-Duc. Leur donner des ordres.

Général Mitrecé (1) part demain.

Général de la Charrière toujours à Commercy.

Nancy occupé par cavalerie prussienne ce soir (2).

En marge : Les trains doivent être dirigés sur Verdun.

Maréchal BAZAINE.

Le Commissaire de surveillance de Commercy au Major général (D. T.).

Commercy, 13 août, 5 h. 45 soir.

Suivant instructions de M. de Bouville, je vous informe que des Prussiens sont sur la rive droite de la Moselle (3) et leur commandant vient de requérir tous les hommes valides de Dieulouard pour détruire la voie ferrée et pour fournir dans la soirée d'aujourd'hui 1500 rations pour chevaux et autant pour hommes, avec menace, faute d'obtempérer, d'incendier le village. — Extrait d'une note du maire de Belleville envoyée à la gare de Frouard.

Le général Tixier, commandant la 1re division du 6e corps, au maréchal Canrobert (Lettre).

Sous Metz, 13 août.

Monsieur le Maréchal,

J'ai l'honneur de vous rendre compte qu'il résulte des renseignements que j'ai reçus que les populations de Cuvry et de Coin-sur-Seille sont en fuite sur Metz, par suite de l'apparition des coureurs prussiens sur leur territoire (4).

---

(1) Le général Mitrecé, directeur général des parcs de l'armée, avait reçu l'ordre direct du Ministre de se rendre au camp de Châlons.

(2) Reconnaissance de la 4e division de cavalerie.

(3) 4e escadron du 1er régiment de dragons de la Garde. (*Historique du Grand État-Major prussien.*)

(4) *Cette lettre porte en marge :* Transmis au grand quartier général.

Par ordre :
Le Général chef d'état-major du 6e corps,
HENRY.

Sergent du génie de garde au pont de Jouy, au général Coffinières, à Metz (D. T.).

Ars, 13 août, 12 h. 8 soir.

Les Prussiens, au nombre de 300 à 500, sont à Corny (1).

Le général de Forton, commandant la 3ᵉ division de la réserve de cavalerie, au maréchal Bazaine (Lettre).

Montigny-les-Metz, 13 août, 2 heures.

Monsieur le Maréchal,

J'ai l'honneur de vous prévenir que M. Gérardin, membre du tribunal civil de Metz, venant de Jouy-aux-Arches, m'annonce qu'un corps de cavaliers prussiens que l'on estime de la force de 400 à 500 chevaux, est arrivé à Corny à midi et demie (1).

J'envoie une reconnaissance de deux escadrons sur la route de Jouy-aux-Arches (2), et je fais prévenir les troupes du 6ᵉ corps campées à droite et à gauche de cette même route en dehors de la chaussée du chemin de fer.

Le commandant Duchêne, commandant le fort de Plappeville, au général Coffinières (D. T.).

Plappeville, 13 août, 11 h. 25 soir.

Le maire de Plappeville me fait prévenir que les habitants de Jouy lui ont dit que l'ennemi était dans ce village.

Bulletin de renseignements du 6ᵉ corps (3).

Metz, 13 août.

Pendant la nuit dernière quelques coups de feu ont été tirés du côté de la voie ferrée, vers Constantine (4).

---

(1) Du *16ᵉ* régiment de hussards de la brigade Rauch (*15ᵉ* de la 6ᵉ division de cavalerie). (*Historique du Grand État-Major prussien.*)

(2) Deux escadrons du 9ᵉ régiment de dragons poussèrent jusqu'à Jouy-aux-Arches, échangèrent quelques coups de feu avec des cavaliers ennemis et rentrèrent à Montigny.

(3) Adressé « au Maréchal Major général de l'armée ».

(4) Deux kilomètres au Sud-Ouest de Montigny sur la route de Pont-à-Mousson.

D'après le dire de plusieurs paysans rencontrés la nuit dernière, un parti de hulans, fort de 120 hommes environ (1), serait venu hier, vers deux heures de l'après-midi, au village de Cheminot situé à 8 kilomètres environ en avant de Pont-à-Mousson et aurait détaché un peloton de 40 hommes dans un village à 3 ou 4 kilomètres en avant, vers Pont-à-Mousson.

Des gens du pays disent qu'à 13 kilomètres en avant de Saint-Privat 750 hommes ont couché à Cheminot où ils ont requis tous les vivres possibles. Ces 750 hommes se dirigeaient vers Pont-à-Mousson.

Quelques maraudeurs isolés ont été vus, hier, autour de Cuvry.

Hier, les lanciers prussiens (2) étaient à Gondreville. Ils sont aujourd'hui à Vry et à Sainte-Barbe. Une forte masse de cavalerie s'avance par la route de Bouzonville (3).

Le Maire de Gorze au général Coffinières (D. T.).

Ars, 13 août, 6 h. 25 soir.

Il vient de paraître en éclaireurs trois hussards prussiens, qui ont parcouru les rues de la localité et ensuite sont repartis pour Novéant. L'on m'annonce qu'il doit en venir d'autres à Gorze.

4 h. 20, mairie de Gorze.

Poste d'observation de la cathédrale de Metz. — Rapport du 13 août, à 5 heures du soir.

Le capitaine Lebagre a travaillé toute la journée au panorama-reconnaissance des environs de Metz.

La brume n'a pas permis d'observer dans la direction de la haute Moselle. Vers la basse Moselle, en aval de Malbroy, on n'a rien constaté qui mérite d'être cité.

De 1 h. 15 à 3 h. 30, on a vu, comme hier, une ligne de troupes (un régiment au moins) (4), postées en arrière de Servigny-les-Sainte-Barbe; à 4 heures cette ligne avait changé de position.

---

(1) Probablement de la brigade Redern (*13º de la 5º division de cavalerie*) qui atteignit en effet Pont-à-Mousson le lendemain, c'est-à-dire le 13 août. (*Historique du Grand État-Major prussien.*)

(2) Hulans de la *3º* division de cavalerie.

(3) La *3º* division de cavalerie vint s'établir dans la soirée à Vry et Avancy et poussa ses vedettes jusqu'à Sainte-Barbe et Vrémy.

(4) Appartenant à l'avant-garde de la *2º* division d'infanterie prussienne, signalée d'autre part par le général de Ladmirault.

A 2 h. 15, les troupes campées en arrière de Poixe ont quitté leur camp avec l'intention apparente de rejoindre les précédentes.

De 1 heure à 4 heures, on a constaté la présence d'une grand'garde qui est restée immobile en avant de la route qui se dirige au Nord de Sainte-Barbe et près de ce village.

A 2 h. 55, patrouille de cavalerie sur le chemin de Petit-Marais à Coligny près de Retonfey.

A 3 h. 15, troupes en bataille (deux bataillons?) postées sur le même chemin, près et à gauche de la route de Sarrelouis.

A 3 h. 15, nos troupes, campées en avant de Borny, travaillent à un épaulement en avant du bois situé au Sud-Est du même village.

A part ces détails, on n'a rien constaté d'intéressant dans les divers camps compris entre la Seille et la basse Moselle, ni dans ceux de la plaine de Thionville.

Compte rendu d'une reconnaissance faite par le lieutenant-colonel Fay, du grand état-major général.

Au grand quartier général, à Metz, 13 août.

Des vedettes de hulans étaient ce matin de 8 à 10 heures sur la route de Bouzonville et de Burtoncourt vers Poixe et Servigny, en face des avant-postes du 3º corps (1) établis à Villers-l'Orme.

Il y en avait en avant du 4º corps (2) à Flanville, Coincy et entre Marsilly et le château d'Aubigny.

Les avant-postes de ce 4º corps (3), établis à hauteur de Noisseville sur la route de Sarrelouis, à hauteur de Montoy sur celle de Sarrebrück, et du château d'Aubigny, ont tiraillé parfois assez vivement sur ces cavaliers. Des pelotons de cavalerie suivaient ces vedettes vers Coincy ; les capitaines d'avant-garde prétendaient avoir vu des masses assez profondes de cavalerie dans les fonds.

De Colombey, j'ai cru voir avec ma lorgnette de l'infanterie vers Coincy (4). Le mouvement de cette reconnaissance ennemie avait l'air de se prolonger de Coincy vers Ars-Laquenexy, autour du château d'Au-

---

(1) *Lire* : 4º corps.
(2) *Lire* : 3º corps.
(3) *Ibid.*
(4) Plus vraisemblablement vers Colligny qui fut occupé, en effet, par un bataillon $\left(\frac{1}{13}\right)$ de la 25º brigade.

bigny (1). Ce château est fort important; il domine à bonne portée le 7ᵉ de ligne et le régiment qui est à sa gauche vers la ferme de Colombey (2).

A la gauche de ce dernier régiment, contre la ferme et dans le prolongement d'une tranchée-abri, on a placé une batterie d'artillerie, qui n'a vue que dans la direction d'Ars-Laquenexy.

La moitié au moins des pièces de cette batterie devrait être dirigée sur le château d'Aubigny, qui, pris par l'ennemi, lui donnerait une position excellente contre cette ligne.

L'épaulement devrait donc être retourné contre le chemin du château à Colombey.

Le bois qui est en face du 7ᵉ de ligne est excessivement dangereux pour ce régiment : il devrait être brûlé (3).

La même observation s'applique au grand bois situé au Sud de Peltre, en face du 2ᵉ corps.

Le village de Magny-sur-Seille, n'est pas assez fortement occupé (4); il est entre les 2ᵉ et 6ᵉ corps et est fort important. Il n'y a aucune vedette sur les collines qui l'entourent.

Les divisions du 6ᵉ corps n'ont pas encore d'artillerie (5). Leur droite est bien dominée à 2 kilomètres par les collines de Chazelles (6) (rive gauche de la Moselle).

Le lieutenant-colonel d'état-major,
Ch. FAY.

P.-S. — L'ennemi n'a pas tiré de coups de fusil. Son infanterie serait donc loin.

Les avant-postes tirent trop ; ils laissent passer des masses de paysans en avant de nous.....

---

(1) Deux escadrons du 1ᵉʳ corps prussien tenaient la ligne Ogy, Retonfey, avec quatre compagnies en soutien à Vaudreville et sur la route de Sarrebrück à hauteur de Maizery. « A la tombée de la nuit », trois compagnies relevèrent les avant-postes de cavalerie entre Retonfey et Ogy.

(2) Le 59ᵉ.

(3) Bois situé entre Ars-Laquenexy et la Grange-aux-Bois.

(4) Magny-sur-Seille fut occupé dans la journée, vers 1 heure, par les trois bataillons du 32ᵉ régiment (de la division Vergé, 2ᵉ corps).

(5) La 4ᵉ division n'avait pas d'artillerie ; la 2ᵉ ne possédait qu'une batterie arrivée le jour même; mais les 1ʳᵉ et 3ᵉ avaient chacune leurs trois batteries.

(6) C'est-à-dire par le mont Saint-Quentin.

Le général de Ladmirault au maréchal Bazaine (Lettre).

Château de Grimont, 13 août, 6 h. 30 soir.

Monsieur le Maréchal,

Je viens vous rendre compte que le plateau de Glattigny est occupé par des forces ennemies, infanterie, cavalerie et artillerie, qui augmentent sans cesse (1). Nos grand'gardes échangent des coups de fusil. Il serait possible que nous fussions attaqués demain matin. Dans ce cas, il serait difficile de refuser le combat et de chercher à opérer le passage de la Moselle, opération qui exigera plus d'une journée.....

X..., à Bruxelles, au Ministre des affaires étrangères, à Paris (T. Ch.).

Bruxelles, 13 août, 1 h. 30 soir.

Bulletin prussien.

Saint-Avold, 12 août, midi.

Phalsbourg et le passage des Vosges qui s'y trouve sont en notre pouvoir. Bitche, n'étant occupé que par 300 hommes de la garde mobile, sera observé par une compagnie.

Notre cavalerie est près de Lunéville.

X..., à Bruxelles au Ministre des affaires étrangères, à Paris (T. Ch.).

Bruxelles, 13 août, 3 h. 55 soir.

Bulletin prussien :

Bien que l'armée eût établi une position de défense sur la Nied française, hier elle a traversé la Moselle près de Metz. Notre cavalerie est devant Metz, Pont-à-Mousson et Nancy. Lichtemberg a capitulé. Nous avons trouvé à la Petite-Pierre et dans d'autres places de grands magasins d'approvisionnements militaires.

---

(1) Avant-garde de la 2ᵉ division prussienne : un régiment, trois escadrons et une batterie s'avancent jusqu'au Petit-Marais (route de Sarrelouis), puis retrogradent vers 2 heures jusqu'aux Étangs, en laissant entre Glattigny et Labaville un bataillon et un escadron qui établissent leurs avant-postes sur la ligne Sainte-Barbe, Retonfey.

Rapport sur l'interrogatoire des prisonniers de guerre faits le 12 août, à Pont-à-Mousson.

Au grand quartier général, à Metz, 13 août.

. . . .

Ils font partie de la *5e* division de cavalerie attachée au IIe corps d'armée (1), IIe armée, commandée par le prince Frédéric-Charles.

Cette division se compose de deux brigades (2) :

Ire brigade : *10e*, *11e* et *17e* hussards ;

IIe brigade : *4e* cuirassiers, *19e* dragons, *13e* hulans.

Depuis l'entrée des Prussiens en France, la brigade de hussards se trouve constamment à deux jours de marche au moins en avant du gros du corps d'armée.

Voici les étapes parcourues par cette extrême avant-garde depuis le 6 août :

    6 août, Sarreguemines.
    7 août, Sarreguemines.
    8 août, Richeling (environ 14 kilomètres).
    9 août, Bisdorf (environ 20 kilomètres.)
    10 août, Séjour.
    11 août, Morville (environ 20 à 22 kilomètres).
    12 août, Pont-à-Mousson (environ 28 kilomètres.

. . . .

Les escadrons de la cavalerie ennemie sont à l'effectif de 155 chevaux.

Le commandant d'état-major,
SAMUEL.

Interrogatoire sommaire de prisonniers amenés hier, dans la nuit, à l'état-major général.

Au grand quartier général, à Metz, 13 août.

. . . .

Ils appartiennent au *17e* hussards de Brunswick. (Ce régiment, qui fait partie du Xe corps, a été versé dans le IVe corps.)

---

(1) En réalité le Xe corps.

(2) En réalité trois ; mais la *12e* brigade (de Bredow) était encore, le 12 août, à Bourg-Altroff (7 kilomètres Nord-Est de Dieuze), surveillant le flanc gauche de la IIe armée (*Historique du Grand État-Major prussien.*)

Ils ont été pris à Pont-à-Mousson par les chasseurs d'Afrique. Ils font partie de l'armée du prince Frédéric-Charles. Ils ont été envoyés en coureurs depuis plusieurs jours, sans infanterie, et disent ignorer le mouvement du gros.

Ils déclarent avoir couché la veille à Morville et être commandés par le colonel Rauch.

Ils croient que l'objectif de leur armée est Pont-à-Mousson, mais qu'il sera impossible aux troupes d'infanterie d'atteindre ce point, vu la fatigue, d'ici deux jours.

. . . .

Les cavaliers (dragons) faits prisonniers sont du régiment de dragons d'Oldenbourg n° *19*, du X° corps, versé également au IV° au moment de la mobilisation.

Le capitaine d'état-major,
Th. JUNG.

La journée du 14 août.

GRAND QUARTIER GÉNÉRAL.

a) **Journaux de marche.**

Journal de marche de l'armée du Rhin.

14 août.

L'ordre du mouvement suivant est donné à l'armée :

La 1re et la 3e division de la réserve de cavalerie doivent quitter leurs campements à 1 heure de l'après-midi pour se diriger sur Verdun : la 1re division par la route qui, de Gravelotte, passe par Doncourt-les-Conflans et Conflans ; la 3e division par la route de Gravelotte à Mars-la-Tour. Le but de leur marche est d'atteindre Gravelotte, et, suivant les ressources en eau qu'offre cette localité, elles doivent s'y établir pour la nuit, ou bien la 3e division doit se porter à Rezonville.

Le 2e et le 6e corps doivent suivre la route assignée à la 3e division de la réserve de cavalerie (de Forton).

Le 3e et le 4e corps doivent suivre la route assignée à la 1re division (du Barail).

La Garde impériale doit suivre le 3e corps.

Vers midi, le mouvement général commence à s'exécuter (1).

Combat de Borny.

A 3 heures (2) de l'après-midi, le 2e et le 6e corps avaient déjà passé sur la rive gauche de la Moselle (3) ; les 1re et 3e divisions du

---

(1) Le mouvement des troupes, car celui des convois était commencé depuis le matin.

(2) *Lire* : 4 heures.

(3) Une division du 2e corps seulement. Aucune fraction du 6e corps stationnée sur la rive droite n'avait encore passé les ponts.

4ᵉ corps (de Cissey et de Lorencez), avec les batteries de réserve, traversaient l'île Chambière (1), quand la 2ᵉ division (Grenier) de ce corps est attaquée par l'ennemi, ainsi que les 1ʳᵉ et 2ᵉ divisions (Montaudon et Castagny) du 3ᵉ corps, resté sur la rive droite avec la Garde. Les troupes attaquées prennent sur-le-champ leurs positions de combat.

La 1ʳᵉ division (Montaudon) du 3ᵉ corps établit sa droite à la route de Strasbourg, en avant de Borny, sa gauche au bois de Borny, qu'elle occupe. La 3ᵉ division (Metmann) place sa droite sur le plateau, au Nord d'Ars-Laquenexy et de la Grange-aux-Bois, et sa gauche au château d'Aubigny (2).

La 2ᵉ division (Castagny) établit sa droite en arrière de Colombey et appuie sa gauche à la route de Sarrelouis.

La 4ᵉ division (Aymard) appuie sa droite à la route de Sarrelouis et garde le plateau qui commande le ravin de Vallières.

Ces divisions se forment sur deux lignes, la 1ʳᵉ déployée, la 2ᵉ en colonnes par division.

La 2ᵉ division (Grenier) du 4ᵉ corps appuie sa droite au village de Mey, sa gauche à la chapelle de la Salette.

L'engagement, commencé par un feu de tirailleurs, devint général vers 4 heures (3) de l'après-midi.

Le commandant du 4ᵉ corps prévenu, reporte sa 1ʳᵉ et sa 3ᵉ division (de Cissey et de Lorencez) sur le terrain du combat et les établit en avant de Saint-Julien.

Les attaques de l'ennemi et les mouvements tournants qu'il tente sur chacune de nos ailes sont constamment repoussés ; celui qui a lieu à l'aile gauche, vers 8 heures du soir, est arrêté par une charge à la baïonnette. A 8 h. 30, le feu cesse et nos troupes conservent leurs positions jusqu'à minuit (4). A cette heure, elles reprennent leur mouvement et exécutent leur passage sur la rive gauche de la Moselle.

Dans la nuit du 14 au 15 (5), les divers corps d'armée occupent les emplacements suivants :

---

(1) La 1ʳᵉ division était encore tout entière sur la rive droite à 4 heures.

(2) A Colombey. Le château d'Aubigny était occupé par une simple grand'garde $\left(\frac{4}{7 \text{ Ch}}\right)$.

(3) Heure très erronée.

(4) Plus exactement, les positions de combat restent occupées jusqu'à minuit par la plus grande partie des troupes. Il est d'ailleurs à noter que le Journal de marche ne fait pas mention du mouvement de recul des 2ᵉ et 3ᵉ divisions du 3ᵉ corps sur le plateau de Borny.

(5) Et dans la matinée du 15.

Le 2ᵉ corps entre Rozérieulles et Jussy ; le 3ᵉ à la Maison-de-Planche ; le 4ᵉ, qui devait se rendre à Lorry, s'arrête dans la plaine de Devant-les-Ponts, après avoir été relevé dans les forts de Metz par la 3ᵉ division (Laveaucoupet) du 2ᵉ corps (1) ; le 6ᵉ vers Moulins et Sainte-Ruffine ; la Garde à la Ronde.

Les divisions de la réserve de cavalerie exécutent l'ordre qui leur a été donné : la 3ᵉ se porte à Rezonville ; la 1ʳᵉ à Gravelotte. Le grand quartier général est à Moulins.

Les pertes éprouvées par l'armée au combat de Borny s'élèvent à (2) :

3ᵉ CORPS.

Officiers tués, blessés ou disparus.............	146
Hommes de troupe, tués, blessés ou disparus...	2,702

4ᵉ CORPS.

Officiers tués ou blessés	54
Hommes de troupe tués, blessés ou disparus....	706
TOTAL (hors de combat)............	3,608

Rapport du maréchal Bazaine sur le combat de Borny.

14 août.

L'armée, concentrée tout entière autour de Metz, sur la rive droite de la Moselle, avait reçu l'ordre, le 13 au soir, de se reporter le lendemain sur la rive gauche pour gagner Verdun et les fortes positions de la vallée de la Meuse [?].

Le mouvement devait commencer dans chaque corps par les convois et l'artillerie de réserve, les troupes ne se mettant en marche qu'après leur complet écoulement.

Le mouvement des troupes devait s'exécuter par les deux ailes, et par conséquent le demi-cercle qu'elles formaient en avant de Queuleu et de Saint-Julien se rétrécissait en proportion jusqu'à venir s'appuyer sous le feu du fort Bellecroix.

Cette instruction ne fut pas assez exactement suivie et amena plus tôt le combat de Borny [?].

---

(1) C'est, en réalité, la 3ᵉ division du 6ᵉ corps qui fut relevée, dans les forts, par la 3ᵉ du 2ᵉ.

(2) Chiffres très approximatifs.

Vers les 3 heures (1) les 2ᵉ et 6ᵉ corps se trouvaient déjà sur la rive gauche (2) ; le 4ᵉ avait quitté en partie les positions de Saint-Julien, qu'il occupait ; son artillerie de réserve et deux de ses divisions étaient arrivées dans l'île Chambière (2) et la division Grenier, qui couvrait le mouvement, se préparait à les suivre. Il ne restait plus à ce moment sur la rive droite que le 3ᵉ corps et la Garde (3), qui devaient se mettre en marche les derniers, lorsque les Prussiens, prévenus sans doute de nos projets, saisissent le moment où la majeure partie de nos forces est éloignée pour venir attaquer celles qui gardaient encore leurs anciennes positions.

M. le général Decaen avait prescrit à son corps d'armée de faire son mouvement en échelons, les division Montaudon et Castagny (1ʳᵉ et 2ᵉ) se retirant les premières, les 3ᵉ et 4ᵉ (Metman et Aymard) restant face à l'ennemi et ne se mettant en marche que quand les deux autres auraient pris position en arrière.

Ses ordres commençaient à s'exécuter, quand les grand'gardes des divisions Montaudon et Castagny sont assez fortement attaquées pour qu'on puisse y voir le prélude d'un engagement sérieux.

Prévenu immédiatement de ce qui se passait, je prescris au général Decaen de prendre toutes ses dispositions de combat et de repousser vigoureusement l'attaque.

La division Montaudon appuie sa droite à la route de Strasbourg, en avant de Grigy, sa gauche au bois de Borny, qu'elle occupe fortement ; la division Metman se porte sur le plateau qui est au Nord d'Ars-Laquenexy et de la Grange-aux-Bois, s'appuyant au château d'Aubigny.

La division Castagny a sa droite en arrière de Colombey, sa gauche à la route de Sarrelouis ; enfin la division Aymard garde, depuis la route, les crêtes du ravin qui s'étend dans la direction de Vallières.

Toutes les divisions se forment sur deux lignes, l'une déployée, l'autre en colonnes par division et bientôt le feu est engagé sur tout notre front.

L'ennemi est invisible, masqué dans les bois qui le dérobent à notre vue, mais sa présence se révèle par un feu très vif d'infanterie et d'artillerie, et l'intensité qu'il lui donne en face des divisions Castagny et Metman ne laisse aucun doute sur l'effort principal qu'il va tenter

---

(1) *Lire* : 4 heures.
(2) Inexact. Voir page 105, note 3, et page 106, note 1.
(3) Plus deux divisions du 4ᵉ corps, une du 6ᵉ et une et demie du 2ᵉ, sans compter la réserve générale d'artillerie et trois divisions de cavalerie (du 2ᵉ corps, du 3ᵉ et de la Garde).

contre le centre du 3ᵉ corps et sur la route de Sarrelouis, qu'il considère comme notre ligne de retraite [?].

A peine le combat était-il ainsi engagé qu'une autre attaque était dirigée en même temps sur la division Grenier, du 4ᵉ corps.

Le général Grenier prend toutes ses dispositions pour la repousser et s'établit, la droite au village de Mey, la gauche à une petite chapelle dite « la Salette »; il fait prévenir le général Ladmirault, qui présidait au passage de la Moselle par son corps d'armée et qui, faisant mettre sac à terre à ses deux divisions, les reporte en toute hâte avec son artillerie de réserve sur les positions de Saint-Julien.

Les batteries divisionnaires des 1ʳᵉ et 3ᵉ divisions arrivent les premières et appuient le général Grenier, dont les troupes refoulaient déjà l'ennemi et gagnaient du terrain ; elles sont bientôt suivies de la division de Cissey, qui entre en ligne à la gauche (1) de celle du général Grenier, et dont le feu contribue à arrêter les masses d'infanterie prussienne qui s'étaient tenues masquées jusque-là.

Aux premières nouvelles de l'engagement, la Garde avait pris les armes; de la position qu'elle occupait, en arrière de la route qui réunit les deux villages de Borny et de Vantoux, elle s'était portée en avant de cette route, derrière le centre du 3ᵉ corps, pendant que la brigade Brincourt, des voltigeurs, allait occuper, avec les batteries de sa division, le mamelon du fort Queuleu pour y soutenir la droite du général Decaen.

Le combat se soutint ainsi jusqu'à la nuit ; toutes les attaques que l'ennemi réitéra plusieurs fois avec une grande vigueur furent repoussées, et nos positions solidement maintenues (2). Les troupes de première ligne du 3ᵉ corps avaient dû être relevées par celles de la deuxième, et c'est devant leur résistance que se brisèrent les derniers efforts de l'ennemi. En même temps qu'il les renouvelait sur le centre, il tentait deux mouvements tournants sur nos ailes ; à droite, la division était menacée par de fortes (3) colonnes qui mitraillent les batteries divisionnaires et celles du général Brincourt et qui s'arrêtent devant ce feu ; à la gauche, une masse compacte (3) d'infanterie essaye de nous tourner ; le général Ladmirault la fait charger à la baïonnette et elle se retire en désordre.

Il était alors plus de 8 heures ; la nuit était arrivée, et l'ennemi cessait le feu, se repliant de tous côtés, sans que j'eusse besoin de faire

---

(1) *Lire* : sur tout le front.....
(2) Inexact en ce qui concerne les 2ᵉ et 3ᵉ divisions du 3ᵉ corps.
(3) Appréciation inexacte.

donner la Garde, qui avait fait un mouvement en avant pour appuyer au besoin le 3ᵉ corps.

Je donne aussitôt (1) l'ordre aux troupes de reprendre leur marche sur Metz et de passer sur la rive gauche de la Moselle, en occupant en échelons les dernières crêtes qui protègent les deux routes de Strasbourg et de Sarrelouis.

Leur mouvement s'effectue sans que l'ennemi pense à l'inquiéter et, dans la nuit (2), le 3ᵉ corps, le 4ᵉ et la Garde viennent rejoindre de l'autre côté de la rivière les autres corps qui y étaient déjà installés.

Le combat dura cinq heures ; il avait été soutenu avec énergie sur tous les points. Nos pertes étaient sensibles : trois officiers généraux étaient mis hors de combat, parmi lesquels se trouvait le général Decaen, commandant du 3ᵉ corps, blessé d'un coup de feu à la jambe.

Journal des opérations du général Soleille.

. . . .

Il paraissait hors de doute que l'ennemi chercherait à barrer le passage à l'armée ; en cas de lutte, il fallait ne pas être empêché par le manque de munitions. Dans les corps d'armée, les parcs étaient au complet, la réserve générale seule n'avait pas d'autres ressources que celles qu'elle traînait avec elle. Le général prit le parti de former un parc supplémentaire et d'emporter tous les coups de canon disponibles à l'arsenal de Metz, savoir : 936 coups de 12 et 4,748 coups de 4. Grâce à l'intelligente activité du colonel de Girels, directeur, le matériel de la deuxième fraction du grand parc, expédié en grande partie au 1ᵉʳ corps d'armée, après Reichshoffen, était reconstitué ; on le destina à transporter ces munitions disponibles. Les attelages étaient rares ; mais pour gagner Verdun, l'armée n'avait pas de passage de rivière à exécuter ; on se décida à laisser à Metz les équipages de pont des 2ᵉ et 4ᵉ corps, et les compagnies du train affectées à ces équipages durent atteler le parc improvisé.

L'ordre donné au colonel de Girels prescrivait de faire ces opérations, même au moyen d'un travail de nuit si c'était nécessaire. Mais dans la journée, une nouvelle décision intervint.

---

(1) Cet ordre ne fut, au contraire, donné que plus tard et ne fut d'ailleurs pas transmis à tous les corps d'armée (particulièrement au 4ᵉ corps).

(2) Et la matinée du lendemain.

« Par ordre de l'Empereur, les deux équipages de pont suivront les mouvements de l'armée. »

Faute d'attelages, il fallut renoncer à emmener le parc supplémentaire.

Le passage de l'armée de la rive droite de la Moselle sur la rive gauche commença à 5 heures du matin. Les 2e, 3e et 6e corps disposaient des issues d'amont; celles d'aval étaient réservées au 4e corps; la Garde et les réserves devaient venir en dernier lieu. Cette manœuvre s'exécuta avec une lenteur qui s'explique par le petit nombre de ponts et par l'étroitesse des portes, mais que vinrent augmenter d'une manière fâcheuse les innombrables voitures des bagages, des convois et des cantines. L'ennemi avait grand intérêt à faire traîner l'opération, aussi se porta-t-il sur les arrière-gardes de nos colonnes; à 3 h. 30 (1), il attaqua les 3e et 4e corps.

Dans ce combat, qui porte le nom de combat de Borny, l'artillerie joua un rôle considérable.

Les batteries des 1re et 2e divisions du 3e corps se repliaient déjà vers la Moselle lorsque le canon se fit entendre; elles rebroussèrent chemin et vinrent à la hâte prendre leurs positions de combat. La droite de ces positions était couverte par le fort de Queuleu, la gauche s'appuyait au ravin de Vantoux. Les batteries de la 1re division se placèrent entre Grigy et Borny; à leur gauche, les batteries de la 3e division occupèrent les crêtes entre les bois de Borny et de Colombey (2). L'artillerie de la 2e division, dont la gauche s'étendait jusqu'à la route de Sarrebrück, battait les abords et le ravin de Colombey; celle de la 4e division canonnait les débouchés des bois [?] de Nouilly et de Noisseville; elle était appuyée de batteries de la réserve qui renforçaient sa gauche et fouillaient le ravin de Vantoux.

Le 4e corps était déjà passé en grande partie sur la rive gauche de la Moselle (3). La 2e division marchait à la queue de la colonne (4); se voyant attaquée, elle fit face à l'ennemi et son artillerie, se portant aux allures vives sur la ligne qui s'étend de Villers-l'Orme à Mey, entreprit d'arrêter la poursuite. Le feu des canons à balles de la batterie de Saint-Germain (5e du 1er), ouvert à bonne portée et vigoureusement entretenu, arrêta l'infanterie prussienne et força une batterie ennemie à se retirer; les batteries Erb et Prunot joignaient leur action à celle de la batterie Saint-Germain, et permirent à notre infanterie de se déployer et d'entrer en ligne.

---

(1) *Lire* : 4 heures.
(2) *Lire* : du parc de Colombey.
(3) Partiellement inexact.
(4) Cette division n'était pas encore en marche.

Les 1re et 3e divisions du général de Ladmirault repassèrent la Moselle (1); l'artillerie divisionnaire les précède. Cette artillerie arriva au trot pour prendre part à la lutte et couvrit de projectiles Servigny, Mey (2) et Nouilly, donnant la main au 3e corps, sur le ravin de Vantoux, et observant les pentes qui, de Grimont, descendent vers la Moselle.

Sous la protection du feu des batteries, l'infanterie s'était déployée; ses tirailleurs luttaient avec avantage contre les tirailleurs ennemis, qui s'avancèrent jusqu'à 500 mètres de nos pièces. Plusieurs attaques furent tentées par des colonnes prussiennes et toujours victorieusement repoussées (3). La supériorité de notre mousqueterie fut affirmée par l'insuccès de ces entreprises, par les pertes considérables que l'ennemi subit dans cette journée et par les modifications qu'il jugea utile d'introduire à partir de ce jour dans sa tactique.

Non seulement nous conservâmes nos positions (4), mais nous parvînmes à déloger l'ennemi de certains points; la retraite sur Metz était assurée.

Ce résultat fut obtenu sans que l'artillerie eût beaucoup souffert; une batterie, cependant, fut assez maltraitée, la batterie de Picciotto (5e du 4e), placée à la droite du 3e corps, se reliait à celui du général Frossard. Un épaulement avait été préparé la veille pour recevoir une batterie destinée à battre le château de Mercy; cet épaulement avait été tracé dans l'hypothèse que le 2e corps conserverait ses positions; on avait négligé, par suite, d'établir des retours pour protéger les pièces contre les coups de flanc ou de revers. Le général Montaudon, menacé sur sa droite, se trouva conduit à faire occuper cet épaulement par le capitaine de Picciotto. Cet officier intelligent contient pendant quelque temps les efforts de l'ennemi; mais, tout à coup, une batterie prussienne se démasqua, qui le prit à revers (5), pendant que, du parc de Mercy, il était battu de face. La position n'était plus tenable; le capitaine de Picciotto voulut se retirer sur le fort de Queuleu; dans ce mouvement en arrière, il fut mortellement frappé. Les lieutenants, MM. Clerget, Vaucouleurs et Jourdy, après avoir remis un peu d'ordre dans la batterie, se reportèrent en avant pour reprendre deux pièces qui avaient dû être abandonnées faute d'attelages; ils exécutèrent cette périlleuse opération sous la plus violente fusillade; le lieutenant Vau-

---

(1) Partiellement inexact.
(2) Mey ne fut, à aucun moment, occupé par les troupes prussiennes.
(3) Partiellement inexact en ce qui concerne le 3e corps.
(4) *Ibid.*
(5) Inexact.

couleurs, blessé, laissé pour mort, resta au pouvoir de l'ennemi. Le lieutenant Jourdy ramena les débris de la batterie et la reforma immédiatement sous la protection du fort de Queuleu.

Cependant la batterie de Picciotto n'avait pas été abandonnée à ses propres forces; l'artillerie de la Garde, tenue en réserve en arrière du 3e corps, lui vint en aide. La batterie Pihan (5e du régiment monté), s'appuyant à Queuleu, entama un feu nourri de canons à balles et couvrit la retraite; la batterie Belin (2e du même régiment) entra en ligne et continua la lutte jusqu'à 8 heures du soir (1).

La nuit venue, le feu cessa. A 9 heures, le mouvement de retraite sur la rive gauche de la Moselle était repris (2); il se continua toute la nuit sans être de nouveau inquiété. Le général de Ladmirault bivouaqua au château de Grimont, restant avec une division sur la rive droite pour couvrir les pentes d'aval par lesquelles devait s'écouler son corps d'armée.

Note relative aux dispositifs de mines existants dans les supports des ponts aux environs de Metz.

1° Pont-viaduc du chemin de fer sur la Moselle à la pointe de l'île Saint-Symphorien.

Les deux piles-culées sont pourvues chacune d'un dispositif consistant en deux chambres placées aux extrémités d'un T. On y arrive par un rameau de $3^m,60$ de longueur qui se recourbe d'équerre à son extrémité et conduit à deux chambres placées à $2^m,90$ du parement du pont (croquis n° 1) (3).

Charge pratique pour chaque fourneau : 150 kilos.
Approvisionnement nécessaire pour faire sauter le pont :
Poudre : 600 kilos ;
Cordeau Bickford : 15 mètres.

2° Ars-sur-Moselle.

Des quatre ponts d'Ars-sur-Moselle, deux seulement sont munis de dispositifs de mines permanents. Ce sont le pont du chemin de fer marqué A sur le croquis n° 2 et le pont B récemment construit.

Le pont du chemin de fer porte dans la culée la plus éloignée de Metz (rive gauche de la Moselle) deux puits placés à $2^m,30$ du parement intérieur de la culée et à $2^m,32$ des parements de la tête du pont. Au

---

(1) Une section seule fut engagée.
(2) Par quelques fractions seulement.
(3) Les croquis n'ont pas été retrouvés.

fond des puits se trouve un retour d'équerre d'un mètre de longueur dirigé du côté du parement intérieur. Ce puits était disposé comme le montre la figure n° 3, et aboutissait à un mètre en contre-bas du sol de la voie. L'ingénieur des chemins de fer vient de le transformer conformément au croquis n° 4, en plaçant des rainures pour le bourrage et en élevant le puits jusqu'au niveau du dessous des traverses.

Charge pratique : 100 kilos.

Approvisionnement pour détruire le pont :

Poudre : 200 kilos ;

Cordeau anglais : 16 mètres.

Le pont d'Ars à Jouy sur la Moselle est muni de dispositifs de mines dans deux piles, savoir : la 1re du côté d'Ars et la 2e du côté de Jouy. Chaque dispositif se compose d'un puits unique (croquis n° 5) de 0^m,70 de côté et de 1^m,80 de profondeur au fond duquel se trouve une chambre de 1^m,40 de long sur 0^m,70 de large.

Charge pratique : 200 kilos.

Approvisionnement pour interrompre le pont :

Poudre : 400 kilos ;

Cordeau : 13 mètres.

3° Magny.

Il y a à Magny deux ponts minés : le pont du chemin de fer sur la Seille et le pont de la route départementale n° 10 sur la même rivière.

Le pont du chemin de fer est formé de deux arches et c'est la pile centrale qui porte le dispositif de mines. Ce dispositif est formé de quatre chambres cubiques de 0^m,45 de côté auxquelles on aboutit par de petits conduits verticaux de 0^m,10 de côté sur 6 mètres de longueur (croquis n° 6).

Ce système n'ayant pas paru satisfaire aux exigences du service, 1° parce qu'il est impossible d'explorer l'état des chambres ; 2° parce que le chargement est très difficile ; 3° parce qu'en cas de raté, il serait impossible de débourrer les fourneaux, le commandant du génie a saisi l'ingénieur du chemin de fer d'un projet de transformation représenté au croquis n° 7, d'après lequel on aurait, au milieu de la voie, un simple puits de 0^m,80 de côté au fond duquel seraient construits deux rameaux de 2 mètres chacun.

Charge pratique : 100 kilos.

Approvisionnement pour les deux fourneaux :

Poudre : 200 kilos ;

Cordeau : 12 mètres.

Le pont de la route départementale n° 10 porte dans la pile la plus rapprochée de Metz quatre petits puits de 0^m,30 de côté sur 1^m,50 de profondeur (croquis n° 8).

Par suite de la reconstruction récente du pont, actuellement en fer, ce dispositif est devenu d'un emploi impossible parce qu'une poutre en fer est placée au-dessus des fourneaux. En outre, la destruction de la pile ne suffirait plus pour faire tomber le pont à cause de la résistance des fers. Aussi, le commandant du génie a-t-il saisi l'ingénieur des ponts-et-chaussées d'un projet de transformation consistant à enlever la poutre en fer qui se trouve au-dessus des quatre puits existants, et à élever ces puits jusqu'au niveau de la chaussée. Il a en outre remis au même ingénieur un croquis (n° 9) indiquant le dispositif qu'il y aurait lieu d'établir dans la culée la plus rapprochée de Metz pour obtenir, concurremment avec les dispositifs existants, un effet efficace.

Charge pratique de chaque fourneau de pile : 50 kilos.
Charge pratique de chaque fourneau de la culée : 100 kilos.
Approvisionnement pour le pont :
Poudre : 400 kilos;
Bickford : 29 mètres.

Le capitaine du génie,
BOYENVAL.

Capitaine Puyperoux à M. Maguin, président des comices de la Moselle, à la Hautonnerie, près Metz.

Pagny-sur-Moselle, 3 mars 1872.

Monsieur,

J'ai l'honneur de vous adresser ci-dessous les renseignements que vous me demandez par votre lettre du 1er mars 1872.

Dans la soirée du 9 août 1870, une section de sapeurs du génie, au nombre de 10 à 12 hommes commandés par un sergent, sous la direction d'un capitaine de la même arme (je regrette de ne pouvoir me rappeler les noms du capitaine et du sergent) avait été envoyée pour miner le pont entre Ars-sur-Moselle et Jouy-aux-Arches, et le faire sauter à l'approche de l'ennemi.

Le poste n'étant pas assez nombreux pour garder le pont et faire des rondes, j'ai pensé devoir lui fournir un certain nombre d'hommes de ma compagnie; j'en ai placé également en observation sur le mont Saint-Blaise, avec ordre de se replier sur le poste du pont dans le cas où l'ennemi se présenterait en nombre, ce qui est arrivé, le 13 août, entre une ou deux heures de l'après-midi; le poste a même échangé des coups de feu avec l'ennemi.

A cette occasion, le chef du poste a immédiatement télégraphié à Metz, pour prévenir de ce qui passait. Il lui a été répondu : « Attendez ». Enfin, le soir du même jour, il télégraphiait encore à Metz pour demander de nouveaux ordres. Il reçut l'ordre de se replier sur Metz. Le pont fut alors abandonné sans qu'on l'eût fait sauter.

Le maréchal des logis de la gendarmerie d'Ars-sur-Moselle vint me dire le même jour, vers 7 ou 8 heures du soir, qu'il venait également de recevoir l'ordre de rentrer à Metz avec sa brigade.

E. PUYPEROUX,

Ex-capitaine commandant la compagnie de francs-tireurs d'Ars-sur-Moselle.

Déclaration.

Nous soussignés, maire et adjoints de la ville de Metz, certifions qu'aujourd'hui, 2 mars 1872, M. Jaunez, ingénieur civil, propriétaire à Corny, a déclaré devant nous que le 13 août 1870, à la nouvelle de la venue de la troupe allemande se dirigeant vers Novéant, il a, concurremment avec MM. Mathieu, membre du conseil d'arrondissement, et Renaud, chef de gare à Novéant, envoyé trois dépêches successives au chef de l'armée pour demander à être autorisés à faire détruire le pont suspendu de Novéant, établi sur la Moselle.

Deux réponses ont été reçues. Elles étaient ainsi conçues : « Restez tranquilles ». La troisième dépêche resta sans réponse. Elle était écrite au moment où le flot des paysans, fuyant devant l'armée allemande était déjà arrivé à Novéant.

Une demande semblable, tendant à faire détruire les deux ponts de la Seille et les routes où passa toute l'armée, resta sans réponse.

M. Scalle, ingénieur des chemins de fer, adressa la même demande au sujet du pont d'Ars. Il n'eut pas plus de succès; or ce n'est que le 17 au matin (1) que les Prussiens ont passé sur le pont d'Ars et ont pénétré dans la vallée de Marne [*sic*], sans le moindre obstacle.

b) **Organisation et administration.**

Le Général commandant supérieur à Verdun au maréchal Bazaine (D. T.).

Verdun, 14 août, 7 h. 50 soir.

J'ai expédié hier, poudres de mine demandées à Saint-Mihiel et à Commercy. Aujourd'hui, j'expédie cordons porte-feu aux mêmes lieux.

---

(1) Inexact.

Ceux-ci doivent arriver à Saint-Mihiel ce soir et à Commercy dans la nuit, à destination des gardes du génie des localités.

Le maréchal Bazaine aux généraux Frossard, Decaen, Ladmirault et Bourbaki (D. T.).

Borny, 14 août, 11 h. 15 matin.

Les dépôts d'isolés ont-ils été organisés? Les hommes ont dû, dans ce cas, être dirigés sur Metz.

Renvoyez dans Metz la plus grande partie des hommes à pied de la cavalerie.

Le maréchal Bazaine au général Soleille (Lettre).

Metz, 14 août.

Mon cher Général,

Par suite de la suppression du commandement spécial des 2e, 3e et 4e corps d'armée, il y a lieu d'annuler les mutations indiquées dans mes dépêches du 10 et du 11 août.

En conséquence, M. le général de Rochebouët devra reprendre les fonctions de commandant de l'artillerie du 3e corps et Monsieur le général de Berckheim celles de commandant de la réserve d'artillerie et des parcs du même corps d'armée.

Le général Soleille au colonel Gobert, commandant le parc du 5e corps, et au général de Liégeard, commandant l'artillerie du 7e corps (D. T.).

Metz, 14 août.

J'ai l'honneur de vous faire connaître que la 15e compagnie principale du 1er régiment du train d'artillerie, qui était en route pour Épinal, s'étant trouvée arrêtée à Metz par suite de l'interruption des communications, a été retenue dans cette place par ordre du Major général et que je l'ai désignée pour être attachée provisoirement au parc du 2e corps.

Le général Soleille au colonel de Girels, directeur de l'artillerie, à Metz (Lettre).

Metz, 14 août.

Mon cher Colonel,

Aujourd'hui 14 août :

1° Combien y a-t-il de coups de canon disponibles après le réapprovisionnement des batteries?

2° Quel est le nombre de cartouches modèle 1866 disponibles?

3° A combien est évalué l'approvisionnement en cartouches de la place de Metz?

4° De combien de chariots de parc ou de caissons pouvez-vous disposer pour reconstituer la fraction du grand parc de campagne qui avait été organisée à Metz?

5° Que vous reste-t-il de cette fraction du grand parc de campagne après le réapprovisionnement du 1er corps?

6° Je voudrais pouvoir emporter d'ici au moins 2,000,000 de cartouches. Avez-vous les moyens de transport?

7° A combien de coups sont approvisionnées les pièces en batterie sur les remparts de Metz?

J'attends votre réponse par le planton pour écrire au Ministre.

Organisez de suite les moyens de transport pour les 2,000,000 de cartouches.

Réponses du colonel de Girels.

1° Au 14 août, il existe 936 coups de 12 et 4,748 de 4;

2° La place de Metz possède 4,409,000 cartouches 1866 (1);

3° L'approvisionnement est de 14,222,000 (2);

4° Toutes les voitures de la fraction du grand parc organisée à Metz, sont disponibles. On n'a pris que le chargement pour réapprovisionner les 2e et 3e corps. Il y a 10 chariots de parc, 21 caissons de 4 (artillerie) et 28 caissons modèle 1827 (infanterie);

5° Voir 4°;

6° Je n'ai pas d'autres moyens de transport que les voitures non attelées du grand parc;

7° Les pièces en batterie sont approvisionnées en moyenne de 20 coups prêts à tirer et d'éléments pour 50 autres coups.

Le général Soleille au Ministre de la guerre (D. T.).

Metz, 14 août, 3 h. 35 soir. Expédiée à 5 heures soir.

Nous commençons aujourd'hui notre mouvement sur Verdun. J'emmène avec moi 936 coups de canon de 12 et 4,748 de 4 provenant de

---

(1) Disponibles pour l'armée.
(2) Cartouches.

la fraction du grand parc de campagne organisée à Metz. Il reste à Metz aujourd'hui 14 août : 4,409,000 cartouches modèle 1866.

J'ai cru ne pas devoir diminuer les ressources de la Place qui va être bloquée. Les parcs de corps d'armée sont complets mais seront bientôt épuisés ; je demande donc qu'un fort approvisionnement de cartouches d'infanterie soit dirigé le plus tôt possible sur Verdun et qu'un semblable dépôt soit constitué ensuite à Châlons.

L'Empereur à l'Impératrice, à Paris (D. T.).

Metz, 14 août, 10 h. 55 matin.

Nous avons reçu par le chemin de fer de Thionville, deux millions de rations de biscuit, nous en sommes enchantés.....

L'Intendant en chef au Ministre de la guerre (Lettre).

Verdun, 14 août.

La création d'un dépôt d'approvisionnement à Longuyon m'oblige à modifier les dispositions de la lettre que j'ai eu l'honneur d'adresser à Votre Excellence, hier.

Au lieu de faire partir, le 14, pour Verdun, 200,000 rations de vivres de campagne, de pain ou de biscuit, je demande que ces quantités soient réduites de moitié et qu'on n'envoie pas de pain, cette denrée pouvant s'altérer promptement si elle reste trop longtemps en magasin ;

Que, le lendemain 15, on n'expédie que les mêmes quantités, en supprimant toujours le pain ;

Que, le 16, on expédie 200,000 rations et 3,000 quintaux métriques d'avoine ;

Que, le 17, une semblable expédition ait lieu, mais sur Clermont-en-Argonne ;

Que, le 18, il y ait sur Sainte-Menehould l'expédition demandée par ma lettre d'hier, toujours sans le pain ;

Qu'il en soit de même, le 19, sur Valmy. Je vous ferai connaître ultérieurement les divers points sur lesquels les expéditions devront continuer ; il en sera de même pour la fixation du jour où les envois de pain devront commencer ; car je ne pense pas que vous ayez assez de biscuit pour être dispensé d'envoyer du pain.

Je vous serai très reconnaissant de donner des instructions très formelles pour que, dans chaque convoi expédié de Paris, les denrées de même espèce soient renfermées, sans se confondre, dans des wagons consécutifs ; mon intention étant, pour éviter l'encombrement qui s'est produit dans la gare de Metz, de faire faire les distributions à la gare, ce qui ne pourrait avoir lieu si les denrées étaient entremêlées.

Je profiterai des wagons vides pour les évacuations des malades et des blessés. Ayez la bonté de me faire connaître sur quels hôpitaux ces évacuations devront être faites.

P.-S. — Une dépêche que je reçois à l'instant même de Metz me fait connaître que les troupes commenceront probablement à arriver à Verdun dans trois jours et qu'il serait utile qu'elles y trouvassent des vivres et des fourrages pour quatre jours; en conséquence, il y a encore lieu de modifier ce qui précède. Il faudrait expédier :

A Verdun : 200,000 rations, pain compris, le 15 ; 200,000 rations, le 16 ; 200,000 rations, le 17, et 3,000 quintaux d'avoine ;

A Sainte-Menehould : 200,000 rations, le 18, et 3,000 quintaux d'avoine ;

A Valmy : 200,000 rations, le 19, et 3,000 quintaux d'avoine ;

A Suippes : 200,000 rations, le 20, et 3,000 quintaux d'avoine.

En présence de ces nouveaux renseignements, je ne vois plus la nécessité de créer un centre de ravitaillement à Longuyon : pourtant Votre Excellence jugera-t-elle peut-être à propos de le conserver ; dans ce cas, je demande qu'il soit réduit de moitié et l'autorisation de le faire refluer sur le camp de Châlons par la voie du chemin de fer des Ardennes.

En marge : Lettre reçue le 16 alors que 252,000 rations avaient été expédiées à Longuyon et 660,000 à Verdun.

L'Intendant général de l'armée au Commandant de la place de Montmédy (D. T.).

Verdun, 14 août, 6 h. 47 matin.

Faites prévenir MM. les sous-intendants Segonne et Wuillaume de rentrer à Verdun d'urgence, en y faisant diriger tout ce que les habitants voudront vendre et tout ce qu'ils pourront.

L'Intendant général de l'armée au Commandant de la place de Montmédy (D. T.).

Verdun, 14 août, 6 h. 50 matin.

Communiquez au sous-intendant Segonne l'ordre que vous avez reçu de réunir à Longuyon pain, avoine, bétail; d'organiser ses transports.

Que M. Segonne se conforme à cet ordre et considère le mien comme non avenu.

Que M. Wuillaume aille à Mézières.

Note concernant les situations d'hôpitaux et d'ambulances demandées par M. le Général rapporteur du conseil de guerre.

14 août.

Entrées aux ambulances dans cette journée. — Tous les blessés ont été évacués immédiatement sur Metz ; on aura leur nombre par le mouvement des hôpitaux de cette ville.

c) **Opérations et mouvements.**

L'Empereur à l'Impératrice (T. Ch.).

Metz, 14 août, 5 h. 55 matin.

Je connaissais ce que tu m'as écrit hier soir (1). Aussi nous allons passer sur la rive gauche de la Moselle : Verdun sera notre point d'appui.

Il faut faire sauter le chemin de fer de Thionville à Sedan dès que l'ennemi s'en approchera.....

Le général Crespin, commandant la 5ᵉ division militaire, au général Jarras, chef d'état-major général (Lettre).

Metz, 14 août.

Monsieur le Major général,

Le général commandant la subdivision de la Meuse me demande si les escadrons du 4ᵉ chasseurs d'Afrique doivent rester à Commercy.

J'ai l'honneur de vous proposer de les faire retirer sur Verdun en deux étapes.

L'Empereur au Colonel du 4ᵉ chasseurs d'Afrique, à Commercy (D. T.).

Metz, 14 août, 5 h. 3 matin. Expédiée à 7 h. 25 matin.

Tâchez de rejoindre à Metz en passant par Saint-Mihiel ; si vous rencontrez l'ennemi, appuyez sur Verdun.

---

(1) Dépêche de l'Impératrice datée du 13 août, 7 h. 5 soir: allusion à un mouvement enveloppant des armées allemandes par Thionville.

Le Colonel du 4ᵉ chasseurs d'Afrique à l'Empereur
(D. T.).

Saint-Mihiel, 14 août, 4 h. 20 soir.

A mon arrivée à Saint-Mihiel, je trouve la dépêche de Votre Majesté. Serai mardi à Metz avec tout mon régiment et deux batteries d'artillerie que j'escorte.....

Le général Lebrun au capitaine Vosseur, à Toul
(D. T.).

Metz, 14 août, 6 heures matin. Expédiée à 7 h. 20 matin.

Faites rétrograder sur Châlons les trains portant des troupes.

Le maréchal Bazaine au Général commandant la subdivision à Verdun et au Sous-Préfet de Commercy
(D. T.).

Metz, 14 août.

Par ordre de l'Empereur, dirigez sur le camp de Châlons les troupes du 6ᵉ corps qui en viennent et sont arrêtées par l'interruption de la voie ferrée.

Envoyez également au camp de Châlons les escadrons du 4ᵉ chasseurs d'Afrique.

Cet ordre annule celui que je vous ai donné de diriger ces troupes sur Verdun.

Le Sous-Préfet de Commercy au maréchal Bazaine et au Général commandant supérieur à Verdun
(D. T.).

Commercy, 14 août, 2 h. 45 soir.

Les escadrons du 4ᵉ chasseurs d'Afrique et les batteries d'artillerie du colonel étaient partis ce matin à 4 heures pour Saint-Mihiel et Verdun. Je tâche de les faire prévenir à Saint-Mihiel de l'ordre de se diriger sur le camp de Châlons, ainsi que les troupes du 6ᵉ corps arrêtées par l'interruption de la voie ferrée.

A M. le maréchal Bazaine.

14 août.

Donnez des ordres pour laisser ici la division Laveaucoupet, à Metz, où elle relèvera la division La Font-Villiers.

Désignez les canonniers, les hommes du génie et une partie des hommes à pied de la cavalerie qui doivent rester à Metz.

NAPOLÉON.

Le maréchal Bazaine au général Jarras, chef d'état-major général, à Metz (D. T.).

Borny, 14 août, 11 h. 35 matin.

Je viens d'expédier au général Frossard l'ordre de laisser la division Laveaucoupet, qui a ordre, dans le cas où le mouvement serait en train de se faire, de prendre position au fort Queuleu et d'y rester.

Le maréchal Bazaine au général Soleille (D. T.).

Borny, 14 août, 12 h. 44 soir.

Le général Canu me dit qu'il avait l'ordre de laisser quatre batteries à Metz.
Avez-vous fait d'autres désignations ?

Le Ministre de la guerre au général Soleille (T. Ch.).

Paris, 14 août.

Saint-Mihiel est, dit-on, occupé.
N'est-il pas à craindre que les approvisionnements que vous demandez pour Verdun ne courent des dangers ? Dans tous les cas, il en arrive à Châlons, où vous pourrez en demander.

L'Empereur au maréchal Bazaine (Lettre).

14 août.

Monsieur le Maréchal,

Le mouvement est-il commencé ? Je compte porter le quartier impérial à Longeville, près du chemin de fer, rive gauche.
L'approuvez-vous ?

Le maréchal Bazaine à l'Empereur (D. T.). (Extrait du Registre de correspondance.)

Borny, 14 août, 12 h. 30 soir.

MM. les généraux Frossard et de Ladmirault ont commencé leur mouvement du passage de la Moselle.

Le 4ᵉ corps et le 3ᵉ suivront la route de Conflans ; le 2ᵉ et le 6ᵉ suivront la route de Verdun (1) ; la Garde suivra cette même dernière route avec la réserve du général Canu.

J'espère que le mouvement sera terminé ce soir.

Les corps ont l'ordre de camper en arrière de ces routes, afin de les prendre demain matin (2).

Je reste encore ici pour veiller au mouvement général et j'établirai mon quartier général à Moulins, en avant de Longeville.

Le maréchal Bazaine au général Jarras, chef d'état-major général (D. T.).

Borny, 14 août, 12 h. 42 soir.

Mon quartier général sera établi à Moulins, en avant de Longeville. Envoyez-y les bagages de l'état-major.

Je vous prendrai à mon passage à Metz.

Je reste encore ici pour veiller au mouvement général.

Le général Jarras au général Coffinières (Lettre).

Metz, 14 août.

Mon cher Général,

J'ai l'honneur de vous prévenir que M. le Maréchal commandant en chef établira son quartier général aujourd'hui à Moulins, en avant de Longeville. Les bagages du grand quartier général partiront à 4 heures et se réuniront au préalable sur la place du Théâtre, où ils seront mis en ordre par M. le Vaguemestre général.

M. le Maréchal m'annonce qu'il prendra son état-major général à son passage à Metz, sans indication d'heure.

Le général Soleille au maréchal Bazaine (Lettre).

Metz, 14 août.

Monsieur le Maréchal,

Les équipages de ponts des 2ᵉ et 4ᵉ corps, les seuls que possède à Metz l'armée du Rhin, sont employés à établir les communications entre la rive droite et la rive gauche de la Moselle. Quelles sont vos inten-

---

(1) *Sous entendu :* par Mars-la-Tour.
(2) C'est-à-dire, sans doute, à l'Est de Gravelotte, point de bifurcation des deux routes.

tions à l'égard de ces équipages ? Voulez-vous qu'après le passage de l'armée ils soient repliés et suivent le mouvement des troupes ?

Voulez-vous qu'ils restent à Metz ?

Dans le premier cas, ils peuvent alourdir et allonger les colonnes. En nous retirant à l'intérieur, il semble que les ponts existants peuvent suffire. Dans le second cas, ils peuvent être utilisés avec avantage pour la défense de Metz.

M. le maréchal Canrobert a dû vous entretenir de l'insuffisance de l'artillerie dans son corps d'armée. Deux divisions seulement, sur quatre, sont pourvues de leur artillerie divisionnaire. Si vous le jugez bon, la réserve générale pourrait mettre temporairement à la disposition du 6ᵉ corps deux batteries à cheval de 4 et deux batteries montées de 12. Ces batteries feraient retour à la réserve générale aussitôt que le 6ᵉ corps rentrerait en possession des batteries divisionnaires et de sa réserve, présentement à Châlons, et qui pourraient être transportées par voies ferrées jusqu'à Verdun.

Si Votre Excellence approuve cette proposition, elle pourrait en prescrire directement l'exécution au général Canu, commandant la réserve générale.

Déjà, quatre batteries de 12 avaient été détachées de la réserve générale pour être employées temporairement à l'armement de Metz. Cette mesure date de plusieurs jours et avait été prescrite par l'Empereur.

[On lit, en marge, écrit au crayon de la main du maréchal Bazaine : « Amener le pont du 4ᵉ corps ».

Plus loin, de la main du Maréchal, en réponse aux propositions concernant les batteries de la réserve générale à mettre temporairement à la disposition du 6ᵉ corps : « Approuvé ».]

Le général Soleille au colonel de Girels, directeur de l'artillerie, à Metz (Lettre).

Metz, 14 août.

Mon cher Colonel,

J'ai l'honneur de vous inviter à faire charger immédiatement sur les voitures de la 2ᵉ fraction du grand parc et au moyen d'un travail de nuit, si c'est nécessaire, toutes les munitions pour canons de 4 et de 12 que ces voitures peuvent transporter.

Les attelages seront composés de deux compagnies du train affectées aux équipages de pont des 2ᵉ et 4ᵉ corps. Je laisse à Metz à cet effet ces deux équipages (1).

---

(1) Il y eut ultérieurement contre-ordre à ce sujet.

La fraction du grand parc ainsi reconstituée en matériel et attelages devra être prête à partir demain matin ; elle se mettra en marche au point du jour pour rejoindre la réserve générale d'artillerie, qui prendra la route de Verdun par Conflans et Étain.

Le général Soleille au général de Mecquenem, commandant l'artillerie de la place de Metz (Lettre).

Metz, 14 août.

Mon cher Général,

Vu l'urgence, je viens de donner l'ordre au colonel de Girels de diriger le plus tôt possible sur nos colonnes de marche les voitures qui composaient la fraction du grand parc formée à Metz.

Ces voitures doivent être attelées par les compagnies du train qui étaient attachées aux équipages de ponts des 2ᵉ et 4ᵉ corps. Je lui ai également donné l'ordre d'urgence de délivrer 2,000 fusils modèle 1866 au parc du 2ᵉ corps. Enfin j'ai prévenu le colonel Marion qu'il aurait à replier les deux ponts jetés sur la Moselle et à les faire rentrer dans la place, où ils pourront être utilisés pour la défense. Le colonel Marion et le colonel de Girels vous rendront compte des détails de ces ordres.

Le général Soleille au général de Mecquenem, commandant l'artillerie de la place de Metz (Lettre).

Metz, 14 août.

Mon cher Général,

Par un ordre de l'Empereur qui annule le précédent ordre que je vous ai adressé au sujet des équipages de ponts, les deux équipages du 2ᵉ et du 4ᵉ corps suivront les mouvements de l'armée. En conséquence, les attelages et les compagnies de pontonniers que j'avais mis à la disposition du général Coffinières suivront les mouvements de leurs corps respectifs en emmenant les deux équipages de ponts.

Veuillez en donner connaissance de suite au général Coffinières, au colonel de Girels et au colonel Marion. Que les compagnies de pontonniers se tiennent donc prêtes à suivre l'armée dès que les ponts seront repliés.

Le général Soleille au Ministre de la guerre (D. T.).

Metz, 14 août.

Par ordre de l'Empereur, les équipages de ponts des 2ᵉ et 4ᵉ corps devront suivre les mouvements de l'armée sur Verdun. Je renonce à former un petit parc de campagne. Je pars donc avec les caissons complets dans les batteries et les parcs.

Je vous prie de diriger sur Verdun et sur Châlons non seulement un approvisionnement en cartouches d'infanterie, mais encore un approvisionnement en munitions pour canons de 4, de 12 et de mitrailleuses s'il est possible.

L'Empereur à l'Impératrice (D. T.).

Longeville, 14 août, 10 h. 10 soir.

L'armée a commencé à passer sur la rive gauche de la Moselle. Ce matin, nos reconnaissances n'avaient signalé la présence d'aucun corps, mais lorsque la moitié de l'armée a eu passé, les Prussiens ont attaqué en grandes forces. Après une lutte de quatre heures, ils ont été repoussés avec de grandes pertes.

d) Situation et emplacements.

Emplacements des corps le 14 août 1870.

2ᵉ corps. (FROSSARD.) Longeau.	1ʳᵉ division (Vergé)....	Rozérieulles.
	2ᵉ division (Bataille)...	Longeau.
	3ᵉ division (de Laveaucoupet).............	Metz.
	Division de cavalerie.	*Ibid.*
	Réserve d'artillerie.....	*Ibid.*
3ᵉ corps. (DECAEN.) Borny.	1ʳᵉ division (Montaudon).	Grigy.
	2ᵉ division (de Castagny)	Montoy (1).
	3ᵉ division (Metman)...	En arrière de Colombey.
	4ᵉ division (Aymard)...	Nouilly (1).
	Division de cavalerie (de Clérembault)........	En arrière de la 4ᵉ division.
	Réserve d'artillerie.....	En arrière de Borny (1).
4ᵉ corps. (LADMIRAULT.) Château de Grimont.	1ʳᵉ division (de Cissey)..	Mey et en avant vers la Salette (2).
	2ᵉ division (Grenier)...	1ʳᵉ brigade à droite de la route (2). 2ᵉ brigade à gauche de la route de Burtoncourt (2).

(1) Inexact.
(2) Emplacements occupés dans la matinée du 14.

4ᵉ corps (*suite*).	3ᵉ division (de Lorencez)............... { 1ʳᵉ brigade près Vany (1). 2ᵉ brig. près Chieulles (1).	
	Division de cavalerie (Legrand).........	Châtillon (2).
	Réserve d'artillerie.....	Ibid (2).
Réserve de cavalerie.	{ 1ʳᵉ division (du Barail).. 3ᵉ division (de Forton)..	Gravelotte (2). Rezonville (2).
Garde impériale. (BOURBAKI.) Camp des Bordes.	1ʳᵉ division (Deligny)...	Camp des Bordes
	2ᵉ division (Picard)....	Ibid.
	Division de cavalerie (Desvaux)..........	Ibid.
	Réserve d'artillerie.....	Ibid.
Réserve générale d'artillerie..........		Plantières (2).
Réserve du génie..................		Metz.

Journée du 14 août.

2ᵉ CORPS.

a) Journaux de marche.

Journal de marche du 2ᵉ corps d'armée.

14 août.

L'armée devant passer tout entière sur la rive gauche pour se retirer sur Verdun, le général Frossard reçoit le matin, de très bonne heure, l'ordre de tenir son corps d'armée prêt à se mettre en mouvement à la suite du 6ᵉ corps (3).

En conséquence, l'ordre est immédiatement donné de lever le camp, d'attendre ainsi, les tentes pliées, le moment du départ.

A 7 heures du matin, le mouvement commence par les bagages qui

---

(1) Emplacements occupés dans la matinée du 14.
(2) Inexact.
(3) Erreur de rédaction. Le 6ᵉ devait suivre et suivit en réalité le 2ᵉ.

sont disposés dans l'ordre de marche. Ils doivent traverser Metz et prendre la route de Verdun par Longeville et, arrivés à Longeville, se ranger de chaque côté de la route, après avoir dépassé le village, pour permettre aux troupes de défiler et d'aller occuper le plus vite possible les positions de Rozérieulles. A midi, la division Bataille contourne les glacis du fort de Queuleu et passe la Seille sur des ponts de chevalets, en arrière de la gorge de ce fort ; elle longe ensuite le pied des glacis de la place de Metz et vient traverser la Moselle sur un pont de chevalets établi en amont du Pont-des-Morts, à l'extrémité du fort Moselle.

Elle s'engage ensuite dans Longeville pour prendre la route de Verdun.

La division Vergé quitte ses positions à 2 heures et suit le même chemin que la 2e division.

Vers 3 heures, la brigade Lapasset se met en mouvement derrière les deux divisions qui précèdent.

Sur ces entrefaites, à 10 heures du matin (1), le général Frossard avait reçu du maréchal Bazaine, commandant en chef, l'ordre de laisser sa 3e division (général de Laveaucoupet) dans Metz pour concourir à la défense de la place. En conséquence, le général de Laveaucoupet est mis sous les ordres du général Coffinières, gouverneur de la ville. Celui-ci, dans la prévision d'une attaque des Prussiens pour le soir même, répartit immédiatement les troupes de la 3e division de la manière suivante :

2 bataillons au fort de Queuleu ;
2 bataillons au fort de Saint-Julien ;
3 bataillons au fort de Plappeville ;
2 bataillons au fort de Saint-Quentin ;
2 bataillons au fort de Bellecroix ;
2 bataillons au fort de Moselle ;
1 compagnie du génie à Plappeville ;
1 batterie de mitrailleuse à Saint-Julien ;
1 batterie de 4 à Queuleu ;
1 batterie de 4 à Bellecroix.

Pendant ce temps, le 2e corps cheminait péniblement sur la route de Moulins qui était encombrée par les bagages et les troupes du 6e corps (2) et par la maison de l'Empereur.

---

(1) L'ordre ne fut donné par le maréchal Bazaine qu'à 11 h. 15 (voir la dépêche au général Frossard).

(2) $\frac{3\ D}{6}$.

L'encombrement était tel dans Metz que toute circulation fut impossible pendant toute la journée et toute la nuit.

Le passage des ponts de la Seille et de la Moselle fut long et ne se fit pas avec tout l'ordre désirable ; aussi la division Bataille, après de longs temps d'arrêt causés par l'encombrement de la route, arriva-t-elle fort tard au pied du village de Rozérieulles. Elle s'arrêta en avant du hameau de Longeau et s'établit sur les coteaux à droite et à gauche de la route.

Le 12° bataillon de chasseurs alla camper entre Longeau et Rozérieulles sur le coteau à droite de la route (1).

Le général Frossard, qui suivait la 2° division, s'arrêta à Longeau où il établit son quartier général.

La division Vergé arriva ensuite à 9 heures du soir et bivouaqua à l'entrée de Rozérieulles.

La brigade Lapasset, qui la suivait, ne put établir son campement au-dessus de Rozérieulles qu'à 11 heures du soir.

Enfin, le général de Valabrègue, qui a quitté son camp à 2 heures de l'après-midi avec la division de cavalerie, entre dans Metz vers 11 heures du soir et emploie toute la nuit pour traverser la place, encombrée par les bagages des corps d'armée.

Dès que l'ennemi eut connaissance de ces mouvements, il prononça pour les retarder une vigoureuse attaque contre les 3° et 4° corps, qu'il espérait rejeter en désordre dans Metz. En même temps, une partie de l'armée prussienne, traversant la rivière au pont d'Ars, devait essayer de couper les colonnes en marche sur la route de Verdun.

L'attaque, commencée sur Saint-Julien contre la gauche de l'armée, vers 3 heures de l'après-midi (2), s'étendit bientôt jusqu'au fort de Queuleu et dura avec acharnement jusque vers 9 heures du soir. L'ennemi fut partout repoussé avec vigueur et rejeté en désordre sur ses positions [?] en laissant sur le terrain un grand nombre de morts et de blessés. Cette brillante affaire, qui nous avait causé des pertes sensibles, prit le nom de combat de Borny.

L'équipage de ponts et la 2° compagnie des pontonniers sont mis à la disposition du gouverneur général de la place de Metz.

Le parc du 2° corps suit la marche du corps d'armée et vient camper le soir entre Moulins et Maison-Neuve.

---

(1) A l'entrée du village de Rozérieulles (Journal de marche de la 2° division).

(2) L'attaque commença devant Colombey. L'heure est d'ailleurs inexacte.

Journal de marche du 2ᵉ corps d'armée.

14 août.

Quartier général, à Longeau, route de Verdun.
1ʳᵉ *division*, à Rozérieulles.
2ᵉ *division*, entre Moulins-les-Metz et Longeau.
3ᵉ *division* (la division Laveaucoupet reste devant Metz pour concourir à la défense de la place), a pris position en arrière du fort Queuleu (1).
Brigade Lapasset, au-dessus de Rozérieulles.
Cavalerie, en avant de Gravelotte, avec la division de Forton (2).

Journal de marche de la 1ʳᵉ division du 2ᵉ corps.

14 août.

La division part pour Rozérieulles vers 2 heures. Elle traverse la Moselle sur des ponts de chevalets et de bateaux et arrive à son campement à 9 heures du soir. Rozérieulles est situé à cinq kilomètres à l'Ouest de la place de Metz.

Journal de marche de la 2ᵉ brigade de la 1ʳᵉ division du 2ᵉ corps.

14 août.

Dès le matin, l'ordre de départ arrive; mais le mouvement ne commence qu'à 3 heures de l'après-midi. La brigade traverse le village de Magny, la petite rivière de la Seille, passe devant le fort Saint-Privat, arrive sur les glacis de la ville de Metz, qu'elle contourne du Sud-Est au Sud-Ouest, traverse l'île Saint-Symphorien, formée par deux bras de la Moselle, qu'elle passe sur des ponts de chevalets, traverse le village de Longeville-les-Metz et vient établir son campement sur les hauteurs de Rozérieulles, à 5 kilomètres à l'Ouest de Metz.

Journal de marche de la 2ᵉ division du 2ᵉ corps.

14 août.

La division lève son camp à 4 heures du matin. Ses bagages, qui la

---

(1) Pendant la bataille; et une partie de la division seulement.
(2) La division de cavalerie ne traversa la Moselle qu'en dernier lieu et n'arriva sur le plateau de Gravelotte que le lendemain matin, 15 août.

précèdent, partent à 7 heures du matin et sont dirigés, par le prévôt de la division, sur le Ban-Saint-Martin, où ils ont ordre d'attendre les troupes.

A midi, les troupes reçoivent l'ordre de départ. Elles se mettent en marche dans l'ordre suivant : 2e brigade, artillerie, 1re brigade. Toutefois, après avoir passé le pont de la Seille en aval du pont du chemin de fer, l'infanterie tourne Metz au Sud pour traverser les hameaux du Sablon et de Montigny, passer la Moselle en amont de Metz sur des ponts de radeaux et de chevalets et arriver à Longeville-les-Metz, tandis que l'artillerie entre dans Metz par la porte Serpenoise et va passer la Moselle au Pont-des-Morts.

L'infanterie, après avoir pris ses bagages au Ban-Saint-Martin, traverse le hameau de Longeville et s'engage sur la route de Verdun, qu'elle longe jusqu'au point où le chemin qui suit la vallée de Mont-Vaux (1) vient rencontrer la grande route, un peu avant d'arriver au village de Rozérieulles.

Là, la division s'arrête et prend les positions suivantes : le bataillon de chasseurs à pied, en avant-garde, à l'entrée du village de Rozérieulles ; la 1re brigade (8e et 23e d'infanterie) à droite de la route et sur les hauteurs qui la dominent ; la 2e brigade (66e et 67e) sur les hauteurs qui dominent la route à gauche.

A 9 heures du soir, l'artillerie, qui a été retardée longtemps dans Metz par l'encombrement des troupes, rejoint la division et prend position dans les prés qui bordent la route à gauche, entre la route et la rivière de Mont-Vaux (1).

Journal de marche de la 1re *brigade de la* 2e *division du* 2e *corps.*

14 août.

La brigade lève le camp à 11 heures du matin ; les bagages la précèdent, partent à 7 heures et sont réunis au Ban-Saint-Martin.

La brigade, après avoir passé la Seille, passe sur des ponts de bateaux pour regagner le village de Longeville-les-Metz ; elle s'engage sur la route de Verdun, qu'elle suit jusqu'au point où le chemin qui suit la vallée de Mont-Vaux (1) vient rencontrer la grande route, et s'y place ainsi : le 12e bataillon de chasseurs en avant, à l'entrée du village de Rozérieulles ; le 8e et le 23e, à droite de la route et sur les hauteurs qui la dominent.

---

(1) *Lire :* Longeau.

Journal de marche de la 3ᵉ division du 2ᵉ corps.

14 août.

Au réveil, le général de Laveaucoupet reçoit de M. le général Frossard l'ordre de faire charger le convoi et les bagages pour passer sur la rive droite de la Moselle.

Le mouvement commence à 7 heures dans l'ordre suivant :

Les bagages et les voitures de la 1ʳᵉ division, de la 2ᵉ division, de la 3ᵉ division, de la brigade Lapasset.

Les bagages de la 3ᵉ division se mettent en mouvement à 8 h. 30 du matin ; ils gagnent la route de Magny à Metz, la suivent jusqu'aux glacis et tournent à gauche pour entrer par la porte Serpenoise et de là gagner, par le Pont-des-Morts et la porte de France, la route de Moulins-les-Metz, sur laquelle ils se massent, prêts à marcher dès que les troupes arriveront.

L'ambulance, personnel et matériel, reste au bivouac avec la troupe, en prévision d'une attaque.

Vers *10 heures* (1) du matin, le général Frossard reçoit du maréchal Bazaine, commandant en chef l'armée du Rhin, l'ordre de détacher la division de Laveaucoupet à Metz pour défendre la place pendant le mouvement de retraite de l'armée sur Verdun.

Le chef d'état-major de la division, accompagné des adjudants-majors des corps, est envoyé à Metz pour prendre les instructions de M. le général de division Coffinières que l'Empereur, qui se trouvait encore dans cette place le 13 avec le Prince impérial, venait d'en nommer commandant supérieur.

Cet officier général, craignant pour le soir même une attaque sur les forts, arrêta, de concert avec le lieutenant-colonel Billot, la répartition des troupes de la division et le chargea de remettre au général de Laveaucoupet la dépêche ci-après transcrite renfermant ses ordres :

« Le Maréchal commandant en chef me donne avis que votre division reçoit l'ordre de rester à Metz pour la défense de la place.

« J'ignore si d'autres troupes me seront envoyées ; mais comme il importe essentiellement que les forts soient mis à l'abri d'une insulte, j'ai décidé, en ma qualité de commandant supérieur de la place, que vos troupes seraient reparties comme il suit :

---

(1) Plus tard. Voir la dépêche du maréchal Bazaine au général Frossard (datée de 11 h. 15).

2 bataillons au fort Queuleu ;
2 bataillons au fort Saint-Julien ;
3 bataillons au fort Plappeville ;
2 bataillons au fort Saint-Quentin ;
2 bataillons au fort Bellecroix ;
2 bataillons au fort Moselle ;
1 compagnie de génie à Plappeville ;
1 batterie de mitrailleuses à Saint-Julien ;
1 batterie de 4 à Queuleu ;
1 batterie de 4 à Bellecroix.

« Il est vivement à désirer que ces troupes rejoignent leurs postes dans le plus bref délai. »

Le lieutenant-colonel Billot, après avoir réglé avec les adjudants-majors l'emplacement de leurs corps respectifs, en exécution des instructions du général Coffinières, vint apporter ces ordres au général de division sur la route de Strasbourg.

Conformément aux ordres du général Frossard, le général de Laveaucoupet avait commencé son mouvement de retraite sous le fort de Queuleu, quand une vive canonnade se fit entendre en avant de Borny, où était établi le quartier général du maréchal Bazaine.

C'était une attaque de l'ennemi qui, avec une partie de son armée, cherchait à bousculer l'armée française dans son mouvement de retraite pendant que l'autre partie se dirigeait sur Ars-sur-Moselle pour aller nous couper la retraite sur Verdun en passant elle-même la rivière.

Le 3e corps, commandé par le général Decaen, qui venait d'être placé à sa tête en remplacement du maréchal Bazaine, nommé général en chef, repoussa vigoureusement l'ennemi ; mais celui-ci commençait à gagner du terrain sur notre gauche, vers Saint-Julien.

La Garde impériale, qui allait entrer dans Metz pour passer les ponts, revint sur ses pas et s'établit en réserve à Grigy.

Le général de Laveaucoupet, craignant que les forts de Saint-Julien et de Queuleu, forts inachevés et presque sans garnison, ne tombassent au pouvoir de l'ennemi, en cas d'échec, et se conformant d'ailleurs aux ordres du général Coffinières, chargea immédiatement le colonel Zentz d'occuper avec le 2e de ligne et le 63e les forts de Queuleu, Bellecroix et Saint-Julien.

Deux bataillons du 2e de ligne furent jetés dans le fort de Queuleu, un bataillon du 2e et un bataillon du 63e dans le fort Bellecroix et deux bataillons du 63e, conduits par le colonel Zentz lui-même, dans le fort Saint-Julien.

Il était temps que ce dernier fort reçut des troupes solides pour le mettre à l'abri d'un coup de main, car les progrès de l'ennemi sur notre gauche continuaient sensiblement (1).

Le général de Ladmirault, qui avait déjà passé la Moselle, fit mettre sac à terre à ses troupes en entendant le canon et revint sur ses pas à la course, dépassa bientôt le fort de Saint-Julien et repoussa l'ennemi de ce côté.

L'armée avait le dessus sur toute la ligne (2) ; nos réserves n'étaient pas même engagées et la Garde restait l'arme au pied à Grigy.

Cependant le général de Laveaucoupet, voyant l'aile droite de l'armée un peu dégarnie, crut devoir garder sous Queuleu toute son artillerie et ajourner au lendemain la répartition prescrite par le général Coffinières (3).

Après l'avoir établie sur les glacis du fort de Queuleu, il la fait entrer dans le fort et, de concert avec le colonel du génie Merlin qui le commande, il la répartit sur les différentes faces de l'ouvrage qui permettent de dominer la Haute et la Basse-Bévoye et Mercy.

Ces dispositions étaient à peine terminées, vers 5 heures du soir, que l'ennemi, faisant des progrès sur notre droite, vint établir ses batteries à la Haute-Bévoye et se mit à tirer d'écharpe et d'enfilade sur nos réserves.

Les trois batteries de la division de Laveaucoupet ouvrirent immédiatement leur feu contre l'artillerie ennemie.

La batterie de mitrailleuses, bien placée pour prendre en rouage et

---

(1) Appréciation inexacte.
(2) *Ibid.*
(3) Mais l'infanterie gagna les emplacements désignés plus haut.
Le 10ᵉ bataillon de chasseurs arrivait au fort Moselle à 5 heures. (Journal de marche du 10ᵉ bataillon de chasseurs.)
Les bataillons $\frac{\text{II, III}}{2}$ entrent seuls dans le fort de Queuleu « pendant que le Iᵉʳ bataillon va s'installer dans le fort Bellecroix. » (Journal de marche du 2ᵉ régiment).
Le 63ᵉ est réparti entre le fort Saint-Julien (I, II) et le fort Bellecroix (III) « pendant que l'ennemi attaque le 4ᵉ corps ». (Journal de marche du 63ᵉ.)
Le 24ᵉ « partit dans l'après-midi pour se rendre à Metz » ; le Journal de marche du régiment n'indique pas d'heure d'arrivée au fort Moselle (III) et au fort Saint-Quentin (I, II).
Enfin, le 40ᵉ « rentre dans Metz au moment où commence le combat de Borny ». (Journal de marche du 40ᵉ.)

un peu d'écharpe les batteries ennemies, ouvrit le feu au commandement du capitaine commandant et six salves suffirent pour réduire au silence les batteries ennemies ; les servants avaient été tués ou blessés, d'autres servants vinrent remplacer les premiers. Alors les pièces prussiennes changèrent de position ; elles furent disséminées sur une grande étendue de terrain, les unes plus près du fort de Queuleu, d'autres fort éloignées. Elles reprirent lentement leur feu contre la batterie de mitrailleuses et les autres batteries ; mais à 9 h. 30 elles étaient réduites au silence.

Les 7e et 8e batteries du 15e furent d'un puissant secours dans ce combat d'artillerie livré à 1500 mètres ; elles servirent leurs pièces et, en se dédoublant et utilisant les artilleurs de la garde nationale mobile, elles utilisèrent les gros canons du fort.

A 9 heures du soir, la bataille ayant cessé sur toute la ligne, le général de division prescrivit à l'artillerie de remettre les pièces sur leurs avant-trains, les chevaux attelés.

Le général de division avec son état-major coucha au fort de Queuleu, avec son artillerie et le 2e de ligne.

Dans la soirée (1), voyant le concours de la brigade Micheler inutile, il l'envoya par le village de Queuleu sur Metz et dans les forts de Saint-Quentin et de Plappeville, dans lesquels elle fut établie dans la nuit.

Deux bataillons du 24e, sous les ordres du colonel d'Arguesse, au fort de Saint-Quentin.

Les trois bataillons du 40e au fort de Plappeville.

Un bataillon du 24e avec le 10e bataillon de chasseurs à pied, au fort Moselle.

La compagnie du génie fut également envoyée au fort de Plappeville.

Après la bataille, l'armée continua dans la nuit son mouvement pour passer sur la rive droite de la Moselle.

Les bagages de la division Laveaucoupet reçurent l'ordre de rétrograder pour rentrer en ville.

Journal de marche du 10e bataillon de chasseurs à pied (3e division du 2e corps).

14 août.

Le bataillon quitte le camp de Grigy pour se retirer à Metz, au fort Moselle. Il arrive à 5 heures du soir à la caserne de l'artillerie.

---

(1) Voir la note 3 de la page précédente.

*Journal de marche du 2ᵉ régiment d'infanterie
(3ᵉ division du 2ᵉ corps).*

14 août.

L'armée du Rhin doit passer la Moselle.

Le régiment prend les armes à la pointe du jour pour permettre la retraite, mais il ne commence son mouvement qu'à 3 h. 30 de l'après-midi. Des coups de canon se font entendre dans la direction de Borny ; une action s'engage et les IIᵉ et IIIᵉ bataillons entrent dans le fort de Queuleu pendant que le Iᵉʳ bataillon va s'installer dans le fort Bellecroix.

*Journal de marche du 63ᵉ régiment d'infanterie
(3ᵉ division du 2ᵉ corps).*

14 août.

Le 14 août, la 3ᵉ division est détachée du 2ᵉ corps pour prendre part à la défense de Metz.

Les Iᵉʳ et IIᵉ bataillons sont placés au fort Saint-Julien, le IIIᵉ bataillon au fort Bellecroix.

Ce changement de position s'opère pendant que l'ennemi attaque le corps d'armée du général de Ladmirault. Cette attaque, qui s'étend bientôt jusqu'au fort Saint-Julien, donne lieu au combat de Borny.

*Journal de marche du 24ᵉ régiment d'infanterie
(3ᵉ division du 2ᵉ corps).*

14 août.

Le régiment partit dans l'après-midi du 14 pour se rendre à Metz et arriva au fort Moselle, où il laissa le IIIᵉ bataillon, sous les ordres du commandant Pittié, qui arrivait au régiment.

Les deux autres bataillons, sous les ordres du colonel, se rendirent au fort Saint-Quentin.

*Journal de marche du 40ᵉ régiment d'infanterie
(3ᵉ division du 2ᵉ corps).*

14 août.

Le 14, la 3ᵉ division du 2ᵉ corps, au moment où commence le combat de Borny, rentre dans Metz. Le 40ᵉ vient occuper le fort de Plappeville.

A partir de ce jour, le régiment est à la disposition du commandant de la place de Metz ; il fournit chaque jour 500 travailleurs pour l'achèvement des travaux du fort et une compagnie de grand'garde à l'extérieur du fort.

Journal de marche des 7e, 8e *et* 11e *batteries du* 15e *régiment d'artillerie* (3e *division du* 2e *corps*).

14 août.

7e *batterie*. — Dans l'après-midi, retraite vers le fort de Queuleu au moment où la bataille de Borny va commencer (4 h. 30 du soir). Vers la fin de la journée, la batterie est jetée dans le fort de Queuleu avec la batterie Bombard (8e du 15e) et la batterie Lauret (mitrailleuses, 11e du 15e) ; ces trois batteries font taire en peu de temps une forte batterie prussienne, qui est venue ouvrir un feu très vif sur le fort, auquel s'appuie notre extrême droite.

Un seul homme blessé légèrement à la nuque par un éclat d'obus. La batterie a servi ses pièces, ainsi que les pièces de siège du fort, avec les artilleurs de la garde nationale mobile.

8e *batterie*. — Départ à 2 heures du soir pour Metz. Une bataille s'étant engagée vers Borny, à 4 heures, la batterie Bombard entre au fort de Queuleu, où les trois sections se séparent pour prendre isolément leur position dans différents ouvrages. Vers 8 h. 30, une batterie prussienne, qui a fait un mouvement tournant, envoie des obus contre les défenseurs du fort. La batterie Lauret (à balles) et la 3e section de la batterie Bombard répondent à son feu, qui cesse quelques instants après. La batterie bivouaque au fort. La réserve de la batterie est envoyée au Ban-Saint-Martin.

11e *batterie*. — Levée du camp à 4 heures du matin ; départ pour Metz à 2 heures du soir avec les autres troupes de la division. Vers 5 heures, au moment où elle arrivait sur le plateau, au sommet duquel se trouve construit le fort de Queuleu, une vive canonnade éclata vers la droite des troupes, à une distance d'environ 3 kilomètres et demi.

L'armée prussienne attaquait l'armée française et une lutte acharnée s'engageait entre les troupes ennemies.

Dès le début de l'action, la batterie de canons à balles, par ordre de M. le général de Laveaucoupet, conduite par M. le lieutenant-colonel Laroque, entrait dans l'intérieur du fort de Queuleu et prenait position sur le terre-plein (côté Sud-Ouest) ; protégée par un parapet inachevé, elle resta là longtemps, assistant inactive à la bataille qui se livrait dans son voisinage.

A 8 h. 30, une batterie ennemie vint prendre position à 1600 mètres environ de la batterie de canons à balles, prenant par derrière et un peu d'écharpe une batterie française ; alors la batterie de canons à balles, bien placée pour prendre en rouage et un peu d'écharpe les batteries ennemies, ouvrit le feu au commandement du capitaine commandant, et six salves suffirent pour réduire au silence la batterie ennemie. Les servants avaient été tués ou blessés; d'autres servants vinrent remplacer les premiers. Alors les pièces prussiennes changèrent de position; elles furent disséminées sur une grande étendue de terrain, les unes placées près du fort de Queuleu, d'autres fort éloignées. Elles reprirent lentement leur feu, et bien que dirigé en entier sur la batterie de mitrailleuses, elles ne lui firent aucun mal.

Dès lors, comme il était tard (9 h. 30 environ), il devenait de plus en plus difficile de battre dans l'obscurité des points isolés, qui n'étaient vus qu'au moment de l'explosion des coups, et comme il importe de ménager les munitions de canons à balles, M. le général de Laveaucoupet donna l'ordre de cesser le feu. Les pièces furent remises sur les avant-trains et conduites par le capitaine dans l'intérieur du fort où la batterie entière passa la nuit, les chevaux restant attelés.

Journal de marche de la brigade Lapasset.

14 août.

Départ de Mercy-le-Haut à 2 heures du soir (1); arrivée à hauteur de Rozérieulles à 11 heures.

Pendant ce temps a lieu le combat de Borny. La brigade n'y prend pas part.

Journal de marche de la division de cavalerie du 2ᵉ corps.

14 août.

Tout le 2ᵉ corps reçoit l'ordre d'être sous les armes, prêt à partir, à 4 heures du matin. Les bagages de la division partent vers 7 heures. La division quitte son camp à 2 heures de l'après-midi. Arrêtée plusieurs fois pendant de longs intervalles, elle traverse la Seille sur des ponts établis par le génie entre le fort de Queuleu et le Sablon, commence à entrer dans Metz vers 11 heures du soir par la porte Serpenoise, traverse la Moselle au Pont-des-Morts et s'engage sur la route de Verdun. Elle s'arrête un instant près de l'auberge de Saint-Hubert, vers 5 h. 30 du matin.

---

(1) Les historiques des 84ᵉ et 97ᵉ disent respectivement 3 heures et 1 heure. Le journal de marche du 2ᵉ corps dit 3 heures; celui de l'artillerie du 2ᵉ corps, 3 h. 30. On a adopté l'heure de 3 heures parce que c'est celle qui paraît la plus vraisemblable, étant donné le mouvement d'ensemble du corps d'armée. Si la brigade est partie un peu plus tôt, elle a, dans tous les cas, été arrêtée à Magny par la 1ʳᵉ division.

Journal de marche de l'artillerie du 2ᵉ corps.

14 août.

État-major général. — Le corps d'armée passe la Moselle. Le quartier général se transporte à Maison-Neuve, au delà du village de Moulins, sur la route de Verdun.

1ʳᵉ division. — Le camp est levé à midi ; le 2ᵉ corps passe la Seille et la Moselle. L'artillerie passe la Seille sur des ponts de chevalets et la Moselle en traversant Metz de la porte Serpenoise au Ban-Saint-Martin (1).

2ᵉ division. — Marche sur Verdun. Les batteries passent la Moselle dans l'intérieur de Metz (2), tandis que leur division la passe sur des ponts jetés en dehors de la ville. Arrivée à 9 heures du soir à Moulins, où les batteries campent avec leur division.

3ᵉ division. — La 3ᵉ division est laissée à Metz pour la défense de la place. Dans l'après-midi, les trois batteries sont placées dans le fort de Queuleu et prennent part au combat de Borny.

Brigade Lapasset. — Marche sur Verdun. Départ de Mercy à 3 h. 30 du soir.

Réserve. — La réserve d'artillerie passe la Moselle dans Metz (3) et v camper, avec le corps d'armée, sur la route de Metz à Verdun entre Moulins et la Maison-Neuve.

Parc. — Le 14, l'équipage de ponts et la 2ᵉ compagnie de pontonniers sont mis à la disposition du général gouverneur de la place de Metz.

Le parc, attelé par les 3ᵉ compagnie principale, 4ᵉ compagnie principale, 4ᵉ compagnie *bis* et 9ᵉ compagnie principale du 2ᵉ régiment du train d'artillerie, et emmenant avec lui les détachements de la batterie *bis* du 5ᵉ régiment d'artillerie, de la 3ᵉ compagnie d'ouvriers et de la 3ᵉ compagnie d'artificiers, suit la marche du corps d'armée sur Verdun et campe le soir entre Moulins et Maison-Neuve.

Journal de marche du génie du 2ᵉ corps.

14 août.

Marche générale sur Longeau, à l'exception de la 3ᵉ division, qui se sépare du corps d'armée. La 13ᵉ compagnie, attachée à cette division, la suit.

---

(1) Par le Pont-des-Morts.
(2) *Ibid.*
(3) *Ibid.*

Dans cette marche, les officiers de l'état-major sont employés à guider les colonnes jusqu'aux ponts de la Moselle. Le parc passe par l'intérieur de la ville. Les divisions traversent la Seille sur trois ponts en arrière de Queuleu, puis la Moselle en passant par le pré Saint-Symphorien, et l'île du Saulcy sur des ponts provisoires.

On va camper à Longeau et Rozérieulles.

b) Organisation et administration.

Journal tenu par M. l'Adjoint à l'intendance Bouteiller.

14 août.

Résumé des opérations administratives du 2ᵉ corps.

Le 14, le 2ᵉ corps passa la Moselle et vint s'établir sur la route de Verdun, à la Maison-Neuve (1). Les divisions reçurent le pain pour les journées du 14 et du 15 août, et en outre le quartier général emportait 125 quintaux de biscuit et 200 quintaux de farine. Les ressources en fours de la place de Metz ne permettant plus de fabriquer pour toute l'armée concentrée sous ses murs, on devait, dans le cas où le pain et le biscuit feraient défaut, distribuer une ration de 600 grammes de farine. Nous partions, par conséquent, avec des vivres (pain ou l'équivalent) pour les 14, 15, 16 et 17, et avec ces ressources on aurait pu atteindre Verdun, où on nous assurait que l'intendant général avait fait concentrer des approvisionnements.

La viande sur pied suivait le convoi et, sans compter les ressources des divisions, le quartier général emportait 133,000 rations de riz à $0^k,060$, soit pour quatre jours; autant de sel; 214,000 rations de sucre et café, ou six jours; 37,000 rations de lard salé, pour un jour. A part le biscuit et la farine, les divisions avaient au moins autant de jours de vivres de campagne, de sorte que, avec une distribution de pain ou de biscuit à Verdun et vers Sainte-Menehould, on pouvait arriver, avec les ressources que nous possédions le 14, jusqu'au camp de Châlons; mais, pour cela, il eut fallu que les hommes gardassent leurs sacs et leurs réserves.

Le convoi du 2ᵉ corps avait à traverser Metz et devait se trouver en contact avec ceux des autres corps et des divisions du même corps. Il faut reconnaître que l'état-major, cette fois, prescrivit au prévôt de s'en occuper. En raison des difficultés qu'il était facile de prévoir dans

---

(1) Près de Longeau.

l'exécution de son mouvement, l'intendant demanda une garde spéciale pour les voitures et pour le troupeau. On lui accorda généreusement 1 sergent et 20 hommes, qui ne furent pas relevés et nous quittèrent le lendemain. Le convoi devait d'abord s'arrêter au Ban-Saint-Martin, mais il trouva la place prise par la division de chasseurs d'Afrique. Il continua sa route et, à la sortie de Longeville, on le fit descendre provisoirement dans la prairie qui s'étend entre la route et la Moselle au-delà de la voie ferrée. C'est de là que nous entendîmes la canonnade et la fusillade du combat de Borny.

A 10 heures du soir, ordre fut donné de nous rapprocher des troupes et le convoi vint s'installer entre Sainte-Ruffine et la Maison-Neuve, les voitures du train des équipages dans la prairie à gauche de la route et les voitures auxiliaires serrées contre un des côtés de la route, prêtes à repartir et de manière à laisser le milieu libre.

Exécution des transports réguliers et auxiliaires du 2º corps.

Le 14, dans le mouvement de concentration de l'armée sur la rive gauche de la Moselle, le convoi reçut l'ordre de se rendre au Ban-Saint-Martin en suivant la route de Magny, la porte Serpenoise, le Pont-des-Morts et le fort Moselle.

Le prévôt reçut l'ordre, cette fois, de surveiller la marche des voitures; mais, néanmoins, l'intendant ne s'en sépara pas. Il se mit en tête et laissa deux fonctionnaires en arrière pour s'assurer qu'aucune d'elles ne restait en route.

Au Ban-Saint-Martin, on trouva la place prise par les chasseurs d'Afrique. Le convoi continua sa route par Longeville, à la recherche d'un emplacement propre à faire parquer les voitures.

L'intendant les fit arrêter dans une prairie à gauche de la route de Longeville, à Moulins-les-Metz, où nous passâmes la journée, oubliés comme toujours par notre état-major. Vers le soir, l'intendant fit prendre des renseignements sur la position du 2º corps et, ayant appris qu'il s'était établi à la Maison-Neuve et que le convoi en était séparé par le quartier général, établi à Moulins, ce haut fonctionnaire fit remettre les voitures en route et se porta à la Maison-Neuve pour y prendre les ordres du général commandant le corps d'armée. Le convoi avait reçu le matin, sur les instances de l'administration, une garde d'infanterie de 18 hommes, commandée par un sergent, qui l'accompagna jusqu'au lendemain.

D'après les ordres donnés à ce moment, le convoi s'établit à gauche de la route de Gravelotte, dans la prairie contiguë au moulin situé au-dessous de Sainte-Ruffine et dans lequel le général commandant la 2º division d'infanterie s'était installé. Les voitures auxiliaires, que l'on avait les plus grandes peines à faire entrer et sortir des parcs, furent laissées sur la route, de manière à pouvoir se mettre en route sans retard le lendemain matin.

c) Opérations et mouvements.

Le général Frossard au maréchal Bazaine (D. T.).

14 août.

Le mouvement des bagages du 2e corps commence.

Le maréchal Bazaine au général Frossard (D. T.).

Borny, 14 août, 11 h. 15 matin.

L'Empereur me télégraphie l'ordre suivant :
« Laissez la division Laveaucoupet à Metz, où elle relèvera la division La Font de Villiers. »
Envoyez de suite le chef d'état-major de cette division pour reconnaître les emplacements qu'elle doit occuper.
Si le mouvement des troupes se fait avant qu'elle entre dans la place, elle se rapprochera du fort de Queuleu, où elle prendra position.
Quant aux bagages, ils attendront sur leur emplacement actuel qu'on aille les chercher.

Le maréchal Bazaine au général Frossard (D. T.).

Borny, 14 août, 11 h. 55 matin.

Vous pouvez commencer votre mouvement par votre droite et aller vous établir sur la route de Verdun, si vous le pouvez aujourd'hui ; sinon, sur le plateau de Jussy-Rozérieulles.

Le général Coffinières au général de Laveaucoupet, commandant la 3e division du 2e corps. (Lettre.)

Metz, 14 août.

Mon cher Général,

Le Maréchal commandant en chef me donne avis que votre division reçoit l'ordre de rester à Metz pour la défense de la place. J'ignore si d'autres troupes me seront envoyées ; mais, comme il importe essentiellement que les forts soient mis à l'abri d'une insulte, j'ai décidé, en ma qualité de commandant supérieur de la place, que les vôtres seraient réparties comme il suit :

2 bataillons à Queuleu;
2 bataillons à Saint-Julien;
3 bataillons à Plappeville;
2 bataillons à Saint-Quentin;
2 bataillons à Bellecroix;
2 bataillons au fort Moselle;
1 compagnie du génie à Plappeville;
1 batterie de mitrailleuses à Saint-Julien;
1 batterie de 4 à Queuleu;
1 batterie de 4 à Bellecroix.

Il est vivement à désirer que les troupes rejoignent leurs postes dans le plus bref délai.

Le général de Laveaucoupet commandant la 3ᵉ division du 2ᵉ corps, au général Coffinières. (D. T.)

Fort de Queuleu, 14 août, 10 h. 40 soir.

Conformément aux ordres contenus dans votre dépêche de ce jour, j'ai donné les instructions nécessaires pour la répartition de ma division entre les forts de la place. Le mouvement a commencé à 4 heures, en même temps que la bataille.

Les routes étant encombrées par les convois, j'ai gardé au fort de Queuleu, où je couche, toute mon artillerie et le 2ᵉ de ligne. Ma mitrailleuse a pu tirer avec succès sur des batteries ennemies établies à Mercy-le-Haut.

Veuillez prévenir le maréchal Bazaine, dont je prendrai les ordres dans la matinée.

Journée du 14 août.

6ᵉ CORPS.

a) **Journaux de marche.**

Journal de marche du 6ᵉ corps d'armée.

14 août.

Toute l'armée reçoit l'ordre de passer sur la rive gauche de la Moselle et ce mouvement commence à s'opérer.

Pendant son exécution, vers 4 heures de l'après-midi, l'ennemi attaque le 3e corps du côté du village de Borny.

Le mouvement de passage n'est pas interrompu (1) et continue pendant toute la nuit.

Cahier de notes du général Henry, chef d'état-major général du 6e corps d'armée, provenant de la succession du maréchal Canrobert. (Signé, mais non daté.)

14 août.

Le 14, à 1 h. 45, le maréchal Bazaine fait connaître que les troupes des 2e et 4e corps commencent le passage de la Moselle.

D'après l'ordre, le 6e corps doit prendre position derrière le 2e corps sur la route de Verdun, à hauteur de Gravelotte.

Le quartier impérial est établi à Longeville, le grand quartier général à Moulins.

Le commandant en chef demande ce qui manque au corps d'armée ; on lui répond qu'il n'y a que six batteries d'artillerie, pas de parcs d'artillerie ni du génie ; aucun service administratif ; pas de cavalerie.

Il est prescrit de ne commencer le mouvement que quand l'ordre sera donné. Quant aux bagages et convois de vivres et aux parcs, ils doivent suivre le mouvement de ceux du 2e corps, déjà en marche pour s'établir sur la rive gauche de la Moselle, entre Longeville et Moulins.

Le maréchal Canrobert est à l'hôtel de l'Europe.

Vers 3 heures 30 (2), le général de Ladmirault le fait prévenir que son arrière garde est fortement engagée. On entend distinctement le canon et la fusillade du côté de Borny.

Au même moment, le général Tixier (1re division), signale des mouvements d'infanterie en face de son front (Montigny).

Le 6e corps prend les armes, prêt à obéir aux ordres du général en chef. Le maréchal Canrobert monte à cheval et va reconnaître la position du général Tixier, fort importante, puisqu'elle couvre le pont du chemin de fer, qui doit servir de passage aux deux divisions campées près de Montigny (3).

La bataille se termine à la nuit.

---

(1) Affirmation partiellement inexacte.
(2) Heure inexacte.
(3) Un seul régiment de la division La Font de Villiers, le 94e, était bivouaqué à la Horgne-au-Sablon, à la gauche de la division Tixier.

Le maréchal Canrobert reste en permanence à l'hôtel de l'Europe, son quartier général.

Vers 11 heures du soir, un officier du grand quartier général vient lui donner des ordres verbaux ; le 6ᵉ corps doit se mettre en mouvement le 15, dès l'aube ; la division Tixier passera la Moselle sur le pont du chemin de fer, débouchera à Longeville et se dirigera, de là, sur Gravelotte.

Journal de marche de la 1ʳᵉ division du 6ᵉ corps.

14 août.

Même situation (entre Moselle et Seille, à hauteur de Saint-Privat).

Dans l'après-midi, pendant que la bataille de Borny se livre sur la gauche, une alerte fait prendre les armes à la division, qui reste sur le terrain jusqu'à 8 heures. A la nuit, elle se retire en arrière de la tranchée du chemin de fer. On reçoit l'ordre de se tenir prêts à partir pendant la nuit.

Journal du colonel de Montluisant. (Artillerie de la 1ʳᵉ division du 6ᵉ corps.)

14 août.

Le 14 tout semble changé. La division ne reçoit aucune instruction du quartier général ; on attend, et on est surpris à 3 heures (1) par le bruit du canon qui se fait entendre à l'Est du côté de Borny. Par ordre du général Tixier, je charge immédiatement le commandant Vignotti (2) de nous relier, à gauche, du côté de Queuleu, avec la batterie Flottes $\left(\frac{8}{8}\right)$. Le capitaine Abord $\left(\frac{5}{8}\right)$ surveillera la droite du côté de la Moselle, en avant de Montigny, et je me porte au centre avec la batterie Oster $\left(\frac{7}{8}\right)$. Les troupes de la division prennent leurs postes de combat ; elles y restent jusqu'à la nuit et dans l'ignorance la plus complète de la force et de la situation des Prussiens. On se replie sur la ville à 8 heures du soir. Un bataillon est seul laissé en vedette au village de Saint-Privat avec une pièce d'artillerie attelée à double prolonge, commandée par un lieutenant.

L'ordre arrive à minuit de passer sur la rive gauche de la Moselle.

---

(1) Heure inexacte.
(2) Commandant les trois batteries de la division.

Journal de marche de la 3ᵉ compagnie du 3ᵉ régiment du génie (1ʳᵉ division du 6ᵉ corps).

14 août.

200 mètres courants de tranchées-abris, du côté de la ferme de la Horgne et de la ferme de Brady (1), ont été ajoutés aux 50 mètres de la veille pour appuyer les pièces d'artillerie destinées à balayer le terrain à l'Est et au Sud-Est, vers le fort de Queuleu.....

De notre camp on a vu très distinctement la phase de ce combat depuis 4 heures jusqu'à 9 heures du soir.

Journal de marche de la 2ᵉ division du 6ᵉ corps.

14 août.

La division se tient prête à partir, en attendant des ordres, jusqu'à 10 heures du matin ; il lui est alors prescrit d'envoyer son convoi en avant, sur la route de Verdun, en le faisant marcher suffisamment pour qu'il n'embarrasse pas les troupes. Un peu plus tard, la division reçoit l'ordre de se porter en arrière, de manière à n'être plus qu'à 1500 mètres environ des fortifications. Elle conserve cette nouvelle position pendant l'engagement, qui a lieu de 4 heures à 8 heures du soir, par les troupes des 3ᵉ et 4ᵉ corps.

Journal de marche de la 3ᵉ division du 6ᵉ corps.

14 août.

La division reçoit l'ordre de se diriger, par Longeville et Moulins-les-Metz, sur la route de Conflans, pour aller camper sur le chemin de Moulins à Sainte-Ruffine. Les bagages sont envoyés sur la rive gauche de la Moselle, où ils devront être massés de manière à ne pas entraver la marche des colonnes. Les divisions ne gardent avec elles que leur artillerie au complet, y compris les réserves divisionnaires et les cacolets, ainsi que les cantines d'ambulance des corps, qui doivent être portées à dos de mulet.

Les troupes à pied campées vers Saint-Privat prendront la voie du chemin de fer de ceinture pour joindre la route de Conflans (2).

---

(1) Probablement *Bradin*.
(2) Portion du chemin de fer de Thionville qui contourne Montigny par le Sud.

Les troupes casernées dans les forts de Metz en partiront lorsqu'elles auront été relevées par celles de la division Laveaucoupet (3ᵉ division du 2ᵉ corps).

Elles se rendront sur la route de Conflans par Longeville et rallieront le campement de Sainte-Ruffine.

A la fin du jour, la division campe : la 2ᵉ brigade entre Moulins-les-Metz et Sainte-Ruffine ; la première en avant de Longeville ; le quartier général de la division à Moulins.

Journal de marche de la 7ᵉ compagnie du 3ᵉ régiment du génie (3ᵉ division du 6ᵉ corps).

14 août.

Le 13 août, on est parti de Metz et on est allé bivouaquer en avant et à gauche du village de Moulins-les-Metz, au pied de la côte de Sainte-Ruffine.

Extrait d'une lettre du général de Geslin (1) au Ministre de la guerre.

Orléans, janvier 1900.

Des ordres du grand commandement furent donnés aux troupes de première ligne, se trouvant à l'Est de Metz, de se rabattre sur la ville le lendemain 14, au matin, et de se diriger sur la route de Verdun.

C'est lorsque ce mouvement de retraite était en voie d'exécution que Steinmetz, *sans en avoir reçu l'ordre*, attaqua nos troupes d'arrière-garde.

Le général de Ladmirault, avec son 4ᵉ corps fit demi-tour, alla au canon.

Le mouvement de retraite fut donc suspendu le 14 ; le 94ᵉ, qui se dirigeait sur Gravelotte, fut arrêté sur la route de Sainte-Ruffine, en raison de la bataille qui se livrait à Borny. Ce régiment passa la nuit à la belle étoile, le colonel sous une voiture bondée de bagages militaires.

Journal de marche de la 4ᵉ division du 6ᵉ corps.

14 août.

La division reçoit l'ordre de partir pour Conflans.

---

(1) Alors colonel commandant le 94ᵉ régiment.

Journal de marche des 5ᵉ, 7ᵉ et 8ᵉ batteries du 8ᵉ régiment d'artillerie (1ʳᵉ division du 6ᵉ corps); 12ᵉ batterie du 8ᵉ régiment (2ᵉ division); 5ᵉ, 6ᵉ et 7ᵉ batteries du 14ᵉ régiment (3ᵉ division du 6ᵉ corps).

14 août.

Plusieurs de ces batteries ont pris position pendant le combat du 14 août, mais sans être engagées.

A cette même date du 14, la 7ᵉ et la 8ᵉ du 18ᵉ régiment à cheval, appartenant à la réserve générale d'artillerie, sont désignées pour faire partie de la 4ᵉ division d'infanterie du 6ᵉ corps, dont l'artillerie est restée au camp de Châlons.

c) **Opérations et mouvements.**

Le général de Salignac-Fénelon, commandant le camp de Châlons, au maréchal Canrobert, à Metz (D. T.).

Camp de Châlons, 14 août, 2 heures matin.

La compagnie de l'Est m'informe que les trains sur Metz sont dirigés par Reims et Charleville, Frouard n'en recevant plus. A moins d'ordre contraire, je ferai expédier par cette direction ce qui reste de l'artillerie de la 4ᵉ division. Je pense que l'intention de Votre Excellence est d'adopter la même marche pour les trains dont je l'ai entretenue et qui sont arrêtés avant Frouard.

Je sollicite instamment une réponse.

Réponse.

Metz, 14 août, 9 heures matin.

Par ordre de l'Empereur, faites rentrer au camp de Châlons toutes les troupes embarquées sur le chemin de fer dans les directions de Frouard et de Charleville.

Le maréchal Canrobert au maréchal Bazaine (Lettre).

Metz, 14 août.

Monsieur le Maréchal,

J'ai l'honneur de rendre compte à Votre Excellence que les diverses troupes du 6ᵉ corps d'armée qui se trouvent encore au camp de Châlons sont :

1° Trois régiments de la 2ᵉ division (Bisson);
2° Quatre régiments de cavalerie (division Salignac-Fénelon);
3° Quatorze batteries d'artillerie appartenant tant aux divisions qu'à la réserve;
4° Toutes les troupes de l'administration;
5° Le parc de réserve du génie.

Votre Excellence donnera sans doute des ordres pour que cette masse de combattants nous rejoigne le plus tôt possible et par les voies qui lui sont ouvertes. Je lui en serai très reconnaissant dans l'intérêt même de son armée.

L'intendant militaire Vigo-Roussillon, du 6ᵉ corps, au maréchal Canrobert, à Metz (D. T.).

Verdun, 14 août, 3 heures soir.

Le général m'apprend que les troupes du 6ᵉ corps, arrêtées à Commercy, sont envoyées à Châlons. Est-ce toujours à Verdun que vous venez? Quel est votre itinéraire?

Le général de Salignac-Fénelon, commandant la division de cavalerie du 6ᵉ corps et le camp de Châlons, au général Ducasse, commandant le génie du 6ᵉ corps, au camp de Châlons (Lettre).

Camp de Châlons, 14 août.

Monsieur le Général de division,

J'ai l'honneur de vous informer qu'en vertu des ordres de l'Empereur, tous les trains de troupes qui se trouvaient arrêtés entre Commercy et Châlons vont rétrograder sur le camp de Châlons; il en est de même du train parti ce matin pour Metz par la voie de Reims.

Le départ des troupes, qui devaient quitter le camp, est contremandé.

Ordre du Maréchal commandant le 6ᵉ corps.

Au quartier général du 6ᵉ corps, le 14 août 1870.

Dès qu'ils le pourront, MM. les généraux de division dont les troupes sont en aval de Metz (1) mettront en route leurs bagages et *impedimenta*, ne conservant que leur artillerie et des cacolets.

---

(1) C'est-à-dire les 2ᵉ et 4ᵉ divisions.

Il existe au-dessous de Metz, en aval, trois ponts sur le petit bras de la Moselle et deux ponts sur le grand bras. Ces ponts serviront aux troupes qui sont sur la rive droite (1).

Les bagages du 6ᵉ corps devront être massés sur la rive gauche, de façon à ne pas gêner le passage des troupes qui doivent gagner, par Longeville et Moulins-les-Metz, la route de Conflans; Ces bagages devront être orientés de manière à pouvoir prendre la même route.

Pour le départ des troupes, on enverra des ordres ultérieurement.

Le maréchal Bazaine au maréchal Canrobert
(Lettre).

Borny, 14 août (2).

Monsieur le Maréchal,

Le mouvement du passage de la Moselle est commencé par les troupes des 2ᵉ et 4ᵉ corps. Dès que les troupes de votre corps qui sont dans les forts auront été relevées, veuillez donner l'ordre qu'elles viennent prendre position derrière le 2ᵉ corps, qui doit s'établir sur la route de Verdun, si cela lui est possible, aujourd'hui; sinon, en arrière, vers Jussy et Rozérieulles, le 6ᵉ corps devant suivre demain la même route, c'est-à-dire celle de Verdun (3).

Le quartier général est établi à Longeville et le grand quartier général à Moulins, en avant du quartier de l'Empereur.

La division Laveaucoupet, du 2ᵉ corps, a reçu l'ordre de remplacer les troupes du 6ᵉ corps dans les positions qu'elles occupent.

Ayez la bonté de me dire ce qui vous manque pour constituer votre corps en artillerie et en administration; je ferai mon possible pour y satisfaire selon mes ressources disponibles.

Je reste encore ici pour surveiller le mouvement général.

Le maréchal Canrobert au maréchal Bazaine
(Lettre).

Metz, 14 août, 2 h. 15.

Monsieur le Maréchal,

Je reçois à l'instant la dépêche de Votre Excellence, en date de ce jour, qui prescrit les mouvements du 6ᵉ corps pour effectuer le passage de la Moselle à la suite du 2ᵉ corps.

---

(1) Lesquelles n'appartenaient pas au 6ᵉ corps.
(2) D'après le *Cahier de notes* du général Henry, chef d'état-major du 6ᵉ corps (provenant de la succession du maréchal Canrobert), cet ordre aurait été reçu à 1 h. 45.
(3) Par Mars-la-Tour.

Je vais me conformer à vos ordres.

Votre Excellence veut bien me demander ce qui me manque en artillerie et en administration pour constituer le 6ᵉ corps. N'ayant que six batteries d'artillerie, il me paraît nécessaire que l'on m'en prête six autres, dont trois seraient en réserve, car je n'ai ici que trois divisions, dont une (Levassor-Sorval) est complètement dépourvue d'artillerie.

Quant à mes services administratifs, ils sont nuls, à l'exception de mes ambulances, dont une imparfaitement organisée.

Je rappelle à Votre Excellence que toute ma cavalerie étant restée au camp de Châlons et à Paris, je n'ai ici aucune troupe de cette arme.

(En marge, de la main du maréchal Bazaine, on lit : « La brigade Bruchard (1) passera au 6ᵉ corps (*provisoirement*). »)

Ordre de la 1ʳᵉ division du 6ᵉ corps.

Au camp sous Metz, 14 août 1870.

Par ordre du Maréchal commandant le 6ᵉ corps, tous les bagages, sous les ordres de M. le prévôt, seront dirigés immédiatement sur Metz ; ils traverseront la ville, gagneront le Pont-des-Morts, où ils traverseront la Moselle ; de là, ils se rendront à la porte de France, sortiront de la ville et prendront la route de Longeville.

En dehors du village, ils se masseront à gauche de la chaussée, celle-ci restant libre pour le passage des troupes.

Un officier d'ét at-major de la division dirigera cette colonne. Les bagages de la 1ʳᵉ brigade rallieront ceux de la 2ᵉ brigade à l'extrémité de Montigny, sur les glacis de la lunette où est campé le train.

Le général commandant la division,
Tixier.

---

(1) 1 Br $\dfrac{DC}{3}$.

Journée du 14 août.

RÉSERVE DE CAVALERIE.

a) Journaux de marche.

Journal de marche de la 1re division de la réserve de cavalerie.

14 août.

Le 14, à 1 heure de l'après-midi, la division se met en route dans la direction de Moulins-les-Metz, longeant les bagages des 2e et 6e corps et laissant les siens parqués au bivouac du Ban-Saint-Martin. A partir de Moulins, elle abandonne la route qui longe le chemin de fer et, tournant à l'Ouest, elle s'avance vers le village de la Maison-Neuve, qui en est distant de 1500 mètres. En le quittant, elle trouve un chemin conduisant au village de Rozérieulles, qu'elle fait fouiller, tout en suivant la grande route.

A 3 heures, la division arrive au village de Gravelotte, à 14 kilomètres de Metz. Elle y fait boire successivement ses chevaux et, dégageant la route, elle s'installe au bivouac près de deux fermes (1) qui dominent le village et un peu au Sud de la route de Conflans.

Les éclaireurs signalent dans les environs la présence d'éclaireurs ennemis, et les gens du pays affirment que les Prussiens ont des forces importantes à Ars-sur-Moselle.

A partir de 5 heures jusqu'à 8, on entend, du côté de Metz, une forte canonnade.

Les bagages rejoignent la division à 11 heures du soir.

Journal de marche de la 3e division de la réserve de cavalerie.

14 août.

Départ de la division pour Gravelotte à 1 heure de l'après-midi.

---

(1) Mogador et la Malmaison.

c) Opérations et mouvements.

Le maréchal Bazaine au général du Barail (Lettre).

Metz, 14 août.

Mon cher Général,

La 1re et la 3e division de cavalerie de réserve quitteront leurs camps respectifs aujourd'hui à 1 heure de l'après-midi, pour se diriger su Verdun.

La 1re division prendra la route qui, de Gravelotte, passe par Doncourt-en-Jarnisy (ou les Conflans) et Conflans.

La 3e division prendra celle qui, de Gravelotte, passe par Mars-la-Tour.

Avant le départ, les bagages des deux divisions seront massés et réunis au Ban-Saint-Martin, en ayant soin de n'occuper que l'espace strictement nécessaire, pour prendre place ultérieurement dans le convoi général.

Cette disposition a pour but d'alléger autant que possible la marche des deux divisions.

Chacune des deux divisions s'éclairera, pendant sa marche, en avant et sur celui de ses flancs exposé à l'ennemi. Elles se tiendront en communication constante par les routes transversales.

Le but de la marche d'aujourd'hui est d'atteindre Gravelotte; arrivées en ce point, les deux divisions devront cependant envoyer des reconnaissances aussi loin que possible, dans la direction que chacune d'elles devra suivre le lendemain.

Avant d'arriver à Gravelotte, les deux généraux de division devront s'entendre entre eux pour faire reconnaître cette localité et s'assurer des ressources qu'elle offre en eau. Dans le cas où ces ressources seraient suffisantes, les deux divisions s'y établiraient pour la nuit; dans le cas contraire, la 1re division seule s'y établirait et la 3e division se porterait à Rezonville.

Chaque division échelonnera en avant et sur son flanc du côté de l'ennemi deux ou trois escadrons, de manière à bien couvrir le terrain et à permettre aux troupes de déboucher plus tard.

Le 2e et le 6e corps suivront la route assignée à la 3e division (de Forton).

Le 3e et le 4e corps suivront la route assignée à la 1re division (du Barail).

La Garde impériale suivra le 3e corps ou exécutera les ordres donnés par l'Empereur.

Le mouvement des corps d'armée ne commencera que sur des ordres qui seront donnés ultérieurement.

Par ordre : JARRAS.

d) Situations et emplacements.

1re Division de réserve de cavalerie (1re brigade). — Rapport du 13 au 14 août 1870.

CORPS.	EMPLACEMENTS.	PRÉSENTS.			ABSENTS.										CHEVAUX.							
					OFFICIERS.			TROUPE.									DISPONIBLES.					INDISPONIBLES.			
		OFFICIERS.	TROUPE.	TOTAL.	En mission.	Détachés.	Aux hôpitaux ou ambulances.	En congé.	Aux hôpitaux ou ambulances.	Détenus ou en jugement.	Déserteurs.	Prisonniers.	Détachés.	Total.	Effectif.	D'officiers.	De troupe.	De trait.	Mulets.	Total.	Mulets.	Chevaux.	Total.	Effectif.
1er chasseurs d'Afrique (3e, 4e, 5e et 6e escadrons).	A Metz...	41	611	652	»	2	»	»	19	»	»	»	1	22	674	88	405	7	3	593	»	19	19	612
3e chasseurs d'Afrique (1er, 2e, 3e et 6e escadrons).	Id......	41	642	683	»	»	1	»	6	»	»	»	1	7	680	88	460	17	23	582	»	26	26	608
Général et aide de camp.	Id......	2	»	2	»	»	»	»	»	»	»	»	»	»	2	10	»	»	»	10	»	»	»	10
Ordonnances et subsistants.	Id......	»	15	15	»	»	»	»	»	»	»	»	»	»	15	»	»	»	»	»	»	»	»	»
		83	1,268	1,351	»	2	1	»	25	»	»	»	1	29	1,389	186	935	24	26	1,185	»	45	45	1,230

Alignements .... Jusqu'au 16 inclus.
En vivres .... Id.
En fourrage ....
En solde .... Jusqu'au 15 inclus.

A Metz, le 14 août 1870.

1re Division de réserve de cavalerie (Artillerie). — Rapport du 14 au 15 août 1870.

CORPS.	PRÉSENTS.			ABSENTS.										CHEVAUX.									
				OFFICIERS.			TROUPE.								DISPONIBLES.					INDISPONIBLES.			
	Officiers.	Troupe.	Total.	En mission.	Détachés.	Aux hôpitaux ou ambulances.	En congé.	Aux hôpitaux ou ambulances.	Détenus ou en jugement.	Déserteurs.	Prisonniers.	Détachés.	Total.	Effectif.	D'officiers.	De troupe.	De trait.	Mulets.	Total.	Mulets.	Chevaux.	Total.	Effectif.
19e régiment d'artillerie à cheval.																							
5e batterie............	7	157	164	»	»	»	»	1	»	»	»	3	3	168	10	85	92	»	187	»	5	5	192
6e batterie............	6	155	161	»	»	»	»	2	»	»	»	4	3	164	11	82	87	»	180	»	7	7	187
Totaux......	13	312	325	»	»	»	»	3	»	»	»	4	7	332	21	167	179	»	367	»	12	12	379

Alignements.
En vivres.............. Jusqu'au 16 août inclus.
En fourrage........... Id.
En solde............... Jusqu'au 15 inclus.

Doncourt-les-Conflans, le 15 août 1870.

1re division de réserve de cavalerie (2e brigade). — **Rapport du 14 au 15 août 1870.**

CORPS.	EMPLACEMENT.	PRÉSENTS.			ABSENTS.												CHEVAUX.									
					OFFICIERS.			TROUPE.									DISPONIBLES.					INDISPONIBLES.			
		Officiers.	Troupe.	Total.	En mission.	Détachés.	Aux hôpitaux ou ambulances.	En congé.	Aux hôpitaux ou ambulances.	Détenus ou en jugement.	Déserteurs.	Prisonniers.	Détachés.	Total.	Effectif.	D'officiers.	De troupe.	De trait.	Mulets.	Total.	Mulets.	Chevaux.	Total.	Effectif.
État-major général	Gravelotte	4	»	4	»	»	»	»	»	»	»	»	»	»	1	3	»	»	»	3	»	»	»	5
État-major	Id.	1	»	1	»	»	»	»	»	»	»	»	»	»	1	»	»	»	»	»	»	»	»	»
2e chasseurs d'Afrique	Id.	37	555	592	»	4	»	»	23	5	»	»	16	48	610	67	488	9	39	603	»	15	15	618
4e chasseurs d'Afrique	»	»	»	»	»	»	»	»	»	»	»	»	»	»	»	»	»	»	»	»	»	»	»	»
Subsistants	»	»	5	5	»	»	»	»	»	»	»	»	»	»	5	»	»	»	»	»	»	»	»	»
Total	»	39	560	599	»	4	»	»	23	5	»	»	16	48	647	70	488	11	39	608	»	15	15	623

Alignements.... { En vivres.......... Jusqu'au 16 août inclus.
 En fourrages...... Id.
 En solde.......... La solde est touchée pour le mois d'août.

A Doncourt, le 15 août 1870.

Journée du 14 août.

RÉSERVE GÉNÉRALE D'ARTILLERIE.

a) Journaux de marche.

Historique des 5e, 6e, 7e, 8e, 9e, 10e, 11e et 12e batteries du 13e régiment d'artillerie. (Man. de 1871).

5e *et* 6e *batteries*. — Séjour au fort Moselle.

7e *batterie*. — Bataille de Borny. Toutes les troupes du fort Bellecroix prennent les armes. La batterie, qui a six pièces dans deux ouvrages extérieurs, est à son poste de combat. Elle n'a pas fait feu.

8e *batterie*. — Aux forts Moselle et Bellecroix.

9e *batterie*. — Les quatre batteries du 13e régiment d'artillerie, campées aux Bordes, ont reçu l'ordre, dès le matin, de lever leurs tentes et de se préparer à passer sur la rive gauche de la Moselle. Vers 4 heures de l'après-midi, le canon se fait entendre. Toute la réserve d'artillerie est bientôt sous les armes, mais son concours actif n'a pas été réclamé.

Par ordre du général commandant l'artillerie de l'armée du Rhin, les 9e et 10e batteries du 13e régiment, sous le commandement supérieur de M. le chef d'escadron Brunel, avaient été désignées pour faire partie de la 2e division du 6e corps (général Bisson).

A 9 heures du soir, l'artillerie de la réserve traverse la Moselle dans l'île Chambière et va bivouaquer au Ban-Saint-Martin.

10e *batterie*. — La batterie est prête depuis le matin à passer sur la rive gauche de la Moselle, quand, vers 4 heures, le canon se fait entendre. La batterie est bientôt sous les armes : elle attend ainsi jusqu'à 8 heures du soir. Son concours n'est pas réclamé. Vers 9 heures du soir, elle passe sur la rive gauche de la Moselle pour aller bivouaquer au Ban-Saint-Martin.....

11e *batterie*. — Pendant le combat de Borny, elle est en réserve et prête à donner, mais elle ne prend pas part à l'action. Le soir, elle passe la Moselle sur les ponts de radeaux et va camper au Ban-Saint-Martin.

12e *batterie*. — Elle assiste comme réserve à l'affaire de Borny et se tient prête à marcher depuis l'aube jusqu'à 9 h. 30 du soir. Elle déparque alors pour aller camper au Ban-Saint-Martin, où elle arrive à minuit.

Historique des 1re, 2e, 3e, 4e, 5e, 6e, 7e et 8e batteries du 18e régiment d'artillerie à cheval (Man. de 1871).

Le 14 août, l'armée devait passer la Moselle pour se diriger sur le camp de Châlons.

A cheval dès 5 heures du matin, l'ordre de départ était donné, lorsque, vers 3 h. 30 ou 4 heures du soir, les Prussiens attaquèrent les premières lignes françaises. Le mouvement de retraite, déjà commencé, fut arrêté.

Le 18e régiment, sous les ordres de son colonel, se porta en avant le long et à gauche de la route de Saint-Avold. Il s'établit en bataille à 500 mètres environ avant d'arriver à l'auberge de Bellecroix et détacha bientôt trois batteries, qui furent emmenées par le général Canu : la 5e partit la première, puis la 3e et enfin la 4e.

La 5e batterie devait soutenir une division de cavalerie (1) placée sur la droite de la route, à hauteur de l'auberge de Bellecroix. Elle s'établit à hauteur des cavaliers et ouvrit le feu sur une batterie ennemie. La 3e batterie fut placée près de la route, à une certaine distance derrière la 5e. La 4e, derrière la précédente.

La bataille cessa au coucher du soleil et la 5e batterie se retira, ainsi que la division de cavalerie. La 3e batterie mit en batterie pour protéger le mouvement de retraite, mais, la nuit étant arrivée complètement, la 3e batterie dut cesser son feu presque immédiatement.

Le régiment reprit le mouvement ordonné le matin et vint camper dans la nuit au Ban-Saint-Martin.

c) Opérations et mouvements.

Le maréchal Bazaine au général Canu, commandant la réserve générale d'artillerie (Lettre).

Borny, 14 août.

Mon cher Général,

Donnez des ordres pour que les bagages de la réserve d'artillerie de l'armée soient en mesure de se diriger sur Metz pour aller se masser au Ban-Saint-Martin vers midi.

Je vous prie de venir me voir dès que vous le pourrez.

P.-S. (de la main du Maréchal) : Cette lettre est écrite dans le cas où vous n'auriez pas reçu d'ordre.

---

(1) $\frac{DC}{3}$.

Le général Soleille au général Canu, commandant la réserve générale d'artillerie (Lettre).

Metz, 14 août.

Mon cher Général,

D'après les ordres du maréchal Bazaine, deux batteries à cheval de 4 et deux batteries montées de 12 de votre réserve seront temporairement détachées près du 6ᵉ corps, qui a laissé à Châlons la plus grande partie de son artillerie.

Ces batteries feront retour à la réserve générale dès que le 6ᵉ corps aura reçu celles qui lui sont dirigées de Châlons sur Verdun par voies ferrées.

Vos quatre batteries seront attachées aux 2ᵉ et 4ᵉ divisions du 6ᵉ corps, qui campent aujourd'hui à Woippy et qui seront dirigées demain sur la route de Mars-la-Tour (1).

Journée du 14 août.

GÉNIE DE L'ARMÉE.

a) Journaux de marche.

Rapport sur les opérations du grand parc du génie.

14 août.

Pendant la journée du 14, jour de la bataille de Borny, les glacis de la citadelle, où campait le grand parc, furent encombrés de bivouacs. Mais ceux-ci furent levés pendant la nuit, car les troupes se portèrent sur la route de Metz à Verdun.

---

(1) En exécution de cet ordre, les 9ᵉ et 10ᵉ batteries du 13ᵉ furent affectées à la division Bisson, et les 7ᵉ et 8ᵉ du 18ᵉ à la division Levassor-Sorval.

d) Situations et emplacements.

Situation sommaire au 14 août.

CORPS.	OFFICIERS.	SOUS-OFFICIERS ET TROUPE.	TOTAUX.	CHEVAUX.	EMPLACEMENTS.
1er régiment.					
2e compagnie de sapeurs (télégraphie)............	5	168	173	115	Metz.
3e régiment.					
1re compagnie de mineurs..	4	104	108	17	Fort Saint-Julien.
1re compagnie de sapeurs (chemin de fer).........	4	122	126	48	Fort Bellecroix.
Sapeurs-conducteurs......	2	242	244	395	Camp des sapeurs.
Compagnie d'ouvriers.					
Détachement.............	1	36	37	»	Caserne des ouvriers du génie.
TOTAUX.....	16	672	688	575	

Journée du 14 août.

PLACE DE METZ.

a) Journaux de marche.

Journal de la défense de Metz.

14 août.

Dès la première heure du jour, la Moselle commence à baisser. A 3 heures du matin, les pontonniers prennent les dispositions nécessaires pour le rétablissement des ponts de chevalets.

L'armée passe par les ponts sur la rive gauche de la Moselle.

Combat de Borny.

La 3e division du 2e corps est chargée de la garde des forts et des lignes; elle est répartie comme il suit :

2 bataillons au fort de Queuleu;
2 — au fort de Saint-Julien;
3 — au fort de Plappeville;
2 — au fort de Saint-Quentin;
2 — au fort de Bellecroix;
2 — au fort de Moselle.

Les batteries de combat sont réparties dans les forts de Queuleu, Saint-Julien et Bellecroix (1); le reste de l'artillerie est parqué à Chambière.

Notes du général Coffinières de Nordeck sur la campagne de 1870.

14 août.

Bataille de Borny. — L'armée commence son mouvement de retraite. L'Empereur part à 2 heures pour aller coucher à Longeville; le maréchal Bazaine établit son quartier général à Moulins. Le 2ᵉ et le 6ᵉ corps, une grande partie du 4ᵉ, l'artillerie et la cavalerie étaient déjà passés sur la rive gauche de la Moselle (2), lorsque le 3ᵉ corps et une partie du 4ᵉ, restés encore sur la rive droite, sont vivement attaqués par les forces du général Manteuffel. La canonnade dure jusqu'à 8 h. 30; les Prussiens éprouvent de grandes pertes; le général Decaen est très grièvement blessé.

Les travaux des forts sont sensiblement retardés par ces événements.

Journal de siège du Commandant du fort de Queuleu.

14 août.

Bataille de Borny, commencée à 5 heures du soir en avant de Mey, sur la route de Bouzonville, devant le fort de Saint-Julien (3). Les Prussiens débouchent ensuite de Mercy sur la Haute et sur la Basse-Bévoye; ils établissent leurs batteries à la Grange-aux-Bois (4), sur la hauteur de Mercy, au bout de l'avenue, et à côté du couvent de Peltre, sur une petite hauteur (5); ils espèrent enlever le fort, ne croyant pas qu'il soit en état de défense (?).

---

(1) Après la fin de la bataille seulement.
(2) Partiellement inexact.
(3) La bataille commença, en réalité, à 4 heures devant Colombey.
(4) Inexact.
(5) Hauteur 240 au Nord de Peltre.

Ouverture du feu par le fort de Queuleu. — A 6 heures du soir, l'artillerie de la division Laveaucoupet (lieutenant-colonel Laroque), est entrée dans le fort. Deux batteries de 4 (commandant Bédoin) ont été réparties par moi dans les bastions 1, 2, 3 et 4; une batterie de mitrailleuses sur le cavalier. Total de l'armement : 60 pièces.

A 7 h. 30, feu sur la route de Strasbourg et l'avenue entre Mercy et la Haute-Bévoye. Distance moyenne : 2,200 mètres. Le feu des mitrailleuses a varié de 2,240 mètres à 1600 mètres.

Vers 8 heures, une batterie prussienne était établie dans la direction de l'angle gauche de la Haute-Bévoye, à 1200 mètres, et a pris d'enfilade la batterie Picciotto, établie devant la tranchée en haut du village de Grigy (1). Le feu du fort a chassé immédiatement la batterie prussienne. Les projectiles ennemis dirigés sur le fort tombaient trop court. Cependant, une quarantaine sont passés par-dessus le cavalier; des balles et des éclats sont tombés sur le terre-plein de l'aile droite et dans le bastion 5. Trois pièces de l'aile droite du cavalier ont éteint le feu d'une section d'artillerie prussienne qui s'était avancée jusqu'à 800 mètres environ.

L'obscurité nous a fait cesser le feu vers 8 h. 30. Les Prussiens se sont éloignés et ont éteint leur feu à 8 h. 45. Ils ont redescendu sur Peltre précipitamment à travers les vignes et ne se sont arrêtés qu'à Chesny et Mécleuves (2).

Le feu du fort a préservé l'aile droite de l'armée française, notamment les 51e et 95e régiments, du feu d'écharpe et même de revers de l'artillerie ennemie. L'aile droite du cavalier a tiré 45 coups, le centre 3 coups, l'aile gauche 15, les bastions 3 et 4 environ 30 coups. Nombre total des coups tirés : 93 coups; plus 6 salves ou 36 coups de mitrailleuses. Les obus de 22 centimètres ont produit un grand effet.

Toute la nuit, les ennemis ont ramassé leurs morts et leurs blessés.

L'entrain des défenseurs était très grand. Les artilleurs de la mobile, commandés par les capitaines de Corny et Thirion, ont fait leur devoir comme les vieux canonniers du 1er régiment, commandés par le capitaine Giraud et les lieutenants Desplanches et Chastang, et les sapeurs du génie, commandés par le capitaine du génie Lemardeley et le lieutenant d'artillerie Lottin.

---

(1) Il paraît y avoir ici une erreur d'appréciation. La batterie Picciotto $\left(\frac{5}{4}\right)$ fut mise hors de combat par la batterie prussienne $\left(\frac{2}{9}\right)$, arrivée la première sur cette partie du champ de bataille, et postée sur la hauteur de Mercy, près de la grande route.

(2) Inexact.

Rapport du chef d'escadron Toussaint, commandant l'artillerie du fort de Queuleu (1).

Mon Colonel, Fort de Queuleu. 14 août, 11 heures du soir.

J'ai l'honneur de vous rendre compte de l'ouverture du feu par le fort de Queuleu. A 6 heures du soir, nous avons reçu dans le fort deux batteries de 4 et une batterie de mitrailleuses de la division Laveaucoupet. Commandant d'artillerie Bédoin; capitaine Lauret (batterie de mitrailleuses); lieutenant-colonel Laroque.

J'ai placé quatre pièces de 4 au bastion 1, une section au bastion 2, une demi-batterie dans le bastion 3, une autre dans le bastion 4 et les mitrailleuses sur le cavalier. Nous avions 60 pièces en batterie.

A 7 h. 30, nous avons ouvert le feu dans la direction intermédiaire de Mercy-le-Haut et de la Haute-Bévoye. Les pièces de 12 rayées de place à 2,320 mètres et les mitrailleuses à 2,200, de manière à battre la route de Solgne ou de Strasbourg. Le feu des mitrailleuses s'est rapproché jusqu'à 1600 mètres.

Les projectiles ennemis tombaient généralement trop court; cependant une quarantaine de boulets ou d'obus à balles sont passés par-dessus le cavalier (aile droite); des balles et des éclats sont venus sur le terre-plein du cavalier et des bastions. Au bastion 5, un éclat de plomb, enveloppe d'un projectile, est tombé près de la dernière pièce, aux pieds du capitaine de Corny; un éclat d'obus percutant, de 6, est tombé près du lieutenant Desplanches, à l'aile droite du cavalier. Le feu a cessé de notre côté à 8 h. 30 parce qu'on ne voyait plus rien; les ennemis ont continué leur feu pendant un quart d'heure après, mais en s'éloignant.

Une batterie prussienne était placée vers 8 heures à l'angle gauche du bois de la Haute-Bévoye, à 850 mètres; une section s'est avancée jusqu'à 500 mètres; trois pièces de l'aile droite du cavalier ont éteint leur feu. Les troupes françaises placées en dehors du fort avaient ouvert leur feu vers 5 h. 15 en avant de Mey et particulièrement sur la route de Bouzonville, en avant du fort de Saint-Julien. Pendant cette lutte d'artillerie et de mitrailleuses, qui a été très vive, les Prussiens ont débouché près Mercy-le-Haut sur la Haute-Bévoye. C'est à ce moment que le fort de Queuleu a ouvert le feu de manière à éloigner les Prussiens.....

---

(1) Sans indication de destination, mais sans doute adressé au colonel Merlin, commandant le fort de Queuleu.

Je ne dois pas oublier les services que nous ont rendus les batteries du commandant Bédoin et les mitrailleuses du capitaine Lauret (15e d'artillerie).

Un canonnier de l'aile droite du cavalier a été contusionné au poignet par un éclat d'obus.

Le colonel Merlin demande 700 kilos de poudre de mine.

L'aile droite du cavalier commandée par M. Desplanches a tiré 15 obus de 12, avec des canons de 12 de place.

Les bastions 3 et 4 ont tiré environ 30 coups et les mitrailleuses 6 salves.

Historique des détachements des 1re batterie principale, 1re batterie bis et dépôt du 1er régiment d'artillerie monté (1). (*Défense du fort de Queuleu*).

Vers 5 h. 30 de l'après-midi, M. le lieutenant Desplanches, de service à l'observatoire du fort, signale l'arrivée de deux colonnes ennemies, l'une d'artillerie, l'autre de cavalerie qui descendent la côte de Mécleuves au grand trot, à environ 9 kilomètres du fort. L'artillerie prussienne se met en batterie et vers 5 h. 45 (2) du soir elle ouvre un feu terrible sur une division française qui paraît avoir été surprise. Cette division est obligée de se replier sans avoir tiré un coup de fusil, pour aller s'abriter derrière le village de Grigy (3). Ce n'est que vers 6 heures du soir (4) que le fort de Queuleu reçoit l'ordre de tirer. Il ouvre alors un feu formidable (?) avec ses pièces de gros calibres, appuyé par une (5) batterie de 4 rayé, et quatre (6) mitrailleuses du 15e régiment d'artillerie (2e corps) qui venaient d'être envoyées dans le fort. Nos projectiles font reculer trois batteries prussiennes qui s'étaient avancées en voyant nos troupes en retraite ; deux ou trois de leurs caissons font explosion. Deux autres batteries ennemies du calibre de 6, habilement dissimulées derrière la ferme de la Grange-aux-Bois (7), continuent un feu acharné sur une batterie de dix pièces, commandée par M. le lieutenant

---

(1) Faisant partie de la garnison de la place forte.
(2) Heure erronée.
(3) Erreur manifeste; voir les rapports et journaux de marche de la division Montaudon.
(4) Heure erronée.
(5) Deux.
(6) Six.
(7) Erreur.

Desplanches, à l'aile droite du cavalier du fort; cette batterie est prise d'enfilade par l'artillerie prussienne; mais comme le tir de celle-ci est très tendu, et que chaque pièce de la batterie sur laquelle elle tire est abritée entre deux traverses, nous n'avons à subir aucune perte; deux hommes seulement sont légèrement blessés. Le feu, ouvert à 6 heures du soir (1), ne cesse que vers 9 heures (2). D'après les renseignements recueillis deux jours après à Peltre, les Prussiens ont eu de ce côté, dans la journée du 14 août, environ 15 hommes tués et 30 blessés; nous avions fait sauter trois de leurs caissons, et démoli plusieurs voitures.

Le lieutenant-colonel d'artillerie Protche, commandant le fort Saint-Julien, au général Coffinières (Lettre).

Fort Saint-Julien, 14 août, 3 heures soir.

Mon Général,

J'ai l'honneur de vous adresser le rapport que vous m'avez donné l'ordre de vous faire établir sur la situation du fort placé sous mon commandement :

1° *Personnel*. — La garnison actuelle se compose de :

Artillerie (1er régiment)..............	65 hommes.
Artillerie (13e régiment)..............	27 —
Génie...............................	104 —
60e de ligne.........................	700 —
11e bataillon de chasseurs............	100 —

Toutes ces troupes sont casernées dans le fort.

Deux bataillons du 75e de ligne, commandés par le colonel, sont encore campés sous les murs du fort, attendant l'ordre de partir; j'espère qu'il n'arrivera que lorsqu'ils auront été remplacés par un même nombre d'hommes, 1400 à 1500.

S'il était terminé, le fort pourrait être défendu par un moins grand nombre de fusiliers, mais dans l'état actuel, si l'on veut tenir, il faut une garnison un peu plus forte. J'insiste, mon Général, sur la nécessité de bien faire comprendre à la garnison qu'elle n'est pas de passage, mais que c'est elle qui sera, en cas d'attaque, chargée de défendre le fort. Elle travaillera avec plus de cœur et d'activité.

2° *Armement*. — L'armement a été plus particulièrement l'objet des

---

(1) Heure erronée.
(2) *Ibid.*

préoccupations depuis deux jours. On s'est, bien entendu, écarté de l'armement normal prescrit, pour ne s'occuper que d'un armement de circonstance le mieux entendu.

Il y a en ce moment en batterie une quarantaine de bouches à feu de tous calibres. L'approvisionnement actuel en munitions est d'environ 50 coups par bouche à feu. On continue à y travailler.

Les parapets s'épaississent, mais je crois que c'est à la fermeture de la gorge qu'il faut surtout s'attacher. J'ai donné des ordres dans ce sens à M. le commandant du génie.

Aujourd'hui, j'ai fait prendre à toutes les troupes du fort leur position de défense, artillerie et infanterie. Chacun a reconnu son poste, y est resté un certain temps à étudier les distances des points les plus apparents, après quoi on a repris le travail.

L'artillerie et les chasseurs (considérés comme artilleurs) ont fait pendant une heure et demie la manœuvre des bouches à feu; chacun, étant désigné pour une bouche à feu spéciale, en connaîtra bien vite l'exécution.

Il arrive à l'instant des vivres de siège destinés à être conservés. Je les fais placer en lieu sûr et aussi sec que possible. Un officier d'infanterie a été désigné pour remplir les fonctions d'officier comptable et faire les recettes et distributions.

L'état sanitaire de la garnison du fort est excellent, mais, mon Général, je dois vous rappeler que je n'ai ici aucun médicament. La pharmacie du génie, renfermée dans une très petite boîte, est tout à fait insuffisante. Il nous faudrait une caisse d'ambulance et surtout du linge et des bandes en cas de blessures.

Rapport du Commandant du fort de Plappeville.

14 août.

Les feux que j'ai signalés dans ma dépêche d'hier soir ont plutôt diminué qu'augmenté pendant le reste de la nuit; au jour, il a été facile de reconnaître qu'ils devaient être plus éloignés qu'on ne l'avait supposé pendant l'obscurité.

L'approvisionnement en munitions de l'artillerie du fort est réglé provisoirement sur des bases trop faibles, qu'il semble prudent d'augmenter dès aujourd'hui.

Je demande en outre que cet approvisionnement comprenne des obus à balles et des balles à feu.

Il serait extrêmement utile d'avoir un piquet de cavalerie qui, le matin, pourrait faire des reconnaissances et fouiller tous les terrains accidentés dont le fort est environné.

J'ai envoyé un officier chercher des vivres de réserve qui m'ont été annoncés.

Le commandant du fort,
Duchêne.

Rapport du Commandant du fort de Saint-Quentin.

14 août.

Le 91e, qui devait partir cet après-midi, n'est pas parti, et il a fourni 203 travailleurs pour l'exécution des lignes en avant du fort Saint-Quentin.

Le fort est à l'abri d'une surprise ; sur 36 pièces qui composent son armement, 29 sont en batterie ; il est pourvu de munitions et de projectiles.

Les vivres de réserve font défaut ; la citerne contient de l'eau pour 600 hommes environ pendant dix jours, à raison de cinq litres par homme.

Un capitaine aide de camp de l'Empereur est venu s'informer au fort si nous avions vu les Prussiens passer la Moselle dans la plaine de Thionville. Il a été s'adresser au fort Plappeville pour obtenir des renseignements, aucune trace de Prussiens n'ayant été aperçue, soit la nuit dernière, soit aujourd'hui, du fort Saint-Quentin.

Des ordres sont donnés pour que, cette nuit, les feux nouvellement établis soient signalés dès leur apparition.

b) **Organisation et administration.**

Le général Coffinières au maréchal Bazaine (Lettre).

Metz, 14 août.

Monsieur le Maréchal,

J'ai eu l'honneur d'appeler l'attention de Votre Excellence sur la grande importance qu'il y a à donner à la place de Metz une garnison suffisante pour assurer une défense honorable.

Le système général de la fortification est incomplet ; les ouvrages existants sont inachevés et présentent des brèches de 100 mètres d'ouverture.

Il est évident que de pareils forts ne peuvent être défendus que par des troupes régulières et bien commandées.

Le colonel Lafite, avec ses gardes nationaux, qui sont loin d'être aussi nombreux qu'il le dit, sera à peine suffisant pour défendre le corps de place. En réalité, il n'aura guère que 3,000 à 4,000 gardes nationaux de toute espèce.

Je persiste donc à demander instamment, comme une mesure indispensable, sans laquelle je dégage ma responsabilité, une garnison de 18,000 hommes de troupes régulières que je répartirai comme il suit :

A Queuleu............................	3,000 hommes
A Saint-Julien	3,000 —
A Plappeville.......................	2,500 —
A Saint-Quentin....................	1,500 —
A la ligne du chemin de fer............	2,000 —
A Bellecroix........................	2,000 —
A Moselle...........................	2,000 —
Cavalerie...........................	500 —
Canonniers..........................	500 —
Sapeurs du génie....................	500 —
Infirmiers, troupe d'administration......	500 —
Total............	18,000 hommes.

Je vous supplie, Monsieur le Maréchal, de ne pas compter sur les gardes nationales pour la défense des forts extérieurs de Metz ; ce serait courir à une perte certaine.

Ne comptez pas non plus, Monsieur le Maréchal, sur les isolés qui se trouvent dans la place (1) ; leur nombre est variable et très probablement ils vont rejoindre leurs corps. Ils sont sans officiers et ils ne seraient en état de rendre quelques services qu'au bout d'un certain temps, tandis que nous en avons un besoin immédiat.

Le colonel Daigremont, commandant le corps franc des chemins de fer, au général Coffinières (Lettre).

Metz, 14 août.

Mon Général,

La compagnie des chemins de fer de l'Est a obtenu l'autorisation d'incorporer dans le corps franc des chemins de fer des officiers et soldats de la garde mobile, et a composé le reste du corps avec des agents non militaires qui n'ont contracté aucun engagement. Ce système ne permet pas de maintenir dans le corps la discipline voulue et, d'un autre côté, comme la plupart des agents recrutés ont de 25 à 35 ans, ces agents sont appelés sous les drapeaux en vertu de l'article 2 de la loi du 10 août 1870.

Le corps va donc se trouver par le fait presque entièrement dispersé

---

(1) Petits dépôts régimentaires de l'armée.

et j'ai l'honneur de vous proposer sa dissolution immédiate, sauf à le reconstituer sur les bases suivantes :

Le corps sera recruté :

1° Parmi les gardes nationaux mobiles ;

2° Parmi les hommes de 25 à 35 ans appelés à faire partie de l'armée ;

3° Parmi les hommes valides, non encore sous les drapeaux et ne rentrant pas dans les deux catégories précédentes, qui contracteraient un engagement dans le corps pour toute la durée de la guerre.

Le corps continuerait à être chargé de rétablir les communications des chemins de fer ou des routes derrière l'armée.

Il serait administré par un major tiré de l'armée, aucun de nos officiers actuels ne connaissant les règles de l'administration militaire.

J'ajoute que, tant que le territoire français sera le théâtre de la guerre, l'utilité du corps franc sera des plus douteuses, chacun des ingénieurs de la compagnie de l'Est étant parfaitement à même de rétablir rapidement les communications interrompues dans sa section. Il y aurait donc lieu d'examiner si la reconstitution du corps franc doit être immédiate, ou s'il convient seulement d'en préparer les cadres, de manière à le faire fonctionner au moment où la guerre serait transportée sur le territoire ennemi.

Le lieutenant-colonel d'artillerie Protche, commandant le fort Saint-Julien, au général Coffinières (Lettre).

Fort Saint-Julien, 14 août.

Mon Général,

Le colonel du 75ᵉ de ligne me fait prévenir à l'instant qu'il a l'ordre de se tenir prêt à partir avec ses deux bataillons. J'ai l'honneur de vous informer que, ces 1400 hommes enlevés, il me reste bien peu de ressources pour les travaux et la défense du fort.

Je n'ai plus, en effet, que :

Génie................................	104 hommes.
Artillerie............................	90 —
Chasseurs...........................	100 —
60ᵉ de ligne........................	700 —

C'est au moins ce qui est nécessaire pour la défense intérieure ; l'extérieur est donc entièrement dépourvu.

Pour couper les bois, faire les terrassements, aider le génie et l'artillerie, il me faut des bras. Les chasseurs suppléent l'artillerie ; mais il faut les instruire ; les artilleurs eux-mêmes sont jeunes et il faut les faire manœuvrer ; le génie a énormément à faire.

Je n'ai donc que 700 hommes de travail, pouvant en fournir au plus 200 le matin et autant le soir, car ces pauvres malheureux n'ont pas encore d'ustensiles de campement; ils font la soupe dans une grande marmite située en dehors du fort, et il faut des corvées pour la porter au fort.

Toutes ces troupes, mon Général, sont logées dans les casemates du fort ou campées à l'intérieur.

Je ferai certes tout le possible et je ne demande plus rien si l'on ne peut rien me donner. Je signale seulement la cause pour laquelle les travaux n'avancent plus guère.

Je me permettrai d'ajouter, mon Général, que je crois qu'il serait bon d'assigner au fort une garnison *intra* et *extra muros* qui sût qu'elle doit y rester. Les hommes auraient plus de cœur au travail. Le 60e, je crois, est dans ce cas. Ceux qui savent, comme le 75e, ne pas devoir rester, tiennent peu à travailler....

Le lieutenant-colonel d'artillerie Protche, commandant le fort Saint-Julien, au général Soleille (Lettre).

Fort Saint-Julien, 14 août.

Mon Général,

J'ai l'honneur de vous rendre compte que je viens d'écrire à M. le général Coffinières pour l'informer du départ des 1400 hommes du 75e de ligne qui étaient sur les glacis du fort. Mon monde se réduit dans ce moment à moins de 1000 hommes, tous logés dans le fort:

Artillerie............................	92	hommes
Génie..............................	104	—
Chasseurs.........................	100	—
60e de ligne.......................	700	—

La nuit prochaine, j'enverrai bien de l'infanterie à un kilomètre en avant du fort pour veiller, mais je ne puis l'envoyer plus loin. Je ne serai donc prévenu de l'arrivée de l'ennemi que lorsqu'il ne sera pour ainsi dire plus à portée du canon.

La gorge est toujours faible, ouverte même sur certains points. Elle a de 6 à 7 mètres de développement; comment la défendre si toutes les troupes sont occupées sur les remparts.

Je ne demande rien, mon Général, si on ne peut rien me donner et si on juge que je puis travailler à me fortifier et me défendre avec le peu de monde dont je dispose; mais je rends compte de notre situation. Le fort, défendu par une troupe assez nombreuse, peut tenir assez longtemps tel qu'il est; avec ce que j'ai, il tiendra ce qu'il pourra;

on fera le possible et l'impossible, mais c'est tout. Les travaux vont chômer, les parapets ne s'épaissiront plus, les défenses ne s'élèveront plus faute de bras.

Je dis au général Coffinières qu'il faudrait que les hommes désignés pour les travaux du fort fussent chargés de le défendre et, que cela fût bien entendu avec eux. Peut-être auraient-ils plus de cœur au travail. Le 75e pensait bien ne pas rester ; les hommes ne se donnaient pas grand mal : ils travaillaient pour d'autres.

Le colonel du génie Merlin, commandant le fort Queuleu, au général Coffinières (D. T.).

Queuleu, 14 août, 8 h. 30 matin.

Je viens de faire le tour du fort ; les travaux se perfectionnent, les grandes trouées du cavalier se bouchent lentement ; 24 voitures y sont employées.

Le 93e de ligne a reçu l'ordre de se tenir prêt à partir ; cela me prive de 800 travailleurs et désorganise mon service ; j'espère qu'on le remplacera.

Deux bataillons d'infanterie sont nécessaires comme garnison, avec les 1300 hommes disponibles de mon régiment.

A cette heure, aucun changement dans les camps en avant.

Queuleu, 14 août, 1 h. 5 soir.

La défense prolongée du fort est la sauvegarde de la ville de Metz. Nous voici approvisionnés à dix jours de vivres. L'inaction du 93e de ligne, qui a reçu l'ordre de se tenir prêt à partir, est très préjudiciable à l'achèvement des travaux. Il est urgent de provoquer du général en chef l'ordre de conserver ici ce régiment, qui connaît le fort, plutôt que de le remplacer par une nouvelle troupe qui n'aura pas le temps de se familiariser avec ce service. En le conservant, nous sommes assurés d'une bonne défense.

Situation de l'artillerie du fort de Plappeville (établie à midi).

PERSONNEL.

Artillerie de la ligne.

4e batterie du 1er régiment : 1 capitaine, 1 maréchal des logis chef, 4 maréchaux des logis, 2 brigadiers, 4 artificiers, 1 trompette, 54 canonniers.

3º régiment : 1 lieutenant, 1 maréchal des logis, 1 brigadier, 25 canonniers.

Artillerie de la garde nationale mobile (Moselle).

1 capitaine, 2 lieutenants, 1 maréchal des logis chef, 1 fourrier, 4 brigadiers, 1 maréchal des logis, 54 canonniers.

MATÉRIEL.

Bouches à feu.

Canons rayés de 24 de place	4
— — de siège	8
— de 12 de place	11
— — de siège	14
— — de campagne	6
— de 4 —	6
— — de montagne	4
Obusiers de 22 centimètres	1
— de 16 —	5
Mortiers de 27 —	2
— de 22 —	4
— de 15 —	3
TOTAL	68

Projectiles.

Obus oblongs de 24	722
— de 12	3,476
— de 4	1,218
Obus sphériques de 22 centimètres	996
— de 16 —	500
Bombes de 27 centimètres	240
— de 15 —	360
TOTAL	7,512

Boîtes à mitraille.

Canons rayés de 24	30
— de 12	150
— de 4	100
Obusiers de 22 centimètres	10
— de 16 —	40
TOTAL	330

Munitions confectionnées.

Gargousses de 24.........................		240
— de 12.........................		1160
— de 4 —		520
— d'obusiers de 22 centimètres.......		240
— — de 16 —		200
	Total...............	2,360

Obus chargés.

Obus oblong de 24.........................		260
— de 12.........................		940
— de 4.........................		270
Obus sphériques de 22 centimètres..........		100
— de 16 —		250
— de 15 —		240
	Total...............	2,060

Cartouches.

74,565 cartouches d'infanterie, modèle 1866.
7,088 cartouches d'infanterie, modèle 1867, pour fusil transformé (1).

Poudre.

Il y a dans le magasin 195 barils de poudre, quantité suffisante pour compléter l'approvisionnement en charges et en projectiles chargés à 100 coups par pièce.

c) Opérations et mouvements.

Le maréchal Bazaine au général Coffinières, à Metz (Lettre).

Metz, 14 août.

Mon cher Général,

J'ai l'honneur de vous informer que dans les mouvements que l'armée va exécuter, les 2ᵉ et 6ᵉ corps suivront la route qui se dirige sur Verdun par Mars-la-Tour, Harville et Manheulles, pendant que les 4ᵉ et 3ᵉ corps suivront l'autre route, par Conflans et Étain.

La colonne de gauche (2ᵉ et 6ᵉ corps) sera couverte en avant par la division de cavalerie de Forton; la colonne de droite (3ᵉ et 4ᵉ corps) par la division de cavalerie du Barail.

---

(1) Fusil modèle 1857, transformé en fusil dit *à tabatière*.

La Garde marchera en arrière du 3ᵉ corps, ou dans toute autre direction que l'Empereur indiquera.

Les bagages des corps d'armée, comprenant les convois de vivres et les parcs, seront établis, savoir :

Ceux du 2ᵉ et du 6ᵉ corps entre Longeville et Moulins-les-Metz ;

Ceux du 4ᵉ à gauche de ses ponts, vers la maison de Planches ;

Ceux du 3ᵉ, de la Garde et de la réserve d'artillerie au Ban-Saint-Martin, où sont déjà ceux des divisions de Forton et du Barail.

Les parcs de tous les corps d'armée se mettront en mouvement dès que les convois des 2ᵉ et 4ᵉ corps auront été mis en marche. Ces parcs se placeront sur les mêmes emplacements que les convois de leurs corps d'armée, mais en tête de ces convois. A cet effet, on devra faire reconnaître d'avance les emplacements ; s'ils étaient insuffisants, les parcs suivraient les mouvements des troupes.....

Je vous ferai connaître bientôt les dispositions qui auront été arrêtées pour le convoi du quartier général (1).

Le maréchal Bazaine au général Coffinières (Lettre).

Château de Borny, 14 août.

Mon cher Général,

J'ai reçu votre lettre (2) relative aux ponts jetés en amont et en aval de la place, et communication en a été faite à MM. les commandants des 2ᵉ, 4ᵉ et 6ᵉ corps d'armée, qui reçoivent l'ordre de faire filer immédiatement leurs bagages. Le 2ᵉ corps les massera sur et vers le Ban-Saint-Martin, le 4ᵉ dans les terrains de la rive gauche, à droite des ponts et de façon à ne pas gêner la circulation des troupes, et si cela ne peut se faire, il faudrait les masser à Chambière.

Pour les troupes qui doivent passer en amont, le mouvement ne se ferait, ainsi que vous le faites observer, que vers midi, plutôt que de passer par la ville.

Quant au 3ᵉ corps et à la Garde, ainsi qu'à tous les parcs qui sont déjà dans Metz, ils ne peuvent passer que par les ponts de la ville.

J'ai donné des instructions pour que des officiers et des sous-officiers vous soient envoyés selon votre désir, pour jalonner le parcours des troupes.

Il serait préférable que les bagages des 2ᵉ et 6ᵉ corps se massassent entre Longeville et Moulins-les-Metz, à gauche de la grande

---

(1) La même lettre fut adressée au général Soleille.

(2) Lettre du 13 août, 11 heures du soir. Voir Journée du 13 août, *Documents annexes*, page 24.

route, bien entendu, afin de laisser le Ban-Saint-Martin libre pour la Garde et peut-être le 3ᵉ corps, si je ne le fais pas passer avant le 2ᵉ (1).

Le général Jarras au général Coffinières (Lettre).

Metz, 14 août.

Mon cher Général,

J'ai pris les ordres de Son Excellence le Maréchal commandant en chef au sujet de votre lettre de ce matin, relative à l'interruption des travaux des forts occasionnée par le départ des troupes.

Son Excellence me répond par le télégraphe qu'il vient de donner l'ordre au général Frossard de laisser la division Laveaucoupet en position au fort Queuleu, où elle restera en cas de départ de l'armée.

Le général Soleille au général Coffinières (Lettre).

Metz, 14 août

Mon cher Général,

Je vous laisse, pour les besoins de votre place, deux équipages de ponts de corps d'armée avec trois compagnies de pontonniers ; vous trouverez facilement dans les attelages des quatre batteries montées du 13ᵉ et dans les attelages de réquisition tous les moyens nécessaires pour les mouvements de ce matériel.

Le capitaine du génie Lecoispellier, commandant le fort de Saint-Quentin, au général Coffinières (D.T.).

Fort Saint-Quentin, 14 août, 8 h. 30 matin.

Nuit calme. Les patrouilles faites la nuit sur le plateau de Saint-Quentin par le 91ᵉ n'ont rien reconnu.

Fort Saint-Quentin, 9 h. 55 matin.

Le commandant du 91ᵉ, prévenu par la place de se tenir prêt à être relevé dans l'après-midi, ne veut pas, en prévision d'une marche, donner des travailleurs pour la construction des lignes.

Puis-je lui en demander quand même ?

---

(1) Dans le cours de la même lettre, le Maréchal revient ainsi sur le contre-ordre, donné quelques lignes auparavant, au sujet des convois du 2ᵉ corps.

Journée du 14 août.

3ᵉ CORPS.

a) Journaux de marche.

Journal de marche du 3ᵉ corps d'armée.

Bataille de Borny.

La retraite s'opérait en échelons lorsque les grand'gardes de la division Castagny, en mouvement pour rejoindre leur corps (1), furent vivement attaquées au centre, sur lequel l'ennemi porta ses premiers et plus vigoureux efforts; la 3ᵉ division (Metman), qui était chargée de former l'extrême arrière-garde, fut attaquée vivement vers 4 h. 30 du soir (2), au moment où elle effectuait ses premiers mouvements; la division fit aussitôt face à l'ennemi et reprit rapidement les positions qu'elle venait de quitter : la 1ʳᵉ brigade dans ses tranchées-abris et dans le bois de Borny (3), appuyée sur la ferme du même nom qui fut mise rapidement en bon état de défense par le commandant du génie Masselin (4); la

---

(1) Ceci est la répétition d'une phrase du rapport Nayral. Mais il résulte des Historiques (Man. de 1871) des régiments de la 1ʳᵉ brigade, que les grand'gardes avaient été relevées avant le commencement de la retraite, laquelle fut entreprise un peu avant 4 heures. Les grand'gardes du 69ᵉ avaient été également rappelées et il n'est question nulle part des avant-postes du 90ᵉ, mais seulement de son déploiement pour le combat. D'ailleurs, aucun de ces deux régiments ne fut attaqué au début de la lutte.

(2) *Lire* : 4 heures (au moins en ce qui concerne la 2ᵉ brigade).

(3) *Lire* : Bois de Colombey (1 kilomètre au Sud-Ouest du village).

(4) Il s'agit de la ferme Sébastopol qui fut, en effet, mise en état de défense par la 11ᵉ compagnie du 1ᵉʳ régiment du génie, mais après 7 heures seulement. (Rapport du commandant Masselin.)

2e brigade, qui n'avait pu rentrer dans ses tranchées enfilées par les feux du bois de Colombey (1), borda les crêtes et s'y maintint énergiquement, malgré tous les efforts tentés par l'ennemi pour tourner sa gauche.

Ce fut sur ce point, vers 6 heures du soir, au moment où l'ennemi accentuait son attaque que le regrettable général Decaen fut blessé. Malgré cette blessure grave, à laquelle il devait succomber peu de temps après, le général resta encore une heure sur le champ de bataille et ne consentit à se laisser emporter que lorsque la chute de son cheval, tué sous lui, l'eut mis tout à fait hors de combat.

Vers 6 h. 30, le 71e de ligne, qui était en réserve, enlevé par son colonel de Férussac avec l'énergie et l'entrain qui caractérisent cet officier supérieur, repoussa le dernier retour offensif de l'ennemi qu'il refoula dans les bois (2) ; le 71e se maintint jusqu'à la fin de l'action sur la lisière de ces bois (?) et éprouva des pertes sensibles.

Dans cette sanglante affaire, la 3e division, parfaitement conduite par son chef, fit preuve d'une grande solidité ; elle fut très efficacement soutenue à droite par son artillerie, sous les ordres du lieutenant-colonel Sempé, à gauche par l'artillerie de la division Castagny et par une batterie de réserve (3). Cette artillerie contribua puissamment à arrêter l'ennemi. A 11 heures du soir, le feu ayant cessé depuis longtemps, la 3e division reprit son mouvement, traversa Metz au milieu d'*impedimenta*, qui retardèrent sa marche, et ne parvint à son campement de Plappeville que le 15 vers 8 heures du matin.

La 2e division (Castagny), qui avait campé à la gauche de la 3e division, entre le château de Colombey et la route de Sarrelouis, s'était ébranlée vers 3 heures pour suivre le mouvement de la 4e division (Aymard) (4). Déjà la 2e brigade avait atteint l'embranchement des routes de Sarrelouis et de Sarrebrück, lorsque les grand'gardes de la 1re brigades furent attaquées (5). A peine les quatre compagnies du 41e, qui

---

(1) Il faut entendre par là le massif boisé qui touche au village de Colombey, c'est-à-dire le parc du château.

(2) Le IIIe bataillon seul prit part à cette contre-attaque.

(3) En réalité, plusieurs batteries, tant de la réserve du 3e corps que de la réserve générale d'artillerie.

(4) Il serait plus juste de dire : ..... *pour être prête à suivre la 4e division*, car cette dernière n'avait pas encore entamé la marche vers Metz et avait seulement replié sa première ligne. (Voir le rapport Nayral.)

(5) Erreur. Voir les historiques du 15e bataillon de chasseurs et des 19e et 41e régiments (Man. de 1871), tous d'accord sur ce point.

occupaient le château de Colombey avaient-elles évacué ce poste, qu'elles y furent immédiatement remplacées par l'ennemi. Les tirailleurs du 19ᵉ et du 41ᵉ se reportèrent aussitôt sur l'ennemi ; le 15ᵉ bataillon de chasseurs et le 41ᵉ reprirent (1) le bois de Colombey (2). Les trois batteries de la division se déployèrent et ouvrirent sur l'ennemi un feu très vif qui l'arrêta court. Pendant une lutte acharnée qui dura plus de deux heures, le bois de Colombey (3) fut un instant repris par l'ennemi et la droite de la 2ᵉ division fut repoussée et enveloppée ; mais à ce moment critique, le colonel Saussier, du 41ᵉ, se porta en avant et repoussa les efforts de l'ennemi et parvint à réoccuper le bois de Colombey (4).

. . . .

Les généraux de Castagny et Duplessis avaient été blessés dans cet engagement.

A la gauche du 3ᵉ corps, la 4ᵉ division (Aymard), qui avait devant elle un terrain découvert et s'inclinant vers l'ennemi, soutint la lutte sans avoir à modifier sensiblement son ordre de bataille. Le 44ᵉ de ligne, très fortement engagé, perdit son colonel, le brave Fournier, frappé d'un coup de feu au moment où son cheval venait d'être tué. Lorsque le feu eut cessé, la 4ᵉ division reprit son mouvement, le 80ᵉ (colonel Jamin) couvrant la retraite.

La division s'établit à 1 heure du matin sur la rive gauche de la Moselle.

A la droite du 3ᵉ corps, la 1ʳᵉ division (Montaudon), avait, dès le début de l'action, réoccupé une tranchée-abri et un épaulement qu'elle avait construits la veille en avant de Grigy. La batterie Piciotto (5) s'établit derrière l'épaulement et ouvrit un feu très vif (6) ; mais enfilée bientôt par douze pièces ennemies postées au château de Mercy, elle éprouva des pertes considérables en hommes, en chevaux et en matériel (7).

Le capitaine de Piciotto fut tué, le lieutenant Vaucouleur tomba percé

---

(1) *Lire* : occupèrent.
(2) *Lire* : le bois A.
(3) *Ibid.*
(4) *Ibid.*
(5) 8ᵉ batterie du 4ᵉ régiment.
(6) Quelques coups seulement. Voir le rapport du lieutenant-colonel Fourgous.
(7) En réalité, la batterie fut battue d'écharpe et fut écrasée au moment où elle amenait les avant-trains. Voir le rapport du lieutenant-colonel Fourgous.

de plusieurs balles. Forcée de rétrograder, la batterie fut ramenée par le lieutenant Jourdy, l'une des pièces traînée à bras par le 51ᵉ.

Malgré cet incident, la 1ʳᵉ division, protégée par le canon du fort de Queuleu et par la Garde, ne permit pas à l'ennemi de percer sa ligne et put reprendre son mouvement vers la rive gauche.

Dans cette bataille, où l'ennemi resta presque constamment embusqué, la cavalerie n'eut pas à fournir de charge, mais, par des démonstrations intelligentes, elle contint l'ennemi sur divers points et subit quelques pertes en tués et blessés. Parmi ces derniers on comptait le colonel Pelletier, du 2ᵉ chasseurs ; le commandant Garnier, du 5ᵉ dragons ; le capitaine Alexandre du 8ᵉ dragons. Le général de Clérembault fut légèrement contusionné par une balle.

L'artillerie de réserve rendit de grands services ; c'est au choix intelligent des positions prises par le général de Berckheim qu'elle doit d'avoir réussi à neutraliser l'artillerie formidable que l'ennemi avait successivement accumulée contre le 3ᵉ corps et en particulier contre la 2ᵉ division (1).

Les pertes du 3ᵉ corps se répartissent ainsi qu'il suit dans la journée du 14 (2) :

Dans la 1ʳᵉ division (Montaudon) : 2 officiers tués ; 7 hommes tués, 8 blessés ; 2 disparus ;

Dans la 2ᵉ division (Castagny) : 7 officiers tués, 52 blessés ; 405 hommes tués, 941 blessés ;

Dans la 3ᵉ division (Metman) : 10 officiers tués, 45 blessés ; 160 hommes tués, 643 blessés ; 178 disparus ;

Dans la 4ᵉ division (Aymard) : 4 officiers tués, 20 blessés ; 56 hommes tués, 263 blessés ; 13 disparus ;

Dans la cavalerie : 3 officiers blessés, 19 hommes blessés ;

Dans l'artillerie de réserve : 1 officier blessé, 19 hommes blessés.

Récapitulation des pertes du 14 août.

Officiers : 23 tués, 121 blessés ; troupe : 628 tués, 1893 blessés, 193 disparus.

---

(1) En réalité, quelques batteries seulement de la réserve d'artillerie du 3ᵉ corps furent engagées sur le plateau de Bellecroix.

(2) Chiffres approximatifs.

Rapport (1) *sur le combat du* 14 *août.*

Monsieur le Maréchal,

J'ai l'honneur de rendre compte à Votre Excellence, de la part prise par le 3e corps d'armée dans le combat du 14 de ce mois.

Conformément aux ordres reçus, les quatre divisions d'infanterie et la division de cavalerie étaient prêtes, dès 4 heures du matin, à franchir la Moselle et à aller s'établir dans de nouvelles positions sur la rive gauche.

Vers 11 heures, le convoi se mit en marche, suivi par les voitures régimentaires; à 3 heures, le mouvement des troupes se dessinait : la division Montaudon et la division Castagny se retiraient en échelons, lorsque les grand'gardes de cette dernière division, en route pour rejoindre leurs corps, furent vivement attaquées (2).

Des dispositions de combat furent prises immédiatement et les troupes du corps d'armée placées sur deux lignes, l'une déployée et l'autre en colonnes par divisions, occupèrent les emplacements suivants :

La division Montaudon, la droite à la route de Strasbourg, en avant du village de Grigy, protégée par une tranchée-abri; la gauche au bois de Borny, qu'elle occupa.

La division Metman, sa droite occupant le plateau au Nord d'Ars-Laquenexy et de la Grange-aux-Bois, et sa gauche au château d'Aubigny (3).

La division Castagny, ayant sa droite en arrière de Colombey et sa gauche à la route de Sarrelouis.

Enfin, la division Aymard, appuyant sa droite à la route de Sarrelouis et gardant le plateau qui commande le ravin s'étendant du Nord-Ouest au Sud-Est de Vallières.

---

(1) L'original de cette pièce, sans date ni signature, est un brouillon provenant de la succession du maréchal Lebœuf.

On lit, en marge, écrit au crayon : « M. le général Decaen, blessé pendant le combat, n'a pu vous faire parvenir ce rapport, que je vous adresse d'après les renseignements que viennent de me faire parvenir les généraux commandant les divisions ayant pris part à l'affaire. »

Le rapport émane donc certainement du maréchal Lebœuf.

(2) Voir à ce sujet les annotations au *Journal de marche du 3e corps*.

(3) Une grand'garde seule occupait le château d'Aubigny.

Suivant ses habitudes, l'ennemi, fortement embusqué dans les bois placés devant nos positions, était invisible pour nous et ne révélait sa présence que par un feu très vif de mousqueterie et d'artillerie qui allait toujours en augmentant. Ses efforts paraissaient se porter particulièrement sur notre centre, occupé par les divisions Metman et Castagny ; mais partout nos positions furent conservées par le 7ᵉ bataillon de chasseurs, les 7ᵉ et 29ᵉ de ligne (division Metman), et les 15ᵉ bataillon de chasseurs, 19ᵉ et 41ᵉ de ligne (division Castagny) (1).

A l'extrême droite, la division Montaudon avait à lutter contre un violent feu d'artillerie. Le château de Mercy-les-Metz ayant été abandonné ainsi que les crêtes qui courent vers la Seille, l'ennemi y avait établi une batterie de 12 pièces qui enfilait les nôtres et les força bientôt à cesser le feu. Les pièces furent enlevées sous un feu très violent et les artilleurs furent puissamment aidés dans cette opération par le 51ᵉ de ligne.

A gauche, la lutte se soutenait sans grande modification à l'ordre de bataille, par le 11ᵉ bataillon de chasseurs, le 44ᵉ et le 60ᵉ de ligne.

Le 44ᵉ de ligne, très fortement engagé, y perdit son colonel, le colonel Fournier.

Après deux heures d'un combat très vif, surtout au centre, les troupes de la première ligne furent relevées par celles de la deuxième ligne et le combat se continua jusqu'à la nuit.

Il fallait se maintenir sur une défensive énergique, tout en opérant lentement sa retraite dans la direction de Metz. Ce double but fut complètement atteint.

La nuit était arrivée. Toutes les fractions des régiments occupaient en échelons, les dernières crêtes qui protègent les routes de Strasbourg et de Sarrelouis. L'ennemi se retirait. Le mouvement de retraite du 3ᵉ corps put donc s'effectuer sans obstacles et le 15, dans la nuit, toutes nos troupes furent installées dans leurs campements de la rive gauche de la Moselle.

Nous avons eu dans cette affaire, trois généraux blessés : le général Decaen, commandant le 3ᵉ corps ; le général de Castagny, commandant la 2ᵉ division ; et le général Duplessis, commandant la 2ᵉ brigade de cette division.

---

(1) Affirmation manifestement erronée. Voir à ce sujet la lettre du général Aymard au maréchal Lebœuf, datée du 20 janvier 1872 et les rapports et historiques des 2ᵉ et 3ᵉ divisions.

Les pertes sont (1) :

Dans la division Montaudon : 2 officiers tués ; 7 hommes tués, 8 blessés, 2 disparus.

Dans la division Metman : 10 officiers tués et 44 blessés ; 160 hommes tués, 643 blessés, 178 disparus.

Dans la division Castagny : 8 officiers tués ou disparus, 52 blessés ; 405 hommes tués ou disparus, 941 blessés.

Dans la division Aymard : 2 officiers tués, 18 blessés ; 56 hommes tués, 263 blessés, 13 disparus.

Extrait d'une lettre du général Aymard au maréchal Lebœuf.

20 janvier 1872.

J'ai l'honneur de vous remercier profondément d'avoir bien voulu me communiquer votre projet d'historique du 3ᵉ corps et de la bienveillance qu'en cette circonstance, comme toujours, vous voulez bien témoigner à mon ex-division.

Je ne crois devoir appeler votre attention que sur quelques points secondaires sur lesquels vous jugerez s'il y a lieu d'apporter modification.

Au combat de Borny, après que les généraux Decaen, de Castagny et Duplessis furent blessés, la 2ᵉ division rétrograda jusque près de la Garde par ordre du général de Castagny (qui croyait que le mouvement de retraite continuait) découvrant toute la droite de ma division, qui fut dans une position assez difficile, assaillie alors par des troupes que j'avais devant moi et par celles qui se trouvaient devant la 2ᵉ division. Le général de Brauer (2), qui commandait la première ligne et que je fis appuyer sur sa droite par le 80ᵉ, se conduisit d'une manière remarquable et le 11ᵉ bataillon de chasseurs fit preuve d'une solidité digne d'éloges.....

Journal de marche de la 1ʳᵉ division du 3ᵉ corps.

14 août.

Toute l'armée campée devant Metz reçoit l'ordre d'envoyer ses convois au Ban-Saint-Martin et de traverser ensuite la ville pour aller prendre position sur la rive gauche de la Moselle.

---

(1) Chiffres approximatifs.
(2) Commandant la 1ʳᵉ brigade (11ᵉ ch., 44ᵉ, 60ᵉ).

Le mouvement commence à 2 heures par le 2ᵉ corps, campé à la droite (1).

A 4 heures, le convoi de la 1ʳᵉ division du 3ᵉ corps est parti ; la division commence son mouvement par la droite, en échelons, quand une vive canonnade s'engage dans la plaine à la gauche de l'armée.

L'ennemi attaque la 4ᵉ division (2) (Aymard) et en même temps la 2ᵉ (Castagny) au moment où elles se replient vers Metz en se conformant au mouvement général.

La 1ʳᵉ division arrête sa marche en retraite, réoccupe les positions de sa droite avec un régiment de la 1ʳᵉ brigade (51ᵉ de ligne) et une batterie d'artillerie (3), puis se consolide dans sa position de la journée en se reliant à la 3ᵉ division (Metman) qui commence à être engagée.

Vers 4 heures (4), le feu diminue et le maréchal Bazaine, qui, dès le commencement de l'action, a pris le commandement, donne l'ordre de reprendre le mouvement en arrière et de se replier sous le fort Queuleu (?), où la Garde impériale est formée en réserve.

Mais une nouvelle attaque plus violente de l'ennemi arrête ce mouvement (5) et nous force à continuer à engager notre artillerie (une batterie et les mitrailleuses) pour appuyer la 3ᵉ division.

Pendant ce temps, la droite est attaquée par une diversion de l'ennemi, qui écrase sous le feu de trois batteries la batterie divisionnaire, qui est obligée de se replier ayant perdu deux officiers.

L'attaque est repoussée par le 51ᵉ, puis la nuit arrive et le feu cesse partout.

La division se replie alors lentement par échelons et rentre dans Metz (6).

---

(1) Le mouvement du 2ᵉ corps commença réellement vers midi (2ᵉ division).

(2) Erreur évidente. *Lire :* la 3ᵉ division.

(3) $\frac{5}{4}$.

(4) Heure erronée.

(5) Le maréchal Bazaine prescrivit au général Montaudon « de reprendre sa position du matin et d'appuyer la division Metman..... » (*Souvenirs militaires* du général Montaudon.)

(6) D'après les rapports des colonels commandants les 62ᵉ et 81ᵉ, ainsi que d'après les historiques des régiments de la division (Man. de 1871), la marche vers Metz ne commença pas avant 11 heures du soir.

Le général de Montaudon, commandant la 1re division du 3e corps, au maréchal Lebœuf, commandant le 3e corps. (Lettre.)

Queuleu, 22 août.

Monsieur le Maréchal,

J'ai l'honneur de rendre compte à Votre Excellence de la part prise au combat du 14 août courant par la 1re division du 3e corps.

La gauche de la division occupait un bois fort important placé sur la colline qui coupait le champ de bataille en deux parties (1).

Ce bois fut attaqué à deux reprises différentes, mais l'ennemi ne put déboucher de ce côté (2).

A la droite, protégée d'un peu loin par le fort de Queuleu et par la Garde, un épaulement avait été construit sur la route de Strasbourg, en avant du village de Grigy, ainsi qu'une tranchée-abri.

Le château de Mercy-les-Metz ayant été abandonné, ainsi que les crêtes qui courent vers la Seille, l'ennemi établit une batterie de 12 ou 15 pièces qui enfila la nôtre (3), à 800 mètres.

Le capitaine de Piciotto, commandant cette dernière, fut tué et la retraite dut être ordonnée. D'abord, on ne put mettre que trois pièces sur leur avant-train ; mais soutenus par les feux du fort de Queuleu et avec l'aide du 51e, qui gardait les tranchées-abris, les lieutenants de la batterie vinrent à deux reprises chercher leurs pièces.

Le lieutenant Vaucouleur tomba percé de balles au milieu d'une fusillade qui s'était engagée entre le 51e et les tirailleurs ennemis.

Le 51e ramena à bras la pièce que cet officier était venu chercher ; mais la nuit ne permit pas de retrouver l'avant-train, qui resta sur le terrain.

Le lieutenant Jourdy s'est distingué par sa bravoure et son sang-froid dans ces circonstances critiques.

Le maréchal des logis Bérard, le 1er servant Battersi, le 2e servant Cellier, le 1er conducteur Cartemielle et le 1er servant Saunier se sont fait également remarquer par leur intrépidité en accompagnant leurs officiers dans la recherche des pièces.

Les deux autres batteries (4) de la division ont été mises à la dispo-

---

(1) Le bois de Borny.
(2) Il s'agit sans doute ici du bois de Colombey, le général de Montaudon appliquant la même dénomination à ce bois et à celui de Borny.
(3) 5e batterie du 4e régiment.
(4) 6e et 8e batteries du 4e régiment engagées à l'Est de Sébastopol.

sition de la 3ᵉ division qui luttait depuis plusieurs heures contre des forces souvent renouvelées. Le tir de ces deux batteries contribua à contenir les Prussiens.

Ceux-ci renoncèrent à percer notre ligne et, la nuit venue, la division se replia sur Metz comme elle en avait reçu l'ordre (1).

Rapport du commandant Rigault, commandant le 18ᵉ bataillon de chasseurs.

Le 18ᵉ bataillon de chasseurs, n'a pris aucune part au combat du 14 août. Il est resté en réserve, en arrière du centre de la division.

Rapport du colonel Delebecque, commandant le 51ᵉ régiment.

Le régiment avait pris position sur la route de Grigy à Metz et sur la gauche du village, lorsque le colonel Delebecque, voyant qu'il se trouvait à l'extrême droite et que Grigy, ainsi que les pentes qui le dominent, avaient été dégarnis, donna ordre au Iᵉʳ bataillon de se porter à l'intersection des routes de Strasbourg et de Remilly, et à trois compagnies du IIIᵉ bataillon, l'ordre d'occuper Grigy.

Presque au même moment, il recevait l'ordre d'occuper fortement avec tout son régiment la position en avant de Grigy, sur laquelle une tranchée-abri et un épaulement avaient été exécutés la nuit précédente.

Une batterie de six pièces fut mise à sa disposition (2).

L'ennemi ne montra d'abord que des vedettes et plus tard des pelotons entiers de cavalerie, sur lesquels notre artillerie tira quelques coups bien dirigés.

Vers 7 heures, l'ennemi mit en position en avant du château de Mercy, une forte artillerie (3) ayant des vues d'écharpe sur la nôtre et qui ouvrit aussitôt un feu très vif, tant sur nos pièces que sur les points où il nous supposait des troupes.

Les bataillons du régiment ayant été placés très peu en arrière de la crête (4), les projectiles ne leur firent aucun mal, mais au bout de

---

(1) Voir à ce sujet l'annotation au *Journal de marche de la 1ʳᵉ division*.
(2) 5ᵉ batterie du 4ᵉ régiment.
(3) Artillerie de la *18ᵉ* division d'infanterie, en batterie à l'Ouest de Mercy-le-Haut.
(4) Crête coupant la route de Strasbourg, à 500 mètres au Sud-Est de Grigy.

peu d'instants, notre batterie battait en retraite, laissant trois de ses pièces derrière l'épaulement. Le colonel les fit aussitôt reprendre; faute d'attelage, la troisième fut emmenée à bras par des soldats du régiment.

A la suite de l'échec éprouvé par notre artillerie, le colonel supposait qu'il allait avoir affaire à une force très considérable, dont il n'avait vu jusqu'à présent que la pointe; il avait donné ordre de se replier par la gauche en échelons de deux compagnies (1). Le mouvement s'effectuait avec beaucoup d'ordre, quand les tirailleurs restés en position dans la tranchée-abri signalèrent de l'infanterie s'avançant le long du chemin venant de la Grange-aux-Bois (2). Se reportant aussitôt vers la tranchée-abri, le Ier bataillon ouvrit un feu à volonté d'une minute environ; l'obscurité était déjà assez grande; il était assez difficile d'apprécier exactement la force des Prussiens; il m'a paru que ce devait être un bataillon marchant avec ses quatre compagnies échelonnées.

Devant notre feu il s'est aussitôt retiré, et, en raison des ordres reçus par le colonel, le mouvement du régiment a continué sur Grigy.

Bien que le régiment contienne un assez grand nombre de jeunes soldats, l'attitude des compagnies a été bonne. Il a eu un caporal blessé grièvement et trois hommes légèrement.

Rapport du lieutenant-colonel Louis, commandant le 62e régiment.

La 1re brigade, dont le 62e fait partie, avait au début de l'affaire, été placée en dernière ligne, le long de la route de Strasbourg à Metz, ayant cette route derrière elle.

Le 62e régiment avait laissé son IIIe bataillon en soutien derrière le 18e bataillon de chasseurs qui occupait une position sur la route de Borny, pour observer les bois (3).

Peu après, la brigade reçut l'ordre de se rapprocher du village de Grigy et les Ier et IIe bataillons du 62e se massèrent en réserve derrière ce village pendant que le 51e allait réoccuper les positions de combat abandonnées en levant le camp.

---

(1) En laissant des tirailleurs dans la tranchée-abri (d'après l'Historique du régiment, man. de 1871).

(2) Avant-garde de la *28e* brigade prussienne.

(3) Près des carrières sur la route de Grigy à Borny. (Historique du 62e, man. de 1871.)

Mais la position des Ier et IIe bataillons n'était pas bonne en arrière de Grigy et présentait des dégagements difficiles. Je les fis, sur votre ordre, porter à gauche de ce village, dans une position à la fois dominante et abritée d'où l'on pouvait bien découvrir le terrain et se porter aisément en soutien, soit à droite, soit à gauche.

Une batterie d'artillerie de la division ayant accompagné le 51e pour occuper une position préparée les jours précédents, la 2e compagnie du IIe bataillon (capitaine Prax) lui fut donnée comme escorte et soutien.

Cette batterie, très maltraitée par une batterie prussienne, venait d'avoir son capitaine tué et l'officier qui lui succéda jugea sa position assez compromise pour ordonner d'abandonner les pièces en emmenant les attelages et les avant-trains.

Peu de temps après, les attelages furent ramenés et l'on put reprendre les pièces dont une fut traînée à bras par les hommes du capitaine Prax.

Dans cette situation, un peu émouvante pour de jeunes soldats, il se produisit une légère émotion, facilement réprimée par le capitaine Prax, et la protection de la batterie est restée assurée jusqu'à la fin.

Vers 6 heures du soir, les trois bataillons furent appelés à se porter en avant pour renforcer les troupes engagées et le combat semblait reprendre une nouvelle intensité.

Le IIe bataillon fut déployé et les Ier et IIIe ployés en colonne par division, en arrière de ses ailes. Dans cette position, on attendit l'ordre d'agir (1).

Quelques instants après, le Ier bataillon fut envoyé en soutien du 95e, engagé dans le bois de Borny, et le IIIe bataillon fut envoyé de même auprès du 7e de ligne, engagé dans le même bois (2).

Le IIe bataillon resta déployé dans sa position primitive, mais, vers 8 heures, c'est-à-dire vers la fin de la journée, une attaque se dessinant à droite, le IIe bataillon s'y porta rapidement. Cette attaque ayant cessé peu de temps après, le IIe bataillon s'arrêta à sa position antérieure, près de Grigy, où il fut rejoint vers 11 heures du soir par les deux autres bataillons et la compagnie Prax.

Dans ces différents mouvements, le 62e n'eut pas à faire usage de son feu et n'a par conséquent à signaler ni tués ni blessés.

---

(1) Sur le chemin de Borny, à la Grange-aux-Bois, la droite appuyée au bois de Borny. (Historique du 62e, man. de 1871.)
(2) Près de la pointe Nord-Est du bois de Borny.

Rapport du colonel d'Albici, commandant le 81ᵉ régiment.

Dans le combat livré le 14 courant devant Grigy, pour favoriser la retraite de l'armée sous Metz, le 81ᵉ n'a pas été directement engagé.

Deux compagnies du IIᵉ bataillon, les 5ᵉ et 6ᵉ, furent d'abord laissées échelonnées dans les bois pour couvrir la retraite du régiment. Dès que le combat fut engagé, le reste du bataillon fut envoyé pour concourir à l'occupation de ces bois.

L'ennemi ayant été repoussé, les 1ʳᵉ, 2ᵉ et 6ᵉ compagnies furent envoyées comme soutien d'une batterie d'artillerie (1) et restèrent en position jusqu'à la fin de l'action (2).

Les Iᵉʳ et IIIᵉ bataillons, tenus d'abord en réserve, reçurent l'ordre, vers 6 heures du soir, d'aller s'établir sous le fort Queuleu; mais à peine étaient-ils arrivés sur la position indiquée, qu'ils reçurent l'ordre de M. le Général commandant la division de se reporter en avant. Ces deux bataillons furent arrêtés dans leur mouvement, par Son Excellence le Maréchal commandant en chef qui leur fit faire face à droite et les établit : le IIIᵉ à la droite (3) de Grigy, pour concourir avec les troupes qui gardaient le village à soutenir un dernier effort de l'ennemi sur notre droite; le Iᵉʳ déployé dans l'intervalle compris entre la route de Grigy et le deuxième bois (4) occupé par nos tirailleurs.

L'ennemi ayant été définitivement repoussé, vers les 8 heures du soir, la retraite commença à 11 heures et le régiment arriva à Metz à 5 heures du matin.

Aucune des diverses parties du régiment n'a été engagée.

Le IIIᵉ bataillon a eu toutefois un homme tué et deux blessés, dont je joins à mon rapport l'état nominatif.....

---

(1) Il s'agit sans doute de la batterie de mitrailleuses $\left(\frac{5}{11}\right)$ de la 3ᵉ division.

(2) Il semble cependant qu'elles aient évacué leur position (c'est-à-dire d'après le rapport du colonel Davout, la tranchée-abri du mamelon 241) avant que des fractions du 53ᵒ régiment prussien eussent débouché du bois de Colombey, puisque ces trois compagnies ne perdirent pas un seul homme.

(3) A l'Ouest.

(4) Le bois de Borny où était resté une partie du 2ᵉ bataillon.

Rapport du colonel Davout d'Auerstœdt, commandant le 95ᵉ régiment.

Avant que l'engagement commençât, vous m'aviez donné l'ordre de couvrir le mouvement de la division avec un bataillon occupant fortement un bois (1) dont vous m'aviez signalé l'importance la veille et dans lequel vous aviez fait camper le 1ᵉʳ bataillon du régiment. L'occupation de ce bois, qui est placé perpendiculairement sur la colline qui coupe en deux le champ de bataille, semblait être appelée à jouer un rôle décisif dans le cas d'une retraite difficile, d'une retraite sur notre droite.

Avant que l'engagement se soit dessiné, je fis placer trois compagnies en tirailleurs sur le flanc droit des bois et en arrière d'une haie qui se prolonge vers la droite et d'où il était facile de surveiller les pentes boisées de Mercy-le-Haut. Les trois compagnies furent mises à l'abri derrière un mouvement de terrain qui se trouvait dans le bois même, à l'embranchement des deux chemins.

Au fur et à mesure que le combat a pris de l'intensité, vous avez jugé nécessaire d'occuper plus fortement encore la position que vous m'aviez confiée et vous m'avez envoyé successivement un bataillon du 81ᵉ (2) et deux bataillons du 95ᵉ (3).

Trois compagnies du 81ᵉ occupèrent la haie qui se trouvait en avant du bois (4), face à l'ennemi, et la tranchée-abri qui regardait à droite (5) ; deux compagnies du 95ᵉ furent placées sur la crête de gauche, le reste fut reporté sur la lisière des bois, dans un fossé qui mettait les soldats parfaitement à l'abri.

Vers 7 heures, les tirailleurs ennemis (6) ouvrirent le feu vers la droite du bois. Ils furent arrêtés par un feu à volonté de la compagnie placée derrière la haie (7). Ils renouvelèrent leur attaque une demi-heure après en groupes plus nombreux.

---

(1) Le bois de Borny.
(2) Le IIᵉ bataillon.
(3) C'est-à-dire le reste du régiment.
(4) C'est-à-dire la haie située à 300 mètres de la lisière Est du bois et parallèle à cette dernière.
(5) Tranchée-abri du mamelon 241 construite devant l'ancien bivouac du Iᵉʳ bataillon du 81ᵉ régiment face au Sud.
(6) Appartenant au Iᵉʳ bataillon du 77ᵉ régiment prussien débouchant de la Grange-aux-Bois ; mais après 7 heures.
(7) La 6ᵉ compagnie du Iᵉʳ bataillon qui avait, dès le début, déployé une section en tirailleurs.

Vous m'aviez donné l'ordre de me porter en réserve avec un bataillon sur la droite du bois; je le fis avec un bataillon (1) du 62ᵉ dont je déployai deux compagnies en tirailleurs sur ma droite, les autres constituant ma réserve.

Le capitaine Guelfucci (2), du 95ᵉ, reçut par un feu à volonté bien nourri les assaillants, qui se retirèrent aussitôt. La nuit commençait à tomber : nous n'avons pu nous rendre compte des pertes que nous leur avons fait éprouver.

La compagnie du capitaine Guelfucci n'a eu qu'un homme tué et pas de blessé.

Rapport du lieutenant-colonel Fourgous, commandant l'artillerie de la 1ʳᵉ division.

Mon Général,

J'ai l'honneur de vous rendre compte du rôle qu'ont joué les batteries sous mes ordres dans la journée du 14 août.

Parties du camp de Grigy à 3 h. 30 du soir, elles étaient en route pour Metz lorsque les coups de canon tirés sur notre droite (vers Metz) (?), annoncèrent une attaque des Prussiens.

La division arrêta son mouvement et prit ses dispositions de combat ; d'autres divisions qui opéraient de même leur mouvement sur Metz, reprirent également leur place de bataille.

La division Montaudon surveillait l'extrême droite qui, par suite du départ du corps Frossard, ne s'appuyait plus au château de Mercy-le-Haut.

Voici quelle a été la part d'action échue à chacune des trois batteries :

La batterie Piciotto (5ᵉ du 4ᵉ régiment), d'abord placée en réserve en avant de la route de Strasbourg, à hauteur du fort Queuleu, reçut, vers 5 h. 30, du général de division l'ordre d'aller reprendre sur la hauteur, où un épaulement avait été élevé la veille au soir par les soins du génie, la position occupée dans la journée à deux reprises différentes.

Cette position qui domine la Grange-aux-Bois et bat Mercy-le-Haut avait perdu une partie de sa valeur par le fait de la retraite des troupes qui occupaient le château (?).

On se mit en batterie derrière l'épaulement ; les avant-trains et les caissons furent placés derrière un repli bien accusé du terrain et furent

---

(1) Le 1ᵉʳ.
(2) Commandant la 6ᵉ compagnie du Iᵉʳ bataillon.

parfaitement à l'abri des coups dans la lutte qui s'engagea plus tard. Jusqu'à la nuit tombante, rien ne semblait menacer la batterie. Quelques hulans s'étaient montrés dans la plaine en avant des bois. A ce moment, un groupe plus nombreux apparut à un angle du massif de gros marronniers situés en avant du château. La batterie tira trois coups à 900 mètres; l'escadron de hulans parut fort maltraité par cette décharge.

Cependant, peu à peu, l'avenue du château se couvrit de groupes de cavaliers; aussi le capitaine commandant crut-il prudent de transporter sa batterie dans une position moins exposée aux coups venant du château.

Le mouvement d'amener les avant-trains était à peine commencé, qu'une batterie prussienne de 12 à 15 pièces déboucha à la rencontre de la route avec l'avenue du château et ouvrit son feu contre notre batterie qu'elle enfilait à une distance de 800 mètres environ (1).

Le mouvement des avant-trains fut arrêté et on riposta, mais la position ne fut bientôt plus tenable. Notre batterie, écrasée par la supériorité numérique de l'artillerie prussienne, était couverte de projectiles.

Malgré les efforts du capitaine, qui tomba un des premiers, malgré ceux du lieutenant en 1er, qui prit aussitôt le commandement, le désordre se mit dans la batterie et ce fut au milieu d'un assez grand désarroi qu'on put mettre trois pièces sur leurs avant-trains. Les lieutenants tenant à ramener leurs pièces et se sentant d'ailleurs soutenus par les feux partis du fort, revinrent à deux reprises les chercher avec des avant-trains et quelques hommes de bonne volonté. Ils furent aidés dans l'enlèvement de la dernière pièce par le 51e qui constituait la garde de la position.

Enfin, ce fut en cherchant à sauver les derniers avant-trains restés sur le terrain que le lieutenant en 1er tomba percé de balles au milieu d'une fusillade qui s'était logée dans le fossé de l'épaulement (?).

Le lieutenant en 2e ayant perdu les chevaux qui avaient été amenés pour enlever l'avant-train, dut se retirer sous une grêle de balles qui balayait la route.

Il fit conduire à bras la pièce privée de son avant-train et se mit à la recherche de ses voitures qu'il rassembla à deux kilomètres du village.

---

(1) La batterie « battait Mercy-le-Haut » et tira dans la direction du château. (Voir plus haut.) Il semble donc qu'il y ait exagération à dire qu'elle fut prise d'enfilade. Elle fut seulement, sans doute, battue d'écharpe par l'artillerie prussienne.

Il crut alors, vu les pertes éprouvées, devoir se rallier à la réserve qui devait être au Ban–Saint–Martin.

La batterie Crassous (6e batterie du 4e régiment) fut d'abord placée par Son Excellence le maréchal Bazaine, sur les déblais provenant de la tranchée à gauche du village de Grigy; mais, bientôt, elle dut se porter derrière un rideau de peupliers parallèle à la route de Grigy à Borny.

Le but de cette position était de protéger la retraite projetée depuis le matin.

L'attaque devenant plus vive, le capitaine porta sa batterie en avant au trot et s'arrêta à hauteur de la batterie Perruchot (du 11e régiment) (1). Il fit tirer, comme cette batterie, contre un bois (2) où les Prussiens se retranchaient et reprenaient haleine pour renouveler leurs attaques incessantes.

Le feu de la batterie fut exécuté pendant une heure avec la plus grande vivacité et les coups multipliés ont dû contribuer à ralentir l'élan des Prussiens et à éteindre leurs feux.

Les hausses employées ont été successivement celles de 1000, 1200, 1500, 1800, 2,000 mètres.

La batterie Barbe (canons à balles, 8e batterie du 4e régiment), se plaça d'abord en réserve sur les glacis du fort Queuleu, faisant face aux hauteurs qui dominaient notre droite et d'où l'on pouvait craindre un mouvement tournant de l'ennemi. Le feu devenant plus vif à gauche du village de Grigy, la batterie reçut du général de division l'ordre de se rapprocher de la division. Elle se plaça, à cet effet, en colonne sur la route de Grigy à Borny, derrière le 18e bataillon de chasseurs (3). A ce moment le feu était dans toute son intensité.

Sur la demande du général Metman (3e division), la batterie fut mise à sa disposition et s'avança sur le lieu du combat, appelée à prêter son appui à la 3e division qui luttait depuis plusieurs heures : la batterie entra en ligne et se plaça entre la batterie Crassous et la batterie Perruchot (4). Elle dirigea ses feux sur le derrière des bois, où le combat était le plus acharné.

Deux coups par pièce furent tirés à 2,200 mètres et un coup par pièce à 2,400 mètres (5).

---

(1) $\frac{6}{11}$. A l'Est de Sébastopol.

(2) Le bois A.

(3) C'est-à-dire près des carrières, à 500 mètres au Nord de Grigy.

(4) 6e batterie du 4e et 6e batterie du 11e, à l'Est de Sébastopol.

(5) La batterie aurait donc tiré jusque dans le ravin de Colombey, dans une région qui échappait complètement à ses vues.

A ce moment, la nuit était venue et l'ennemi, renonçant à percer notre ligne, se retirait de la lutte. Nos troupes se repliaient en bon ordre.

Les batteries Crassous et Barbe, ralliées par les soins du lieutenant-colonel Fourgous, se retirèrent d'abord en arrière de Grigy puis se joignirent à la division dans la marche sur Metz.

Le lieutenant-colonel commandant l'artillerie divisionnaire, croit devoir signaler les officiers, sous-officiers et canonniers dont les noms suivent, comme s'étant fait particulièrement remarquer :

De Piciotto, capitaine, commandant la 5e batterie, grièvement blessé ;

Vaucouleur, lieutenant en 1er, tué dans la batterie en allant avec quelques hommes, chercher les pièces laissées dans la batterie ;

Jourdy, lieutenant en 2e, a secondé son lieutenant en 1er dans des conditions critiques ;

Bérard, maréchal des logis ; Battesti, 1er servant, décoré de la médaille militaire ; Cellier, 2e servant ; Cartemielle, 1er conducteur ; Saunier, 1er servant : se sont fait remarquer par leur sang-froid et ont accompagné leur lieutenant à la recherche des pièces.

Les capitaines Crassous et Barbe, doivent être également cités pour l'entrain et le calme avec lesquels ils ont conduit leurs batteries au feu.

Rapport du général Nayral (1), *commandant la 2e division du 3e corps, sur le combat du 14 août 1870.*

Au camp sous Plappeville, 19 août.

La 2e division d'infanterie du 3e corps était en position depuis 4 h. 30 du matin, les hommes aux faisceaux, les voitures chargées, prêtes à se retirer de l'autre côté de Metz, les bagages et le convoi devant aller, d'avance, s'établir au Ban-Saint-Martin.

Vers 11 heures, le convoi civil commença à filer, suivi des voitures régimentaires et de tout ce qui n'était pas indispensable aux troupes en cas de combat. Le général de division ne pensait faire son mouvement que vers 6 heures. Mais, à 3 heures, le général Aymard, qu'il devait suivre immédiatement, l'envoya prévenir qu'il allait se mettre en marche.

---

(1) Le général Nayral avait remplacé dans son commandement le général de Castagny, blessé le 14 août.

A peine la 4ᵉ division (Aymard) avait-elle replié sa première ligne (1), que le général de Castagny porta en arrière sa 2ᵉ brigade, formée des 69ᵉ et 90ᵉ régiments d'infanterie, les mettant en échelons à l'embranchement des routes de Sarrelouis et de Sarrebrück (2). Ce mouvement se terminait quand les grand'gardes de la 1ʳᵉ brigade, déjà en route pour rejoindre leurs corps (3), furent vivement attaquées. A peine quatre compagnies du 41ᵉ, qui occupaient le château de Colombey, s'étaient-elles retirées qu'elles furent immédiatement remplacées dans ce château par les Prussiens qui y eurent ainsi un excellent point d'appui pour leur attaque.

Les 19ᵉ et 41ᵉ d'infanterie détachèrent aussitôt plusieurs compagnies en tirailleurs pour border la position. Ces tirailleurs eurent beaucoup à souffrir du feu de l'ennemi.

Un bois de sapins (4), situé en arrière, à gauche du château de Colombey, fut occupé d'abord par une compagnie du 41ᵉ (5), puis, successivement, par quatre compagnies du 15ᵉ bataillon de chasseurs, qui en avait deux en réserve (6).

Une batterie de 4 de campagne (7), derrière le 19ᵉ, à droite de la route de Sarrelouis, une autre batterie de 4 (8), à gauche de la même route et la batterie de mitrailleuses (9), en arrière et vis-à-vis l'inter-

---

(1) Il s'agit de mouvements préparatoires, car la division Aymard ne s'était pas encore mise en marche à quatre heures.

(2) Le 19ᵉ régiment était déjà sur la route. (Historique du 19ᵉ. Man. de 1871). Le 41ᵉ « commençait son mouvement ». (Historique du 41ᵉ. Man. de 1871.) Enfin le 15ᵉ bataillon de chasseurs avait déjà dépassé l'allée de Colombey qui longe le bois A. (Historique du 15ᵉ bataillon de chasseurs. Man. de 1871.)

(3) Les historiques (Man. de 1871) des corps de troupe d'infanterie de la 1ʳᵉ brigade donnent des détails suffisamment précis, soit sur leurs emplacements, soit sur leurs compagnies d'avant-poste au moment de l'attaque, ainsi que sur le déploiement qui suivit, pour qu'il soit impossible d'admettre que les grand'gardes *étaient en route* pour rejoindre leurs corps. Il paraît certain que tous avaient déjà rallié leurs régiments.

(4) Le bois A.

(5) L'Historique, très précis, dit deux compagnies $\left(5, 6 \dfrac{11}{41}\right)$.

(6) L'Historique du bataillon dit trois compagnies.

(7) La 11ᵉ batterie du 4ᵉ.

(8) La 12ᵉ batterie du 4ᵉ.

(9) La 9ᵉ batterie du 4ᵉ.

valle des deux autres batteries, formaient l'ensemble des dispositions de l'artillerie.

Le combat dure deux heures avec acharnement. Le 90ᵉ, ayant vite épuisé ses munitions, est relevé par un bataillon du 19ᵉ resté en troisième ligne et par une partie du 69ᵉ. Ce dernier régiment a aussi des compagnies engagées avec la droite de la 1ʳᵉ brigade. L'artillerie porte toutes ses batteries en arrière, pour prendre de meilleures positions.

La droite est un instant enveloppée et repoussée. La position était très critique par suite de l'occupation du bois de Colombey par les Prussiens. Le 41ᵉ, vigoureusement conduit par le colonel Saussier, soutient l'effort de l'ennemi avec intelligence et sang-froid, et parvient même à plusieurs reprises à réoccuper le bois de Colombey (?).

L'action des corps voisins permet à la division de se retirer sans avoir été repoussée, mais avec des pertes sensibles.

Le général de Castagny et le général Duplessis sont blessés. Le capitaine Senault, aide de camp de ce dernier, est blessé sur les bords du ravin où il donne, à pied, son cheval ayant été tué, l'exemple du plus grand courage.

Le 15ᵉ bataillon de chasseurs à pied perd 52 tués ou disparus, dont 1 officier tué, et 127 blessés, dont 4 officiers.

Le 19ᵉ de ligne perd 117 tués ou disparus, dont 1 officier tué, et 260 blessés, dont 10 officiers.

Le 41ᵉ perd 127 tués ou disparus, dont 1 officier tué, et 255 blessés, dont 17 officiers.

Le 69ᵉ perd 39 tués ou disparus, dont 1 officier tué, et 153 blessés, dont 11 officiers.

Le 90ᵉ perd 73 tués ou disparus, dont 4 officiers, entre autres M. Gremillet, chef de bataillon, et 187 blessés, dont 6 officiers.

L'artillerie perd 4 tués et 7 blessés, dont 1 officier.

Les services administratifs perdent 1 blessé.

Le 2ᵉ chasseurs à cheval perd 1 homme tué.

Le total des pertes pour la division est de 413 tués ou disparus, dont 8 officiers, et de 993 blessés, dont 52 officiers (1).

Historique du 15ᵉ bataillon de chasseurs à pied (2ᵉ division du 3ᵉ corps).

14 août.

Vers 4 heures de l'après-midi, au moment où la division se met en marche sur la route de Metz, le canon se fait entendre dans la direction

---

(1) Chiffres approximatifs.

de Colombey. Le bataillon fait immédiatement tête de colonne à gauche, se forme à gauche en bataille et se porte en avant.

Il traverse un chemin bordé d'arbres et se trouve aussitôt sous le feu de l'ennemi (1). Deux compagnies, conservant chacune une section en soutien, sont déployées en tirailleurs sur la crête et le reste du bataillon occupe un petit bois qui se trouve sur la droite. Le 19ᵉ régiment étant entré en ligne à son tour et à gauche du bataillon, il n'est laissé qu'une compagnie en tirailleurs hors du bois ; deux autres sont déployées pour en défendre la lisière et les trois autres gardées en réserve. L'ennemi amène des batteries sur le versant opposé et les place sur la route de Sarrebrück, à 1000 mètres du bois, sur lequel il fait pleuvoir une grêle d'obus. Sous la protection de ce feu et de celui de ses tirailleurs, embusqués dans un bois opposé à celui du bataillon (2), l'ennemi lance des colonnes d'attaque vers le plateau défendu par la brigade. Le bois occupé par le bataillon formait le saillant de la position. Les chasseurs s'y maintiennent, prennent en flanc les colonnes ennemies, jusqu'à ce que débordés de tous côtés, la tête du bois étant au pouvoir des assaillants, ils soient, sous peine d'être enveloppés, forcés de l'abandonner. Aussitôt dehors, les hommes s'arrêtent à la sonnerie de « halte », ordonnée par le chef de bataillon ; le bataillon est reformé sur-le-champ et fait immédiatement, les officiers l'épée à la main, un retour offensif sur le bois, qu'il reprend. Pendant ce temps, l'ennemi avait lancé une nouvelle colonne sur la route de Sarrebrück ; cette colonne, très profonde, parvient sur le plateau malgré le feu le plus vif. Le bataillon conserve sa position jusqu'à ce que, dépassé entièrement par la tête de colonne ennemie, il soit forcé, pour ne pas être tourné, de rejoindre le corps en arrière de la brigade qui déjà commençait à tirer sur lui, croyant le bois envahi par les Prussiens. Le bataillon reprend sa place sur la ligne de bataille où il cesse son feu faute de cartouches. La nuit met peu après fin à l'engagement.....

Historique du 19ᵉ régiment d'infanterie (2ᵉ division du 3ᵉ corps).

14 août.

L'armée (3) attendit dans ses positions jusqu'à 3 heures après-midi. A ce

---

(1) Le bataillon avait donc déjà dépassé l'allée d'arbres longeant le bois A en passant par le Nord de ce bois.

(2) C'est-à-dire le bois situé sur les pentes occidentales du ravin, à 500 mètres au Nord de Colombey (occupé par des compagnies du 15ᵉ régiment prussien).

(3) *Lire* : le 3ᵉ corps.

moment, l'ennemi ne paraissant pas en forces, les grand'gardes furent repliées et, à 3 h. 45, le 19ᵉ, la droite en tête, rétrograda sur Metz. A peine le mouvement était-il commencé, vers 4 heures, que les obus vinrent à pleuvoir sur la colonne entassée sur la grand'route. On fit aussitôt demi-tour et les trois bataillons vinrent reprendre leurs positions précédentes, déployant sur la crête du ravin de nombreux tirailleurs (1). Ceux-ci ripostèrent avec succès au feu de l'ennemi placé sur la crête opposée et dans les vignes qui la couvrent. Jusqu'à plus de 6 heures du soir, la division resta ainsi en première ligne, essuyant un feu terrible de mousqueterie et d'artillerie, ne perdant pas un pouce de terrain et faisant subir à l'ennemi des pertes très sensibles, principalement dans le ravin de la Planchette, où l'infanterie prussienne de la 1ʳᵉ armée, commandée par le général von Steinmetz, essayait de se masser. Vers 6 h. 15, le 19ᵉ se porta en arrière, vers le village de Borny, et fut remplacé dans ses positions par le 71ᵉ régiment (2), appartenant à la 3ᵉ division du même corps.

Vers 8 heures du soir, trois compagnies du IIᵉ bataillon vinrent mettre en état de défense la grande ferme de Borny, près de laquelle le régiment était arrêté (3).

. . . .

A 11 heures, le 19ᵉ vint bivouaquer entre Borny et Plantières.

Historique du 41ᵉ régiment d'infanterie (2ᵉ division du 3ᵉ corps).

A 3 heures, réveil; le camp est levé aussitôt. A 4 h. 30, le convoi part sur Metz.

A 3 heures du soir, la division commence sa retraite sur Metz.

L'artillerie se retire, laissant une seule batterie (4) à la 1ʳᵉ brigade, qui forme l'arrière-garde. Les avant-postes de cette brigade devront se rallier au moment du départ, ainsi que les quatre compagnies qui occupent le château de Colombey.

---

(1) D'après le Journal de marche de la 2ᵉ division, le 1ᵉʳ bataillon du 19ᵉ serait resté en réserve pour venir ensuite relever le 90ᵉ lors de la retraite de ce dernier.

(2) Erreur. Voir les rapports des généraux Metman et Arnaudeau, ainsi que l'Historique du 71ᵉ. (Man. de 1871.)

(3) C'est-à-dire la ferme Sébastopol. Sans doute pour aider la compagnie du génie de la 3ᵉ division $\left(\frac{11}{1}\right)$ qui procédait à ce travail.

(4) La 11ᵉ batterie du 4ᵉ.

A 3 h. 30, rappel des avant-postes et grand'gardes.

A 4 heures, tout le régiment est rassemblé et commence son mouvement de retraite, lorsque l'artillerie prussienne, placée sur la hauteur entre Coincy et Colombey, ouvre le feu contre le régiment et commence ainsi la bataille de Borny.

Le régiment se retire alors dans un chemin creux bordé d'arbres, qui conduit de la ferme Bellecroix (embranchement des routes de Sarrebrück et de Sarrelouis) à Colombey (1).

A 4 h. 30, la fusillade s'engage entre les Prussiens et les tirailleurs du 7ᵉ bataillon de chasseurs (3ᵉ division). Le régiment s'arrête à environ 400 mètres en arrière du chemin creux, pour faire face à l'ennemi.

Les IIᵉ et IIIᵉ bataillons sont déployés en tirailleurs en avant; ils occupent le chemin creux et une partie du chemin de Colombey à Borny ; le Iᵉʳ bataillon forme la réserve. A droite se trouvent les tirailleurs du 7ᵉ bataillon de chasseurs (3ᵉ division); le 15ᵉ bataillon de chasseurs occupe un petit bois de sapins à notre gauche (entre Colombey et la ferme de Bellecroix) (2).

Au moment où ce mouvement s'exécute, l'infanterie prussienne occupe déjà le château et le parc de Colombey, ainsi que le ravin boisé où étaient nos grand'gardes. Leurs batteries se sont avancées sur la croupe de la hauteur d'Aubigny.

Les tirailleurs prussiens, abrités par les arbres du parc et le fossé profond qui l'entoure, dirigent leurs efforts pour s'emparer du bois de sapins et du chemin creux occupés par les tirailleurs du régiment.

Ils approchent jusqu'à 40 mètres de notre ligne. Là, pendant longtemps, notre feu les arrête.

Ils dirigent plusieurs colonnes d'attaque, qui sont obligées de reculer, sous le feu nourri de nos tirailleurs.

Deux pièces de la batterie d'arrière-garde s'établissent près de la route de Colombey à Borny.

Le combat devient général et s'étend sur notre flanc droit vers Mercy et à gauche vers Lauvallier et Nouilly.

Les pertes du régiment sont assez fortes déjà, mais les hommes tiennent bien.

Vers 5 h. 30 (3), le bois de sapins à notre gauche est enlevé par les Prussiens, mais il est repris aussitôt par un retour offensif du 15ᵉ bataillon de chasseurs.

---

(1) Allée d'arbres longeant le bois A.
(2) Le bois A.
(3) Heure erronée.

A 6 heures (1), conformément aux ordres reçus, le régiment se retire en échelons par bataillons déployés, ayant à sa droite le 59ᵉ et à sa gauche le 15ᵉ bataillon de chasseurs. Ce mouvement s'exécute sous une grêle de balles.

A 6 h. 30 (1), l'artillerie, étant arrivée sur le terrain, entre en action. Le Iᵉʳ et le IIᵉ bataillon soutiennent une batterie de canons, qui est remplacée une heure après par une batterie de mitrailleuses.

A 9 heures, la bataille est terminée; le régiment se retire et prend position en avant de Borny.

A 10 heures, la division se rallie et rentre à Metz en passant par Borny.

A 2 heures du matin, l'on bivouaque sur les remparts de Metz, près de la porte de France.....

Historique du 69ᵉ régiment d'infanterie (2ᵉ division du 3ᵉ corps).

. . . .

Vers 3 h. 30 du soir, la retraite commença pour le 3ᵉ corps, qui était d'extrême arrière-garde, et le 69ᵉ se mit en marche.

Après avoir reculé d'environ un kilomètre, il fit halte et, appuyant son flanc droit à la route de Boulay, il reçut l'ordre de couvrir la retraite à la gauche du 90ᵉ de ligne. La 1ʳᵉ compagnie du 1ᵉʳ bataillon (capitaine Reynaud) fut déployée en tirailleurs à 800 mètres en avant. A cet instant, les grand'gardes du 69ᵉ rentraient sans avoir encore vu l'ennemi. A 4 heures, le canon se fait entendre sur la droite : de fortes colonnes, précédées d'une reconnaissance de cavalerie, débouchent sur la route de Sarrebrück, appuient à droite vers le bois de Colombey et dirigent leurs feux sur les 19ᵉ et 41ᵉ de ligne, de la division, prenant complètement en flanc les bataillons du 69ᵉ. A 5 heures, les troupes allemandes, couvertes par des tirailleurs, se déploient vers la gauche et tendent à se réunir aux colonnes qui débouchent par le ravin de Noisseville; deux fois elles sont forcées de se retirer en désordre sous les feux d'infanterie et d'artillerie dirigés contre elles.....

Historique du 90ᵉ régiment d'infanterie (2ᵉ division du 3ᵉ corps).

La retraite s'effectue sur Metz, protégée par la division. Le camp est levé dès le réveil; les hommes attendent derrière les faisceaux. A 3 h. 30,

---

(1) Heure erronée.

de nombreuses reconnaissances de dragons rentrent sans faire présager le voisinage de l'ennemi aussi imminent; la division effectue alors son mouvement de retraite. Le 90° forme l'extrême arrière-garde. Les trois compagnies : Drappier, Abeilhé, Lacassin, du Ier bataillon (1), sont déployées en tirailleurs à droite de la route de Sarrebrück et à mi-côte du ravin que forme le ruisseau de Lauvallier; les trois autres (capitaine Guilbert, sous-lieutenant Boulet, capitaine Gilardin) sont en soutien le long de l'avenue du château de Colombey. En arrière des tirailleurs, une batterie de 4 s'établit sur la crête (2).

Les compagnies Dejean et Vuillaume bordent, à gauche du 1er bataillon, une ligne de peupliers et dominent le ravin, assez touffu de ce côté. Le reste du bataillon, sous le commandement de son chef, M. Gremillet, est en bataille à 50 mètres en arrière.

Les tirailleurs des compagnies Meurice et Ferbu, du IIIe bataillon, forment, avec ceux des autres bataillons, un angle obtus, l'ouverture vers Metz; ils sont soutenus par les compagnies Sonnet et Bernard, placées un peu à gauche du IIe bataillon et sous la main du commandant Keiser. Les compagnies Digoin et Raynal sont de garde à l'artillerie et aux mitrailleuses (3), placées en arrière de la jonction des routes et à proximité de la ferme Bellecroix. Le 69e est à gauche, tandis que sur notre droite nous nous relions au 15e bataillon de chasseurs.

A 4 heures (4), le feu s'engage entre notre ligne de tirailleurs, commandée : au Ier bataillon, par le commandant Collasse; au IIe, par le capitaine Dejean; et au IIIe, par le capitaine Meurice, et les tirailleurs ennemis qui s'avancent le long du ruisseau, abrités par des taillis et une ligne d'arbres.

Sur notre droite, ils sont à 200 ou 300 mètres de nous; mais en face, la distance est plus grande.

Presque en même temps (5), l'artillerie prussienne s'établit sur le versant du ravin et ouvre le feu sur les colonnes du 41e au moment où elles se mettent en retraite. La nôtre riposte.

Sous la protection de son artillerie, l'infanterie ennemie se déploie en

---

(1) 1, 2, 3 $\frac{1}{90}$.

(2) $\frac{11}{4}$.

(3) $\frac{9, 12}{4}$.

(4) Plus tard.

(5) Plus tôt.

avant et sur le flanc du IIe bataillon, s'avance dans le bois (1) et vient faire plusieurs décharges à une très faible distance. Le feu ennemi opère de grands ravages dans les rangs de ce bataillon : le commandant Gremillet est tué; le porte-drapeau est laissé pour mort; la garde du drapeau est fort maltraitée; les lieutenants Bœuf, Amet et de Saint-Martin blessés très grièvement; le sous-lieutenant Emard, du IIIe bataillon, est tué.

Les capitaines Dejean, Vuillaume, le sous-lieutenant de Norlandt, sont blessés. Les pertes faites par ce bataillon s'élèvent à 53 morts, 206 blessés.

Les compagnies éprouvent alors un peu de désordre et sont ralliées par le lieutenant-colonel Vilmette, par le capitaine adjudant-major Chadeysson et le capitaine Senault, aide de camp du général Duplessis.

A 7 heures, les munitions des tirailleurs sont complètement épuisées; le 19e vient nous relever (2). Les Ier et IIIe bataillons sont reformés par leurs chefs, d'abord en arrière des mitrailleuses, puis de la division de dragons. Le régiment reste alors en deuxième ligne, sous le commandement du lieutenant-colonel Vilmette, qui remplace le colonel de Courcy, commandant la brigade, le général Duplessis ayant été blessé grièvement.

Le régiment est porté à hauteur des grenadiers de la Garde, masqués par les haies des jardins de Borny, puis enfin en arrière de l'artillerie de la Garde : c'est sur cet emplacement qu'il doit bivouaquer. Vers 11 heures, l'ordre est donné d'aller s'établir en avant de la porte des Allemands et à droite de la route.....

Historique des 9e, 11e et 12e batteries du 4e régiment d'artillerie monté (2e division du 3e corps).

9e *batterie* (3). — Le 14 au matin, la batterie occupait le sommet de l'angle formé par la jonction des routes de Sarrelouis et de Saint-Avold, en avant de la ferme dite de Bellecroix. La position était belle : elle commandait toutes les hauteurs qui environnent Montoy et la route de Sarrelouis jusqu'à la maison appelée « la tuilerie » (4).

---

(1) Il faut entendre par là le ravin « assez touffu » dont il a été question précédemment.
(2) Le Ier bataillon du 19e, seulement, mais avant 7 heures.
(3) A balles.
(4) Ou « l'Amitié ».

Le 2ᵉ et le 6ᵉ corps avaient déjà traversé la Moselle; il ne restait plus sur la rive droite que le 3ᵉ corps et une partie du 4ᵉ.

Un instinct secret nous disait que nous serions attaqués ce soir-là. Le lieutenant d'Opeln, qui a fait preuve pendant toute cette campagne des plus sérieuses qualités, avait passé sa matinée à parcourir, au pas de son cheval, la route de Sarrelouis, à laquelle la batterie appuyait sa gauche, jusqu'à « la tuilerie ». La distance était de 1935 mètres (?). La topographie du champ de tir était exactement tracée jusqu'aux dernières lignes de l'horizon, borné, en cet endroit, par les hauteurs de Montoy, et connaissance en avait été donnée aux sous-officiers de la batterie chefs de pièce.

A 4 heures du soir, au moment où la 2ᵉ division du 3ᵉ corps, qui était à l'arrière-garde, s'apprêtait à continuer son mouvement de retraite, le premier coup de canon se fit entendre. De Borny à Colombey, de Colombey à Montoy, de Montoy à Noisseville, ce ne fut qu'une traînée de poudre.

Bientôt, les colonnes prussiennes apparurent sur les hauteurs de Montoy : elles furent littéralement hachées après nos trois premières salves. Deux batteries ennemies essayèrent alors de prendre position, l'une à droite de la route, à hauteur de la maison rouge (1), l'autre à gauche de la route, en se servant du remblai qu'elle présente en cet endroit comme d'un épaulement. Ces batteries essayèrent de croiser leurs feux sur les bataillons du 41ᵉ de ligne et du 90ᵉ, et sur les batteries qui les appuyaient. En peu de temps, la batterie de droite amenait à bras ses avant-trains et disparaissait pour ne plus revenir. Celle de gauche, mieux abritée et vue obliquement, tira quelque temps encore, jusqu'au moment où elle dut cesser sous l'action combinée de nos canons à balles et d'une batterie de la réserve qui avait pris position à gauche de la ferme de Bellecroix.

11ᵉ *batterie*. — Le 10 août, la batterie campe sur la route de Sarrebrück, à hauteur de Montoy, jusqu'au 14 (2), jour de la bataille de Borny.

Vers 3 heures ou 3 heures et demie, au moment où la division, qui était d'arrière-garde, commençait son mouvement de retraite, les batteries de la division furent assaillies par un feu très vif de mousqueterie partant d'un bois situé à 800 ou 900 mètres environ en avant et à droite de son front (3). Elles durent mettre en batterie, non seulement pour débusquer les hommes postés dans le bois, mais de plus pour répondre au feu de l'artillerie, qui avait commencé presque

---

(1) Brasserie de l'Amitié.
(2) Erreur évidente.
(3) Bois à 500 mètres au Nord de Colombey.

immédiatement. Le tir de la batterie eut de très bons résultats, qui permirent aux troupes de la division de rentrer en ligne. Elle continua longtemps de conserver la position; ce n'est que vers 5 heures et demie qu'elle dut se retirer pour venir se placer à 500 ou 600 mètres à hauteur et à droite de la batterie de mitrailleuses, qui se trouvait au croisement des routes de Boulay et de Sarrebrück. Son tir n'eut, à ce moment, d'autre but que de détourner les feux de l'ennemi, dirigés sur la batterie de mitrailleuses qui en souffrait beaucoup. Le soir, elle vint camper en avant de Plantières.

Dans cette journée, la batterie a eu 1 officier blessé, 1 homme tué, 4 hommes blessés et 4 chevaux hors de combat.

12e *batterie.* — Le 14 août, jour de la bataille de Borny, l'armée effectuait un mouvement de retraite pour se porter sur Verdun; la 2e division du 3e corps était placée à l'arrière-garde et ses batteries divisionnaires étaient destinées à protéger la retraite.

Vers 3 heures de l'après-midi (1), au moment où l'on faisait remettre les avant-trains pour suivre le mouvement, la batterie a été assaillie par un feu très vif partant d'un bois qui se trouvait à environ 300 mètres de son front. Les pièces furent immédiatement remises en batterie et le feu dirigé contre le bois, pour arrêter les tirailleurs ennemis et permettre aux troupes de la division de revenir à leurs positions. La batterie est restée dans cette position jusqu'à 6 heures et a été ensuite établie à l'embranchement des routes de Metz à Sarrelouis et de Metz à Sarrebrück, pour diriger son feu en avant des villages de Lauvallier et de la Planchette, pour empêcher l'ennemi d'y établir des batteries.

A 10 heures du soir, la batterie a été placée en seconde ligne à la réserve.

Dans cette bataille, la batterie a eu 1 sous-officier et 4 hommes blessés, dont 2 sont morts des suites de leurs blessures, et 5 chevaux tués ou blessés.

Le général Metman, commandant la 3e division du 3e corps, au maréchal Lebœuf, commandant le 3e corps. (Lettre.)

Plappeville, 16 août 1870.

Monsieur le Maréchal,

J'ai l'honneur de rendre compte à Votre Excellence, de la part prise par la 3e division d'infanterie à l'affaire d'avant-hier.

---

(1) Heure erronée.

Le 14 août courant, à 4 heures et demie du matin, la 3e division d'infanterie, conformément aux ordres reçus, était sous les armes, prête à partir. La division est restée dans cette situation jusqu'à une heure après midi, heure à laquelle les bagages ont été dirigés sur le Ban-Saint-Martin.

Le terrain du bivouac occupé par ma division est une plaine ondulée, coupée de bois, qui va en s'élevant dans la direction de l'ennemi ; les points extrêmes que nous occupions se trouvaient être en même temps les points dominants de la position. Ces points sont le château d'Aubigny et le plateau au Nord d'Ars-Laquenexy et de la Grange-aux-Bois (1).

Tous les renseignements envoyés par les grand'gardes indiquaient une concentration de l'ennemi faite pendant la nuit et une attaque probable au moment de la retraite. Il faut reconnaître que cette attaque était favorisée par la configuration du sol, puisque les points extrêmes de la position que nous devions abandonner en étaient les points dominants :

A 4 heures et demie de l'après-midi, les mouvements rétrogrades des 1re et 2e divisions étant accomplis (2), j'ai jugé qu'il y avait lieu de commencer la retraite en échelons qui m'avait été prescrite lorsque j'avais été prévenu que je formais l'arrière-garde de la colonne du 3e corps.

Je donnai donc l'ordre de la retraite. Au moment même où l'exécution de cet ordre commençait, une vive fusillade, appuyée de coups de canon, s'est fait entendre. Il y avait lieu de ne pas céder le terrain, afin de ne pas faire une retraite sous le feu.

L'engagement débutait du côté du château de Colombey et dans les fourrés du mouvement de terrain fortement vallonné situé au-dessus de ce château. La colonne qui nous attaquait était une colonne d'infanterie, signalée un quart d'heure auparavant à peine.

Au bruit de l'attaque dont nous étions l'objet, je fis reprendre immédiatement les positions défensives abandonnées par suite du commencement du mouvement de retraite. Seule, la seconde partie de la tranchée placée devant le 59e (3) ne put être reprise, parce qu'elle était enfilée

---

(1) C'est-à-dire le dos de terrain s'étendant entre Colombey et la cote 241 (1 kilomètre au Nord de la Grange-aux-Bois).

(2) Il était 4 heures seulement et les 1re et 2e divisions commençaient à peine leurs mouvements.

(3) Sur la crête, au Sud-Ouest de Colombey, entre le village et le bois.

par le feu du château de Colombey, où l'ennemi s'était logé (1). Aussitôt, une vive fusillade couvrit la deuxième tranchée-abri tracée devant la 1re brigade (2) et se continua dans le bois situé au-dessus du château de Colombey (3) en s'étendant devant notre gauche.

La 2e division, rappelée par le feu, revint sur ses pas pour concourir à la défense de la position.

La 1re division rétrograda également et fit couvrir par ses troupes les crêtes et la droite de l'emplacement occupé par la 3e division.

Suivant son habitude, l'ennemi, fortement embusqué dans tous les bois où il avait pu pénétrer, sur toute notre ligne de défense, était invisible pour nous et nourrissait néanmoins contre nous un feu très soutenu.

Les bataillons de ma 1re brigade se maintenaient avec énergie dans la tranchée-abri de l'extrême droite et dans les bois en arrière de cette tranchée ; mais l'abandon, par suite de l'ordre de départ, de la seconde partie de la tranchée, dans laquelle on ne pouvait rentrer parce qu'elle était prise de flanc par le château de Colombey, laissait à découvert une portion de leur campement.

La 2e brigade, forcée de faire tête à l'ennemi, qui accentuait son mouvement sur notre gauche, dut, à l'aide de ses réserves, prendre position sur les crêtes (4) et répondre au feu des bois situés sous le château de Colombey et en avant de la position qu'occupait la division Castagny. A cet instant, le général Decaen venait prendre en main la direction du combat et nous plaçait rapidement dans les conditions les plus satisfaisantes pour résister aux efforts de l'ennemi. La fusillade allait toujours croissant ; elle était appuyée par une artillerie qui semblait s'augmenter constamment.

L'énergie et l'entrain général n'ont pas fait un instant défaut, dans cette situation nouvelle pour nos troupes, d'avoir constamment à se reporter sur un ennemi tellement invisible que nul de nous ne pourrait affirmer en avoir vu une seule fraction constituée.

Vers 6 heures, le général Decaen, commandant en chef le 3e corps, observant sur sa gauche le bois (5) où l'attaque était la plus vive, fut

---

(1) D'après le rapport du général de Potier, cette tranchée-abri fut effectivement occupée par le 29e qui, à la vérité, ne put s'y maintenir, pour la raison indiquée ci-dessus.
(2) Au Sud-Est du bois de Colombey.
(3) Le parc de Colombey.
(4) Crête 241-232.
(5) Le bois A.

blessé ; il me fit appeler pour me laisser le commandement de son corps jusqu'à l'arrivée du général de division le plus ancien du corps d'armée.

Le moment était arrivé d'engager les dernières réserves. Ces réserves étaient formées par le 71ᵉ de ligne. Ce régiment, guidé par son chef, le colonel de Férussac, avec toute l'énergie et l'entrain qui le caractérisent, resta jusqu'à la fin engagé *sur la lisière du bois* (1). Il éprouva des pertes sensibles.

Dès le commencement de l'action, l'artillerie, dirigée par le lieutenant-colonel Sempé, choisissait avec un grand bonheur et une grande sûreté de coup d'œil, des positions qui ont puissamment aidé à la réussite de la défense générale.

Profitant de la vigoureuse impulsion que le général Decaen avait si habilement donnée sur tous les points à la défense, me conformant aux instructions du Maréchal commandant en chef, qui m'avaient été communiquées, mon rôle consistait à rester, sur tous les points, sur le pied d'une défense énergique, tout en opérant lentement la retraite du corps d'armée dans la direction du quartier général, situé à Borny.

Dans ce but, je fis mettre en état de vigoureuse défense la ferme dans laquelle était établi le quartier général (2). J'ai employé à ce travail la 11ᵉ compagnie du 1ᵉʳ régiment du génie, sous la direction du chef de bataillon Masselin.

L'artillerie de la division Castagny, dès le commencement de l'action, nous avait été d'un grand secours. Une batterie de mitrailleuses (3) appartenant à la 2ᵉ division ou à la réserve, par un tir soutenu et très habilement dirigé, contribua jusqu'à la fin à dompter les efforts incessants de l'ennemi. Les batteries de droite, appartenant à la 3ᵒ division, firent également un feu très efficace de front et ses mitrailleuses, spécialement dirigées sur les abords du château de Colombey, durent avoir également des effets formidables. Son action était dirigée par M. le lieu-

---

(1) Ceci paraît être une erreur, qui n'est d'ailleurs pas reproduite par l'Historique du 71ᵒ. Ce dernier, très précis sur les emplacements des bataillons, place le IIIᵉ bataillon à 300 mètres en avant du chemin de Borny à la ferme de Bellecroix. De là, il lutta « en terrain découvert » contre l'infanterie ennemie embusquée dans un bois de mélèzes (le bois A) et fut relevé, vers 7 heures, par un bataillon du 59ᵉ — ou mieux du 29ᵉ. (Voir le rapport du général de Potier.)

(2) La ferme Sébastopol.

(3) Sans doute la batterie de mitrailleuses $\left(\frac{9}{4}\right)$ postée sur le mamelon de Bellecroix.

tenant-colonel Sempé, commandant l'artillerie de la 3ᵉ division d'infanterie.

La division Montaudon, placée sur les hauteurs de notre extrême droite, dirigeait les feux de son artillerie sur la gauche de l'ennemi; ses régiments, prêts à entrer en ligne, nous assuraient un concours sérieux si la retraite avait pu être compromise. Enfin, une batterie de la réserve (1), envoyée par le Maréchal, prenait position sur notre gauche et aidait à éteindre les feux de l'attaque.

La nuit commençait à se faire. Toutes les fractions des régiments occupaient en échelons les dernières crêtes qui protégeaient la route de Borny, et c'est dans cette situation que nous trouva la fin du combat.

A 11 heures, le feu ayant cessé depuis longtemps et l'ennemi se retirant, le mouvement de retraite commencé à 4 h. 30 de l'après-midi se continua et la 3ᵉ division d'infanterie, traversant Metz au milieu d'*impedimenta* sans nombre, qui retardèrent considérablement sa marche, arrriva à son campement de Plappeville le 15 août, à 8 heures du matin.....

Nous avons eu dans cette affaire (2) :

10 officiers tués et 44 blessés ;

160 hommes de troupe tués, 643 blessés et 178 disparus.

Rapport du général de Potier (3ᵉ corps, 3ᵉ division, 1ʳᵉ brigade), sur le combat du 14 août.

Plappeville, 15 août.

Mon Général,

J'ai l'honneur de vous rendre compte qu'hier, 14 août, entre 3 heures et 3 h. 15, de grandes masses d'infanterie prussienne, accompagnées d'artillerie, ont été signalées marchant dans la direction du château d'Aubigny, occupé par une compagnie (3) du 7ᵉ bataillon de chasseurs à pied. De 3 h. 15 à 3 h. 30, le commandant des chasseurs a été informé par le commandant de sa compagnie de grand'garde que la compagnie du 59ᵉ, qui était à sa droite en grand'garde, avait quitté sa position. Il lui envoya alors l'ordre de se retirer pour éviter que l'ennemi ne l'isolât en passant complètement en arrière d'elle, ce qui était possible, vu le départ de la division Castagny et de la grand'garde du 59ᵉ.

La compagnie de chasseurs ayant quitté sa position et l'ennemi ayant

---

(1) Sans doute la 8ᵉ batterie du 18ᵉ.
(2) Chiffres approximatifs.
(3) La 4ᵉ.

ouvert son feu (1), le 59ᵉ de ligne abandonna, à 3 h. 30, la tranchée-abri qui couvrait la gauche de notre position, en face le village d'Ars.

Je me trouvais en ce moment à la gauche de la tranchée du 7ᵉ de ligne (2) et j'envoyais aux trois compagnies de grand'gardes de la brigade, qui étaient encore en position dans le bois d'Ars et la clairière qui est à sa gauche, l'ordre de se replier immédiatement sur leurs corps. Je prescrivais en même temps au 7ᵉ de ligne de tenir tant qu'il le pourrait dans sa tranchée et de ne quitter le bois qu'à la dernière extrémité et sur un ordre formel que je lui enverrais. Puis, pour éviter que le 7ᵉ de ligne ne fût coupé du reste de la ligne, je prescrivis au colonel Lalanne, du 29ᵉ, de jeter un bataillon dans la tranchée que le 59ᵉ avait quittée (3). La perte de la position du château d'Aubigny et du massif couvert qui avoisine la ferme de Colombey, ne permit pas à ce bataillon (4) du 29ᵉ de rester dans la tranchée, puisqu'il était pris par le feu de l'ennemi à revers et d'enfilade. Ce bataillon du 29ᵉ, commandé par M. d'Aubigny, fut alors placé moitié dans le bois faisant face à la ferme de Colombey (5) et moitié dans le fossé bordé d'arbres qui était parallèle à la tranchée du 59ᵉ (6). Pour assurer cette position, le colonel Lalanne, du 29ᵉ, déploya deux compagnies (7) en tirailleurs, se reliant à ceux du 59ᵉ de ligne, qui était alors sur le terrain du campement du 29ᵉ et face à la position primitive de la division Castagny. Ces deux compagnies de tirailleurs avaient pour mission d'empêcher que le demi-bataillon placé dans le fossé en question ne fût tourné par sa gauche ou pris à revers. Pour relier complètement le 7ᵉ de ligne au demi-bataillon du 29ᵉ placé dans le bois, j'envoyai dans ce bois deux autres compagnies du 29ᵉ (8), puis, en raison du départ du 81ᵉ, qui occupait la fraction du bois située à la droite du 7ᵉ de ligne (9), le colonel de ce régiment dut prolonger sa droite avec une compagnie jusqu'à l'extrémité de la lisière faisant face au bois d'Ars.

Afin d'obvier à ce que ce bois ne fût tourné par la droite, je plaçai

---

(1) D'après l'Historique du 7ᵉ bataillon de chasseurs, la 4ᵉ compagnie ne se retira qu'après l'ouverture du feu.
(2) C'est-à-dire près de la pointe Sud-Est du bois de Colombey.
(3) Tranchées à l'Ouest de Colombey.
(4) Le IIᵉ (Historique de 1875 du 29ᵉ régiment).
(5) A 500 mètres à l'Ouest de Colombey.
(6) Et aboutissant à la pointe Nord-Est du bois de Colombey.
(7) $1, 2 \frac{\text{III}}{29}$ (Historique de 1875).
(8) Du IIIᵉ bataillon.
(9) Le bois de Borny.

deux compagnies du 29ᵉ (1) dans la tranchée-abri située sur la hauteur qu'occupaient les troupes de la 1ʳᵉ division. Le dernier bataillon du 29ᵉ (2) qui me restait fut alors placé en réserve sur le plateau en question, afin de rendre moins pénible au 7ᵉ de ligne l'évacuation du bois lorsqu'il serait devenu urgent de le quitter.

Une compagnie de chasseurs à pied (3) fut placée par mon ordre en face la clairière qui se trouve au milieu du bois occupé par les 7ᵉ et 29ᵉ de ligne, et le reste du bataillon conserva sa position de campement (4), faisant face à gauche.

L'ennemi, quoique ayant amassé de très grosses forces dans le bois d'Ars et dans les massifs de la ferme de Colombey, a été tenu en échec de 3 h. 30 à 6 h. 30 par le 29ᵉ et le 7ᵉ de ligne, sans qu'aucune modification ait été apportée à l'ordre de combat adopté.

A 6 h. 30, la tranchée du 7ᵉ de ligne n'étant plus tenable, en raison des feux de revers qu'elle recevait, M. le colonel Cottret en retira ses troupes pour les placer toutes dans le bois. Un peu auparavant, les tirailleurs du 59ᵉ ayant opéré un mouvement de retraite, M. le colonel Lalanne (5) avait dû se retirer également dans le bois avec les dix compagnies placées directement sous sa main (6). Ce bois, ainsi fortement occupé et dont la conservation était indispensable pour permettre aux troupes de la division placées en plaine de conserver leur ligne de bataille, a été plusieurs fois, mais infructueusement, l'objet des attaques de l'ennemi (?).

Pendant que ces faits se passaient de mon côté, le bataillon de chasseurs avait, sur l'ordre du général de division, posté à gauche cinq de ses compagnies pour appuyer le 59ᵉ et l'artillerie. Une batterie de mitrailleuses (7) était venue prendre position sur la hauteur située en arrière du bois que j'occupais.

---

(1) Du IIIᵉ bataillon.
(2) Le Iᵉʳ.
(3) $\frac{6}{7 \text{ Ch}}$.
(4) Probablement fort peu de temps (voir l'Historique), car, lorsque la compagnie Jupin (4ᵉ) rejoignit la ligne de combat, elle y retrouva deux compagnies du bataillon. (Récit du colonel Chassepot, alors lieutenant à la 4ᵉ compagnie.)
(5) Commandant le 29ᵉ.
(6) IIᵉ bataillon et quatre compagnies du IIIᵉ.
(7) La batterie $\frac{5}{11}$.

A 7 heures du soir, M. le général de division m'envoya l'ordre de porter toute ma brigade sur la gauche pour soutenir la 2°. Je dirigeai alors sur ce point le bataillon du 29° (1), qui était en ce moment la seule troupe dont je pouvais disposer, puis j'envoyais au 7° de ligne et au colonel du 29° l'ordre d'évacuer le bois et de se replier sur la position où était la batterie de mitrailleuses et la tranchée-abri du 81° (2), et pour éviter un accident, j'en prévins le capitaine de cette batterie, qui dut la replier en arrière aussitôt qu'il vit commencer l'évacuation du bois. Cette évacuation a été fort heureusement très lente et a permis aux 7° et 29° de ligne d'arriver au point que je leur avais indiqué au moment où le jour baissait, ce qui a empêché l'ennemi d'occuper d'une manière complète le bois que nous abandonnions (3). Cette évacuation lente a eu en outre l'avantage de permettre à la batterie de mitrailleuses de continuer assez longtemps son feu avant de se déplacer elle-même.

Entre 7 h 1/2 et 8 heures, je conduisis un des bataillons du 29°, qui étaient disponibles (commandant Amiot) (4), à l'extrémité gauche du 71°, de l'autre côté de la route de Borny, ce qui a permis au III° bataillon (5) de se porter, sur l'ordre du général de division, en arrière, pour se reposer et renouveler son approvisionnement de cartouches.

A 8 heures, le feu avait cessé sur tout le front de la division et j'en profitai pour reformer le 7° de ligne à hauteur d'un bois (6) placé en arrière de celui que nous avions abandonné, et les I°r et II° bataillons du 29° au centre de la ligne et à hauteur des batteries de réserve qui avaient pris part à l'action vers la fin de la journée. Le 7° bataillon de chasseurs fut placé près de la route pour relier les bataillons du 59° et les deux bataillons du 71° qui étaient en première ligne. Cela fait, je donnai l'ordre à tous ces corps de rester sur place jusqu'à ce que M. le général de division en eût décidé autrement, et je fis venir les caissons d'infanterie pour procéder immédiatement au remplacement des cartouches brûlées.

Dans cette action de guerre, les 29° et 7° de ligne ont fait preuve, sous la direction de leurs colonels et autres officiers, d'une grande

---

(1) Le I°r.
(2) C'est-à-dire sur la crête 241-232.
(3) Conforme au récit de l'Historique (1895) du 7° bataillon de chasseurs prussien.
(4) Le III°.
(5) Du 71° régiment.
(6) La pointe Nord-Est du bois de Borny.

ténacité et d'une bravoure froide en sachant ménager leur feu, puisqu'ils n'ont répondu au feu des tirailleurs ennemis que par des *coups individuels de leurs meilleurs tireurs* et repoussé les attaques principales par des *feux à commandement.*

La compagnie de chasseurs, qui était de grand'garde, a opéré sa retraite avec beaucoup de calme, quoique attaquée par des forces considérables.

Les troupes de la 1re brigade ont eu à subir les pertes suivantes, savoir (1) :

7e bataillon de chasseurs.

Officiers blessés : MM. Guiraud, officier payeur (présumé mort); Balan, sous-lieutenant; Hilpert, sous-lieutenant.

Hommes de troupe blessés, 19 ; hommes disparus, 2.

7e de ligne.

Officiers blessés : MM. de Musset, chef de bataillon; Haffner, capitaine; Pommier, capitaine ; Granet, lieutenant; Hurault, lieutenant; Clément, lieutenant ; Gaubert, sous-lieutenant ; Cougant, sous-lieutenant.

Troupe : blessés tués ou disparus, 230 hommes.

(Ce régiment ayant subi ses plus grandes pertes dans le bois et sans moyens de transport, il est impossible de détailler d'une manière certaine le chiffre des tués, blessés ou disparus.)

29e de ligne.

Officiers tués : MM. Mazué, lieutenant ; de Bibal, sous-lieutenant.

Officiers blessés : MM. Lalanne, colonel ; Troussard, adjudant-major ; Loyer, capitaine ; Gache, capitaine ; Bourgeois, capitaine ; Grandjean, lieutenant ; Clavières, sous-lieutenant ; Béraud, sous-lieutenant ; Grosset, sous-lieutenant.

Troupe : tués, 13 ; blessés, 94 ; disparus, 92.

(Parmi ces derniers doivent figurer des tués et des blessés qui ne sont pas connus, puisqu'on a combattu dans le bois, qui a été évacué en raison de l'ordre reçu de M. le général de division de porter toute ma brigade à gauche de la position.)

Ces pertes sont très sensibles, puisqu'elles s'élèvent au chiffre de 472, dont 22 officiers, sur un effectif de 3,500 hommes environ.

---

(1) Chiffres approximatifs.

Historique du 7ᵉ bataillon de chasseurs à pied (3ᵉ division du 3ᵉ corps).

14 août.

Le 14, vers 4 heures du soir, au moment où le corps d'armée allait passer sur la rive gauche de la Moselle, les Prussiens, dont la présence était signalée depuis deux jours par les grand'gardes, attaquent nos lignes.

La grand'garde du bataillon, composée d'une compagnie, la 4ᵉ (capitaine Jupin), est vivement attaquée dans sa position en avant de Colombey (1). Les grand'gardes des régiments placés à sa droite et à sa gauche ayant reçu l'ordre de rejoindre leurs corps et n'ayant pas prévenu la 4ᵉ compagnie, celle-ci se trouve seule placée en flèche, à deux kilomètres environ en avant du reste de l'armée. Les bouquets d'arbres dont elle était entourée ne lui avaient pas permis de se rendre compte de ce mouvement des grand'gardes voisines. M. Guiraud, sous-lieutenant, envoyé par le commandant pour la prévenir de se replier sur le bataillon, est tué avant d'avoir pu remplir sa mission.

Pendant ce temps, l'ennemi profitant des intervalles laissés libres par le départ des grand'gardes, avait gagné les flancs de la 4ᵉ compagnie qui se voit bientôt assaillie par un feu très violent. Craignant d'être tournée, elle est obligée de se replier sur le bataillon en laissant un homme tué et quatre blessés.

Le bataillon se trouvait alors sur l'emplacement même où il avait campé (2); son flanc droit était protégé par une crête où le génie avait construit une tranchée-abri qui devait battre la vallée au-dessous du château d'Aubigny, dans le cas où le mouvement des Prussiens se prononcerait sur la droite. La 5ᵉ compagnie (capitaine Fayol), occupe d'abord cette tranchée et la quitte plus tard pour occuper un petit bois qui y était attenant. Elle y reste jusqu'à la fin de l'action. La 1ʳᵉ compagnie (capitaine Mallarmé) est placée en arrière de l'artillerie pour la soutenir. Les 2ᵉ (capitaine Regain), 3ᵉ (capitaine Mariotte) et 4ᵉ compagnies (capitaine Jupin), se portent en avant sur la ligne de bataille où elles sont assaillies par un feu très nourri de mousqueterie. Elles ripostent vivement, sans perdre un pouce de terrain, et arrêtent le mouvement des Prussiens de ce côté. Elles restent ainsi engagées jusqu'à la nuit tombante.

A ce moment, elles sont relevées par d'autres troupes (?) et reçoivent

---

(1) D'après le rapport du général commandant la 1ʳᵉ brigade, cette grand'garde occupait le château d'Aubigny.
(2) Cote 225, 500 mètres Est de Sébastopol.

l'ordre de se porter en réserve près d'une batterie de mitrailleuses, à 600 mètres en arrière.

La 6ᵉ compagnie est déployée en tirailleurs dans un petit bois de sapins et ne prend pas part à l'action. Malgré cela elle a deux hommes blessés.

L'affaire terminée, le commandant rallie son bataillon, qui reste en arrière-garde sur le champ de bataille jusqu'à 11 h. 30 du soir où il se met alors en mouvement pour suivre le reste de la division.

Historique du 7ᵉ régiment d'infanterie (3ᵉ division du 3ᵉ corps).

14 août.

Le 14 août au matin, le régiment reçoit son complément de munitions, de campement et de cantines d'ambulances. La 1ʳᵉ et la 2ᵉ compagnie du 1ᵉʳ bataillon sont placées à la lisière du bois, à droite des tranchées-abris, pour se relier à la 1ʳᵉ division, qui, dans le même but, avait fait se rapprocher quelques compagnies du 95ᵉ.

Vers 9 heures du matin, la 5ᵉ compagnie du 1ᵉʳ, commandée par M. le lieutenant Villemain, de grand'garde près du château d'Aubigny, est attaquée par une reconnaissance ennemie composée d'infanterie et de cavalerie : deux hommes furent blessés. Vers midi, la brigade fait rentrer cette compagnie et envoie fouiller le bois en avant du front du régiment par la compagnie de tirailleurs-éclaireurs de M. le lieutenant Granet. Vers 3 heures, on apprend que l'armée passe la Moselle à Metz et que le 4ᵉ corps (Ladmirault) commence son mouvement en arrière du fort Saint-Julien. Le 3ᵉ corps est prêt à le suivre. A 3 h. 30, une vive fusillade accompagnée de quelques coups de canon se fait entendre du côté de Noisseville (1) ; à gauche, comme l'attaque de l'ennemi s'accentue, le mouvement de retraite du 3ᵉ corps est contremandé et des dispositions de combat sont prises à 4 heures. Le 7ᵉ se place dans ses tranchées, les 3ᵉ, 4ᵉ, 5ᵉ et 6ᵉ compagnies du IIᵉ bataillon, les 1ʳᵉ, 2ᵉ, 3ᵉ et 4ᵉ du IIIᵉ bataillon. Les 5ᵉ et 6ᵉ du IIIᵉ sont placées en arrière, à gauche, dans le bois. Dans la tranchée qui relie le bois à la ferme de Colombey sont placées des compagnies du 59ᵉ (2). En arrière des tranchées, sur la lisière du bois, les 3ᵉ, 4ᵉ et 5ᵉ du 1ᵉʳ bataillon. La 6ᵉ, à 100 mètres plus en arrière, dans une clairière. A 6 heures du soir, l'ennemi était maître de la route de Colombey et du château d'Aubigny.

---

(1) Erreur manifeste.
(2) *Lire :* 29ᵉ.

Le combat paraissait acharné à notre gauche, à Lauvallier, Noisseville, Nouilly et Mey.

Vers 7 heures, l'ennemi passe par petites fractions successives de la route de Colombey dans le bois qui est à 400 mètres en avant de nos tranchées (1). Quelques-uns des meilleurs tireurs des compagnies placées dans les tranchées répondent au feu de l'ennemi embusqué derrière les arbres de la lisière du bois. Le feu durait depuis une heure, lorsque l'ennemi s'empare de la ferme de Colombey (2) et prend d'écharpe et à revers le flanc gauche des tranchées occupées par le régiment, ainsi que les 5e et 6e du IIIe qui bordaient la lisière du bois jusqu'au point occupé par le 29e.

A ce moment, le colonel reçoit du général de brigade l'ordre d'évacuer les tranchées-abris et de commencer son mouvement de retraite, la 1re brigade de la division étant menacée d'être coupée. L'ordre est mal compris par les hommes qui se portent subitement et en désordre dans le bois.

Pendant que les officiers essayent de reformer leurs compagnies, l'ennemi dirige à tout hasard sur le bois, un feu nourri de face et de flanc. MM. de Musset, chef de bataillon; Pommier, capitaine; Haffner, capitaine; Hurault, lieutenant; Clément, lieutenant; Cougant, sous-lieutenant sont blessés. L'adjudant Laviolette est tué. Le régiment perd en outre 7 hommes tués, 80 blessés et 83 disparus.

La retraite se fait péniblement à travers un bois très fourré, et le régiment est obligé de laisser sur le terrain une grande partie de ses blessés et les hommes tués.

Le régiment se reforme en arrière du bois, sur le plateau de la Grange-aux-Bois, en avant de la ferme de Sébastopol, ayant à sa gauche le 29e qui se ralliait aussi, l'artillerie et les mitrailleuses; à sa droite le 95e et le 81e qui n'avaient que quelques tirailleurs d'engagés.

Pendant que la gauche du régiment battait en retraite, les quatre compagnies de droite, postées dans le bois à droite, épuisaient leurs munitions et avaient quelques hommes tués ou blessés; parmi ces derniers le sous-lieutenant Gaubert.....

A 11 heures du soir, avant de continuer la retraite, des munitions sont distribuées. Le régiment, la droite en tête, passe par la ferme de Sébastopol, Borny, Metz, la porte des Allemands, le pont Pontiffroy, le

---

(1) C'est-à-dire dans le bois d'Ars-Laquenexy.

(2) La ferme de Colombey était occupée par l'ennemi depuis longtemps déjà, mais des compagnies (du 15e régiment et du 7e bataillon de chasseurs) débouchèrent en effet à ce moment sur la lisière occidentale de Colombey et prirent d'enfilade les tranchées du 7e.

fort Moselle, la porte Mazelle, le Ban-Saint-Martin, pour arriver sous Plappeville le 15, à 7 heures du matin.

Historique du 29ᵉ régiment d'infanterie (3ᵉ division du 3ᵉ corps).

14 août.

Retraite sur Metz.

Les divisions Metman et Castagny ont supporté, avec le corps Ladmirault à leur gauche, l'effort d'une armée de 80,000 hommes depuis 3 heures et demie du soir jusqu'à la nuit.

A minuit, continuation de la retraite.

Le général Arnaudeau, commandant la 2ᵉ brigade de la 3ᵉ division du 3ᵉ corps, au général Metman, commandant la division. (Lettre.)

15 août.

Mon Général,

Hier, vers 3 heures, conformément à votre ordre, j'ai commencé mon mouvement de retraite. Déjà, ma gauche était découverte par suite du départ de la division Castagny. A ma droite, la 1ʳᵉ brigade se retirait aussi. A peine mon mouvement s'était-il dessiné, que l'ennemi parut dans les fourrés en face et à gauche de ma ligne et envoya des obus qui tombèrent sur le terrain évacué par le 41ᵉ.

Je préparai de suite en arrière de ma tranchée-abri, un premier échelon composé du IIIᵉ bataillon du 59ᵉ embusqué dans un chemin creux à droite de la route de Metz (1), puis un bataillon du 71ᵉ, plus en arrière à gauche de la route (2), parfaitement couvert dans un pli de terrain ; enfin, à 150 mètres (3) de là, deux bataillons du 71ᵉ, dans un chemin très creux, ayant un développement de 1500 mètres environ (4).

J'espérais, par cette disposition, attirer l'ennemi sur le terrain découvert situé en avant de mon dernier échelon (!). Certainement, s'il s'y fut risqué, il y aurait essuyé des pertes considérables, par l'effet de tous les feux qui pouvaient y être concentrés sur lui. Les deux bataillons du 59ᵉ, ainsi que la batterie d'artillerie de la tranchée-abri se retirèrent

---

(1) Sans doute le chemin qui descend vers le Sud-Est, entre Colombey et le bois de Colombey alors occupé par le 7ᵉ et le 29ᵉ.
(2) Au Nord de la route Borny-Colombey.
(3) L'historique du 71ᵉ, très précis, dit : 300 mètres.
(4) Chemin se dirigeant vers le Nord et aboutissant à Bellecroix.

facilement en arrière du premier échelon. L'attaque de l'ennemi commença aussitôt avec une grande violence et, malgré les efforts du 59e, il fallut abandonner la position du 1er échelon.

Vous avez alors ordonné au 2e échelon, (IIIe bataillon du 71e) de se porter en avant (1). La position fut reprise, mais avec de grosses pertes. A plusieurs fois, l'ennemi tenta inutilement de nous déborder des deux côtés; deux de ses pièces d'artillerie débouchèrent (?), mais sans réussir à se mettre en batterie. Le combat continua ainsi jusqu'à la nuit, par un échange très vif de fusillade, mais sans la moindre perte de terrain de notre côté.

Nos pertes se résument à 5 officiers tués, 28 blessés, plus, dans la troupe, 98 tués, 361 blessés, 59 disparus.

Ci-joint l'état détaillé de nos pertes.

Officiers, sous-officiers et soldats ont fait preuve du plus grand entrain et du plus audacieux courage dans cette affaire, qui prouve une fois de plus, l'intérêt que nous aurions en toute circonstance à attirer l'ennemi dans des terrains découverts. C'est ce qui aurait eu lieu, si, au lieu de tenir à outrance sur la limite du terrain boisé, nous l'eussions laissé venir sur le feu de notre troisième échelon, qui l'aurait inévitablement foudroyé.

Je fais établir des mémoires de proposition.

Historique du 59e régiment d'infanterie (3e division du 3e corps).

14 août.

Tous les bagages de l'armée sont d'abord dirigés sur le Ban-Saint-Martin. Cette opération s'effectue très lentement, à cause de l'encombrement des ponts, et ce n'est que vers 3 heures et demie que nous sommes sur le point de nous mettre en marche.

Le mouvement commençait au moment où les premiers coups de canon nous annoncent l'attaque de l'ennemi. Les grand'gardes qui se replient (2) et les reconnaissances de cavalerie qui rentrent précipitamment ne nous laissent bientôt plus le moindre doute sur ses intentions.

Le régiment s'arrête et fait face à l'ennemi : le IIIe bataillon déployé, s'appuie à la route; les deux autres sont à sa droite.

---

(1) Au moment de la prise du bois A par l'infanterie prussienne.
(2) D'après le rapport du général commandant la 1re brigade, le 59e avait une grand'garde au Sud d'Aubigny. (Probablement dans le petit bois situé à 300 mètres du château.)

Quelques moments après, les tirailleurs ont engagé l'action.

Une batterie vient s'établir en avant du III⁰ bataillon (1) et dirige son feu sur la ferme de Colombey, qui est masquée par des arbres.

A droite, le terrain, qui est boisé, ne permet pas de suivre le combat; à gauche, la vue est complètement libre. Notre 4ᵉ division qui s'étend dans la direction de Lauvallier est également aux prises avec l'ennemi.

Les distances ont diminué, l'action devient de plus en plus vive.

Le VII⁰ corps d'armée prussien, qui se trouve en face de nous, essaye vainement de s'établir sur le plateau.

Ses efforts sont toujours repoussés. A un moment donné, nous nous portons même en avant (?) ; enfin, jusqu'au soir, le 59⁰ maintient ses positions.

Le seul avantage que l'ennemi eût retiré de cette affaire, était d'avoir suspendu notre retraite.

. . . .

La division Metman resta jusqu'à 10 heures sur le champ de bataille; elle reprit alors sa retraite interrompue par l'attaque des Prussiens.

Le régiment traverse Borny, dépasse les deux divisions de la Garde qui avaient été placées comme réserve dans ce village et entre dans Metz par la porte des Allemands.

Historique du 71ᵉ régiment d'infanterie (3ᵉ division du 3ᵉ corps).

14 août.

L'ordre du départ ayant été donné dès le matin, le 71⁰ lève le camp et attend sur son emplacement le signal de la retraite. A 4 heures du soir, au moment où le 41⁰ se conformait au mouvement de retraite de la 2⁰ division, l'ennemi démasque les troupes qu'il tenait prêtes à l'attaque de cette partie de nos lignes. Quelques obus tombent dans les rangs du 41⁰ et près de la première ligne du 71⁰. La batterie (2) de la 2⁰ brigade riposte vivement, puis vient se replier sur la réserve d'artillerie (3).

Le 71⁰ prend ses dispositions pour tenir tête à l'ennemi ; le colonel

---

(1) $\frac{7}{11}$.

(2) $\frac{6}{11}$.

(3) *Lire :* Sur la crête où se trouvaient les deux autres batteries divisionnaires.

masse les trois bataillons en colonnes par division, à intervalles de déploiement, sur l'emplacement occupé par la 2º ligne (1). Le général Metman donne l'ordre de porter le IIIᵉ bataillon à 300 mètres en avant et de l'y déployer. Le Iᵉʳ et le IIᵉ bataillon sont postés dans le chemin creux qui relie la route de Borny à la ferme de Bellecroix.

Une nuée de tirailleurs ennemis, s'élançant sur les positions abandonnées de Colombey, s'en emparent et, à la faveur d'un épais rideau de mélèzes (2), viennent ouvrir un feu meurtrier sur le IIIᵉ bataillon, qui s'offre à découvert à leurs coups.

Le colonel, le lieutenant-colonel se portent de suite sur ces positions si vivement attaquées et dirigent le bataillon dans la lutte qu'il soutient contre des ennemis invisibles.

Une batterie prussienne venant à déboucher sur la gauche de nos positions (3), la 6ᵉ compagnie du IIᵉ bataillon dirige de ce côté une fusillade très nourrie, qui oblige cette artillerie à faire demi-tour en toute hâte, avant qu'elle ait pu mettre une pièce en batterie (?).

Le combat continue malgré la situation très défavorable de notre bataillon, qui, ayant épuisé toutes ses cartouches, reste ferme dans ses positions en attendant qu'il soit relevé. A 7 heures du soir, un bataillon du 59ᵉ (4) vint l'y remplacer.

Le Iᵉʳ et le IIᵉ bataillon couchèrent sur leurs positions; le IIIᵉ bataillon, près de la ferme de Borny. Deux grand'gardes d'une compagnie furent établies sur l'emplacement que venait de quitter le IIIᵉ bataillon. Les grand'gardes, aidées de corvées, s'employèrent une partie de la nuit à relever nos morts et nos blessés concurremment avec les ambulances de la Société internationale de secours aux blessés.

A 11 heures du soir la division se met en marche sur la route de Metz et traverse la Moselle.

Rapport du lieutenant-colonel Sempé, commandant l'artillerie de la 3ᵉ division.

5ᵉ batterie du 11ᵉ régiment d'artillerie (capitaine Mignot, commandant la batterie de canons à balles).

Le 14 août, vers 4 heures du soir, au commencement de l'action, la batterie de canons à balles a pris position sur un plateau entre les bois

---

(1) Sur le chemin conduisant de la cote 225 à Bellecroix.
(2) Le bois A.
(3) Aux abords de la route de Sarrebrück $\left(\frac{1, 2, 1, II}{1}\right)$.
(4) Il faut, sans doute lire : 29ᵉ.

de Borny (1). Lorsque l'ennemi commença à se montrer sur la crête entre Colombey et Borny, elle tira sur lui, d'abord à 1600, puis à 1000 mètres. La retraite précipitée des tirailleurs qui se montraient à découvert témoigna de l'efficacité du tir.

Plus tard, quand le 7e et le 29e de ligne abandonnèrent les bois qui bordaient la position sur le plateau, la 5e batterie descendit dans la plaine et se plaça en arrière de la première ligne d'infanterie (2). Dans cette position, elle battit par-dessus les troupes, par un tir progressif de 2,000 à 2,500 mètres, les bois où se rassemblaient les masses ennemies.

La 5e batterie a tiré 96 coups; elle a eu 3 hommes légèrement blessés.

6e *batterie du 11e régiment d'artillerie (capitaine Perruchot, commandant une batterie de canons de 4 rayé de campagne).*

Une tranchée-abri avait été préparée par le génie pour couvrir le front de la position occupée par la 3e division du 3e corps, en avant de Borny (3). L'extrémité gauche de cette tranchée, qui s'appuyait à la ferme de Colombey, avait été aménagée pour recevoir les six pièces de la batterie Perruchot; quelques arbres avaient été abattus pour donner des vues sur les pentes opposées, principalement sur celles qui descendaient du château d'Aubigny.

Le 14, vers 3 heures et demie du soir, une forte colonne s'étant montrée sur une route à peu près parallèle au front de la position, à une distance d'environ 2,200 mètres, quelques obus furent dirigés sur elle. L'infanterie qui devait garnir la tranchée-abri, ayant reçu l'ordre de battre en retraite, la batterie suivit ce mouvement et, arrivée en terrain découvert, elle se mit en batterie, à hauteur de la première ligne d'infanterie et lança plusieurs obus à balles dans un bois occupé par l'ennemi (4), à la distance de 500 mètres. Pour rendre le tir plus efficace, la demi-batterie de gauche, commandée par M. Proth, lieutenant en premier, fut portée plus à gauche et son feu eut d'abord pour résultat de ralentir la fusillade ennemie. Mais bientôt les tirailleurs prussiens se montrèrent en grand nombre sur la lisière des bois (5); leur feu

---

(1) C'est-à-dire entre le bois de Borny et celui de Colombey.
(2) C'est à-dire un peu à l'Est de la ferme Sébastopol.
(3) Près et à l'Ouest de Colombey.
(4) Sans doute le parc de Colombey, car à ce moment, il était le seul occupé par l'ennemi; ceci laisse supposer que la 6e batterie était en position sur la crête, dans le voisinage de la route de Borny à Colombey.
(5) Sans doute le parc de Colombey et le bois A.

augmenta de vivacité et força la ligne des nôtres à se replier, malgré les efforts de la demi-batterie de gauche qui ne cessa de l'appuyer sous le feu le plus vif.

La 6e batterie, réunie, prit alors une nouvelle position en arrière et exécuta sur le bois placé à sa gauche (1), où se concentraient les masses prussiennes, un feu très nourri qui ne cessa que vers 8 heures du soir.

La 6e batterie a eu 4 hommes blessés, dont un assez grièvement à l'épaule et 4 chevaux blessés. Elle a tiré 270 coups.

7e *batterie du* 11e *régiment d'artillerie (capitaine Bubbe, commandant une batterie de 4 rayé de campagne).*

La 7e batterie s'établit vers 5 heures du soir face aux bois situés perpendiculairement à la route de Borny à Colombey (2). Elle lança quelques projectiles dans ces bois aux distances de 600 et 800 mètres. Les tirailleurs ennemis ayant envahi tout d'un coup la lisière des bois de gauche (3), une section fut appelée par le général commandant en chef et se mit en batterie à 500 mètres du bois. Elle soutint longtemps le feu avec vivacité, malgré le grand nombre de balles qui pleuvaient autour d'elle et se retira pour se conformer au mouvement de l'infanterie.

Pendant ce temps, les deux autres sections prirent également part à l'action et dirigèrent leur feu à 800 mètres sur une autre partie des bois de gauche, d'où partait une fusillade nourrie (4). La batterie, réunie, prit ensuite une position plus en arrière, d'où elle battit le bois où se massaient les réserves ennemies (4).

La 7e batterie a tiré 330 coups. Elle a eu 2 hommes blessés, 7 chevaux blessés, dont 2 assez grièvement pour qu'on ait dû les abandonner.

Détachement de la 7e *compagnie principale du* 1er *régiment du train d'artillerie (lieutenant Thoret)* (5).

Dès le commencement de l'action, un caisson à deux roues a été dirigé en arrière de chacun des bataillons de la division; un sous-

---

(1) Le bois A.
(2) C'est-à-dire probablement, l'ensemble formé par le bois A et le bois de Colombey.
(3) Probablement le parc de Colombey, à cause de ce qui est dit six lignes plus loin.
(4) Le bois A.
(5) Attelant à la réserve divisionnaire de munitions d'infanterie.

officier ou brigadier accompagnait les 3 caissons destinés au même régiment.

. . . .

Il a été délivré aux corps, pendant et après l'action, 112,996 cartouches d'infanterie.

Historique des événements dont a été témoin le capitaine Mignot, commandant la 5e batterie du 11e régiment (3e division du 3e corps).

14 août.

Le 14 août, comme on le sait, l'armée commença dès le matin à passer sur la rive gauche de la Moselle. La 3e division formait l'arrière-garde du 3e corps. Vers midi, on nous fit atteler. La 1re brigade était en route vers Metz et la dernière allait aussi se mettre en marche quand elle fut attaquée par les Prussiens. Aux premiers coups de canon, tirés par le capitaine Perruchot, la division s'arrêta et se déploya face en arrière en bataille.

Le ravin de Colombey est très étroit et l'ennemi était déjà trop près pour que le feu des canons à balles atteignit toute son efficacité. Je courus donc prendre en arrière de la ligne sur le plateau entre les bois de Borny (1), une position favorable à 1600 mètres des crêtes et j'ouvris le feu aussitôt que l'infanterie prussienne s'y montra. Une bonne carte des environs de Metz m'avait permis d'apprécier exactement la distance et mon feu fut assez efficace pour arrêter net, dès les premières salves, le mouvement de l'ennemi en ce point.

Vers 6 h. 30, je reçus l'ordre de descendre du plateau et de me rapprocher de la route de Borny pour fouiller avec mes balles le parc et le ravin de Colombey. J'employai le tir progressif de 1800 à 2,200 mètres, mais je ne saurais dire l'effet produit.

La nuit était tombée quand le feu cessa ; la batterie resta à la place où elle avait combattu. Elle avait peu souffert, n'ayant point été exposée au feu direct de l'artillerie prussienne.

La réserve de la batterie, qui avait rompu en tête de la division, resta à Metz pendant la bataille.

Rapport du commandant Masselin sur la participation de la 11e compagnie du 1er régiment du génie, au combat du 14 août (3e division du 3e corps).

Plappeville, 15 août.

Le dimanche 14 août 1870, la 11e compagnie du 1er régiment du

---

(1) C'est-à-dire entre le bois de Borny et celui de Colombey.

génie s'est tenue devant les faisceaux dès le réveil. Vers 4 heures du soir, l'ennemi s'étant présenté et la division prenant ses positions de combat, le chef de bataillon commandant le génie a placé la 11ᵉ compagnie de sapeurs le long de la route de Borny à Colombey, à quelques pas en arrière du lieu dit « Bellecroix » et coté 225 (1). La compagnie a assisté de cette place à toutes les phases du combat. Vers 7 h. 15 ou 7 h. 30, à la suite d'un léger mouvement en arrière de la 3ᵉ division, la 11ᵉ compagnie s'est rendue à la ferme isolée sur la même route de Borny à Colombey (2) afin de la rendre défensive. A cet effet, on a percé dans les murs des deux principaux bâtiments un certain nombre de créneaux et organisé des banquettes de fusillade le long de ces murs. Ce sont des troupes appartenant principalement à la 2ᵉ division qui ont alors occupé la ferme.

Des avis erronés ayant fait croire que pendant l'exécution de ce travail la 3ᵉ division avait dû quitter sa position, le chef de bataillon du génie s'est occupé de rejoindre la division, mais seulement après avoir constaté qu'il n'y avait pas lieu de faire des travaux de défense dans les premières maisons de Borny.

A cause de l'encombrement des chemins, le chef de bataillon du génie a laissé la compagnie bivouaquer au Nord de Borny et a rejoint dans la matinée, avec l'assentiment de M. le général commandant la 3ᵉ division, le campement de la division.

Dans cette journée du 14 août, la compagnie du génie n'a éprouvé aucune perte dans son effectif.

Journal de marche de la 4ᵉ division du 3ᵉ corps.

14 août.

Ordre de battre en retraite pour passer sur la rive gauche de la Moselle.

Le général Aymard, nommé au commandement de la 4ᵉ division en remplacement du général Decaen, arrive au quartier général à 5 heures du matin et prend aussitôt le commandement de la division.

La division allait commencer son mouvement de retraite, vers

---

(1) C'est-à-dire à l'embranchement du chemin conduisant à Bellecroix avec la route de Colombey à Borny.
(2) Ferme Sébastopol. L'ordre fut donné pour le commandant de la 3ᵉ division. (Voir le rapport Metman.)

3 heures (1), lorsque quelques coups de canon annoncent l'attaque des Prussiens. Elle prend aussitôt la position de combat, la 1re brigade en première ligne, une batterie vers la droite, à la ferme de Bellecroix, une autre à la gauche, battant le vallon de Nouilly, les mitrailleuses au centre (2).

Le rapprochement des tirailleurs prussiens, couverts par un pli de terrain, oblige notre artillerie de battre en retraite (?) et l'infanterie se maintient sans perdre un pouce de terrain sur la position qu'elle occupe.

L'action cesse à 8 h. 30 et, à 11 heures du soir, la division bat en retraite pour passer sur la rive gauche.

Les pertes dans cette journée s'élèvent à 61 tués et 260 blessés (3).

Un rapport spécial a été adressé au commandant du corps d'armée (4).

Le général de Brauer, commandant la 1re brigade de la 4e division du 3e corps, au général Aymard, commandant la 4e division. (Lettre.)

Au camp de Metz, 15 août.

Mon Général,

J'ai l'honneur de vous rendre compte de la part prise par la brigade dans la bataille du 14 août.

Conformément aux ordres que vous m'avez donnés, j'ai tenu, sans la céder un instant, la position que vous m'aviez prescrit de garder, en couronnant la hauteur du plateau qui commande le ravin s'étendant du Nord-Ouest au Sud-Est de Vallières à la route de Metz à Sarrelouis.

Deux compagnies de chasseurs à pied (5) défendaient cette route et me reliaient à la division Castagny.

Deux autres compagnies (6), à leur gauche, défendaient la batterie

---

(1) *Lire :* 4 heures.

(2) De la droite à la gauche : $\frac{9}{11}$, $\frac{8}{11}$, $\frac{10}{11}$.

(3) Chiffres approximatifs.

(4) Ce rapport n'a pas été retrouvé.

(5) $\frac{1, 2}{11 \text{ Ch}}$.

(6) $\frac{3, 4}{11 \text{ Ch}}$.

d'artillerie près de la route et les deux autres (1) étaient détachées un peu plus à gauche pour protéger la batterie de mitrailleuses de la division.

Le 1ᵉʳ bataillon du 44ᵉ de ligne était en bataille à la gauche des quatre premières compagnies du bataillon de chasseurs, les hommes couchés et une compagnie en tirailleurs.

Vers 4 heures (2), les tirailleurs ont commencé le feu, précédé depuis quelque temps par celui des mitrailleuses.

La formation, pendant toute l'affaire, qui ne s'est terminée qu'à la nuit close, n'a été modifiée que par le soutien que j'ai fait donner à la ligne par le 60ᵉ de ligne (3) et par le 80ᵉ, que vous avez bien voulu m'envoyer.

Par suite des divers mouvements, toute la brigade a pris part à l'action (4).

Le IIᵉ bataillon du 44ᵉ de ligne a envoyé deux compagnies dans le ravin et, successivement, ses autres appuyer le IIIᵉ bataillon. Tout le monde s'est maintenu dans cette position malgré les efforts faits par l'ennemi pour nous déloger.

Le 1ᵉʳ bataillon, soutenant une position centrale, a été en but à une grêle de projectiles, ainsi que toute la brigade, du reste ; mais les effets de l'artillerie ennemie lui ont été plus sensibles qu'aux autres.

. . . .

L'ennemi ayant cessé ses attaques, j'ai reçu l'ordre de me retirer dans la position sur la droite de la Moselle, qui m'avait été fixée.

J'ai rallié, ramené et installé dans un bivouac indiqué par le lieutenant-colonel d'état-major Granger toute ma brigade à 1 heure du matin, sauf une compagnie du 44ᵉ, qui s'est trouvée séparée par un embarras de convois et n'a pu rallier que ce matin le régiment. J'aurai l'honneur de vous donner des détails dans la journée.

---

(1) $\frac{5, 6}{11 \text{ Ch}}$.

(2) Évidemment plus tard.

(3) $\frac{\text{II et III}}{60}$ jusque-là en réserve au Nord de Bellecroix. $\frac{1}{60}$ s'est porté vers le droite de la division, entre les deux routes de Sarrebrück et Sarrelouis.

Le $\frac{\text{II}}{80}$ se porte sur la crête pour appuyer le 11ᵉ bataillon de chasseurs.

(4) Plus exactement, les deux régiments ont été engagés en tout ou en partie.

État numérique des officiers, sous-officiers et soldats tués, blessés ou disparus (1).

		11e bataillon de chasseurs.	44e de ligne.	60e de ligne.	TOTAUX.
Officiers...	Tués............	1	1	»	2
	Blessés..........	2	6	4	12
Troupe....	Tués............	18	27	9	54
	Blessés..........	60	96	54	210
	Disparus.........	3	3	2	8

Historique du 11e bataillon de chasseurs à pied (4e division du 3e corps).

14 août.

Le matin du 14 août, toute l'armée avait reçu l'ordre de traverser la Moselle et de gagner la route de Verdun. Le 4e corps (Ladmirault) s'était mis en marche le premier et avait défilé devant le fort Saint-Julien. Le 3e corps se disposait à suivre ce mouvement de retraite, quand il fut violemment attaqué sur le front de la division Castagny, vers le bois de Colombey. Le bataillon a pour mission, concurremment avec le 44e de ligne, de défendre la crête sur laquelle il est campé. L'action, circonscrite d'abord aux environs du bois de Colombey (2), s'étend peu après sur tout le front de notre première ligne et une canonnade assez vive s'engage entre les batteries ennemies de Noisseville et notre artillerie divisionnaire, placée à environ 200 mètres du bataillon, sur la crête même. Quelques chasseurs et un sous-officier sont tués par les éclats d'obus; M. le capitaine Letourneux est blessé. Un instant après, l'ennemi dirige une vigoureuse attaque d'infanterie à droite, vers l'angle des routes, à gauche, vers le ravin de Lauvallier, au delà duquel on commence à voir les têtes de colonne du 4e corps qui accourent au canon. Notre artillerie divisionnaire quitte la crête et le 11e bataillon se porte en avant. La 6e compagnie appuie le mouvement du 44e de ligne, engagé à gauche avec l'ennemi, dans le ravin;

---

(1) Chiffres approximatifs.
(2) *Lire* : du parc de Colombey.

la 5ᵉ se déploie en tirailleurs sur le front du bataillon ; les 4ᵉ et 3ᵉ s'arrêtent sur la crête du ravin qui couvrait notre front et les 2ᵉ et 1ʳᵉ se rapprochent de l'angle des routes où l'ennemi semble diriger son effort principal.

A ce moment, en effet, les batteries ennemies font converger leurs feux sur la ferme Bellecroix, qui est littéralement criblée d'obus. A ce feu terrible d'artillerie vient se joindre le feu de l'infanterie prussienne, qui commence à paraître en avant du bois de Colombey. M. le capitaine Lehericy est blessé d'une balle à la cuisse. La 1ʳᵉ compagnie, qui s'était d'abord formée face à la route de Boulay, est prise d'écharpe par les obus et de front par le feu de l'infanterie : elle se replie à quelques pas en arrière et se forme perpendiculairement à la route pendant que la 2ᵉ compagnie accourt la secourir et prend sa place. M. le sous-lieutenant Gillet est tué en cet endroit. Quelques instants après, la 2ᵉ traversait la route de Boulay et s'établissait dans l'angle même des deux routes.

Les 1ʳᵉ et 2ᵉ compagnies eurent beaucoup à souffrir du feu de l'ennemi, mais elles firent éprouver à l'artillerie prussienne des pertes considérables et, par leur solide contenance, réussirent à faire échouer la furieuse attaque de l'infanterie ennemie.

A 8 heures du soir, heure où finit la bataille, le 11ᵉ bataillon de chasseurs avait conservé toutes les positions qui lui avaient été confiées. Cette affaire nous avait coûté 19 morts et 61 blessés.

A la nuit, ordre nous fut donné de battre en retraite sur Metz, le 11ᵉ chasseurs formant l'arrière-garde de la division. Vers 9 heures, et avant que le bataillon se mit en marche, un parti ennemi vint se heurter contre la 1ʳᵉ compagnie, qui avait pour mission de surveiller la route de Saint-Avold ; on le reçut à courte distance par un feu de peloton qui démonta l'officier commandant. Quelques hommes furent faits prisonniers.

Historique du 44ᵉ régiment d'infanterie (4ᵉ division du 3ᵉ corps).

14 août.

Prêt à partir depuis midi, le régiment se dispose vers 4 heures à se mettre en marche pour passer sur la rive gauche de la Moselle.

A ce moment, on entend le bruit d'un combat violent vers la droite. Bientôt, l'action devient générale, et le 44ᵉ doit repousser des attaques réitérées sur son front, ainsi qu'un mouvement tournant sur sa gauche, tenté à la faveur du ravin de Vallières. Mais tous les efforts de l'ennemi sont énergiquement repoussés. Le régiment, qui s'est avancé dès le début de l'affaire, se maintient ensuite sans bouger sur le plateau qu'il est chargé de défendre. En même temps, des compagnies détachées du

IIe et du IIIe bataillon gagnent du terrain à gauche par le ravin de Vallières, empêchent le mouvement que l'ennemi avait tenté de ce côté et opèrent une utile diversion dans la lutte acharnée qu'une division du corps Ladmirault soutient à gauche autour du bois de Mey.

Ces résultats ne sont pas obtenus sans des pertes sensibles. Presque au début de l'action, le brave colonel Fournier tombe mortellement frappé d'une balle à la tête, après avoir eu d'abord son cheval blessé sous lui.

Le 44e conservera précieusement le souvenir de ce chef regretté qui l'a commandé pendant six années et qui est mort glorieusement en le conduisant au feu.

Après la mort du colonel Fournier, le lieutenant-colonel Chanteclair prend le commandement du régiment. Un de ses chevaux est tué sous lui, un autre blessé. MM. les commandants Pallarès, de Corn, Avril, M. le capitaine adjudant-major Amiot, ont leurs chevaux plus ou moins atteints sous eux.

Parmi les officiers, MM. Artigalas, capitaine ; Gabriel (Melchior), lieutenant ; Siès et Laurens, sous-lieutenants, sont blessés. MM. Decosmi, Dellor, capitaines, et Belot, sous-lieutenant, contusionnés.

Les pertes en hommes de troupe s'élèvent à 28 tués, 109 blessés et 3 disparus.

Pendant la lutte du 14, le régiment avait à sa droite le 11e bataillon de chasseurs et à sa gauche des régiments du corps du général de Ladmirault ; en arrière, le 60e, dont un bataillon (1) est venu appuyer le régiment, et la 2e brigade (80e et 85e).

Historique du 60e régiment d'infanterie (4e division du 3e corps).

14 août.

Au point du jour, les tentes sont abattues, les bagages chargés : ordre de se tenir prêts à partir. Le bruit court que nous allons sur la rive gauche de la Moselle. Une grande partie de la journée se passe à attendre un mouvement. Vers les 4 heures, le canon se fait entendre sur notre droite : ce sont nos avant-postes qui sont attaqués. Peu d'instants après, le feu se propage et devient général. Au moment de l'attaque, la division est placée à peu près comme la veille. L'artillerie vient se placer à environ 200 mètres en avant du régiment, soutenue par le 11e bataillon de chasseurs à pied.

Pendant plus de deux heures, la canonnade est très vive. La division,

---

(1) L'historique du 60e dit deux bataillons (IIe et IIIe).

première et deuxième lignes, est couverte de projectiles. Vers les 6 heures, le 44ᵉ et le 11ᵉ bataillon de chasseurs se portent en avant et se déploient en tirailleurs pour occuper les pentes, de la route au ravin de Vantoux. La fusillade ne tarde pas à s'engager. Au bout de quelques instants, le IIIᵉ bataillon du 60ᵉ et, peu après, le IIᵉ, appuient le 44ᵉ du côté du ravin de Vantoux, par lequel l'ennemi cherche à passer, à l'abri de l'artillerie. Le Iᵉʳ bataillon se déploie à son tour à droite de la route. Le combat continue dans ces conditions jusqu'à la nuit. Le régiment a sous les yeux, sur la gauche, le spectacle des efforts que fait l'ennemi pour s'emparer du bois de Mey dans lequel il ne peut s'établir; ces tentatives cessent au moment où une portion du corps Ladmirault, par une attaque très vive, l'oblige à la retraite. La nuit fait cesser le combat.....

Vers 10 heures du soir, la division reçoit l'ordre de se rallier sur la route et de passer la Moselle.

Rapport du général Sanglé-Ferrière (2ᵉ brigade de la 4ᵉ division du 3ᵉ corps) sur la journée du 14 août.

Au camp, 15 août.

Le 14 août, vers 4 heures, au moment où la 2ᵉ brigade de la 4ᵉ division du 3ᵉ corps avait pris les armes pour se porter dans la direction de Metz, des forces prussiennes sérieuses furent signalées du côté de la route de Boulay.

La brigade était alors en deuxième ligne, à peu de distance de la première, et disposée de la façon suivante : les deux régiments sur la même ligne, par bataillons en colonnes de divisions à distance entière, la droite appuyée à la ferme de Bellecroix, la gauche à un ravin donnant sur le chemin de Vallières.

Vers 6 heures du soir, la 1ʳᵉ brigade ayant été très fortement engagée, la 2ᵉ reçut l'ordre de la soutenir. A cet effet, les deux régiments déployèrent leurs bataillons. Deux bataillons du 80ᵉ (IIᵉ et IIIᵉ), furent portés en avant du chemin qui conduit à Vantoux ; le Iᵉʳ fut placé à la défense de la ferme et du verger de Bellecroix. Le 85ᵉ eut son Iᵉʳ bataillon déployé à 150 pas de la 1ʳᵉ brigade ; le IIᵉ occupa le fond du ravin à gauche, pour repousser des colonnes ennemies qui s'y engageaient et fut renforcé par quatre compagnies du IIIᵉ bataillon (1).

---

(1) Les 1, 2, 3 $\frac{11}{85}$ occupèrent seules le fond du ravin. Les trois autres restèrent sur le plateau.

Quatre compagnies du IIIᵉ bataillon firent face au ravin en se plaçant

Les trois compagnies de droite de ce bataillon (le 11e), furent seules sérieusement engagées et repoussèrent par un feu très nourri de plusieurs heures les efforts de l'ennemi.

Le 80e resta en position (1) pendant toute l'affaire et fut chargé, le soir, de couvrir la retraite de la brigade.

Le 80e eut 1 homme tué, 6 officiers et 26 hommes blessés; le 85e 1 soldat tué, 2 officiers et 27 hommes blessés, 5 soldats disparus.

Historique du 80e régiment d'infanterie (4e division du 3e corps).

14 août.

Le régiment prend les armes à 4 heures du matin. Les bagages s'engagent sur la route qui conduit à Metz. L'armée va passer sur la rive gauche de la Moselle. Un pont de bateaux est établi à cet effet sur chacun des bras qui forment l'île Chambière. Ces passages, insuffisants, sont longtemps encombrés de charrois et les corps ne se mettent guère en mouvement qu'à partir de midi. A 4 heures, la division se forme pour prendre son rang dans la colonne lorsqu'un coup de canon, suivi bientôt d'une vive fusillade, annonce que l'ennemi vient d'attaquer la 3e division du côté de Colombey, au moment où elle retirait ses avant-postes. La division fait face en tête et reprend ses emplacements. Les colonnes ennemies se montrent vers Noisseville et l'auberge de l'Amitié : ses tirailleurs s'avancent par le ravin de Nouilly et les vignes qui le couronnent. La 1re brigade engage le feu.

L'artillerie de la division se porte en avant de l'auberge de Bellecroix, sur la première ligne, et s'oppose à l'établissement des batteries ennemies vers Noisseville et Retonfey. Le régiment se forme en colonnes par divisions à distance entière ; on fait coucher les hommes et nous attendons ainsi, sous une pluie de balles et d'obus, le moment de prendre part à l'action. MM. le capitaine Gandais, le lieutenant Boutigny, le sous-lieutenant Raynaud de la 3e compagnie du 1er bataillon, sont successivement blessés. M. le capitaine Marion, du IIe bataillon, et enfin M. le colonel Janin, sont atteints par les projectiles ennemis. Ce dernier reste à cheval et, sans même s'être fait panser, dirige un mouvement en avant du IIe bataillon, qui va remplacer sur la crête le bataillon de chasseurs lancé sur l'ennemi.

---

en oblique à gauche par rapport à l'alignement général du régiment. Les deux dernières compagnies du IIIe bataillon furent placées en soutien de l'artillerie. (Voir l'Historique du 85e.)

(1) Il serait plus juste de dire « resta en position *de soutien* »......

Vers 8 heures, la nuit fait cesser le feu sur tout le front; l'ennemi s'est arrêté devant l'énergique résistance de nos arrière-gardes..... La division reprend sans être inquiétée son mouvement de retraite à travers Metz.

Historique du 85ᵉ régiment d'infanterie (4ᵉ division du 3ᵉ corps).

14 août.

Le 14 août, à 4 heures et demie du soir, au moment de continuer le mouvement de retraite sur Metz, les lignes sont vivement attaquées par les Prussiens. La division Castagny, engagée la première, tient notre droite. Le IIᵉ bataillon est sous les ordres du commandant de Crousnilhon. Les 1ʳᵉ, 2ᵉ et 3ᵉ compagnies de ce bataillon, sous la ferme et habile direction du chef de bataillon, prennent une part active au combat et soutiennent, au ravin de Lauvallier, l'attaque sur la gauche dégarnie un moment par suite du mouvement de retraite commencé par le corps Ladmirault (?). Les trois compagnies de gauche du IIᵉ bataillon restent en soutien derrière le 60ᵉ de ligne.

Le IIIᵉ bataillon commandé par M. Nottet, est placé derrière le 44ᵉ, aussi en soutien, ayant deux compagnies employées à garder l'artillerie divisionnaire, les autres déployées face au ravin de Lauvallier, formant une ligne oblique avec la position des deux premiers bataillons. Vers la fin de la bataille, le IIIᵉ bataillon, appelé au secours du 44ᵉ, se porte en avant, déployé, mais il n'est pas engagé.

Le Iᵉʳ bataillon, commandant Luccioni, est d'abord disposé en colonne par division derrière le 44ᵉ de ligne et en 2ᵉ ligne.

Quand le mouvement de passage sur la rive gauche commence, il se trouve en 1ʳᵉ ligne pour protéger la retraite.

L'affaire est terminée à 8 h. 30.

Le feu des Prussiens a complètement cessé.

Le régiment quitte le champ de bataille à 10 heures. On traverse Metz en y rentrant par la porte des Allemands, pour se porter sur la rive gauche de la Moselle.

On en sort par la porte de Thionville et le 85ᵉ campe dans des vergers, sur la route de Thionville, à quelque distance de Metz.

Rapport du commandant de l'artillerie de la 4ᵉ division du 3ᵉ corps, sur la journée du 14 août.

La 4ᵉ division appuyait sa droite un peu en avant du point de jonction des routes de Sarrebrück et de Sarrelouis et sa gauche au ravin où coule le ruisseau de Vallières. Elle était sur un plateau dominant le terrain compris entre la route de Sarrelouis et les villages de Noisseville et de Nouilly et avait en avant, à 200 mètres de son front, le petit ravin où coule le ruisseau de la Planchette.

Vers 3 heures et demie, l'artillerie de la division ayant reçu l'ordre de prendre position fut placée sur le terrain qui avait été reconnu la veille par les officiers supérieurs et les commandants de batterie.

La 9ᵉ prit place à gauche de la route de Sarrelouis, à 100 mètres en avant des troupes de la 1ʳᵉ ligne (1) ; la 10ᵉ prit place à gauche de la position, où elle disposa deux de ses pièces, de manière à bien découvrir le ravin de Nouilly ; la batterie de mitrailleuses (8ᵉ) se plaça au centre du plateau, entre les deux autres batteries. Elle contribua, dès le début de l'action, à empêcher le déploiement d'une compagnie ennemie qui, trois fois de suite, essaya de se former entre la route et le village de Noisseville et dut s'installer en arrière d'une ferme située à l'embranchement du chemin de Noisseville avec la route (2).

A peine arrivée, la 10ᵉ batterie avait dû arrêter, par son feu, la marche des colonnes ennemies qui tentaient de tourner la gauche de la position par le ravin de Nouilly et qui avaient d'autant plus de chances d'y réussir, qu'à ce moment la division du 4ᵉ corps qui appuyait notre gauche avait déjà quitté ses positions en avant de Mey. En même temps, elle joignait le feu de ses autres pièces à celui des mitrailleuses et à celui de la 9ᵉ batterie pour arrêter la marche de quelques bataillons qui sortaient du village de Noisseville.

Cependant, l'ennemi, arrêté dans le ravin de Nouilly, s'était répandu en masses assez considérables dans les vignes qui s'étagent entre Mey et Nouilly et avait engagé une action très vive avec la division du 4ᵉ corps, qui commençait à revenir en ligne (?).

Quelques décharges de mitrailleuses sur les vignes où ils étaient cachés, jointes au feu de la 10ᵉ batterie firent lâcher prise à ces tirailleurs, dont un grand nombre restèrent sur le terrain. Mais, vers 6 heures et demie, d'autres tirailleurs, qui étaient parvenus à s'embusquer dans le ravin de la Planchette, purent arriver jusqu'en face des batteries et gravirent le plateau en faisant, à 150 ou 200 mètres de distance (3), un feu très vif sur les trois batteries, qui durent se porter en arrière et céder la place à l'infanterie.

La 9ᵉ batterie qui, depuis quelque temps déjà, avait pu joindre son

---

(1) Qui étaient encore sur l'emplacement du bivouac, car le 11ᵉ bataillon de chasseurs et le 44ᵉ ne se portèrent en avant que vers 6 heures du soir.
(2) La ferme de l'Amitié.
(3) Cette distance paraît beaucoup trop faible, car les tirailleurs

feu à celui des batteries placées à sa droite pour contre-battre deux batteries ennemies situées à Montoy, cessa, ainsi que la mitrailleuse, de tirer à partir de cet instant. Quant à la 10ᵉ batterie, elle put tirer pendant quelque temps encore sur les vignes situées à sa gauche, entre Mey et Nouilly.

A la nuit, les batteries rentrèrent à Metz avec leur division. Pendant cette journée, la batterie de canons à balles a tiré 244 coups et les deux batteries de 4 en ont tiré 585.

Un lieutenant et 10 hommes ont été blessés.

Rapport du général de Clérembault (division de cavalerie du 3ᵉ corps) sur la journée du 14 août.

Au camp sous Metz, 21 août.

Le 14 août, à 2 heures, la division sous mes ordres montait à cheval et quittait le campement qu'elle occupait en avant de Borny pour se porter à travers champs à hauteur de Bellecroix, route de Sarrelouis à Metz, où je la formai en échelons par brigade, la gauche appuyée à la route et prête, conformément aux ordres donnés, à soutenir le mouvement de retraite du 3ᵉ corps, se retirant sur la rive gauche de la Moselle, en arrière de Metz (1).

A 3 h. 30 (2), le canon se fit entendre et les rapports de mes deux escadrons d'éclaireurs m'apprirent que les Prussiens s'avançaient en forces (3).

Je portai la brigade de Maubranches (2ᵉ et 4ᵉ dragons), en avant, le 4ᵉ dragons en première ligne. Deux escadrons du 4ᵉ dragons, commandés par le colonel Cornat, rompant par pelotons à gauche, décrivirent

---

prussiens ne s'approchèrent que jusqu'à 500 ou 600 mètres de la crête occupée par l'artillerie.

(1) Les historiques des régiments donnent à ce sujet des indications contradictoires. D'après les uns, il semblerait que la division eût simplement quitté les environs de Borny pour entreprendre sa retraite vers Metz et qu'elle n'eût fait face à l'Est qu'au moment de l'attaque. D'après d'autres, elle serait venue directement à Bellecroix. On ne peut donc que s'en rapporter au rapport du général de Clérembault.

(2) *Lire* : 4 heures.

(3) $\frac{5}{2\,\text{Ch}}$ envoyé au château d'Aubigny, et peut-être $\frac{5}{10\,\text{Ch}}$ en reconnaissance vers Montoy.

une grande conversion à droite et arrêtèrent un instant le mouvement de l'infanterie ennemie gravissant le coteau.

La brigade de Bruchard (2ᵉ et 3ᵉ chasseurs, plus un escadron (1) du 10ᵉ de même arme), fut envoyée vers la droite, en avant de Borny, le 2ᵉ chasseurs en première ligne. Enfin, la brigade de Juniac (5ᵉ et 8ᵉ dragons), resta en bataille sur deux lignes à hauteur de Bellecroix. Portée ensuite en avant, par ordre de S. Ex. le maréchal Bazaine, le 5ᵉ dragons s'établit à droite de la route, dans un petit ravin débouchant du bois de Colombey (2), le 8ᵉ dragons à gauche de la route, qui était enfilée par le feu des Prussiens.

Ainsi placée, ma cavalerie soutenait les divisions de Castagny et Metman et se trouvait prête à charger les troupes prussiennes qui seraient parvenues à gagner les crêtes et à déboucher sur le plateau.

Vers 6 h. 30, l'infanterie ennemie s'étant avancée dans le bois de Montoy [?] M. le général de Bruchard, d'après l'ordre de S. Ex. le maréchal Bazaine, ayant avec lui le 2ᵉ chasseurs, traversa le terrain du combat et prit position sur sa droite, parallèlement à la route de Colombey et à hauteur de ce village, protégeant les batteries de la plaine et surveillant la lisière du bois (3).

Mes troupes, que je n'avais pu complètement défiler du feu de l'ennemi, le subirent avec calme et attendirent vainement l'occasion désirée de charger, mais non sans éprouver quelques pertes en morts et en blessés : parmi ces derniers, le colonel Pelletier, du 2ᵉ chasseurs, atteint à l'épaule ; le chef d'escadrons Garnier, du 5ᵉ dragons, atteint au bras, et M. le capitaine Alexandre, du 8ᵉ dragons, contusionné à la poitrine. Je fus atteint moi-même par une balle qui vint frapper ma plaque de grand officier.

A la nuit, la Garde s'étant avancée pour soutenir l'infanterie engagée, la brigade de Maubranches se porta en arrière et vint se former derrière Borny, où je ralliai les brigades de Bruchard et de Juniac restées, la première à la droite de la ligne, la deuxième en colonne à côté de la route. Je restai dans cette position pour couvrir la retraite du 3ᵉ corps commencée dans la matinée.

La nuit fut employée à traverser Metz, et la division campait, à 6 heures du matin, sur les glacis en avant du fort Moselle.

---

(1) Le 1ᵉʳ. Les autres escadrons du 10ᵉ chasseurs étaient respectivement détachés : le 2ᵉ à la division Aymard ; le 3ᵉ au quartier général du 3ᵉ corps ; le 5ᵉ à la division Castagny ; le 6ᵉ à la division Metman.

(2) Peut-être le bois A ?

(3) D'après l'Historique du 2ᵉ chasseurs, il semble qu'il s'agisse du bois de Colombey.

Journal de marche de la division de cavalerie du 3ᵉ corps (1).

14 août.

Des reconnaissances de deux escadrons sont envoyées comme la veille; elles signalent de même la présence de l'ennemi, mais plus nombreux que les jours précédents. L'une d'elles fait prisonnier un officier d'infanterie qui, ne pouvant fuir, voulut se défendre et força à le blesser pour le prendre.

Les deux escadrons d'éclaireurs commencent leur service.

A 2 heures, la division monte à cheval; elle quitte son campement et se porte à travers champs à hauteur de Bellecroix (route de Metz à Sarrelouis) où elle est formée en échelons par brigade, la gauche appuyée à la route et prête à soutenir le mouvement rétrograde du 3ᵉ corps sur la rive gauche de la Moselle, en arrière de Metz.

A 3 h. 30 (2), le canon se fait entendre et les éclaireurs annoncent que les Prussiens s'avancent en force.

La brigade de Maubranches (2ᵉ et 4ᵉ dragons) est portée en avant, le 4ᵉ en première ligne, et deux escadrons de ce régiment commandés par le colonel Cornat, faisant un détour à droite, arrêtent un instant l'ennemi gravissant la pente du ravin de Colombey.

La brigade Bruchard (2ᵉ et 3ᵉ chasseurs et un escadron du 10ᵉ de même arme), est envoyée vers la droite, en avant de Borny, le 2ᵉ chasseurs en première ligne.

La brigade de Juniac (5ᵉ et 8ᵉ dragons), reste en bataille sur deux lignes à hauteurs de Bellecroix; portée ensuite en avant par ordre de M. le maréchal Bazaine, le 5ᵉ dragons à droite de la route, à l'entrée d'un ravin débouchant du bois de Colombey, le 8ᵉ à gauche.

Ainsi placée, la division de cavalerie soutenait les divisions de Castagny et Metman et se trouvait prête à charger les troupes prussiennes qui seraient parvenues à gagner les crêtes et à déboucher sur le plateau.

Vers 6 h. 30, l'ennemi s'étant avancé dans le bois de Montoy, M. le général de Bruchard, par ordre de M. le maréchal Bazaine, traversa avec le 2ᵉ chasseurs le terrain du combat et prit position sur sa droite, parallèlement à la route de Colombey et à hauteur de ce village, protégeant les batteries de la plaine et surveillant la lisière du bois.

---

(1) Ce Journal de marche a été manifestement rédigé d'après le rapport du commandant de la division.

(2) *Lire* : 4 heures.

Les troupes de la division qui n'avaient pu être complètement défilées subirent avec calme le feu de l'ennemi, sans trouver l'occasion de charger, mais non sans éprouver quelques pertes en morts et en blessés.

Parmi ces derniers, le colonel Pelletier du 2º chasseurs, atteint à l'épaule; le chef d'escadrons Garnier, du 5º dragons, touché au bras; le capitaine Alexandre, du 8º dragons, contusionné à la poitrine, et enfin le général de division comte de Clérembault, atteint d'une balle qui vint frapper sa plaque de grand officier.

A la nuit, la Garde s'étant avancée pour soutenir l'infanterie engagée, la brigade de Maubranches se porta en arrière et vint se former en arrière de Borny, où furent ralliées les brigades de Bruchard et de Juniac, restées, la première à droite de la ligne, la deuxième à côté de la route.

La division ayant toujours pour mission de couvrir le mouvement en arrière du 3ᵉ corps commencé dans la matinée, attendit dans sa position, en arrière de Borny, le défilé de l'infanterie; elle employa la nuit à traverser Metz et s'établit à 6 heures du matin au bivouac sur les glacis, en avant du fort Moselle.

Historique du 2º régiment de chasseurs (3ᵉ corps).

14 août.

A cheval à 4 heures, le 5ᵉ escadron va seul en reconnaissance sur la route de Pange, dans la direction de Colombey, et s'arrête à quelque distance du château, à hauteur d'une grand'garde formée par le 44ᵉ de ligne (1).

M. le lieutenant d'Origny, envoyé plus en avant, reconnaît l'ennemi s'avançant avec des forces considérables. Il dut se replier sur l'escadron et les premiers obus tombèrent aussitôt autour de la grand'garde et du château de Colombey. Il était alors 4 heures. M. d'Origny alla prévenir l'état-major général et l'escadron vint rejoindre le régiment. Ce dernier, monté à cheval à 3 heures, avait commencé une marche rétrograde sur Metz, en essayant de rejoindre la route de Boulay à Metz à travers les terres labourées qui s'étendent en avant de Borny (2). Les escadrons d'éclaireurs marchaient avec la division. La division

---

(1) Erreur évidente. Il s'agit du château d'Aubigny et par conséquent de la 4ᵉ compagnie du 7ᵉ bataillon de chasseurs.

(2) D'après le rapport du général de Clérembault, la division fut portée vers Bellecroix « pour soutenir le mouvement de retraite du 3ᵉ corps ».

de dragons (1) et les 3ᵉ et 10ᵉ chasseurs, suivaient la même direction que le régiment.

Cette troupe de cavalerie, arrêtée dans sa marche par le canon, fit face à l'ennemi et se divisa. La division de dragons, avec le général de Clérembault, se rapprocha de la ferme de Lauvallier (2); le général de Bruchard, avec les trois régiments de chasseurs, se rapprocha de Colombey. Vers 5 heures, le feu augmentant d'intensité, un régiment de cavalerie demandé (le 2ᵉ chasseurs), se porta en colonne par quatre et au trot sur la petite route de Borny à Colombey. A quelques centaines de mètres de ce château, la tête de colonne (3ᵉ escadron), fut reçue par quelques balles qui renversèrent plusieurs chevaux. Le maréchal des logis Lafourcade, reçut une balle au genou; M. Pinochet, chef d'escadrons, eut le cou de son cheval traversé par une balle; M. de Bellegarde, lieutenant, fut démonté.

Dans ce moment, le régiment d'infanterie qui défendait le bois de Borny venait d'être relevé. Celui qui lui avait succédé semblait perdre du terrain (?). Le 2ᵉ chasseurs, sur l'ordre qui lui fut donné, se déploya en bataille perpendiculairement à la lisière du bois, de manière à charger l'infanterie prussienne, si elle venait à en sortir. C'est alors que le colonel, qui était vers la droite du régiment, reçut près de la clavicule une balle qui l'obligea de s'éloigner du champ de bataille. Le chasseur Saintive, eut la gorge traversée, et le chasseur Pierron, blessé à la tête d'une balle. Le régiment longea une ligne d'infanterie française couchée dans un fossé et présentant à l'ennemi le flanc gauche. Pendant ce temps, des renforts d'infanterie arrivaient. L'infanterie démasquée put se porter en avant et la tête de colonne du régiment, par un mouvement tournant, s'enfonça dans une pépinière pour aller se remettre en bataille à 500 mètres en arrière. Il se forma la droite appuyée à une batterie de mitrailleuses, la croupe des chevaux adossée à la pépinière. Il ne quitta pas cette position. Les villages de Noisseville et de Nouilly étaient en feu.

A 9 heures du soir, le régiment revint à l'emplacement qu'il avait quitté le matin. Il dut le quitter de nouveau à 10 heures, pour se rendre sur la rive gauche de la Moselle. Cette marche s'opéra toute la nuit, en passant devant Borny et par la route de Boulay à Metz. Cette route se trouvant encombrée par les voitures et les cacolets, la marche des colonnes fut très ralentie.

Le régiment entra dans Metz par la porte des Allemands, en sortit par celle de Thionville et vint établir son campement, à 6 heures du

---

(1) C'est-à-dire les deux brigades de dragons de la division.
(2) Jusque près de Bellecroix

matin, près d'une maison dite la Maison de Planches, sur la rive gauche de la Moselle.

En avant, sur les glacis de la ville, étaient déjà les 2º et 7º hussards, les 3º et 10º chasseurs.

Le chasseur Aubier, détaché près d'un général de division d'infanterie, fut tué dans cette journée. Plusieurs autres ont été blessés légèrement.

Historique du 3º régiment de chasseurs (3º corps).

14 août.

Le 6º escadron (capitaine de Pina), à midi, est chargé de couvrir la retraite de la division Castagny. Il tiraille en avant de Montoy jusqu'à 1 heure et demie. Avant de se replier, il barricade le pont de Montoy. Cet escadron a été un instant compromis par suite de la retraite de l'escadron de dragons qui avait été chargé d'une mission analogue.

A 3 heures, la division de Clérembault, avertie de la marche des chasseurs, monte à cheval et, à 4 heures, commence le combat de Borny, qui dura jusqu'à 8 heures du soir. Pendant l'action, le régiment et le 2º chasseurs sous les ordres du général de Bruchard, se trouvent placés derrière la 2º division d'infanterie du 3º corps. Le maréchal Bazaine, nommé au commandement en chef de l'armée du Rhin, avait donné celui du 3º corps au général Decaen, qui, blessé devant le front du régiment, n'en resta pas moins à son poste jusqu'à ce que la chute de son cheval, tué sous lui, vint le mettre hors d'état de conserver le commandement.

Dans la nuit du 14 au 15, le 3º chasseurs passe la Moselle, traverse Metz et bivouaque sur la rive gauche, vis-à-vis le polygone.

Historique du 10º régiment de chasseurs (3º corps).

14 août.

Le 1ᵉʳ escadron, avec l'état-major, reçoit l'ordre de seller et de brider à 3 heures du matin et d'aller bivouaquer au polygone de Metz; il fait partir ses voitures à 11 heures et ne se met en marche qu'à 3 heures de l'après-midi, avec le 3º chasseurs, sous les ordres du général de Bruchard. La brigade se dirige à travers champs sur la route de Metz (1).

---

(1) C'est-à-dire se rapproche de la grande route en se dirigeant sur Bellecroix.

Au premier coup de canon, entendu vers 4 heures, elle s'arrête, se met en colonnes par escadron faisant face à Borny et se porte tantôt à droite, tantôt à gauche, avec ordre d'empêcher les hommes d'infanterie de se porter en arrière s'ils ne sont pas blessés.

Quelques balles perdues passent au-dessus de la colonne; l'une d'elles vient blesser légèrement le cheval du capitaine adjudant-major Fourmaud.

A 9 heures, la brigade revient au bivouac qu'elle occupait le matin, près de la ferme de Grigy; elle débride les chevaux, donne l'avoine, repart à 11 heures, passe la nuit à faire quatre kilomètres, traverse Metz et vient prendre son bivouac à droite de Ladonchamps, face à la Moselle. Elle arrive à 7 heures du matin.

Le 2e *escadron* monte à cheval à 1 heure de l'après-midi pour prendre la tête de la colonne de la division Aymard dans son mouvement sur Metz.

Au commencement de la bataille, cet escadron reçoit l'ordre de se porter en arrière de la ferme Bellecroix et s'établit en potence sur la route de Metz à Boulay. Vers 4 h. 30, il se porte en avant pour protéger une batterie d'artillerie de sa division tirant sur Lauvallier. Le chasseur Ménigot est blessé à la tête par une balle.

A 9 heures, le capitaine commandant, sur l'ordre du général Aymard, reprend son mouvement de retraite; l'escadron traverse Metz et va camper au Ban-Saint-Martin, où il arrive à 3 heures du matin.

Le 3e *escadron* monte à cheval à 4 heures du soir et escorte le général Decaen, qui fait porter par M. le sous-lieutenant Kergorre, de cet escadron, aux 2e et 3e divisions, l'ordre de cesser leur mouvement de retraite sur Metz et de reprendre les positions qu'elles viennent de quitter.

Pendant la bataille de Borny, les officiers de l'escadron concourent avec les officiers de l'état-major du général pour la transmission des ordres.

Vers 5 heures, le général est blessé par une balle qui lui fracasse le genou.

A minuit, l'escadron se retire sur Metz et vient camper à la porte de Thionville.

5e *escadron*. — Ainsi que le prescrivait l'ordre de la veille, à 4 h. 30 du matin, toutes les troupes de la division sont sur pied, attendant un ordre de mouvement.

A 10 heures, les chevaux sont conduits sellés à l'abreuvoir et mangent l'avoine.

A 1 heure, les bagages régimentaires sont mis en marche pour aller se masser au Ban-Saint-Martin, à Metz.

A 2 h. 30, les deux premiers pelotons, sous le commandement du capitaine Forfillier, sont envoyés sur la route de Montoy pour former l'extrême arrière-garde des troupes de la division (1), qui doivent commencer leur mouvement de retraite. Les deux autres pelotons resteront à la disposition du général.

A 3 heures (2), ce mouvement commence par la gauche de la division et à peine est-il prononcé que la droite est attaquée vivement en avant de Colombey. Les deux pelotons envoyés d'arrière-garde viennent rejoindre les deux autres placés à quelques mètres de la route et à hauteur de la ferme de Belletange (3). L'escadron, resté jusqu'à 10 heures à peu près à la même place, reçoit l'ordre de se rapprocher à 4 kilomètres (?) de Metz en suivant la grande route et de prendre lors de son passage, dans quelques heures, la tête de la division.

A 11 heures, il met pied à terre, fait manger l'avoine et reste la bride au bras jusqu'à 3 heures du matin.

Dans cette journée, l'escadron a eu trois hommes et un cheval blessés, savoir : Mainard, cavalier de 1re classe, atteint d'un éclat d'obus au côté droit; il est mort à l'hôpital de Metz environ un mois après des suites de cette blessure; Calamand, cavalier de 1re classe, blessé au bras droit par une balle; a été médaillé pour cette blessure; Labétoule, cavalier de 2e classe, fortement contusionné au bras droit par une balle morte. Un cheval blessé au paturon gauche par un éclat d'obus.

Le 6e *escadron* reçoit dès le matin l'ordre de faire replier sur Metz les hommes à pied et les bagages et de se préparer à lever le camp.

A 4 heures, la fusillade commence et l'escadron se tient à la disposition du général Metman, entre la première et la deuxième ligne d'infanterie. Il reste dans cette position jusqu'à 8 heures, heure à laquelle la droite de la division pivote sur son aile gauche, par suite du mouvement tournant de l'ennemi, se dirigeant sur la route de Strasbourg. L'escadron passe le ruisseau de la Chenau et traverse Grigy.

Le capitaine commandant envoie alors, sur l'ordre du général Montaudon, un peloton en avant sur la route de Strasbourg pour s'éclairer et place le reste de son escadron en soutien d'une batterie. Le peloton a fait à peine 800 mètres qu'il est reçu à coups de canon. Le brigadier

---

(1) Division Castagny. Le 6e escadron du 3e chasseurs avait donc déjà abandonné les environs de Montoy.

(2) *Lire :* Un peu avant 4 heures, à moins qu'il ne s'agisse simplement des avant-postes de la division Castagny.

(3) N'y a-t-il pas erreur de nom et ne s'agit-il pas de la ferme Bellecroix ? L'escadron s'étant replié dès les premiers coups de canon n'eut sans doute pas subi de pertes s'il eût gagné de suite la ferme Belletange.

Valentin a son cheval tué. Le peloton se retire sur Grigy. L'escadron se défile alors à droite de la route de Strasbourg pour se porter sous le fort de Queuleu, où il bivouaque.

Pendant la bataille, M. le médecin-major Luc et l'aide-major Bargy, du 10ᵉ chasseurs, avertis par M. l'aumônier du 3ᵉ corps qu'il n'existait pas encore d'ambulance pour ce corps, en installent une rapidement à la ferme de Belletange, où, avec quelques autres médecins, ils pansent et opèrent jusqu'à 2 heures du matin plus de 400 blessés, n'ayant d'autres ressources que ce que contenaient les cantines régimentaires.

Historique du 4ᵉ régiment de dragons (3ᵉ corps).

14 août.

Le dimanche 14, le 1ᵉʳ escadron fut de piquet. Il était en effet arrivé la veille un ordre d'après lequel un escadron par brigade devait avoir les chevaux sellés depuis le matin jusqu'à la retraite.

Les bagages partirent dès le matin avec la destination du Ban-Saint-Martin. A 11 heures (1), on apprit que de fortes colonnes prussiennes s'avançaient par les routes de Stra-bourg et de Sarrelouis. Nous allâmes nous placer immédiatement en bataille, à hauteur de la ferme de Bellecroix, le 4ᵉ dragons en avant de toute la division. Le colonel s'avança en avant de l'armée pour faire la reconnaissance des routes et des ravins. Au retour, il rencontra le maréchal Bazaine qui lui donna l'ordre d'amener son régiment à cheval sur la route de Sarrelouis, en avant de l'allée de peupliers. La position était très mauvaise : les obus tombaient en plein dans les branches et mettaient le feu aux arbres.

Vers 4 h. 30 environ (2), le général Castagny vint ordonner au colonel de charger sur les routes de Sarrelouis et de Sarrebrück pour dégager ses tirailleurs qui étaient ramenés trop vite. Deux escadrons partirent avec un chef d'escadron par la route de droite et les deux autres, avec le colonel, par la route de gauche (3). Le mouvement eut lieu sous une pluie de balles et réussit (?). Le régiment revint se former derrière les peupliers.

A la nuit tombante, le régiment, toujours en première ligne et soutenant les tirailleurs de l'infanterie, recula pied à pied. A 9 heures, on rencontra l'infanterie de la Garde qui arrivait en soutien. A 10 heures on s'arrêta sur le champ de bataille, jusqu'à minuit.

---

(1) Heure très erronée.
(2) Certainement plus tard.
(3) D'après le rapport du général de Clérembault, deux escadrons seulement auraient essayé de charger.

Historique du 5ᵉ régiment de dragons (3ᵉ corps).

14 août.

Le régiment envoie 36 hommes et 17 chevaux à Metz, qui forment un petit dépôt. M. le sous-lieutenant Perraud, qui, le 13, en tirant son revolver a eu la maladresse de se blesser à la main, en prend le commandement.

A 2 h. 30, le régiment reçoit l'ordre de monter à cheval. Les chevaux emportent 21 kilogrammes d'avoine pour trois jours de nourriture et les hommes pour trois jours de biscuit ou pain.

La division de cavalerie se poste à 4 heures vers Colombey (1) où l'on entend une vive fusillade et la canonnade. A 5 h. 30, nous recevons l'ordre d'aller soutenir une batterie de mitrailleuses (2), derrière laquelle on nous place à 100 mètres. Les projectiles qui ne tombent pas sur la batterie, tombent sur le régiment. Le général de Clérembault reçoit une balle sur sa plaque d'officier; le commandant Garnier est blessé d'un coup de feu au bras gauche; M. le lieutenant Mas a son cheval tué sous lui, ainsi que M. le lieutenant Maigron; les dragons Laborde, Guy, Dagorn, Kergoas, Ferret, Baumlin et le maréchal des logis Lognon sont blessés. A 6 h. 30, la batterie de mitrailleuses, criblée de projectiles, est forcée de se retirer; l'ennemi s'avance toujours. Nous mettons le sabre à la main et sommes prêts à le recevoir quand un bataillon de chasseurs à pied vient devant nous et l'arrête. En ce moment, le général de Ladmirault, qui, placé sur notre gauche, avait commencé à passer la Moselle pour suivre le mouvement de retraite sur Verdun, revient et prend l'ennemi en flanc, l'arrête et le rejette dans ses lignes.

A 8 h. 30, l'action cesse; toute l'armée se retire sur Metz et passe sur la rive gauche de la Moselle. Le 5ᵉ dragons forme l'arrière-garde.

Le général de Rocheboüet, commandant l'artillerie du 3ᵉ corps, au général Soleille. (Lettre.)

(Sans date).

Mon Général,

J'ai l'honneur de vous rendre compte du rôle joué par l'artillerie du 3ᵉ corps d'armée pendant la journée du 14 août 1870.

---

(1) Près de Bellecroix.
(2) La batterie $\frac{9}{4}$.

Les batteries des 1ʳᵉ et 2ᵉ divisions avaient déjà commencé leur marche vers la Moselle et celles des 3ᵉ et 4ᵉ divisions se préparaient à suivre les mouvements de leur infanterie, pour passer avec elle sur la rive gauche, lorsque, vers 3 h. 30, l'attaque des Prussiens obligea les premières à rebrousser chemin et les dernières à prendre leurs positions de combat.

Les batteries de la 1ʳᵉ division furent établies à droite et à gauche du village de Grigy, derrière les déblais du chemin de fer (?) et derrière la route de Grigy à Borny (?).

Les batteries de la 2ᵉ division se trouvèrent placées, la 1ʳᵉ (batterie d'Hennin) $\left(\frac{11}{4}\right)$ près de la route de Boulay, la 2ᵉ (batterie Huet) $\left(\frac{12}{4}\right)$ sur une croupe voisine, la 3ᵉ (batterie de mitrailleuses Bernadac) $\left(\frac{9}{4}\right)$ vis-à-vis du vallon de Colombey, qu'elle battait parfaitement.

Les batteries de la 3ᵉ division prirent position en avant de Borny, entre les bois de Borny et de Colombey.

Les batteries de la 4ᵉ division s'établirent vers le point de jonction des routes de Sarrebrück et de Sarrelouis et canonnèrent les colonnes ennemies qui cherchaient à déboucher des bois, de Nouilly et de Noisseville.

Les batteries de la réserve d'artillerie du 3ᵉ corps joignirent leur feu à celui des batteries divisionnaires. Les batteries à cheval de Maillier $\left(\frac{1}{17}\right)$ et Gebhart $\left(\frac{2}{17}\right)$ furent placées à droite et à gauche de la route de Saint-Avold (1), à hauteur de la ferme de Bellecroix, vis-à-vis des rideaux d'arbres qui couronnent les hauteurs de Colombey. La batterie Loire $\left(\frac{4}{17}\right)$ fut chargée de couvrir la gauche de la 4ᵉ division, dont l'artillerie fut solidement renforcée par l'adjonction des deux batteries de 12, Ducher $\left(\frac{11}{11}\right)$ et Brocard $\left(\frac{12}{11}\right)$.

Les trois dernières batteries de la réserve d'artillerie, furent maintenues en arrière de la ligne, sans être engagées $\left(\frac{3}{17} \text{ et } \frac{7,10}{4}\right)$.

Toutes les batteries convenablement placées et bien dirigées, soutinrent la lutte avec énergie et avec succès. Aussi, la journée se serait terminée sans accident et sans perte grave, si un incident imprévu ne s'était produit à la droite.

---

(1) C'est-à-dire de Sarrebrück.

De ce côté, un épaulement (1) préparé la veille vis-à-vis du château de Mercy, était destiné à relier le 2ᵉ et 3ᵉ corps.

Menacé par sa droite, M. le général Montaudon se trouva conduit à faire réoccuper cet épaulement par la batterie de Piciotto $\left(\frac{5}{4}\right)$. Cet officier, intelligent et brave, contint pendant quelque temps les efforts de l'ennemi (2). Se voyant enfin débordé, il résolut de se replier pour s'appuyer au fort de Queuleu. Surpris dans son mouvement de retraite par une batterie ennemie, brusquement démasquée dans le parc de Mercy, le capitaine de Piciotto fut mortellement blessé en reprenant le feu; le lieutenant en premier, M. Vaucouleur, fut laissé pour mort en cherchant à dégager ses pièces.

Le lieutenant en second, M. Jourdy (grièvement blessé le surlendemain), ramena, sous la plus violente fusillade, les débris de sa batterie privée d'une partie de ses hommes et de ses chevaux et la reforma immédiatement, sous la protection du fort Queuleu.

Les pertes des autres batteries, ont été très faibles et la consommation de munitions n'a donné lieu, dans cette journée, à aucune observation.

Les pertes et consommations ont été, tant pour l'artillerie divisionnaire que pour l'artillerie de réserve (3) :

1 officier tué, M. de Piciotto, capitaine; 1 officier disparu, M. Vaucouleur, lieutenant; 2 officiers blessés, M. d'Hennin capitaine et M. Cochard, lieutenant.

9 hommes tués, 51 hommes blessés.

61 chevaux tués, blessés ou disparus.

Environ 2,500 coups de canon et 700 coups de mitrailleuse (4).

---

(1) 500 mètres Sud-Est de Grigy, à l'Est de la route.
(2) Erreur d'appréciation. Voir le rapport du lieutenant-colonel Fourgous.
(3) Chiffres approximatifs.
(4) Un autre rapport, identique à celui-ci sur les autres points, porte : Environ 2,600 coups de canon de 4, 340 coups de canon de 12 et 700 coups de mitrailleuse.
(Papiers du maréchal Lebœuf).

Consommation de munitions faite par l'artillerie du 3e corps dans la journée du 14 août.

CORPS.	CANON DE 4 RAYÉ.	CANON DE 12 RAYÉ.	CANON A BALLES.	MUNITIONS D'INFANTERIE.
1re division............	312	»	60	»
2e —	518	»	384	71,220
3e —	596	»	96	»
4e —	607	»	243	29,000
Réserve............	197	195	»	»
Totaux	2,230	195	783	100,220

Historique des 7e et 10e batteries du 4e régiment d'artillerie montée (Réserve du 3e corps).

14 août.

Bataille de Borny. 7e batterie. — La batterie ne fut pas réellement engagée. Longtemps spectatrice du combat, elle ne se porta en avant que vers 7 heures du soir et s'établit dans les intervalles du 44e de ligne, sur les bords d'un ravin, à gauche de la ferme de Bellecroix, lequel venait d'être chaudement disputé. On n'entendait plus alors qu'un engagement très vif dans le bois de Mey. Le rôle de la batterie se borna à recueillir quelques blessés et quelques fusils du 44e. Vers 9 heures, elle se retira et alla camper dans le polygone de Metz, où sa réserve l'avait précédée.

10e batterie. — Vers 4 heures du soir, au moment où les batteries de la réserve allaient à leur tour lever le camp, une vive fusillade éclata tout à coup depuis Metz jusqu'à Borny ; c'étaient les Prussiens qui venaient d'attaquer la queue de notre armée. Placée en bataille, en deuxième ligne, derrière deux batteries de 12 de la réserve (1), qui avaient ouvert leur feu à 100 mètres environ en arrière de la ferme de Belle-

---

(1) $\frac{11, 12}{11}$ qui tirèrent, en effet, quelques coups de canon, de la ferme Bellecroix, vers la fin de la journée. (Voir le rapport du général de Rocheboüet.)

croix, la 10e batterie reçut l'ordre de surveiller le ravin de Vallières. Aucune occasion favorable d'entrer en action ne s'étant présentée, la 10e batterie resta en observation..... A la nuit tombante, elle se replia sur Metz, ainsi que les autres batteries de la réserve, et vint camper dans le polygone.

Historique des 1re, 2e, 3e et 4e batteries du 17e régiment d'artillerie à cheval (Réserve du 3e corps).

14 août.

1re *batterie.* — La batterie est attelée depuis le matin et prête à suivre le mouvement du 3e corps annoncé à travers Metz sur Verdun, quand l'arrière-garde du général Decaen est attaquée vers 4 heures, à Colombey par le VIIe corps allemand.

La proximité où nous sommes du lieu de l'engagement est telle que la batterie peut, en moins d'un quart d'heure, prendre sa position et elle est établie entre la grande route et le chemin de Borny à Colombey, de manière à bien découvrir la lisière des bois (1) qui entourent Colombey et pouvoir la couvrir de feux dans le cas où l'ennemi en déboucherait après en avoir repoussé notre infanterie. Dans cette position, nous avions à notre gauche une batterie française de mitrailleuses (2), qui entretenait un feu très vif et qui était contre-battue par des batteries prussiennes établies au-dessus de Montoy. Les coups, qui dépassaient la batterie française, nous prenaient d'écharpe ; nous étions de plus en butte aux coups à peu près directs d'une batterie établie au-dessus de Coincy.

La position était assez mauvaise puisque nous étions dans un creux où convergeaient de divers côtés les projectiles ennemis. Cinq ou six chevaux tombèrent ; un homme fut atteint. De notre côté, nous ne pouvions riposter tant à cause des lignes de peupliers qui gênaient nos vues qu'à cause des troupes françaises postées en avant, principalement dans les bois. Du reste, cette partie du terrain était bien étroite pour la quantité d'artillerie qui y avait été amenée. Nous reçumes l'ordre de repasser la grande route et je m'établis en batterie, un peu après, sur le plateau entre la ferme de Bellecroix et le ruisseau de Vantoux, la

---

(1) Il s'agit par conséquent du bois A et peut-être du bois de Colombey dont on apercevait la pointe Nord-Ouest.

(2) $\frac{9}{4}$, car au début de l'action les deux batteries de 4 $\left(\frac{11, 12}{4}\right)$ de la division Aymard étaient en position sur la croupe 228.

droite à peu près à la ferme. J'avais devant moi, vers Lauvallier, les troupes de la division Aymard. Les Allemands, établis au-dessus de Lauvallier, nous envoyaient des obus et surtout des obus à balles. Je ne pouvais tirer que par-dessus les troupes françaises et en prenant la hausse de 2,000 mètres, je tirai quelques coups de canon par-dessus le ravin de Lauvallier.

Au même moment, l'ennemi ayant fait quelque progrès à notre droite et occupant les bois de Colombey à 1500 mètres environ de Bellecroix (1), je me trouvai trop en l'air et reçus l'ordre de me retirer. Peu après, la nuit tomba tout à fait et l'ennemi, parfaitement contenu, cessait son feu au même moment.

La batterie vint par les Bordes camper au polygone, où elle arriva environ à minuit.

    Nombre de coups tirés......................... 25
    Nombre de blessés............................ 1
    Chevaux grièvement blessés.................... 6

Nous nous ravitaillâmes au parc dans la nuit même.

2ᵉ *batterie*. — Le 14 août, vers 4 heures de l'après-midi au moment où nous nous préparions à suivre le mouvement déjà effectué par une partie de l'armée pour passer sur la rive gauche de la Moselle, les Prussiens attaquèrent et l'artillerie divisionnaire ne tarda pas à entrer en action sur toute l'étendue de la ligne occupée par le 3ᵉ corps.

Les deux armées étaient séparées par le ravin de Colombey, qui se dirige du Sud au Nord, du village d'Ars-Laquenexy au hameau de Lauvallier et rejoint le ravin de Vallières, en face du village de Mey.

Bientôt les deux premières batteries du 17ᵉ furent appelées à prendre part à l'action et, traversant la route de Saint-Avold, vinrent se placer en batterie sur le terrain qui sépare cette route du chemin de Borny à Colombey et descend par une pente douce vers le ravin (2). La 2ᵉ batterie était à la droite, c'est-à-dire la plus rapprochée de ce dernier chemin.

Son objectif était le ravin de Colombey que les troupes prussiennes cherchaient à franchir pour tomber sur notre ligne de bataille ; un rideau de grands arbres l'indiquait au loin. La distance de la batterie à ce ravin était d'environ 1500 mètres.

Le tir dura jusqu'à la nuit, qui mit fin au combat. Chaque pièce avait tiré une quinzaine de coups. Quelques balles étaient venues tomber dans la batterie ; l'une d'elles blessa légèrement au bras le conduc-

---

(1) Sans doute le bois A, situé réellement à 1200 mètres de Bellecroix.

(2) Dans la direction de Lauvallier.

teur d'un avant-train ; plusieurs obus prussiens avaient fait des victimes dans la ligne d'infanterie qui se tenait couchée à terre à hauteur des pièces.

La batterie regagna en pleine nuit la route de Saint-Avold et suivit le mouvement des colonnes qui se repliaient sur la place ; la marche était fort lente, vue l'encombrement de la route.

3e *batterie*. — Le 14, lors de l'attaque du Ier corps d'armée prussien, la 3e batterie resta en réserve. Elle alla bivouaquer vers minuit dans l'île Chambière en traversant Metz.

4e *batterie*. — Elle a pris part, le 14 août, au combat de Borny, où elle occupait l'extrême gauche du 3e corps, près du ravin de Vantoux. Elle a tiré 98 coups de canon et a perdu un cheval, blessé mortellement d'une balle à la tête.

Extrait d'une lettre du général Zurlinden (1) *au Ministre de la guerre.* (Datée du 2 février 1901.)

Le 14 août, vers 4 heures, le général de Berckheim était à cheval aux abords de Metz et parlait au général Bourbaki, installé au balcon de son logement, lorsqu'on entendit, coup sur coup, deux coups de canon tirés dans la direction de la route de Sarrebrück.

Le général de Berckheim partit aussitôt au galop dans la direction du canon, et courut jusqu'aux avant-postes des chasseurs à pied (2) qui occupaient le terrain entre les deux routes de Sarrebrück et de Sarrelouis. Les tirailleurs ennemis avaient ouvert le feu sur nos hommes qui ne répondaient pas, le général prit sur lui de leur donner l'ordre de riposter.

En revenant en arrière, pour nous occuper de l'artillerie, nous rencontrons le maréchal Bazaine. Il paraît très en colère et s'écrie : « J'avais donné l'ordre qu'on n'acceptât pas le combat aujourd'hui, je défends formellement qu'on avance d'une semelle. »

Pendant cette bataille, l'artillerie est vivement engagée, souvent en première ligne. En allant d'une batterie à l'autre, et cela jusqu'à la nuit close, je crois avoir bien vu la physionomie générale du combat du 3e corps. Je n'ai aperçu nulle part le signe du découragement d'une bataille perdue, et l'on a eu raison de dire que, tout en étant restée malheureusement passive, cette bataille du 14 août a réveillé le moral de l'armée.

---

(1) Alors aide de camp du général de Berckheim.
(2) Le 11e bataillon de chasseurs.

Le soir, vers 10 heures, je suis envoyé chercher un renseignement à l'état-major de l'armée que nous croyions encore à Borny. Le quartier général avait été transformé en ambulance. Je n'ai trouvé que des médecins en bras de chemise, en tabliers blancs et ayant fort à faire.....

Rapport sur le service des pontonniers (3ᵉ corps).

14 août.

Le 14, à 4 heures du matin, la 4ᵉ compagnie de pontonniers, renforcée de 40 hommes de la compagnie d'ouvriers, se mettait à l'œuvre.

On continua la réparation du pont d'amont déjà commencée par les corps francs et qui consistait à charger le pont de sacs à terre pour lui donner plus de stabilité, à établir dessus les chevalets d'un second pont et à prolonger ce pont par des chevalets sur la rive gauche et par un empierrement sur la rive droite.

Ce travail, commencé sur trois points à la fois, fut terminé à 10 heures du matin.

On ne songea pas à réparer le pont du milieu qui n'offrait aucune garantie de solidité.

La réparation du pont d'aval fut commencée dès qu'on put distraire un certain nombre d'hommes du travail du premier pont. Il y avait à relever la culée de la rive droite ainsi que tout le tablier, à placer des chevalets sous les travées ayant une trop longue portée, enfin à prolonger le pont sur la gauche par l'addition d'une dizaine de chevalets dont trois furent construits sur place.

Le travail fut complètement terminé à 11 heures 30.

1 officier, 2 sous-officiers et 20 hommes furent laissés pour la garde de ces ponts.

Les ponts au-dessus et au-dessous de Metz servirent au passage de toute l'armée pendant la journée du 14 et la nuit du 14 au 15.

Renseignements succincts sur les marches, opérations militaires et travaux exécutés par le service du génie du 3ᵉ corps (État-major et réserve).

14 août.

Ordre de se tenir prêts à partir dès 4 heures du matin. La réserve part à 11 heures et va camper sur les glacis du fort Moselle, côté droit de la porte de France. L'état-major du génie va rejoindre l'état-major général du 3ᵉ corps et prend part au combat de Borny, qui commence vers 4 heures et se termine à la nuit. L'état-major rejoint, vers 1 heure du matin, le campement de la réserve.

b) Organisation et administration.

Le général Decaen aux Généraux commandant les divisions d'infanterie du 3ᵉ corps. (Lettre.)

Borny, 14 août.

Général,

Vous voudrez bien organiser immédiatement, dans votre division, une compagnie d'éclaireurs par brigade, forte de 100 hommes environ.

Ces hommes devront être de bonne volonté, bons tireurs, autant que possible, habitués à parcourir les bois et à s'y reconnaître.

Un lieutenant-colonel par division, dont vous me ferez connaître le nom, sera chargé de commander et de diriger le service de cette troupe ; je choisirai moi-même, les officiers qui feront partie de ces compagnies : à cet effet, vous me proposerez 4 capitaines, 6 lieutenants et 6 sous-lieutenants.

Je vous laisse le soin de constituer les cadres de sous-officiers, caporaux et clairons.

Mon intention est que ces hommes ne fassent pas d'autre service que celui d'éclaireurs, qu'ils reçoivent une gratification journalière, soit en vivres, soit en argent, que les prises de toutes natures leur soient reconnues au moyen de primes données par les généraux divisionnaires ou commandants des corps.

Ces éclaireurs devant surtout opérer de nuit, se reposeront en plus grand nombre possible, dans la journée, dans les fermes ou villages à proximité et en arrière de la division. En un mot, on devra leur faciliter les moyens de vivre et de se reposer pendant le jour de manière à pouvoir exiger d'eux un maximum de service pendant la nuit.

Ordre de la division.

Ferme de Bellecroix, 14 août.

Appelé par décision impériale du 12 de ce mois au commandement de la 4ᵉ division du 3ᵉ corps, j'entre en fonctions à dater de ce jour.

Baron AYMARD.

c) Opérations et mouvements.

Le général Decaen au général Metman (3ᵉ division du 3ᵉ corps). (Ordre.)

Ferme de Borny, 14 août.

Faites filer sans retard votre troupeau, de manière à le mettre sur la rive gauche de la Moselle, en traversant Metz. Vous l'installerez dans les terrains qui avoisinent la porte de France en le jetant de l'autre côté du chemin de fer, aux environs de La Ronde sans occuper les terrains dits du Ban-Saint-Martin.

Prévenez vos officiers de tous grades et de toutes armes qu'ils n'auront ce soir à leur disposition ni leurs bagages, ni leurs moyens de transport.

Toutes les voitures de toute sorte, même les voitures d'officiers généraux, et aussi celles des cantinières des corps, doivent filer avec les bagages.

Le général commandant en chef le 3e corps ne veut voir dans les colonnes de troupes que des cacolets, les voitures de cartouches d'infanterie et celles qui constituent les batteries de combat.

Votre colonne de bagages et d'*impedimenta*, y compris les voitures à quatre roues de réserve d'artillerie, votre ambulance et votre train, se rendra à Metz par la route de Strasbourg, entrera par la porte Mazelle, passera la Moselle sur le Pont-des-Morts, sortira de Metz par la porte de France et ira se parquer, en ordre compact et serré, au Ban-Saint-Martin où elle attendra de nouveaux ordres.

Un officier de votre état-major marchera en tête de votre convoi et, aidé de votre prévôt, assurera la stricte exécution des ordres qui précèdent. Il devra précéder un peu votre convoi, de manière à ce qu'il n'y ait pas d'incertitude sur la route à suivre, dans Metz, de la porte Mazelle à la porte de France.

En arrivant au Ban-Saint-Martin, il y trouvera un officier de mon état-major qui lui indiquera la place où il devra parquer ses voitures.

Une fois parqués, les chevaux pourront être dételés et l'on s'occupera des soins habituels.

Dans ce mouvement, le convoi de la 3e division devra suivre celui de la première.

Deux gendarmes de votre prévôté devront précéder le convoi de 25 minutes, de manière à faire déblayer d'avance tout encombrement qui viendrait à se produire.

Le général Decaen aux Généraux commandant les divisions du 3e *corps.* (Note.)

14 août (1).

Les derniers ordres de M. le maréchal sont que le 3e corps campe en dehors de Metz sur la route de Thionville, face au Nord, à cheval sur le chemin de fer, la droite à la Moselle.

---

(1) Après la fin de la bataille.

La cavalerie sur la rive gauche de la Moselle.

Il désire, si cela est possible, que les colonnes Aymard et aussi Castagny soient dirigées sur Saint-Julien-les-Metz, pour y passer la Moselle sur les ponts dont s'est servi la colonne Ladmirault.

Les colonnes Metman et Montaudon iront passer la Moselle à Metz, au pont Pontiffroy, ainsi que la cavalerie.

La division Montaudon va prendre la route de Sarrelouis et la division Metman la suivra.

Journée du 14 août.

GARDE IMPÉRIALE.

a) **Journaux de marche.**

Journal de marche de la Garde impériale.

14 août.

La Garde avait reçu dès le matin l'ordre de se mettre en route pour se rendre à Metz. En exécution de cet ordre, de midi à 1 heure, tous les bagages de la Garde se dirigent sur le Ban-Saint-Martin pour y être massés : le convoi de l'administration (train auxiliaire et train régulier), convoi de la cavalerie, convois des deux divisions d'infanterie, convoi du quartier général.

A 3 heures, la 1re division prend les armes, se dirigeant sur Metz par les pentes du fort Queuleu, près de la porte Mazelle.

La tête de colonne venait d'arriver à hauteur du fort, lorsque, l'ennemi attaquant les positions occupées par les 3e et 4e corps entre Grimont et Colombey, le général Deligny reçoit l'ordre de masser la brigade Brincourt à gauche du fort, avec les batteries de la division, et de laisser la brigade Garnier en arrière de Borny.

En même temps, vers 4 heures, le reste de la Garde prenait les armes et venait s'établir dans la plaine, à droite de la route de Boulay et en avant du chemin de Borny à Vantoux (1).

Vers 6 heures (2) la batterie de mitrailleuses de la 1re division et une

---

(1) Lire sans doute : *de Borny à Vallières.*
(2) Heure erronée.

autre batterie de mitrailleuses, qui était postée dans le fort de Queuleu (1), ouvrirent le feu contre des têtes de colonnes ennemies, qui ne poussèrent pas plus avant.

Vers 7 h. 30, la division Picard, placée sur deux lignes, se porta en avant pour soutenir les troupes de la division Castagny, mais elle n'eut même pas à agir.

Il en fut de même de l'artillerie divisionnaire et de deux batteries de la réserve mises en batterie pour protéger le passage de la ligne.

Le combat cessa vers 8 h. 15.

Le soir, après le combat, la Garde partit à 10 heures, traversa la ville de Metz par la porte Mazelle, la rue d'Asfeld, la place Saint-Martin, le palais de justice et alla s'établir de Longeville-les-Metz à Devant-les-Ponts. Le quartier général s'installa à « La Ronde », maison des Jésuites.

La 1re division d'infanterie, sur les bords de la Moselle, entre Longeville et Moulins, est arrivée à 6 heures du matin ; la 2e division d'infanterie, à 10 heures du matin à Longeville-les-Metz ; la cavalerie, au Ban-Saint-Martin, à 5 heures du matin.

Toute la nuit fut employée à ce mouvement de retraite à travers un encombrement considérable de troupes et de voitures, qui rendit surtout fort difficile la traversée de la ville.

Rapport sommaire du général Bourbaki sur la journée du 14 août.

Au quartier général du Sausonnet, 21 août.

Le 14 août, la Garde était établie entre les villages de Borny et Vantoux, en arrière de la route reliant ces deux localités.

Vers 4 heures du soir, l'ennemi attaqua les troupes du 3e corps, placées en avant d'elle.

La Garde prit aussitôt les armes et vint s'établir dans la plaine à droite de la route de Boulay et en avant du chemin de Borny à Vantoux (2), moins la brigade Brincourt qui se porta sur le mamelon couronné par le fort Queuleu. Cette brigade était accompagnée des batteries d'artillerie de la division et sous les ordres du général Deligny.

Vers 6 heures (3), la batterie de mitrailleuses de la division et une

---

(1) $\frac{11}{15}$ de la division Laveaucoupet.
(2) Sans doute : de Borny à Vallières.
(3) Heure erronée.

autre batterie de mitrailleuses qui était postée dans le fort Queuleu ouvrirent le feu contre des têtes de colonnes ennemies, qui ne poussèrent pas plus avant.

Vers 7 h. 30, la division Picard, placée sur deux lignes, se porta en avant pour soutenir des troupes de la division Castagny ; mais elle n'eut pas à agir et le combat cessa vers 8 h. 15.

Journal de marche de la 1re division d'infanterie de la Garde impériale (Voltigeurs).

14 août.

La division reçoit l'ordre de quitter le bivouac de Borny pour se porter, à travers Metz, sur la rive gauche de la Moselle. Ses bagages et *impedimenta* sont mis en route à 11 heures du matin et sont dirigés sur le Ban-Saint-Martin sous les ordres du prévôt de la division.

Les troupes prennent les armes à 3 heures de l'après-midi et se dirigent sur Metz par les pentes du fort Queuleu. Arrivées à sa hauteur, elles sont arrêtées par ordre du général commandant en chef la Garde et massées en arrière et à sa gauche. A ce moment, l'ennemi commençait une attaque contre les positions occupées par les divisions du 3e corps à Colombey, en avant de Borny (1).

La 2e brigade a été envoyée pour servir de réserve, conjointement avec la division de grenadiers, en arrière de la gauche de notre ligne (2). Deux compagnies du bataillon de chasseurs à pied ont été détachées pour éclairer et surveiller les abords du village de Grigy. Le 1er régiment de voltigeurs, formé en échelons par bataillon, a été établi entre la route de Château-Salins et la batterie de mitrailleuses, qui a pris position sur le prolongement des glacis du fort Queuleu. Le restant du bataillon de chasseurs à pied et le 2e voltigeurs sont restés en réserve à hauteur et à gauche des premières maisons du village de Queuleu. La batterie de mitrailleuses, soutenue par une batterie de canons de 4 (3), a ouvert le feu contre des batteries prussiennes établies sur les hauteurs de Mercy ; son tir a été très efficace et a contribué à dégager une batterie du 4e d'artillerie écrasée par les projectiles prussiens. L'ennemi a riposté : ses coups ne nous ont fait éprouver aucune perte. Le combat de Colombey s'étant terminé à la nuit par la retraite de

---

(1) La tête de colonne de la division de voltigeurs n'avait donc parcouru qu'un kilomètre au maximum et ne s'était, par conséquent, mise en route qu'un peu avant 4 heures.

(2) Entre Borny et les Bordes.

(3) Une section seulement de la 2e batterie montée de la Garde.

l'ennemi, qui n'a pu entamer nos positions sur aucun point, les troupes sont restées sur leurs emplacements jusqu'à 10 heures du soir. Des ordres ont été donnés à cette heure pour que la division traverse Metz et aille bivouaquer entre Longeville et Moulins. Ce mouvement, à cause de l'encombrement des rues, n'a été terminé qu'à 6 heures du matin.

Historique du bataillon de chasseurs à pied de la Garde impériale.

14 août.

Dès le matin, le bataillon reçoit l'ordre de se tenir prêt à lever le camp. Ordre est donné également de réunir les bagages et de les envoyer, sous la conduite du vaguemestre, au camp du Ban-Saint-Martin. L'ordre de mouvement (1) n'arrive qu'à 4 heures et le bataillon opère avec la division une marche en retraite sur Metz.

Quelques coups de canon font pressentir une attaque de l'ennemi. Le canon augmente et la fusillade ne tarde pas à annoncer l'entrée de l'infanterie dans la lutte. La brigade reçoit alors l'ordre d'arrêter son mouvement de retraite et de se tenir en réserve. Les 1er et 2e voltigeurs sont déployés en bataille, ayant le bataillon devant eux. Vers 7 heures (?), un changement de front à droite est exécuté par notre brigade, général Brincourt, pour s'opposer à l'attaque d'une colonne ennemie sur le fort Queuleu.

L'attaque échoue; la nuit met fin à ce combat.

Le bataillon attend sur son emplacement de nouveaux ordres et, à minuit, il bat en retraite pour se porter de la rive droite sur la rive gauche de la Moselle. Ce mouvement s'exécute très lentement et très péniblement, par suite de l'encombrement des routes et des ponts; le bataillon n'arrive dans la plaine entre Longeville et Moulins, qu'à 7 heures du matin, le 15 août, où toute la division bivouaque à côté du 6e corps d'armée, arrivé là dans la nuit.

Historique du 1er régiment de voltigeurs.

14 août.

Réveil à 3 h. 30. Départ du camp à 3 h. 30 de l'après-midi, pour Metz.

A 3 h. 40, on entend des coups de canon au delà de Pont-à-Chaussy. Du côté de Colombey, à 4 h. 30, la canonnade devient extrêmement violente et est accompagnée d'une forte fusillade et du roulement préci-

---

(1) C'est-à-dire l'ordre de se mettre en marche.

pité des mitrailleuses. Ce sont les corps Decaen, Frossard (1) et Ladmirault (2) qui sont fortement attaqués par l'armée prussienne.

La Garde est tenue en réserve : le 1ᵉʳ voltigeurs est placé perpendiculairement à la route de Metz à Strasbourg, appuyant sa droite au fort de Queuleu, dont il est séparé par une batterie de mitrailleuses. Le IIᵉ bataillon est tenu en réserve avec le drapeau. Quelques boulets passent sur nos bataillons; quelques balles viennent mourir en avant de nous. Trois blessés.

A 8 h. 30, le combat de Borny, qui paraît avoir été acharné, cesse. La 3ᵉ compagnie du 1ᵉʳ bataillon et la 4ᵉ compagnie sont envoyées en grand'gardes en avant du front du régiment.

Journal de marche de la 2ᵉ brigade de la 1ʳᵉ division d'infanterie de la Garde impériale.

14 août.

L'ordre de départ arrive dès le matin. Le bruit court que l'armée se retire sur Châlons afin de s'y concentrer. Vers 2 heures de relevée, les bagages de la division sont dirigés sur Metz.

Vers 4 heures quelques coups de canon se font entendre. M. le général Deligny établit sa division sur les hauteurs de Queuleu, la 1ʳᵉ brigade appuyant sa droite au fort même et la 2ᵉ brigade s'étendant vers Plantières. Vers 5 heures, la 2ᵉ brigade reçoit, du général Bourbaki, l'ordre de se porter en soutien de la division de grenadiers et vient alors prendre position en arrière du fort des Bordes, à droite de la route de Boulay. A 9 heures, cette brigade reçoit l'ordre de quitter la position et de rallier la division au fort Queuleu. A peine arrivée, un nouvel ordre la remet en marche sur Metz, pour aller s'établir à Longeville et Moulins. Il est impossible de décrire cette marche, où tout était pêle-mêle : bagages, infanterie, cavalerie, artillerie, convois de blessés..... A 4 heures du matin, la brigade arrive dans la plaine de Longeville, où l'on établit une espèce de bivouac.

Historique du 3ᵉ régiment de voltigeurs.

14 août.

Les bagages régimentaires sont envoyés à Metz. Le camp est levé à 3 h. 30 du soir. La division prend la direction de Queuleu pour rentrer à Metz.

Le canon se fait entendre sur la route de Boulay.

---

(1) Erreur évidente.
(2) A cette heure, le 4ᵉ corps n'était pas encore engagé.

La division s'établit sur les glacis du fort (1).

Vers 6 heures, la division se rapproche de l'ennemi. La brigade se forme sur deux lignes, par bataillons en colonne et marche en avant jusqu'à la lunette en construction en avant de la porte des Allemands (2). Elle reste en dehors du feu de l'ennemi.

L'affaire, engagée vers 3 heures, se termine à la nuit vers 8 h. 30.

A 10 h. 30, la division se met en marche, traverse Metz et vient camper à Longeville.

Historique du 4ᵉ régiment de voltigeurs.

14 août.

La diane est battue à 3 heures du matin. L'ordre du départ est donné, puis le contre-ordre arrive quelques instants après. Les tentes sont maintenues roulées sur les sacs. Enfin, à 3 heures, la division se met en marche. Une demi-heure après, au moment où le régiment se trouvait à hauteur du fort Queuleu, quelques coups de canon se font entendre (3). C'est le commencement de la bataille de Borny. Les trois bataillons sont immédiatement formés en colonnes par division, la gauche en tête et face à l'ennemi. Vers 6 heures, le régiment ayant reçu l'ordre de se porter sur la gauche, au delà de Plantières, non loin de la route de Sarrelouis, il exécute un changement de direction à droite et va s'établir sur les hauteurs qui dominent le ravin où s'engageait l'action principale (?). La présence de la Garde n'étant pas jugée nécessaire, et d'ailleurs, la nuit approchant, le 4ᵉ voltigeurs resta dans cette position jusqu'à 10 heures du soir. Sa mission était de protéger le mouvement de retraite des autres régiments de la division qui s'étaient tenus pendant le combat sur l'autre versant de la colline.

A 10 heures, il se met en marche à son tour, va gagner la route de Strasbourg, entre dans Metz par la porte des Allemands, traverse la ville, le fort Moselle, et vient camper à peu près à égale distance de Longeville et de Moulins-les-Metz, à gauche de la route, derrière le 3ᵉ voltigeurs. Cette marche fut excessivement pénible : il fallut plus de 5 heures pour parcourir 7 à 8 kilomètres. L'artillerie et la cavalerie encombraient les rues de la ville ; les hommes étaient obligés de marcher sur un rang et de s'arrêter toutes les 10 minutes. Le régiment n'arriva au camp de Longeville qu'à 3 heures du matin.

---

(1) De Queuleu.
(2) Fort des Bordes.
(3) La marche aurait donc, d'après cet Historique, été entreprise vers 3 h. 30 seulement.

Rapport du lieutenant-colonel Gerbaut, commandant l'artillerie de la 1ʳᵉ division de la Garde.

Camp de Saint-Quentin. 18 août.

Le 14 août, vers 3 heures de l'après-midi (1), la 1ʳᵉ division de la Garde est partie de son camp sous Borny et a pris position entre le fort de Queuleu et la route de Strasbourg. Le soir, vers 7 heures, quand l'attaque des Prussiens s'est prononcée sur notre droite, la batterie de mitrailleuses (batterie Pihan), ayant sa droite appuyée au fort et sa gauche à un régiment de voltigeurs, a ouvert son feu sur une batterie prussienne, dont la gauche s'appuyait à la Haute-Bévoye et a eu le bonheur de dégager deux (2) batteries de la division Montaudon, complètement compromises, de l'aveu même des officiers de ces batteries.

La 1ʳᵉ section de la batterie Belin (3), placée à la gauche des mitrailleuses, a aussi contribué à cet heureux résultat par son feu, bien dirigé par M. le lieutenant de Belvalle.

Journal de marche de la 2ᵉ division d'infanterie de la Garde impériale (Grenadiers).

14 août.

La division occupe le même bivouac (entre les Bordes et Borny).

A 4 h. 30, on entend le canon en avant de nos lignes, dans la direction de Montoy. A 5 h. 15, la Garde (4) prend position en arrière des lignes, prête à servir de réserve, à droite et à gauche de la route de Boulay, en avant de la ferme des Bordes. Une brigade de voltigeurs (Garnier), est désignée pour appuyer la division et se place en arrière de sa droite. La 2ᵉ brigade, qui forme cette droite, occupe les haies qui entourent le château de Borny. L'artillerie divisionnaire, au centre, sur un petit plateau. Vers 7 heures du soir (?), l'artillerie divisionnaire se porte à 600 ou 800 mètres en avant, ce qui détermine un mouvement en avant de la 2ᵉ brigade (de La Croix), pour la protéger.

On reste dans ces positions jusqu'à la nuit. Vers 10 heures, la division reçoit l'ordre de partir pour Metz; elle y arrive dans la nuit et traverse la ville, dont les rues sont étroites.....

---

(1) Plus tard.
(2) Une seule : $\frac{5}{4}$.
(3) 2ᵉ du régiment monté.
(4) *Lire* : la 2ᵉ division.

Historique du 1ᵉʳ régiment de grenadiers.

14 août.

Le 14, vers 4 heures du soir, au moment où on se dispose à passer la Moselle à Metz, des coups de canon se font entendre du côté de Courcelles. L'armée suspend sa marche, restant à peu près dans l'ordre qu'elle occupait, pendant que les corps d'armée attaqués repoussent l'ennemi.

Dans la nuit, le mouvement qu'on avait résolu de faire s'exécute, mais avec des difficultés inouïes, à cause de l'encombrement des routes par les charrois et les convois de blessés. On chemine à pas lents.

Journal de marche de la 2ᵉ brigade de la 2ᵉ division d'infanterie de la Garde.

14 août.

Aucun ordre de départ n'arrive dans la matinée. A 11 h. 15, l'ordre de faire filer les bagages sur le Ban-Saint-Martin, où doivent être massés tous les bagages, arrive. Un convoi interminable défile sur la route.

Au moment où la tête de colonne de la brigade allait se mettre en route, vers 4 heures de l'après-midi, on entend la canonnade dans le lointain. Le départ de la colonne est arrêté et on envoie le 3ᵉ régiment prendre position au delà d'une haie, près du château de Borny. Le IIIᵉ bataillon de ce régiment est massé le long d'une autre haie (1).

Les trois autres (2) sont massés derrière une redoute placée près de la route de Saint-Avold (3).

La brigade assiste au combat sans y prendre une part active, en deuxième ligne; elle souffre peu du feu de l'ennemi. Cependant quelques obus viennent éclater près des régiments de cavalerie placés en avant; nous prenons bientôt leur place ; vers la fin du jour, le 2ᵉ grenadiers est déployé en bataille et le 3ᵉ grenadiers vient se former à sa gauche.

On se prépare à passer la nuit dans cette position quand l'ordre arrive, vers 10 heures, de se diriger sur Metz pour traverser la ville et de se porter à Longeville.

---

(1) Il faut lire : 1ᵉʳ ou IIᵉ ; car le IIIᵉ bataillon était détaché au quartier impérial.

(2) C'est-à-dire ceux du 2ᵉ grenadiers.

(3) Fort des Bordes.

Historique du 2ᵉ régiment de grenadiers.

14 août.

Le 14, à 4 heures du soir, au moment où l'armée commençait un mouvement rétrograde, les Prussiens attaquent le corps en avant de la Garde (1); le régiment se porte en avant et va prendre des positions en réserve, la gauche appuyée à la route de Sarrebrück, à hauteur de la ferme de Bellecroix. Il n'est pas engagé. Deux hommes sont néanmoins blessés par les éclats de plusieurs obus qui tombent jusqu'en arrière de la gauche de la ligne, formée par le Iᵉʳ bataillon en bataille face par le deuxième rang.

Historique du 3ᵉ régiment de grenadiers.

14 août.

Combat de Borny. — Les deux premiers bataillons du 3ᵉ grenadiers font partie de la réserve.

(Le IIIᵉ bataillon est détaché du régiment depuis le 4 août pour faire le service d'honneur près de l'Empereur.)

Journal de marche de la division de cavalerie de la Garde impériale.

14 août.

Séjour au bivouac des Bordes.

Dès le réveil, les chevaux sont chargés et sellés, mais les tentes restent dressées. Tous les bagages et voitures des corps réunis au train forment un convoi qui est envoyé à Metz, en arrière de la position occupée par les troupes.

Toute la matinée se passe à attendre les ordres d'un mouvement en retraite, annoncé déjà comme devant avoir lieu dans la journée.

A 4 heures après-midi s'ouvre, en avant de la division, une forte canonnade, qui s'étend bientôt sur la droite et engage un combat sérieux sur les positions gardées par les 3ᵉ et 4ᵉ corps d'armée, à cheval sur la route de Metz à Saint-Avold.

Ce combat, soutenu de part et d'autre avec une grande vivacité, se termine à 9 heures du soir par la retraite des Prussiens. Durant tout ce temps, les corps de la division restent prêts à prendre part, s'il y a lieu, à l'affaire; mais, en définitive, ils ne sont pas engagés.

---

(1) C'est-à-dire le 3ᵉ corps.

Aussitôt après le combat arrive l'ordre d'opérer la retraite sur Metz pour tous les corps de la Garde et de l'armée. Cette marche, en raison de l'encombrement de la route, ne s'exécute qu'avec une peine et une lenteur infinies. Ce n'est qu'à 4 heures du matin que la division, après avoir traversé Metz, peut être réunie dans le nouveau bivouac qui lui a été assigné, sur la rive gauche de la Moselle, à l'endroit dit Ban-Saint-Martin, en avant de la porte de France et sous les murs de Metz, sur la route de Verdun et près du village de Longeville.

Journal de marche de la 1re brigade de la division de cavalerie de la Garde.

14 août.

A la bataille de Borny, le 14, elle fut tenue en réserve. Dans la nuit du 14 au 15, elle se mit en route pour se porter sur la rive gauche de la Moselle en traversant Metz Le régiment des guides s'arrêta quelques heures dans une prairie, près de la rivière, entre Longeville et Moulins, et alla bivouaquer à la nuit, après une marche fatigante sur une route extrêmement encombrée, un peu au delà du village de Gravelotte.

Historique du régiment des chasseurs de la Garde impériale.

14 août.

Le 14, à 4 heures du soir, l'ennemi attaquait notre armée, réduite, au moment de l'attaque, au 3e corps et à la Garde, le 2e corps ayant franchi la Moselle dans la matinée et le 4e corps ayant commencé le même mouvement. Ce dernier corps, au bruit du canon, revenait s'établir à la gauche du 3e. La Garde était tenue en réserve près du fort de Queuleu.

A 8 heures, immédiatement après le dernier coup de canon, le régiment recevait ordre de traverser Metz et de se rendre au Ban-Saint-Martin, où il n'arrivait qu'à minuit. La traversée de la ville étant rendue extrêmement lente et difficile par l'encombrement des rues et des places, toutes pleines des équipages de l'armée et de ceux de la population des campagnes envahies.

Historique du régiment des lanciers de la Garde impériale.

14 août.

Vers 4 heures de l'après-midi s'engage la bataille de Borny, à laquelle le régiment ne prend aucune part, quoiqu'il soit prêt à monter à cheval. Deux reconnaissances, commandées par des sous-officiers, sur les ordres du général Desvaux, sont envoyées sur la droite du champ de bataille. L'une d'elles revient après avoir reçu quelques coups de fusils d'éclaireurs ennemis isolés.

La bataille est terminée à 8 heures.

Vers minuit, le régiment monte à cheval, traverse Metz et va s'installer au Ban-Saint-Martin à 5 heures du matin.

Historique du régiment des dragons de l'Impératrice.

14 août.

Le 14, l'armée doit continuer sa retraite. Déjà le corps Ladmirault a presque totalement passé la Moselle à Malroy (1), quand tout à coup son arrière-garde est vigoureusement attaquée. La Garde impériale, qui doit suivre le mouvement, reçoit contre-ordre. Il est 4 h. 15 de l'après-midi.

La cavalerie de la Garde, la bride au bras, attend avec impatience, mais vainement, l'ordre de prendre part à la lutte qui vient de s'engager à peine à un kilomètre en avant de son front.

L'armée française reste maîtresse du champ de bataille.

A 9 heures du soir, la division de cavalerie de la Garde prend part au mouvement général de retraite ordonné par le maréchal Bazaine et rétrograde sur Metz.

Historique du régiment des cuirassiers de la Garde impériale.

14 août.

A 4 heures du soir, le canon gronde à quelques kilomètres en avant et à gauche : l'ennemi attaque nos avant-postes. Un combat acharné s'engage, sans que le régiment soit appelé à y prendre une part active.

A 8 h. 30, le combat cesse avec le jour, mais sans résultat décisif.

Journal de marche de la réserve d'artillerie de la Garde impériale.

14 août.

Le 14, la réserve prend part (2) à la bataille de Borny et passe la Moselle dans la nuit, pour venir bivouaquer à Longeville, près Metz.

---

(1) Double erreur.

(2) Il serait plus juste de dire : *assiste*, car les batteries de la réserve ne tirèrent pas un coup de canon.

Rapport du général Pé de Arros, commandant l'artillerie de la Garde.

Camp de Longeville, 15 août.

La Garde était dans son campement de Borny, prête à se mettre en marche pour passer la Moselle à Metz, lorsque le bruit du canon et de la fusillade, qui s'étend sur le front de la ligne de Borny à Vantoux, annonce une attaque de l'ennemi. L'infanterie et l'artillerie de la Garde prennent position, comme réserve en arrière du 3ᵉ corps, qui soutient, avec le 4ᵉ corps, le premier effort de la lutte. Vers 7 heures du soir, les corps engagés en première ligne commençant à être fatigués, la Garde s'avance pour les soutenir. L'artillerie divisionnaire et deux batteries de la réserve sont mises en batterie pour protéger le passage de ligne.

La 5ᵉ batterie du régiment monté (mitrailleuses) et une section de la 2ᵉ batterie du même régiment font feu pour dégager deux batteries d'artillerie de la division Montaudon qui se trouvaient compromises (1).

A 8 heures du soir, le feu cesse sur toute la ligne de bataille.....

A 9 heures du soir, l'armée reprend son mouvement vers Metz, pour effectuer le passage de la Moselle antérieurement ordonné.

Historique des batteries du régiment d'artillerie monté de la Garde.

14 août.

Le 14, à 2 heures, on sonne en même temps le réveil et le boute-selle et jusqu'à 3 heures de l'après-midi on repasse par les mêmes combinaisons que la veille (2).

Cependant, à 3 heures (?), l'armée entamait son mouvement de retraite sur Verdun lorsqu'on entendit le canon du côté opposé : c'était la bataille de Borny qui commençait.

Aussitôt la 1ʳᵉ division s'arrête et se place en réserve autour de Borny ; son artillerie appuie sa droite au fort de Queuleu. La 2ᵉ division reste également en réserve autour du fort en construction des Bordes. La 4ᵉ batterie met ses pièces en batterie, par ordre du général en chef, à 50 mètres en avant de cet ouvrage ; les deux autres batteries viennent se placer en bataille à sa gauche.

---

(1) *Une* batterie : $\frac{5}{4}$.

(2) Combinaisons ayant pour but de se tenir prêt à monter à cheval aussi vite que possible, tout en donnant aux chevaux les soins indispensables. (Historique pour la journée du 13 août.)

Vers 6 heures du soir, l'ennemi prononce une attaque vigoureuse en avant du front de l'artillerie de la 1re division. Deux batteries (1) du 4e régiment, contre lesquelles elle est dirigée, se trouvent un instant compromises ; mais la 5e batterie (mitrailleuses) et une section de la 2e se portent en avant. La position avait été reconnue et les distances appréciées dans la journée par le capitaine commandant la 5e : son tir, immédiatement réglé, dégage bien vite les deux batteries compromises et oblige l'ennemi à se retirer.

D'un autre côté, à 7 heures du soir, toute l'artillerie de la 2e division se porte rapidement en avant et est mise en batterie au delà du village de Borny, derrière une triple ligne d'infanterie de la Garde couchée dans les sillons. Mais la nuit arrive, le feu se ralentit insensiblement et cesse tout à fait avant qu'elle ait pu tirer un coup de canon.

Alors que les troupes s'attendaient à coucher sur le champ de bataille, elles reçoivent l'ordre de reprendre le mouvement interrompu. Le général en chef persiste dans ses desseins malgré le retard, payé chèrement par l'ennemi, que leur exécution vient d'éprouver.

Historique des batteries du régiment d'artillerie à cheval de la Garde.

14 août.

Le 14 au matin, l'armée réunie devant Metz sous les ordres du maréchal Bazaine commence à passer de la rive droite sur la rive gauche de la Moselle. Les batteries de la réserve, qui avaient ordre de se tenir prêtes pour 1 heure, allaient seulement se mettre en route, vers 4 heures, lorsque le canon se fait entendre du côté de Borny. Toutes les troupes sont immédiatement portées en avant. La Garde prend position en arrière du 3e corps, qui soutient le premier choc de l'ennemi. Les batteries sont déployées sur le plateau des Bottes (2), où elles occupent successivement diverses positions sans avoir occasion de faire feu. Vers 8 heures, elles avancent encore et sont disposées en arrière des grenadiers qui viennent appuyer le 3e corps, avec mission de soutenir la retraite lorsque les grenadiers devront se replier. Mais l'ennemi est contourné [*sic*].

Dans cette position quelques obus éclatent dans les rangs et blessent quelques chevaux. Le combat cessant presque immédiatement, l'ordre est aussitôt donné de reprendre le mouvement interrompu et de repasser la Moselle.

---

(1) *Une* batterie : $\frac{5}{4}$.

(2) Ancien nom des Bordes.

Historique du parc d'artillerie de la Garde.

14 août.

Le 14, à 9 heures du soir et dès que le bruit du canon ne se fait plus entendre, un convoi de vingt voitures chargées de munitions part sous la conduite du colonel directeur et franchit les ponts jetés sur la Moselle pour ravitailler, s'il y a lieu, les troupes de la Garde impériale qui ont pris part à l'affaire de Borny. Sa mission terminée, ce détachement rentre au camp à minuit et demi.

b) **Organisation et administration.**

Le maréchal Bazaine au général Bourbaki. (Lettre.)

Metz, 14 août.

Mon cher Général,

Par suite de la suppression du commandement spécial des 2e, 3e et 4e corps d'armée, M. le général Manèque reprend ses fonctions de chef d'état-major au 3e corps. M. le colonel Balland (1) sera, en conséquence, maintenu à la 2e division de la Garde.

Le maréchal Bazaine au général Bourbaki. (Lettre.)

14 août.

Mon cher Général,

Par votre lettre du 13 courant, vous me demandez que l'on augmente la ration d'avoine attendu l'impossibilité où est l'administration de distribuer du foin et de la paille.

Tout en reconnaissant ce que cette situation peut avoir de fâcheux pour le bon entretien des chevaux, j'ai l'honneur de vous informer que l'état des approvisionnements ne permet pas, quant à présent, de rien changer à la ration telle qu'elle est distribuée actuellement.

Le maréchal Bazaine au général Bourbaki. (Lettre.)

14 août.

Mon cher Général,

Vous m'avez consulté sur la question de savoir si les personnels

---

(1) Chef d'état-major de la 2e division de la Garde.

mentionnés dans l'article 1er de la convention du 22 août 1864, concernant la neutralité des blessés, peuvent, tout en conservant leurs armes, être admis à bénéficier de la neutralité, ou bien s'il convient de les désarmer.

J'ai l'honneur de vous faire connaître que les commissaires réunis à Genève en 1864, en insérant dans la convention « que la neutralité cesserait si l'ambulance était gardée par une force militaire », ont eu pour but d'empêcher qu'une position importante et gardée militairement pût être considérée comme neutre par cette seule raison qu'on y aurait établi une ambulance.

Il n'est pas entré dans l'esprit des législateurs et il n'a jamais été stipulé que les armes seraient retirées aux sous-intendants, officiers de l'administration et officiers de santé.

c) Opérations et mouvements.

Le maréchal Bazaine au général Bourbaki. (Lettre.)

Borny, 14 août.

Mon cher Général,

Donnez des ordres pour que les bagages de votre corps d'armée soient en mesure de se diriger sur Metz pour aller se masser au Ban-Saint-Martin vers 1 heure de l'après-midi.

Je vous prie de venir me voir dès que vous le pourrez.

Le maréchal Bazaine au général Bourbaki. (Lettre.)

Borny, 14 août.

Mon cher Général,

C'est par erreur que j'ai désigné 1 heure pour le départ de vos bagages : c'est à 2 heures qu'ils doivent se mettre en mouvement, derrière ceux du 3e corps.

Le maréchal Bazaine au général Bourbaki. (D. T.).

Borny, 14 août, midi 30.

Les généraux Frossard et Ladmirault commencent leur mouvement.

Le maréchal Bazaine au général Bourbaki. (D. T.).

Borny, 14 août, 3 h. 5 soir.

Déjà le 2ᵉ corps, s'il ne peut pousser plus loin, doit camper à hauteur de Jussy et Rozérieulles, ayant derrière lui le 6ᵉ corps.

Je crois que le meilleur emplacement pour vous serait en arrière de Longeville, Devant-les-Ponts et le fort Moselle, si, comme j'en ai donné l'ordre, ce terrain est libre.

Vous savez que vous devez suivre demain la route de Verdun par Mars-la-Tour.

Ordre de la 1ʳᵉ division de la Garde impériale.

Borny, 14 août.

Tous les bagages de la Garde seront massés au Ban-Saint-Martin, aujourd'hui 14 août, à 1 heure de l'après-midi.

Ils s'y rendront dans l'ordre suivant :

Le convoi de l'administration (train auxiliaire, train régulier), le convoi de la cavalerie, le convoi de la 1ʳᵉ division, le convoi de la 2ᵉ division, enfin, celui du quartier général.

Le convoi de l'administration se mettra immédiatement en route ; celui de la cavalerie à 10 h. 30 ; celui de la 1ʳᵉ division à 10 h. 30 ; celui de la 2ᵉ division à 10 h. 45 ; celui du quartier général à 11 h. 15.

Chacun de ces convois sera formé dans l'ordre prescrit par l'article 264 du règlement sur le service en campagne.

On entrera dans Metz par la porte des Allemands et on prendra le chemin qui a été suivi lorsqu'on a quitté cette ville.

Les convois des deux divisions d'infanterie passeront en arrière du camp de la réserve de l'artillerie pour gagner la route impériale conduisant à Metz.

Le général Bourbaki au général Deligny. (Ordre.)

14 août.

La division Deligny prendra les armes à 3 heures et se rendra au bas des pentes du fort Queuleu, près de la porte Mazelle.

Le général aura soin, pour faire ce chemin comme pour s'installer, de ne pas encombrer les routes et de se tenir dans les terrains cultivés.

Lorsque les convois seront entièrement entrés en ville, la division commencera son propre mouvement, en passant par la porte Mazelle, la rue d'Asfeld, la place Saint-Martin, le Palais de justice et la rue de la Garde, pour gagner le Ban-Saint-Martin.

Si la porte Mazelle était encombrée, elle passerait par la porte des Allemands.

Le général Bourbaki au général Picard. (Ordre.)

14 août.

La division Picard prendra les armes aussitôt que la division Deligny arrivera à sa hauteur et se rendra près de la porte des Allemands. Elle traversera la ville et se portera vers le Ban-Saint-Martin.

Dégager les routes.

d) Situations et emplacements.

GARDE IMPÉRIALE (1ᵉʳ *régiment de voltigeurs*). — **Situation au 14 août 1870.**

DÉSIGNATION DES CORPS et EMPLACEMENTS.	PRÉSENTS.				AUX HOPITAUX.		ABSENTS pour AUTRES CAUSES.		EFFECTIF.		CHEVAUX ET MULETS.		
	OFFICIERS.		TROUPE.										
	Disponibles.	Indisponibles.	Disponibles.	Indisponibles.	Officiers.	Troupe.	Officiers.	Troupe.	Officiers.	Troupe.	Disponibles.	Indisponibles.	TOTAL.
1ᵉʳ voltigeurs (1)............	64	»	4,641	»	1	20	»	16	65	4,677	»	31	31

(1) 2 hommes venus d'autres corps, 6 hommes sortis de l'hôpital.

Conformément aux ordres que j'ai reçus, j'ai fait établir des demandes de pièces d'armes pour arriver à l'approvisionnement prescrit. La manufacture d'armes de Châtellerault a répondu qu'elle en était entièrement dépourvue.
Tous les hommes du régiment ont les pièces de rechauge réglementaires et l'armurier a une faible réserve, mais il n'en existe plus au dépôt du corps.

Approvisionnement en vivres de toute nature. { Le régiment est aligné en vivres de campagne jusqu'au 18 inclus.
— pain ou biscuit — 18 —
— fourrage — 14 —
— viande — 14 —

A Borny, le 14 août 1870.

GARDE IMPÉRIALE (2ᵉ régiment de voltigeurs). — **Situation au 14 août 1870.**

DÉSIGNATION DES CORPS et EMPLACEMENTS.	PRÉSENTS.				AUX HÔPITAUX.		ABSENTS pour AUTRES CAUSES.		EFFECTIF.		CHEVAUX ET MULETS.		
	OFFICIERS.		TROUPE.		Officiers.	Troupe.	Officiers.	Troupe.	Officiers.	Troupe.	Disponibles.	Indisponibles.	TOTAL.
	Disponibles.	Indisponibles.	Disponibles.	Indisponibles.									
2ᵉ voltigeurs, camp sous Metz (Moselle)........	68	»	1,697	10	»	17	»	»	68	1,724	32	»	32

Situation en vivres de toute sorte. — Les vivres de campagne sont assurés.

Au camp sous Metz, le 13 août 1870.

GARDE IMPÉRIALE (*Division de cavalerie*). — **Situation au 14 août 1870.**

DÉSIGNATION DES CORPS.	PRÉSENTS. OFFICIERS Dispo-nibles.	PRÉSENTS. OFFICIERS Indispo-nibles.	PRÉSENTS. TROUPE. Dispo-nibles.	PRÉSENTS. TROUPE. Indispo-nibles.	AUX HOPITAUX. Officiers.	AUX HOPITAUX. Troupe.	ABSENTS pour AUTRES CAUSES. Officiers.	ABSENTS pour AUTRES CAUSES. Troupe.	EFFECTIF. Officiers.	EFFECTIF. Troupe.	CHEVAUX ET MULETS. Dispo-nibles.	CHEVAUX ET MULETS. Indispo-nibles.	CHEVAUX ET MULETS. TOTAL.	NOMBRE de voitures.
État-major	12	»	»	»	»	»	»	»	12	»	55	»	55	14
Guides	44	»	522	4	»	10	»	126	49	662	649	7	656	7
Chasseurs	47	»	645	»	1	17	7	2	48	664	634	7	641	7
Lanciers	44	»	610	2	»	10	3	23	47	645	629	14	643	7
Dragons	45	»	642	5	»	13	4	15	46	675	629	12	641	7
Cuirassiers	48	»	634	»	»	5	»	16	48	655	637	8	645	7
Carabiniers	47	»	612	»	»	10	»	16	47	638	603	26	629	7
Artillerie	41	»	249	2	»	5	»	38	41	284	325	»	325	2
Train	4	»	105	2	»	»	»	»	4	445	130	4	134	13(1)
Gendarmerie	4	»	42	»	»	»	»	»	4	42	14	»	14	»
TOTAUX	300	»	4,064	13	2	70	14	236	313	4,380	4,305	75	4,380	68

(1) Dont 8 caissons, 8 chariots et 3 forges.

Approvisionnements en vivres de toute nature. { Les corps composant la division de cavalerie sont alignés, savoir : en pain ou biscuit, jusqu'au 19 inclus; en vivres de campagne, jusqu'au 18 inclus; en avoine, jusqu'au 15 inclus; en viande et chauffage, jusqu'à ce jour.

Au bivouac du fort des Bottes, le 14 août 1870.

GARDE IMPÉRIALE (*Artillerie*). — Situation au 14 août 1870.

DÉSIGNATION DES CORPS.	OFFICIERS			TROUPE.			CHEVAUX D'OFFICIERS			CHEVAUX DE TROUPE		
	PRÉSENTS.		ABSENTS.	PRÉSENTS.		ABSENTS.	PRÉSENTS.		ABSENTS.	PRÉSENTS.		ABSENTS.
	Disponibles.	Indisponibles.		Disponibles.	Indisponibles.		Disponibles.	Indisponibles.		Disponibles.	Indisponibles.	
État-major............	4	»	1	7	»	1	9	»	»	5	»	»
Régiment à cheval (réserve d'artillerie)...	25	»	»	587	»	»	39	»	2	634	4	5
Escadrons du train (parc)........	14	»	2	382	»	12	9	»	1	468	»	6
Total du quartier général....	43	»	3	976	»	21	57	»	3	1,107	4	11
Régiment monté (6 batteries)........	33	»	»	837	6	51	48	»	4	639	10	48
Régiment à cheval (2 batteries).....	11	»	»	289	»	5	14	»	1	310	2	»
Escadron du train (réserve divisionnaire).	2	»	»	84	»	3	2	»	»	144	»	»
Total des divisions........	46	»	»	1,210	6	59	64	»	2	1,093	12	48
Total général........	89	»	3	2,486	6	80	121	3	5	2,200	43	29

Approvisionnements en vivres de toute nature. { Biscuit et vivres de campagne, jusqu'au 48 inclus.
Pain, viande et fourrages, jusqu'au 14 inclus.

Au camp des Bottes, le 14 août 1870.

GARDE IMPÉRIALE (*Génie de la 1re division*). — **Situation au 14 août 1870.**

DÉSIGNATION DES CORPS et EMPLACEMENTS.	PRÉSENTS.					AUX HOPITAUX.		ABSENTS pour AUTRES CAUSES.		EFFECTIF.		CHEVAUX ET MULETS.		
	OFFICIERS		TROUPE.			Officiers.	Troupe.	Officiers.	Troupe.	Officiers.	Troupe.	Dispo-nibles.	Indispo-nibles.	TOTAL.
	Dispo-nibles.	Indispo-nibles.	Dispo-nibles.	Indispo-nibles.										
3e régiment du génie (8e compagnie, camp de Borny)......	4	»	100	2	»	5	»	2	4	109	16	»	16

État des munitions........ { 90 cartouches par homme à pied, 12 cartouches par homme à cheval ; en bon état. Les cartouches avariées ont été remplacées avec celles des hommes entrés à l'hôpital.

Approvisionnements en vivres de toute nature. { Vivres de campagne, jusqu'au 18 inclus. Viande ou lard, jusqu'au 18 inclus. Fourrages, jusqu'au 14 inclus. Les hommes ont cinq jours de vivres dans le sac. La chaussure est en bon état, les hommes ont deux paires de souliers.

	Pelles.	Pioches.	Haches.	Outils divers.	Totaux.
Situation des outils........ { Portatifs.................	30	30	24	40	94
Dans les voitures de section......	94	38	14	110	246
Totaux........	124	68	38	120	340

A Borny, le 13 août 1870.

GARDE IMPÉRIALE (*Services administratifs*). — **Situation au 14 août 1870.**

DÉSIGNATION DES CORPS et EMPLACEMENTS.	PRÉSENTS.				AUX HOPITAUX.				ABSENTS pour AUTRES CAUSES.				EFFECTIF.				CHEVAUX ET MULETS.		
	OFFICIERS		TROUPE.																
	Dispo- nibles.	Indispo- nibles.	Dispo- nibles.	Indispo- nibles.	Officiers.		Troupe.		Officiers.		Troupe.		Officiers.		Troupe.		Dispo- nibles.	Indispo- nibles.	TOTAL.
Intendance militaire........	2	»	1	»	»	»	»	»	»	»	»	»	2	»	1	»	4	»	4
Officiers de santé..........	5	»	»	»	»	»	»	»	»	»	»	»	5	»	»	»	5	»	5
Officiers d'administration des hôpitaux...................	2	»	26	»	»	»	»	»	»	»	»	»	2	»	26	»	2	»	2
Officiers d'administration des subsistances................	3	»	20	»	»	»	»	»	»	»	»	»	3	»	20	»	4	»	4
Train des équipages........	3	»	73	»	»	»	»	»	»	»	»	»	3	»	73	»	106	»	106
Détachement du train des équipages (Ligne)............	»	»	28	»	»	»	»	»	»	»	»	»	»	»	28	»	40	»	40
TOTAUX........	15	»	148	»	»	»	»	»	»	»	»	»	15	»	148	»	158	»	158

Approvisionnements en vivres de toute nature. } Tous les hommes composant les divers détachements affectés aux services administratifs sont approvisionnés, en vivres de toute nature, jusqu'au 48 août inclus.

A Borny, le 14 août 1870.

GARDE IMPÉRIALE (*Prévôté*). — Situation au 14 août 1870.

DÉSIGNATION DES CORPS et EMPLACEMENTS.	PRÉSENTS. OFFICIERS Dis-ponibles.	PRÉSENTS. OFFICIERS Indis-ponibles.	PRÉSENTS. TROUPE Dis-ponibles.	PRÉSENTS. TROUPE Indis-ponibles.	AUX HÔPITAUX. Officiers.	AUX HÔPITAUX. Troupe.	ABSENTS pour AUTRES CAUSES. Officiers.	ABSENTS pour AUTRES CAUSES. Troupe.	EFFECTIF. Officiers.	EFFECTIF. Troupe.	CHEVAUX DE SELLE Dis-ponibles.	CHEVAUX DE SELLE Indis-ponibles.	CHEVAUX DE TRAIT Dis-ponibles.	CHEVAUX DE TRAIT Indis-ponibles.	CHEVAUX TOTAL.	VOI-TURES.
Prévôté (camp des Bordes)...	1	»	20	»	»	»	»	»	1	20	15	»	1	»	16	1

Approvisionnements en vivres de toute nature. — En biscuit et vivres de campagne, jusqu'au 18 inclus.

Au camp des Bordes, le 14 août 1870.

Journée du 14 août.

4ᵉ CORPS.

a) Journaux de marche.

Journal de marche du 4ᵉ corps d'armée.

14 août.

Au point du jour, les troupes se tiennent sous les armes pendant que s'exécutent les reconnaissances journalières.

Le temps est complètement remis.

Dans la matinée, le 4ᵉ corps commence à évacuer les positions qu'il occupe pour aller camper en avant de Longeville, sur les hauteurs de Gravelotte, de l'autre côté de la Moselle, sur la route de Verdun (1).

Les bagages entrent dans Metz par la porte des Allemands et traversent la ville par la rue de Pontiffroy; la route de Longeville étant encombrée par les voitures du 2ᵉ corps, ils sont campés provisoirement dans les champs, à droite et à gauche de la route de Thionville, en avant du fort Moselle et du village de Devant-les-Ponts (2).

Les troupes doivent passer la Moselle sur des ponts de bateaux établis sur les deux bras qui enveloppent l'île Chambière. Une crue assez sensible de la rivière a gêné l'établissement de ces ponts.

Ce mouvement était en voie d'exécution quand une attaque dirigée par l'ennemi sur les positions des 3ᵉ et 4ᵉ corps ramena le corps d'armée sur le terrain de ses bivouacs.

(*Un rapport spécial donne des détails sur le combat qui eut lieu dans la soirée.*)

---

(1) A 9 h. 25, le commandant du 4ᵉ corps télégraphiait au maréchal Bazaine que le mouvement de ses convois « était commencé ».

(2) Il est à remarquer que, d'après les *Instructions* du 13 août, les convois du 4ᵉ corps devaient être parqués près de la maison de Planches et non pas s'engager sur la route de Longeville.

Le général de Ladmirault au maréchal Bazaine (Lettre).

Au quartier général du Sansonnet, 15 août.

Monsieur le Maréchal,

Hier, 14 août, les 1re et 3e divisions du 4e corps avec leurs batteries et la réserve avaient évacué les positions de Saint-Julien et avaient déjà traversé l'île Chambière, lorsque je fus prévenu que la 2e division (Grenier), qui devait couvrir le mouvement qui s'opérait sur la Moselle, se trouvait fortement attaquée et était aux prises avec un ennemi nombreux qui, en même temps attaquait les troupes du 3e corps. Je pus faire mettre sac à terre aux 1re et 3e divisions et les faire reporter sur leurs positions de Saint-Julien avec leurs batteries d'artillerie, suivies de la réserve d'artillerie du 4e corps.

En arrivant sur le plateau du château de Grimont, je vis la 2e division complètement engagée et occupant une ligne dont la droite se trouvait dans le village de Mey et la gauche à hauteur d'une chapelle nommée la Salette.

Le général Grenier faisait très bonne contenance et gagnait successivement les positions en avant de lui (1).

Renforcé rapidement par les batteries d'artillerie des 1re et 3e divisions, il contenait l'ennemi et lui faisait perdre du terrain. Mais déjà la nuit approchait et des masses d'infanterie prussienne, tenues jusqu'alors cachées, firent leur apparition. Une batterie de 12 de la réserve (2), heureusement placée à la chapelle de la Salette, par un feu bien dirigé, parut arrêter les masses descendant vers notre gauche.

Un ravin profond partant de Sainte-Barbe et arrivant jusqu'au village de Mey permit à des masses d'infanterie ennemie de se dissimuler et de menacer la droite de ma 2e division, tout en se reliant aux troupes qui attaquaient les positions du 3e corps. Une lutte vigoureuse s'engagea dans un petit bois situé vis-à-vis du village de Mey. Ce bois finit par nous rester, mais il fut la cause de nos pertes les plus fortes.

A la nuit tombante, c'est-à-dire à 8 heures (3), une masse compacte

---

(1) Pendant le combat, la division Grenier est, en réalité, restée sur la position occupée au début de l'engagement.
(2) 11e batterie du 1er régiment.
(3) Il était, en réalité, 8 h. 30.

d'infanterie (1) se précipita vers notre gauche et fut repoussée par une charge à la baïonnette.

L'ennemi se retira en nous laissant maîtres de cette position. Le feu cessa alors de part et d'autre.

Déjà les troupes de la 1re division (de Cissey) étaient arrivées et avaient pu prendre part aux attaques en soutenant les efforts de la 2e division.

Je ne puis encore préciser nos pertes; je ne pense pas qu'elles aillent au delà de six officiers tués, dont un chef de bataillon. Quant aux hommes blessés et hommes de toutes armes mis hors de combat, je ne pense pas que le chiffre en dépasse 300. Un rapport détaillé vous sera adressé à cet égard.

J'ai dû garder les positions jusqu'à 1 heure de la nuit (2) et diriger alors les troupes vers les ponts de la Moselle. A peine avais-je pu rallier tout le monde aujourd'hui 15, à midi.

C'est à 4 heures de l'après-midi que l'ennemi s'est montré; à 5 h. 30 seulement j'étais prévenu; à 6 h. 30, la 3e division et l'artillerie avaient regagné la hauteur et prenaient part au combat.....

Rapport du général Osmont, chef d'état-major du 4e corps, sur le combat de Borny (3).

Plappeville, 3 septembre 1870.

Le 4e corps devait évacuer, le 14 août, les positions qu'il occupait en avant du fort Saint-Julien pour se diriger vers Metz et passer la Moselle.

Pendant la matinée, les bagages et l'administration effectuent leur mouvement et traversent Metz par la rue de Pontiffroy; ils se massent dans la plaine de Devant-les-Ponts, sous le fort Moselle, à droite et à gauche de la route de Thionville.

---

(1) Il s'agit tout simplement du bataillon de fusiliers du 4e régiment prussien.

(2) A 10 h. 15 du soir, le commandant du 4e corps demandait télégraphiquement au maréchal Bazaine « s'il devait repasser la Moselle ou rester en position sur les hauteurs de Grimont ».

(3) Il est à remarquer que le général Osmont s'engagea sur la route de Gravelotte et ne rejoignit le quartier général que le lendemain. (Déposition du général de Ladmirault. Procès Bazaine.) Son rapport n'est donc pas celui d'un témoin oculaire.

Les troupes se mettent en mouvement à midi dans l'ordre suivant : Cavalerie ; 3ᵉ et 1ʳᵉ division d'infanterie avec leur artillerie marchant entre les brigades ; artillerie de réserve (1).

La 2ᵉ division restant sur le plateau, la droite au village de Mey, le centre en avant du bois de Grimont, la gauche en arrière des positions évacuées par la 3ᵉ division, pour couvrir la retraite (2).

A 4 heures, la 1ʳᵉ brigade de la 3ᵉ division (de Lorencez) et une partie de la 2ᵉ brigade avaient déjà passé les ponts de bateaux établis sur les deux bras de la Moselle, qui entourent l'île Chambière, et se disposaient à aller prendre leur campement en avant du fort Moselle, au lieu dit : « Devant-les-Ponts ». La 1ʳᵉ division avait, en partie (3), évacué ses positions et descendait la côte de Saint-Julien. Sa tête de colonne avait passé le petit bras de la Moselle et était massée dans l'île Chambière (4).

A ce moment de la journée, l'ennemi se présente devant les positions occupées par le 3ᵉ corps d'armée. Bientôt la canonnade s'engage. Ce mouvement d'attaque ne tarde pas à s'étendre vers les villages de Sainte-Barbe et de Noisseville et enfin sur la route de Bouzonville, en face de la 2ᵉ division d'infanterie. Le général commandant cette division prend les dispositions suivantes : il fait avancer sa 1ʳᵉ brigade, sa droite, un peu au-dessus du village de Mey, où il place un bataillon ; un autre bataillon et trois compagnies du 5ᵉ bataillon de chasseurs sont chargés d'occuper fortement le petit bois qui domine le village.

De là, sa ligne s'étend vers l'auberge située à l'embranchement de Mey avec la route de Bouzonville. En deuxième ligne sont disposés le 64ᵉ de ligne et un bataillon du 98ᵉ par bataillons en colonne à demi-distance.

La 2ᵉ brigade (de Golberg), de la 1ʳᵉ division d'infanterie, qui n'avait pas encore exécuté son mouvement rétrograde (5), appuie la gauche de la 2ᵉ division. L'artillerie de la 2ᵉ division est placée : une batterie de 4 à l'aile droite, à l'angle du bois considéré comme la clef de la position ; la batterie de mitrailleuses au centre et la troisième batterie, à gauche, près de la route de Bouzonville, soutenue par un bataillon

---

(1) L'artillerie de réserve marchait en avant des divisions d'infanterie.
(2) L'ordre en avait été donné par le commandant du 4ᵉ corps, mais il ne fut pas exécuté.
(3) Tout entière.
(4) Elle était encore en entier sur la route.
(5) Elle était au contraire déjà en route.

du 98ᵉ (1). Le IIIᵉ bataillon (2) de ce régiment avait pour mission d'observer le fond de la vallée au-dessous de Villers-l'Orme.

Le général commandant en chef le 4ᵉ corps d'armée qui, de sa personne, avait déjà traversé les ponts de la Moselle, entendant les premiers coups de canon, revient vers Saint-Julien, fait mettre sacs à terre aux troupes des 3ᵉ et 1ʳᵉ divisions et leur ordonne de se reporter rapidement sur les hauteurs de Grimont pour prendre part au combat.

Les troupes gravissent avec un entrain remarquable et au cri de : « Vive l'Empereur ! » les longues pentes qu'elles viennent de descendre.

Le général de Cissey, qui avait déjà sa 2ᵉ brigade (de Golberg), en soutien des troupes de la 1ʳᵉ division (3), dispose sa 1ʳᵉ brigade (Brayer), dès son arrivée sur le plateau, près du village de Mey, pour assurer le flanc droit de la ligne, en prescrivant au général qui la commande d'occuper Mey, s'il en était besoin, avec le 20ᵉ bataillon de chasseurs à pied et le 1ᵉʳ de ligne. Bientôt il porte le gros de sa division et deux batteries d'artillerie (4) en avant, sur la route de Bouzonville, prenant position pour battre les villages de Poixe et de Servigny, où se massait l'ennemi.

Le général de Lorencez (3ᵉ division), en débouchant sur le plateau, place sa 2ᵉ brigade (Berger), en arrière de la 1ʳᵉ brigade de la 1ʳᵉ division en bataille par bataillons en colonne. La 1ʳᵉ brigade (Pajol), arrivée à hauteur du fort Saint-Julien à 5 h. 30, est formée sur deux lignes à droite de la route de Bouzonville, derrière les carrières ; elle forme la dernière réserve.

L'artillerie prussienne, déployée au-dessus du village de Noisseville, lutte avec nos batteries, qui prennent dès le début l'avantage sur celles de l'ennemi et les forcent à ralentir leur feu. En avant du même village, l'ennemi descend par les ravins, occupe en force les vignes qui en garnissent les pentes.

Le général Grenier, pour arrêter ce mouvement offensif, renforce

---

(1) $\dfrac{\text{II}}{98}$.

(2) Ce bataillon avait rétrogradé jusque dans l'île Chambière. Il n'arriva que bien plus tard sur le champ de bataille et reçut alors seulement la mission indiquée ici.

(3) Cette brigade n'avait pas attendu l'ordre du commandant de corps d'armée pour faire demi-tour.

(4) $\dfrac{5, 9}{15}$

les troupes qui occupent le bois de Mey par un bataillon du 64ᵉ de ligne (1).

Vers 6 heures, les colonnes ennemies, sous le feu violent de notre artillerie, s'éloignent et paraissent vouloir renoncer au combat (2), mais cette manœuvre cache un mouvement tournant et est suivie d'une attaque générale sur notre ligne entière. Elle a lieu avec beaucoup d'ensemble et d'élan. Nos troupes soutiennent ce choc avec vigueur et conservent leurs positions.

Malheureusement ce succès enhardit le commandant du bataillon du 64ᵉ, qui occupait le bois; il en sort, court sur l'ennemi, mais il est obligé de se replier devant des forces très supérieures cachées au fond du ravin; suivi de près et sous un feu très vif, il ne peut même se maintenir dans le bois. Les trois compagnies de chasseurs qui y sont postées ne conservent (3) cette position qu'au prix de pertes très sensibles.

Le général de Cissey, remarquant que notre droite fléchit, fait appuyer les troupes de la 2ᵉ division par une partie de sa 2ᵉ brigade ainsi que par le 20ᵉ bataillon de chasseurs et le 1ᵉʳ de ligne sur le flanc du bois. L'ennemi est promptement délogé du terrain qu'il a occupé par le feu de revers de ces troupes et par celui de notre artillerie. Il sème le lieu du combat, le bois et les vignes de ses morts et de ses blessés. Il cherche un abri dans le ravin en avant de Mey; mais il y est fusillé par le bataillon qui occupe ce village.

Pendant que cette action se passe à la droite de la ligne, les batteries de la 1ʳᵉ division, sur la route de Bouzonville, battent les villages de Poixe et de Servigny, où l'ennemi se tient toujours en force. La réserve d'artillerie joint au feu de la ligne celui de ses pièces de 12, dont l'effet est très remarqué et contribue à faire taire des batteries qui tiraient à la fois sur nos troupes et sur celles du 3ᵉ corps, placé à notre droite.

La nuit commençait : il était 7 h. 30 du soir (4) et l'on avait beaucoup de peine à distinguer les colonnes prussiennes qui, repoussées par nos troupes, étaient remontées vers Servigny.

---

(1) $\frac{\text{II}}{64}$.

(2) Allusion probable à l'échec subi entre 6 h. 30 et 7 heures par les compagnies du 44ᵉ qui attaquèrent le bois de Mey pour la première fois. Il est seulement à remarquer que le IIᵉ bataillon du 64ᵉ ne fut porté sur le bois de Mey qu'après cet échec.

(3) Le bois fut au contraire évacué momentanément par le 5ᵉ bataillon de chasseurs.

(4) Certainement plus tard, car à cette heure, le soleil était couché depuis un quart d'heure à peine.

Un dernier retour offensif est tenté par les Prussiens vers le village de Poixe. Il détermine un commencement de mouvement de retraite parmi les troupes de la 2ᵉ division placées en soutien d'une batterie sur la route de Bouzonville. Elles sont promptement ralliées; on sonne la charge et les troupes ennemies, à la faveur de l'obscurité, alors complète, battent définitivement en retraite.

Un peu avant la fin de l'action, le général commandant la 3ᵉ division, averti par le général en chef que l'ennemi tentait un mouvement tournant sur notre gauche, porte sa 1ʳᵉ brigade en avant du château de Grimont.

La nuit close, le combat cesse et les troupes du 4ᵉ corps bivouaquent sur les positions qu'elles occupent, jusqu'à minuit, heure à laquelle elles reprennent leur mouvement vers Metz pour passer définitivement la Moselle.

Journal de marche de la 1ʳᵉ division du 4ᵉ corps.

14 août.

Il a été décidé que l'armée tout entière passerait sur la rive gauche de la Moselle; la 1ʳᵉ division, qui doit prendre la tête de la colonne du 4ᵉ corps, doit aller bivouaquer à Moulins-les-Metz : elle s'engage sur la route qui mène, par Saint-Julien, aux ponts de Chambière.

Toutefois, la division Lorencez ayant pris un chemin distinct de celui que suit la 1ʳᵉ division, se trouve dans le courant de la marche, avoir pris la tête de colonne à la place de la division de Cissey. La 1ʳᵉ brigade de la 1ʳᵉ division était à peine à proximité des ponts de l'île Chambière (1) que l'on entend tout à coup le canon gronder vigoureusement sur la droite de la ligne que nous occupions le matin; le combat paraît bien vite prendre de grandes proportions. Le général de Ladmirault fait alors prévenir le général de Cissey de marcher de suite au canon et l'informe en même temps qu'il va faire revenir la division Lorencez pour nous appuyer au besoin. Le général de Cissey fait immédiatement mettre les sacs à terre sur les bords de la route et la division remonte au pas de course avec le plus grand entrain vers le plateau de Mey; l'artillerie de la division suit au grand trot. Pendant ce temps, la 2ᵉ brigade de la division, qui, au bruit du combat, s'était arrêtée derrière le fort Saint-Julien, était bientôt allée prendre position derrière Mey; le général de Cissey la fait placer à droite et à gauche de la route de Bouzonville. L'artillerie vient s'établir en batterie sur cette route, derrière

---

(1) La tête de colonne du 6ᵉ régiment — derrière lequel marchait le 1ᵉʳ — paraît avoir atteint, à ce moment, le village de Saint-Julien.

la ferme de la Salette (1) et ouvre son feu sur les villages de Poixe et de Servigny. La 1re brigade entre ensuite en ligne, se relie à gauche à la 2e brigade et va appuyer sa droite à la division Grenier, à hauteur de Mey.

Le bois en avant du village de Mey était occupé par des troupes de la division Grenier, qui se portent en avant afin de déloger l'ennemi des vignes qui sont au-dessous; mais elles l'y trouvent en masses considérables et éprouvent une telle résistance qu'elles sont obligées de battre en retraite et d'abandonner le bois, qui est aussitôt occupé par les Prussiens. Le général de Cissey ordonne alors au 20e bataillon de chasseurs à pied et au 1er régiment d'infanterie, d'occuper le village de Mey et de chasser l'ennemi du petit bois; cet ordre est exécuté avec la plus grande vigueur et l'ennemi se replie en désordre sous un feu de revers qui lui fait éprouver de grandes pertes.

La nuit arrive; le général de Cissey rallie ses troupes un peu rompues par les mouvements offensifs qu'elles viennent de prononcer. A cet instant, les Prussiens font un dernier retour offensif à notre gauche et provoquent un moment d'hésitation parmi nos jeunes réserves; mais on fait battre la charge, les officiers, les sous-officiers et les vieux soldats se portent carrément en avant et l'ennemi, de nouveau culbuté, se retire définitivement.

Nous passons la nuit sur le champ de bataille.

Vers 1 heure du matin, le général de Cissey est prévenu que la division doit, à la pointe du jour, reprendre le mouvement de passage de la Moselle, si brusquement interrompu la veille.

Dans cette affaire du 14 août, dite bataille de Borny, les pertes de la division ont été, savoir :

Officiers : 2 tués, 4 blessés.

Troupe : 11 tués, 81 blessés, 11 disparus.

Le 20e bataillon de chasseurs à pied a perdu son chef intrépide, le commandant de Labarrière.

Le général de Cissey, commandant la 1re division du 4e corps, au général de Ladmirault (Lettre).

Au bivouac, près Metz, 15 août.

Mon Général,

La 1re division était en marche hier pour passer les ponts de la Moselle

---

(1) L'artillerie se mit en batterie le long du chemin de la Salette à Mey. (Voir l'Historique des batteries.)

et sa tête de colonne était déjà massée dans l'île Chambière (1) lorsqu'on entendit une forte canonnade sur la droite, en avant de Metz.

Sur l'ordre que vous avez donné, les troupes déposèrent leurs sacs et remontèrent au pas gymnastique et aux cris de : « Vive l'Empereur! » sur leurs anciennes positions. On fit place aux deux (2) batteries d'artillerie, qui remontèrent au trot.

A mon arrivée en avant du fort Saint-Julien, je trouvai la 2ᵉ division (Grenier), chargée de soutenir l'arrière-garde, occupant une position entre la route de Bouzonville et le village de Mey. Elle était appuyée par la 2ᵉ brigade de ma division, dont les troupes n'avaient pas eu le temps de descendre vers l'île Chambière.

Pour assurer notre flanc droit, je prescrivis au général Brayer de se rapprocher du village de Mey et de l'occuper, s'il en était besoin, avec le 20ᵉ bataillon de chasseurs à pied et le 1ᵉʳ de ligne.

Avec le gros de ma division et deux batteries d'artillerie (3), je me portai en avant par la route de Bouzonville et je fis prendre position pour battre les villages de Servigny, de Poixe et de Nouilly, où on apercevait des masses ennemies. L'artillerie prussienne avait pris position au-dessus de Noisseville et était aux prises avec nos batteries, qui prirent bientôt l'avantage sur elle.

L'ennemi, descendu par les ravins, occupait en force les vignes placées au-dessus de Mey et de Nouilly. Le général Grenier fit occuper le bois de Mey pour les arrêter. Mais le bataillon (4) placé dans cette bonne position se jeta en avant pour déloger les Prussiens des vignes. Il fut repoussé par des forces très supérieures cachées au fond du ravin, forcé de battre en retraite sous un feu très vif, et perdit le bois.

Je fis appuyer le général Grenier par une partie de ma 2ᵉ brigade et par le 20ᵉ bataillon de chasseurs et le 1ᵉʳ de ligne. M. le général Brayer, qui commandait en personne ces troupes, jeta le bataillon de chasseurs dans Mey et plaça un bataillon du 1ᵉʳ de ligne sur le flanc du bois (5). L'ennemi, accueilli par un feu de revers de ces troupes, fut prompte-

---

(1) La tête de colonne (20ᵉ bataillon de chasseurs et artillerie) continua sa marche après les premiers coups de canon, et ne fit demi-tour qu'après avoir pénétré dans l'île Chambière.

(2) *Lire* : trois.

(3) $\frac{5,\ 9}{15}$.

(4) $\frac{\text{II}}{64}$.

(5) $\frac{\text{III}}{1}$; entre Mey et le bois.

ment délogé et mis en désordre par notre artillerie. Il sema le terrain du combat, le bois et les vignes, de ses morts et de ses blessés, et se réfugia dans le ravin où il était fusillé par le bataillon occupant Mey.

Pendant que cette action se passait à ma droite, je faisais canonner les villages de Servigny et de Poixe, où l'ennemi apparaissait en forces. L'obscurité commençait à se faire et on avait beaucoup de peine à distinguer les positions prussiennes. Mes troupes, après avoir combattu vivement l'ennemi descendu de Servigny, l'ont obligé à se retirer. Un dernier retour offensif fut tenté par les Prussiens près du village de Poixe (1) Mais on poussa la charge et les troupes ennemies, protégées par l'obscurité, alors complète, firent définitivement leur retraite......

Extrait des Souvenirs inédits *du général de Cissey.*

14 août.

Il est décidé que l'armée tout entière passera sur la rive gauche de la Moselle et nous nous mettons en route pour aller bivouaquer à Moulins-les-Metz. La division Lorencez descend en même temps que moi, mais par un autre chemin, des hauteurs du Saint-Julien et me coupe la route; mon numéro m'appelait à passer le premier, mais le général Pajol m'affirme avec tant d'aplomb qu'il a l'ordre de passer immédiatement, que je le laisse faire, fort heureusement !

Nous arrivons à peine à proximité des ponts de l'île Chambière, que l'on entend le canon gronder vigoureusement vers la droite de la ligne que nous occupions le matin; le combat paraît prendre de grandes proportions. Le général de Ladmirault me fait dire de marcher au canon et qu'il va faire revenir la division Lorencez pour nous appuyer au besoin. Je fais jeter les sacs à terre sur le bord de la route; on remonte au pas de course et avec le plus grand entrain, suivis par l'artillerie qui marche au trot.

La 2ᵉ brigade, qui, au bruit du combat, s'était arrêtée derrière le fort Saint-Julien, avait pris position en arrière de Mey : je la fais placer à droite et à gauche de la route de Bouzonville, l'artillerie en batterie sur cette route derrière la ferme de la Salette (2), battant les villages de Poixe et de Servigny ; la 1ʳᵉ brigade va appuyer la droite de la division Grenier, à hauteur de Mey.

Le bois en avant du village était occupé par des troupes de la 2ᵉ divi-

---

(1) Il s'agit du mouvement offensif de $\frac{F}{4}$ par Servigny sur la Salette.

(2) Le long du chemin de la Salette à Mey.

sion : elles se portent en avant pour déloger l'ennemi des vignes qui sont au-dessous (1), mais elles y trouvent l'ennemi en masse et éprouvent une résistance telle qu'elles sont obligées de battre en retraite et d'abandonner le bois, qui est aussitôt occupé par les Prussiens. J'ordonne, au 20e bataillon de chasseurs et au 1er régiment d'infanterie, d'occuper le village de Mey et de chasser l'ennemi du bois ; cet ordre est exécuté avec vigueur et l'ennemi se replie en désordre sous un feu de revers qui lui fait éprouver de grandes pertes. La nuit arrive ; nous cherchons à rallier nos troupes, un peu rompues par les mouvements vigoureux qu'elles ont fait en avant ; à cet instant, l'ennemi fait un retour offensif à notre gauche. Un régiment (2), que je croyais de ma division et près duquel je m'étais porté, lâche pied sous un feu d'ensemble des Prussiens; les officiers essayent en vain de l'arrêter; je charge les fuyards avec mon état-major et mes hussards d'escorte; ils se mettent alors à tournoyer sur eux-mêmes, tirant en l'air et même sur nous. Enfin, le colonel parvient à faire battre la charge ; les officiers, les sous-officiers et les vieux soldats se portent vigoureusement en avant et les Prussiens culbutés s'en vont définitivement (3).

Nous passons la nuit sur le champ de bataille, devant un bon feu et couchés sur des bottes de paille. Vers 1 heure du matin, j'envoie au château de Grimont pour avoir des ordres : on me dit que nous devons, à la pointe du jour, reprendre le mouvement de passage de la Moselle. (Le quartier général du 4e corps avait été placé pendant ces derniers jours dans ce beau château qui n'est plus qu'une ruine. Le parc avait été rasé pour les besoins de la défense).....

Les pertes de ma division ont été, le 14, de 2 officiers tués, 4 blessés ; troupe : 11 tués, 81 blessés, 11 disparus.

Dès cette première bataille, il est facile de prévoir quelle sera l'issue de la campagne pour cette belle armée. On ne s'était éclairé suffisamment d'aucun côté et, si le corps de Ladmirault (1re et 2e divisions) y a pris une part vigoureuse, c'est à l'initiative seule de son chef qu'on le

---

(1) Contre-attaque de $\frac{11}{64}$.

(2) Sans aucun doute le 43e.

(3) Le Journal de marche de la 1re division fait allusion à un *mouvement d'hésitation parmi nos jeunes réserves*. Le rapport du général Grenier parle également *d'un mouvement de retraite promptement arrêté*. Le rapport du colonel commandant le 43e est muet sur ce point.

doit, car pas un avis, pas un ordre ne nous est arrivé du grand quartier général pendant la journée.....

Si l'état-major général avait fait son métier, la cavalerie eût également fait le sien; on eût su, le 14, à la pointe du jour, que les Prussiens passaient la Moselle au pont d'Ars et qu'ils se portaient à droite, avec une forte partie de leur armée, pendant qu'ils nous retenaient sur le plateau de Borny par une attaque. D'après le dire du premier président de la Cour impériale de Metz, le chef d'état-major général fut prévenu, le 13, qu'une avant-garde de cavalerie prussienne passait le pont d'Ars; cet avis fut donné à la fois par un conseiller à la Cour, par un officier d'état-major, et par un rapport du maire d'Ars; rien n'eût été plus facile que d'aller occuper le pont, ou tout au moins de le faire sauter, car notre droite n'en était pas à une heure. Mais, depuis les malheureux combats de Wissembourg et de Wœrth, on avait pris pour habitude de gouailler tous les donneurs d'avis et d'attribuer à la peur tous les renseignements donnés sur la marche de l'ennemi. Quoi qu'il en soit, le général Jarras, à ce qu'il paraît, prétendit que ces nouvelles ne le regardaient pas et renvoya les porteurs d'avis au maréchal Bazaine, qu'on ne put trouver avant le soir. Nous avons perdu ainsi une excellente occasion d'infliger un désastre sanglant à l'armée prussienne : nous vengions nos échecs d'Alsace, et Dieu sait quelles en eussent été les conséquences!.....

Historique du 20e bataillon de chasseurs (1re division du 4e corps).

Le 14 août, réveil à 3 heures du matin; toute la nuit, une section par compagnie du bataillon avait été de garde sur le front de bandière. Les tentes sont abattues, les sacs faits, les bagages chargés. A 6 heures du matin, la 6e compagnie est envoyée en reconnaissance, avec une batterie (1) du 15e d'artillerie, dans la direction de Servigny; toutes les troupes sont sous les armes. Quelques coups de feu sont échangés entre les vedettes de cavalerie.

A 11 heures, les voitures se mettent en marche. M. le sous-lieutenant Gerber est détaché au petit dépôt, à Metz. La brigade s'ébranle à 1 h. 30 et se dirige sur Metz, par la route de Bouzonville.

La marche est lente et pénible, la chaleur très forte. A la descente de Saint-Julien, la division est coupée par une division d'infanterie et une division de cavalerie. A mi-côte environ, vers 4 heures, le canon se

---

(1) $\frac{9}{15}$.

fait entendre sur la gauche, éloigné d'abord, puis il se rapproche rapidement et augmente d'intensité.

L'impatience des troupes est grande. La batterie de mitrailleuses de la division descend l'étroite chaussée dont les chasseurs occupent les bas-côtés ; nos hommes se promettent de les voir bientôt fonctionner. Néanmoins, la colonne continue à descendre et arrive à 5 heures dans le polygone, sur l'île Chambière. Au moment de franchir la Moselle, le canon redouble de violence ; le bataillon s'arrête et forme les faisceaux, puis le général fait mettre sacs à terre, faire la contremarche et il lance le bataillon au pas gymnastique sur la côte Saint-Julien. Les 2ᵉ et 3ᵉ compagnies partent au pas de course, en soutien de batteries.

La côte est gravie à une allure très vive et, en débouchant sur le plateau, le bataillon assiste à un formidable combat d'artillerie. Il est d'abord placé en réserve derrière les deux régiments de la brigade et abrité derrière une grande butte placée à droite de la route. Puis il avance lentement, en se déployant à mesure que le terrain le permet. Les projectiles ennemis éclatent, soit en l'air, soit en avant du bataillon, sans lui causer la moindre perte. Puis le général Brayer, s'apercevant que les Prussiens gagnent du terrain, lance le bataillon au pas gymnastique sur le village de Mey. Le commandant de Labarrière envoie la 6ᵉ compagnie (capitaine de Bermond) par le centre, la 5ᵉ (capitaine de Cussy) par la droite, et la 4ᵉ (capitaine Nadal) par la gauche, pour fouiller les vignes, les vergers et les maisons du village, où les Prussiens cherchent déjà à entrer. La 1ʳᵉ compagnie est d'abord en réserve, mais le commandant, s'apercevant du danger que court le village, y envoie aussi cette compagnie.

Après avoir pris, perdu et repris le bois de Mey sur le 5ᵉ bataillon (division Grenier), qui a dû appuyer à droite dans les vignes du ravin de Vantoux, les Prussiens s'avancent sur le village qui n'était plus défendu que par des tirailleurs de la ligne, embusqués dans les jardins et les vergers. Mais un feu violent, partant des haies, des fenêtres, des toits, des jardins, les oblige à rentrer sous bois.

La nuit arrive, on hésite à continuer le feu sur le bois, dans la crainte que les chasseurs du 5ᵉ bataillon l'aient de nouveau occupé. Le commandant de Labarrière, qui vient d'avoir un cheval tué sous lui, veut s'en assurer et s'avance, le revolver au poing, avec une section de la 1ʳᵉ compagnie. Le bois était occupé par les Prussiens, qui font voir un mouchoir blanc, lèvent les crosses en l'air et crient qu'ils se rendent. Le commandant donne l'ordre de cesser le feu des maisons qui protégeait sa marche et se dirige sur le bois, pour reconnaître de plus près les assaillants. Au même moment, une fusillade éclate qui le couche par terre, ainsi que le lieutenant Derrien, le chasseur Calas, et blesse plusieurs hommes. Le feu recommence aussitôt et les Prussiens, réduits au silence, sont forcés d'évacuer le bois.

A la droite, M. le sous-lieutenant Cleiftié avait déployé sa section en tirailleurs dans les vergers, et avait chassé l'ennemi de la plaine, en avant du village. La 6ᵉ compagnie avait barricadé les rues qui débouchaient sur le flanc droit et mis un îlot de maisons en état de défense. Une grêle de balles éraflaient les murailles et sillonnaient les rues, mais aucun obus ne fut tiré sur le village.

Vers 9 heures, le feu cesse sur toute la ligne; on n'entend plus que quelques coups de canon à notre droite, auxquels l'ennemi ne répond pas; l'artillerie française paraît être fort en avant de ce côté.

Vers la gauche, on entend battre la charge et des acclamations enthousiastes retentissent, puis la fusillade cesse complètement.

Les 1ʳᵉ, 4ᵉ, 5ᵉ et 6ᵉ compagnies s'établissent à la gauche du village et s'y fortifient, tandis que deux compagnies du 6ᵉ de ligne, envoyées par le général Brayer, occupent la droite.

On profite de la nuit pour relever les morts et les blessés, qui jonchent le bois de Mey et la plaine à sa droite; les Prussiens y figurent en grand nombre. Des grand'gardes françaises de la ligne sont couchées à plat ventre, en avant du bois; on s'attend à un retour offensif.....

On entend, dans le lointain, des chants et des hurrahs! Sainte-Barbe, Glatigny sont en feu et des lueurs paraissent se propager sur notre droite, en partant de ces villages. L'armée française bivouaque sur ses positions et n'est nullement inquiétée par l'ennemi.

Aux batteries, les 2ᵉ et 3ᵉ compagnies avaient subi quelques pertes. M. le sous-lieutenant Lacour et le sergent Brébant sont tués chacun d'un éclat d'obus à la tête. Les pertes du 20ᵉ bataillon, dans cette journée, sont : 2 officiers et 4 chasseurs tués; 19 chasseurs blessés.

Le capitaine Delherbe prend le commandement du bataillon.

Historique du 1ᵉʳ régiment d'infanterie (1ʳᵉ division du 4ᵉ corps).

14 août.

. . . .

Vers 4 heures, le général de Ladmirault, qui présidait au passage de la Moselle, donne l'ordre de se reporter immédiatement en arrière, et la division de Cissey, engagée dans la descente qui conduit vers l'île Chambière, jette ses sacs à terre pour s'élancer au pas de course sur les hauteurs de Saint-Julien. Le 20ᵉ bataillon de chasseurs est immédiatement (?) dirigé sur le bois de Mey, que les tirailleurs prussiens occupaient déjà. Les Iᵉʳ et IIᵉ bataillons se forment en bataille à droite de la route de Sainte-Barbe, un peu en arrière de l'artillerie; le IIIᵉ bataillon, appuyé au village de Mey, détache deux compagnies en tirailleurs dans la direction du bois. Là, le capitaine Girault est frappé mortellement.

Les Prussiens prétendent avoir remporté ce jour-là une éclatante victoire et nous avoir repoussés jusque sous les glacis des forts; mais, ce qui est hors de doute, c'est que la division de Cissey s'est constamment portée en avant et qu'à la nuit elle a établi ses bivouacs à hauteur de Nouilly. Il est non moins certain qu'elle a passé presque toute la nuit dans cette position et que ce n'est que le lendemain matin, vers 3 heures, qu'elle s'est de nouveau fort tranquillement dirigée sur Metz pour y effectuer sans obstacle le passage de la Moselle.

Historique du 6e régiment d'infanterie (1re division du 4e corps).

14 août.

Le 14, vers 11 heures du matin, la division quittait son camp et, ayant gagné la route, laissait le fort Saint-Julien à sa droite pour venir passer la Moselle à Metz, quand, vers 4 heures du soir, au moment où sa tête de colonne arrivait au village de Saint-Julien, une canonnade, faible d'abord, puis nourrie, se fit entendre en arrière sur notre flanc gauche. Au même moment, le général de Ladmirault, commandant le corps d'armée, arrivait au galop à la tête de son état-major, remontait la colonne, faisait mettre les sacs à terre et prendre le pas gymnastique. Le régiment gravissait ensuite les pentes raides du plateau de Saint-Julien et s'établissait en avant du fort, face à l'ennemi, qui occupait déjà les positions de Mey, que nous avions quittées depuis quelques heures seulement.

Nos bataillons attendaient là, pleins d'ardeur, le moment de se montrer, quand, vers 6 heures, à la demande formelle du colonel Labarthe, ils étaient enfin appelés à prendre une part plus directe à l'action. Le Ier bataillon (commandant Saint-Martin) occupait alors le village de Mey, à notre droite; le IIIe bataillon (commandant Payan), s'établissait derrière les haies des jardins, à gauche du village, dans l'axe même des feux ennemis, ce qui le forçait à se mettre genoux à terre pour éviter une grêle de balles; et le IIe bataillon (commandant Salle) était envoyé pour garder le château de Grimont, qu'il laissait en arrière sur notre gauche et à quelques centaines de mètres seulement en avant du fort Saint-Julien. L'action, à partir de ce moment, n'était pas de longue durée et aussitôt terminée. Le général Brayer, commandant la brigade, félicitait le régiment de sa belle conduite au feu.

Cette bataille, appelée bataille de Borny, nous coûtait six blessés, dont un officier : le capitaine Ricci.

Historique du 57ᵉ régiment d'infanterie (1ʳᵉ *division du* 4ᵉ *corps*).

14 août.

Le régiment avait reçu l'ordre de se replier sur Metz et avait commencé son mouvement à 2 heures de l'après-midi. Il était arrivé à 4 heures à hauteur du fort Saint-Julien, lorsqu'une violente canonnade, qui éclata tout à coup vers Borny et Coincy, l'arrêta dans sa marche. L'ordre de se reporter en avant arriva aussitôt et le régiment prit position en avant du château de Grimont et sur la gauche de la route qui conduit à Malroy. L'ennemi se déploya rapidement devant lui et couronna les hauteurs de Poixe et de Servigny. Le combat, qui dura jusqu'à la nuit et qui fut très violent de Borny à Servigny, ne fut pas meurtrier pour le 57ᵉ, qui n'eut qu'un léger engagement de ses grand'-gardes avec les avant-postes prussiens (?). Un bataillon du 73ᵉ, qui faisait brigade avec le 57ᵉ, fut seul engagé pendant quelque temps et eut à essuyer un feu de mousqueterie assez violent du côté de Mey.

Le régiment bivouaqua sur le champ de bataille et ne reçut que pendant la nuit l'ordre de continuer sur Metz le mouvement interrompu la veille.

Le 57ᵉ a eu deux hommes tués et cinq blessés au combat de Borny.

Historique du 73ᵉ *régiment d'infanterie* (1ʳᵉ *division du* 4ᵉ *corps*).

14 août.

Dès le matin, l'ordre était donné à tout le 4ᵉ corps de repasser la Moselle; les bagages étaient envoyés en avant, ainsi que toute l'artillerie de réserve.

La 3ᵉ division commença le mouvement. Le 73ᵉ avait à l'effectif 64 officiers et 2,220 sous-officiers, caporaux et soldats. A midi, la 1ʳᵉ division se met en marche; vers 4 h. 30, le 73ᵉ se trouvait à hauteur du château de Grimont, quand le canon se fit entendre dans la direction de Borny.

La 2ᵉ brigade fit demi-tour et le colonel Supervielle prit ses dispositions pour le combat. La 2ᵉ division, qui servait d'arrière-garde, venait d'être attaquée. Les Iᵉʳ et IIᵉ bataillons du régiment se portent en colonne serrée dans la direction du bois de Mey; le IIIᵉ bataillon, en colonne, se place en soutien derrière l'artillerie divisionnaire : un combat d'artillerie s'engage et dure jusqu'à la nuit. A 7 heures du soir, les Iᵉʳ et IIᵉ bataillons se portent en avant. Le Iᵉʳ occupe le village de Mey; le IIᵉ reste en arrière, à peu de distance du Iᵉʳ. Le IIIᵉ bataillon essuie un feu bien nourri, mais peu meurtrier, des Prussiens (1). Il prend part, vers les 8 heures (2), à une charge à la baïonnette avec les 43e, 64e et 98e régiments de ligne, de la 2e division. L'ennemi, repoussé très vivement, est forcé de reprendre ses positions. Le 73e se rallie sur la route de Bouzonville et va bivouaquer en arrière de Mey, appuyant sa gauche à la route. Le 57e bivouaque à droite du régiment, les 1er et 6e de ligne en arrière (3). Les pertes du régiment, dans ce combat, sont peu sensibles. Le capitaine Devillebichot est blessé et 27 sous-officiers et soldats tués ou blessés.

Rapport du lieutenant-colonel de Narp, commandant l'artillerie de la 1re division du 4e corps.

Woippy, 15 août.

Le 14 août 1870, la 1re division du 4e corps reçut l'ordre de descendre des hauteurs de Grimont pour passer la Moselle à la suite de la 3e division du même corps; la 2e division devait rester sur le plateau pour faire l'arrière-garde.

A peine la division était-elle arrivée au polygone de Metz (4) qu'elle dut immédiatement rebrousser chemin après avoir déposé les sacs pour venir au secours de la 2e division, qui était sérieusement attaquée par les Prussiens.

Les batteries de combat suivaient d'abord le mouvement de l'infanterie et la devancèrent bientôt en montant la côte au trot, suivant l'ordre du général commandant la division (5).

A leur arrivée sur le plateau, l'attaque de l'ennemi était tout à fait

---

(1) Ce bataillon fut appelé par le général Grenier au moment de la dernière contre-attaque.

(2) Vers 8 h. 30. (Voir la dépêche, datée de 8 h. 35, du commandant du fort Saint-Julien au général Coffinières.)

(3) Ce fait est infirmé, en ce qui concerne les 1er et 6e régiments, par le témoignage du colonel Rousset, alors lieutenant au 6e régiment. *Le 4e corps à l'armée de Metz.*

(4) Il ne s'agit sans doute que des batteries de la division, qui, en effet, traversèrent le bras navigable de la Moselle à la suite du 20e bataillon de chasseurs, alors que le canon se faisait déjà entendre depuis quelque temps.

(5) Avec les 2e et 3e compagnies du 20e bataillon de chasseurs, qui escortèrent les batteries au pas gymnastique.

prononcée, non seulement contre la 2ᵉ division, mais encore contre le corps du général Decaen.

Une batterie de la 2ᵉ division (1) faisait feu, à cheval sur la route de Bouzonville; une batterie de canons à balles (2) de la même division faisait face vers la droite, dans la direction du village de Nouilly. La 5ᵉ batterie du 15ᵉ fut placée à la droite de la batterie de 4 de la 2ᵉ division (3), face aux villages de Servigny et de Poixe, où les batteries de l'ennemi se dissimulaient derrière les haies des vergers. La 9ᵉ batterie du 15ᵉ fut placée à la droite de la 5ᵉ batterie, mais dans une direction un peu inclinée vers la droite; elle répondait au feu des batteries cachées dans des broussailles à la droite du village de Servigny. La batterie de canons à balles (12ᵉ) de la 1ʳᵉ division fut placée à la droite de la batterie de canons à balles de la 2ᵉ division (4); cette batterie avait devant elle un horizon étendu qui lui permettait de battre à grande distance tous les points par lesquels l'ennemi pouvait déboucher sur la droite de notre position (5). En peu d'instants, le feu prit une intensité très vive et nos batteries parvinrent promptement à régler leur tir, malgré la difficulté d'atteindre des pièces que l'ennemi masquait avec le plus grand soin. Les 5ᵉ et 9ᵉ batteries eurent pour principal objet de contre-battre les batteries ennemies qui pouvaient prendre d'écharpe les batteries à balles; ces dernières dirigèrent particulièrement leur feu contre les troupes, et leur action semble avoir été très efficace.

Il y a lieu de faire observer qu'il était très difficile, en raison de l'heure avancée et de la fumée qui couvrait le champ de bataille, d'apprécier la justesse des coups.....

Historique des 5ᵉ, 9ᵉ *et* 12ᵉ *batteries du* 15ᵉ *régiment d'artillerie* (1ʳᵉ *division du* 4ᵉ *corps*).

14 août.

5ᵉ *batterie*. — Départ de Mey à 2 heures de l'après-midi pour passer avec toute l'armée sur la rive gauche de la Moselle. Vers 4 heures, la

---

(1) 6ᵉ batterie du 1ᵉʳ.

(2) 5ᵉ batterie du 1ᵉʳ.

(3) $\frac{6}{1}$.

(4) $\frac{5}{1}$.

(5) L'artillerie de la 1ʳᵉ division était donc venue doubler celle de la 2ᵉ le long du chemin de Mey à la Salette. (Voir le rapport du lieutenant-colonel de Larminat.)

division, alors arrêtée sur la rampe de Saint-Julien pour laisser défiler une autre division du 4ᵉ corps qui doit d'abord passer les ponts, entend des coups de canon, d'abord assez lointains, puis plus fréquents et plus rapprochés.

En montant sur les talus de la route, on voit même les obus éclater dans la direction de Mey. Cependant, le 4ᵉ corps continue son mouvement de passage et, vers 5 heures, la 1ʳᵉ division se met en marche à son tour, bien que le combat paraisse augmenter toujours d'intensité. A 6 heures (1), les batteries arrivent dans le polygone Chambière et les capitaines commandants reçoivent aussitôt l'ordre de se porter rapidement avec leurs batteries de combat sur le lieu de l'action. La côte de Saint-Julien est remontée ventre à terre et, un peu avant 6 h. 30 (2), les batteries ouvrent le feu sur le côté droit de la route de Metz à Sainte-Barbe, à 500 ou 600 mètres en avant du château de Grimont (3). La 5ᵉ batterie est placée perpendiculairement à la route et sa gauche à une cinquantaine de mètres environ ; les autres batteries à sa droite et obliquement, leur droite refusée en arrière. La batterie prussienne la plus voisine de cette extrémité du champ de bataille était placée à quelques centaines de mètres en avant de Servigny, dans une position parallèle à la 5ᵉ ; c'est sur cette batterie que nous tirons d'abord, à la distance de 1500 mètres (4). Elle nous fait éprouver quelques pertes à cette faible distance; cependant, au bout d'une demi-heure environ, elle est forcée de cesser son feu et se retire par un chemin creux dans la direction du hameau de Poixe, à gauche de Servigny.

Quelques instants auparavant, une forte colonne d'infanterie qui descendait de la route de Sarrelouis, se dirigeant vers nos batteries, avait été anéantie par quelques décharges de la batterie de mitrailleuses aidée de la demi-batterie de droite. Une charge de hulans, (?) qui essayait ensuite le même mouvement, avait eu le même sort et c'est alors que de nouvelles batteries prussiennes, établies sur notre droite, du côté de cette même route de Sarrelouis, ouvrent le feu sur nous (5).

Il est 7 heures. Ces batteries, bien que nous prenant un peu en flanc et à 2,500 mètres environ (6), nous font peu de mal; leur tir est

---

(1) Heure très erronée.
(2) *Ibid.*
(3) Près de 2,000 mètres, en réalité.
(4) Distance réelle : environ 2,000 mètres.
(5) Il s'agit sans doute des quatre batteries à cheval $\left(\frac{2\,c,\ 3\,c}{1},\ \frac{2\,c,\ 3\,c}{7}\right)$, établies à l'Ouest de Noisseville.
(6) 2,200 mètres en réalité.

d'ailleurs très lent et, lorsque, vers 7 h. 15, d'autres batteries établies vers Poixe commencent à tirer sur nous de face (1), nous abandonnons complètement les premières batteries pour ne nous occuper que des dernières. Celles-ci, à 2,200 mètres environ, ont un tir très précis qui, un peu long d'abord, ne fait qu'abîmer l'infanterie de soutien couchée derrière la batterie, mais qui se règle assez rapidement, si bien que, vers 7 h. 45, tous les projectiles arrivent dans la batterie. Heureusement pour nous, cette batterie cesse son feu précisément à ce moment-là. La brume est tout à fait venue, du reste. Nous tirons encore quelques coups et, l'ennemi ne répondant plus, nous cessons à notre tour.

Il est 8 heures. Presque partout le feu a cessé : nous recevons l'ordre de nous retirer.

Mais la batterie, une fois en colonne sur la route, trouve le chemin barré par d'autres batteries qui, toutes, devaient repasser par la route de Saint-Julien et, vers 8 h. 30, les batteries, toujours arrêtées dans la même position, sont assaillies par derrière par une fusillade violente qui, heureusement dirigée trop haut, ne fait que couper des branches d'arbres au-dessus de nos têtes (2).

C'étaient deux compagnies prussiennes qui avaient pu arriver sans être aperçues par les pentes qui descendent vers la Moselle, à gauche de la route de Metz à Sainte-Barbe. Elles sont chargées par l'infanterie de la division et mises rapidement en fuite. Mais, dans le premier moment, cette attaque nocturne à l'improviste produit une légère panique dans laquelle les diverses batteries se mélangent ce qui augmente encore l'encombrement sur la route et ne permet d'arriver qu'à 11 heures du soir à l'emplacement qu'on nous avait désigné pour camper, sur les glacis du fort Saint-Julien.

Cette journée, dans laquelle nous étions venus renforcer très utilement l'aile gauche un moment menacée, nous coûtait 1 homme tué et 6 blessés, dont 3 très grièvement et qui moururent à Metz plus tard. Nous laissions aussi sur le champ de bataille, 5 chevaux.

Nos consommations en munitions, pendant cette heure et demie de combat, étaient de 90 coups par pièce en moyenne, tous à obus ordinaires. Le seul fait particulier à noter c'est que la 2e pièce, ayant perdu trois des chevaux de son avant-train, fut ramenée par le caisson, grâce aux soins de M. Ducup, chef de la 1re section.

---

(1) Sans doute $\frac{1\,c}{7}$, $\frac{5}{1}$, $\frac{VI}{1}$.

(2) Il ne peut s'agir que de la fusillade du Ier bataillon du 41e qui s'était glissé, à la faveur de la nuit, sur les pentes au Nord de Vantoux, Vallières.

9ᵉ *batterie*. — Le 14, reconnaissance faite par la batterie, les autres se tenant prêtes au combat.

Départ de Mey à 2 heures, pour Metz. A hauteur de Saint-Julien, on entend le canon. On continue de marcher jusqu'au polygone, d'où on est rappelé sur le champ de bataille.

A peine la 1ʳᵉ division du 4ᵉ corps est-elle arrivée au polygone, qu'elle doit immédiatement rebrousser chemin pour venir au secours de la 2ᵉ division, sérieusement attaquée par les Prussiens.

La batterie de combat suit d'abord le mouvement de l'infanterie et la devance bientôt en montant la côte au trot, suivant l'ordre du général commandant la division.

Arrivés sur le plateau, l'attaque de l'ennemi est tout à fait prononcée, non seulement contre la 2ᵉ division, mais encore contre le 3ᵉ corps.

La batterie est placée à environ 150 mètres et à droite de la route de Bouzonville, et à environ 2,500 à 3,000 mètres du village de Servigny. Elle ouvre son feu contre les batteries ennemies cachées dans les broussailles à droite du village (1). En peu d'instant, le feu prend une intensité très vive. La batterie parvient promptement à régler son tir, malgré la difficulté de tirer sur les pièces que l'ennemi masque avec le plus grand soin. La batterie a pour principal effet d'attirer sur elle et de combattre le feu des batteries ennemies qui peuvent prendre d'écharpe les batteries à balles. Il est très difficile, en raison de la fumée qui couvre le champ de bataille, d'apprécier la justesse des coups.

Dans cette affaire, la batterie a eu 1 servant tué par un éclat d'obus, 2 canonniers gravement blessés. Elle a perdu 3 chevaux et consommé 320 coups d'obus ordinaires.

12ᵉ *batterie*. — La batterie se met en route pour Metz. A quelques kilomètres avant d'arriver dans cette ville, le canon se fait entendre : les Prussiens attaquent l'armée française. La batterie, un instant arrêtée, continue sa marche ; mais, à peine arrivée au polygone de Metz, elle reçoit l'ordre de se porter, par la route de Bouzonville, sur le champ de bataille, avec toute l'artillerie de la division : elle y arrive sur les 4 h. 30. Les 9ᵉ et 5ᵉ batteries entrent d'abord en ligne et, dix minutes après, la 12ᵉ batterie vient s'établir à la gauche (2) et un peu en avant de la 9ᵉ batterie, face aux villages de Mey, Noisseville et Servigny, ayant à sa gauche une autre batterie de mitrailleuses (batterie

---

(1) C'est-à-dire sans doute sur $\dfrac{V}{1}$.

(2) Il faut sans doute *lire* : à la droite. (Voir le rapport du lieutenant-colonel de Narp.)

Saint-Germain). Elle reste à peu près dans la même position jusqu'à la fin de la bataille (8 heures du soir), tirant constamment sur les colonnes prussiennes arrivant par les routes de Sarrelouis et Sarrebrück et se dirigeant sur les villages cités plus haut.

Les pertes éprouvées par les colonnes prussiennes ont dû être considérables.

Vers 10 heures, la batterie est venue camper à 2 kilomètres du champ de bataille, près du château de Grimont.

Pertes subies par la 12e batterie : 1 homme tué, 3 blessés ; 2 chevaux tués, 4 blessés.

Le tir de l'artillerie prussienne était assez mal réglé : les hommes ont été tués ou blessés par des balles.

Rapport du commandant Dambrun sur les opérations de la 9e compagnie de sapeurs du 2e régiment du génie pendant la journée du 14 août.

Camp du Sansonnet, 21 août.

La 1re division du 4e corps se trouvait campée près du village de Mey et tenait Servigny comme poste avancé. Vers 3 heures de l'après-midi, elle commençait à se replier vers le polygone de Chambière en vue d'opérations ultérieures. La 9e compagnie du 2e régiment du génie, capitaine Breton, intercalée entre les deux brigades de cette division, suivait le mouvement et se trouvait à hauteur du fort Saint-Julien, lorsque l'ennemi engagea son artillerie contre celle des troupes voisines. La division fit halte ; mais tout paraissant se borner à un échange éloigné de projectiles, elle reçut l'ordre de continuer sa route. La 1re brigade, l'artillerie et le génie étaient déjà arrivés à Chambière, lorsque la lutte parut s'accentuer. Aussitôt le général de Cissey donna l'ordre de poser les sacs et de se reporter en avant.

Ce mouvement se fit au pas de course et, conduite par ses officiers, la compagnie arriva rapidement sur le terrain de l'attaque. Formée en bataille, elle se mit en ligne avec un régiment de sa division (1) pour soutenir les tirailleurs engagés devant le petit bois de Mey. Le feu de l'ennemi était très vif en cet endroit ; la compagnie le soutint vaillamment, et le sapeur Delange atteint d'une balle pénétrante à la face dut être enlevé par l'ambulance. Après la lutte, la compagnie regagna Chambière et se tint prête à partir pour Woippy.

---

(1) Probablement avec le IIIe bataillon du 1er régiment.

Journal de marche de la 2ᵉ division du 4ᵉ corps.

14 août.

L'armée réunie à Metz reçoit l'ordre de passer la Moselle sur quatre ponts établis à l'île Chambière.

Le mouvement, pour le 4ᵉ corps, doit commencer par la 3ᵉ division; la 1ʳᵉ division ensuite; la 2ᵉ est désignée pour protéger les autres et arrêter les Prussiens dans le cas où ils tenteraient de profiter de cette opération en sens rétrograde.

Les dispositions sont prises et exécutées dans ce but. Les ponts reconnus solides, les bagages sont envoyés en premier; à son tour de marche, la 3ᵉ division se replie par la route de Kédange; la 1ʳᵉ, peu après, se met en route par le chemin de Bouzonville. Le bataillon du 98ᵉ (1) détaché sur la route de Kédange est lui-même poussé vers la Moselle et s'arrête dans l'île Chambière, pour reprendre son rang dans la colonne de la 2ᵉ division.

Dès que la 1ʳᵉ division a déblayé le terrain, la 2ᵉ prend position pour combattre (2). Le 5ᵉ bataillon de chasseurs, les 13ᵉ et 43ᵉ de ligne, se forment en bataille, les hommes derrière les faisceaux, sans sac; le 64ᵉ est replié à hauteur de la 1ʳᵉ brigade prêt à se porter avec le 98ᵉ en deuxième ligne (3); derrière elle, l'artillerie se met en batterie sur un petit ressaut de terrain en avant du 43ᵉ, sans dételer les pièces.

La marche de la 1ʳᵉ division était lente; mais les troupes s'écoulaient peu à peu, quand, vers 4 heures, l'ennemi fut vu sur les hauteurs qui s'étendaient à la droite de notre camp et entama l'action à coups de canon avec une division du 3ᵉ corps restée, comme la 2ᵉ, pour protéger l'opération.

Bientôt l'ennemi prolonge ses feux sur la droite; ses colonnes s'approchent de nos positions. La canonnade alors s'engage entre l'artillerie

---

(1) Le IIIᵉ.

(2) La suite du Journal de marche montre que la 2ᵉ division resta, à ce moment, sur l'emplacement de ses bivouacs.

Le rapport du général Grenier indique d'ailleurs nettement que la division ne prit position sur le chemin de Mey à Villers-l'Orme qu'après le commencement du combat. Le rapport du commandant de l'artillerie de la division est plus net encore.

(3) Le 64ᵉ était aux avant-postes à Failly, Villers-l'Orme et la Salette. On se demande comment son rappel pouvait faire partie des dispositions que la 2ᵉ division était censée prendre *pour combattre* en vue de protéger le passage du 4ᵉ corps sur la rive gauche de la Moselle.

de la 2ᵉ division et les Prussiens débouchant entre Vantoux et la route de Sarrelouis.

D'autre part, sur la gauche de notre position, des détachements prussiens, aperçus en observation depuis la veille à l'horizon entre Poixe et Failly, donnaient lieu de penser que, par la route de Bouzonville, des bataillons ennemis allaient nous menacer de front. En présence de cette attaque simultanée de front et de droite qui s'annonçait, le général Grenier fait avancer la 1ʳᵉ brigade, sa droite appuyée un peu au-dessus du village de Mey, avec un bataillon dans ce village (1), et occuper fortement par un autre bataillon et trois compagnies de chasseurs (2) le petit bois qui domine ce village et qui couronne le fond d'un petit ravin ; la gauche de cette ligne se dirigeant sur l'auberge, au point d'intersection du chemin de Mey et de la route de Bouzonville. En deuxième ligne et en réserve, le 64ᵉ et un bataillon du 98ᵉ (3) sont placés à 600 mètres en arrière de la 1ʳᵉ, par bataillon en colonne à demi-distance ; remplacés plus tard par la 1ʳᵉ brigade de la 1ʳᵉ division (général de Golberg) arrêtée dans son mouvement rétrograde.

Une batterie de 4 (4) est placée à notre aile droite, près du bois, pour soutenir ce point qui semblait la clef de la position. La batterie de canons à balles (5) est mise au centre, dans une position reconnue avantageuse ; l'autre batterie de 4 (6) à gauche de la route de Bouzonville, soutenue par un bataillon du 98ᵉ (7) ; le IIIᵉ bataillon de ce régiment, revenu de Chambière en toute hâte, faisait face à gauche au sommet du plateau, avec la mission d'observer attentivement ce qui pourrait venir par la vallée au-dessous de Villers-l'Orme (8).

---

(1) $\frac{\text{III}}{64}$, mais pas au début du déploiement.

(2) $\frac{\text{II}}{13}$ et 5ᵉ Ch.

(3) $\frac{\text{I}}{98}$. Mais ce bataillon ne fut appelé, de son bivouac, que beaucoup plus tard.

(4) $\frac{7}{1}$.

(5) $\frac{5}{1}$.

(6) $\frac{6}{1}$.

(7) $\frac{\text{II}}{98}$.

(8) Vers la fin de la journée seulement.

Bientôt, l'action se prolonge très fortement sur notre droite et notre front. Restant sur la défensive, la première ligne soutient le choc avec grande fermeté. Les projectiles de l'ennemi font toutefois peu de mal, en raison de la supériorité de la position, pendant que les nôtres doivent lui faire éprouver des pertes sensibles.

Son feu se ralentit; ses colonnes semblent remonter les hauteurs opposées et abandonner la partie. Cette manœuvre cache un mouvement tournant et une reprise générale de l'attaque. En effet, à 6 heures environ (1), les troupes ennemies marchaient contre notre ligne avec un ensemble, un élan, une énergie remarquables. Le choc est reçu par nous avec vigueur; nos positions sont conservées intactes malgré cet effort.

Malheureusement, ce succès enhardit le commandant du bataillon du 64ᵉ (2) qui occupait le bois : il sort de ce bois, qu'il n'eût jamais dû quitter et se porte en avant. L'ennemi profite de cette faute et jette sur lui des colonnes successives (3) qui le font rétrograder et le rejettent de l'autre côté du bois, l'occupant elles-mêmes et ne trouvant plus d'autres adversaires que les trois compagnies de chasseurs qui persistent et tiennent. Cette faute causa des pertes nombreuses dans le bataillon de chasseurs et dans celui du 64ᵉ.

La nuit arrive et le feu continue de part et d'autre; les Prussiens semblent gagner du terrain. Dans ce mouvement, des batteries de la 1ʳᵉ division, rappelées en toute hâte, prêtent leur concours à celles de la 2ᵉ; mais en même temps une attaque furieuse, décisive, des Prussiens, se prononce et jette quelque désordre dans une batterie et sa troupe de soutien placées sur la route de Bouzonville.

Le général Grenier arrête aussitôt le mouvement de retraite qui en résulte, reporte les bataillons qui sont là flottants, un peu en avant, en faisant sonner la charge et aux cris de : « Vive l'Empereur! » Il est appuyé par un bataillon du 73ᵉ (4) commandé par le colonel Supervielle, sonnant également la charge. Cette sonnerie est répétée sur toute la ligne et toutes les positions sont reprises sur la ligne entière. L'ennemi se retire devant nous pour ne plus reparaître. Il était nuit close.

---

(1) Plus tard, car il s'agit de la première tentative du 44ᵉ contre le bois de Mey.

(2) $\dfrac{\text{II}}{64}$.

(3) Seconde attaque du bois de Mey par $\dfrac{5, 8, F}{44}$, puis $\dfrac{\text{II, III}}{13}$.

(4) $\dfrac{\text{II}}{73}$.

La 2ᵉ division, l'affaire terminée, se retire dans son camp du matin.

La nuit même cependant, par ordre du général en chef, la division passe la Moselle sur les ponts de l'île Chambière, se repliant régulièrement, et elle va installer son camp près du village de Woippy, à 4 heures du matin.

Rapport du général Grenier sur le combat du 14 août.

Camp sous Metz, 15 août.

Le 14, vers 4 heures de l'après-midi, l'ennemi a été vu sur les hauteurs qui s'étendaient à la droite de notre camp : un engagement avec les divisions du 3ᵉ corps devenait probable. Bientôt, en effet, la canonnade s'engagea des deux côtés ; mais peu de temps après, vers 4 h. 30, l'ennemi étendait sa droite et ses colonnes menaçaient nos positions : elles arrivèrent en vue entre Vantoux et la route de Sarrelouis. Déjà, depuis la veille, on apercevait à la lorgnette des détachements ennemis nous observant des hauteurs situées à l'horizon entre les villages de Poixe et de Failly : nous devions donc craindre de voir déboucher aussi par la route de Bouzonville des colonnes prussiennes et nous étions ainsi menacés sur notre front et sur notre droite.

Dans cette situation j'adoptai les dispositions suivantes, pour le combat qui devait nous être offert. Je fis avancer la 1ʳᵉ brigade, sa droite appuyée un peu au-dessus du village de Mey, avec un bataillon dans ce village, et occuper fortement par un autre bataillon et trois compagnies du 5ᵉ bataillon de chasseurs le petit bois qui domine Mey et qui couronne le fond d'un petit ravin situé au-dessous. La gauche de la première ligne (1) se dirigeait sur l'auberge qui est au point d'intersection du chemin de Mey et de la route de Bouzonville : elle s'appuyait à cette maison. Tous les hommes avaient déposé leurs sacs afin d'être plus alertes. Je plaçai en deuxième ligne et en réserve, d'abord le 64ᵉ de ligne et un bataillon du 98ᵉ à 600 mètres en arrière de la première, par bataillons en colonnes à demi-distance ; ensuite la 1ʳᵉ brigade de la 1ʳᵉ division (général de Golberg), qui n'avait pas encore exécuté son mouvement rétrograde sur Metz (2).

Une batterie de 4 fut placée à notre aile droite, à l'angle du bois, pour soutenir ce point qui semblait la clef de la position. La batterie de canons à balles s'avança au centre, dans une position reconnue avan-

---

(1) C'est-à-dire le 43ᵉ régiment.
(2) Ou qui, du moins, s'était arrêtée près du fort Saint-Julien et était revenue la première sur le champ de bataille.

tageuse, et la seconde batterie de 4 à gauche de la route de Bouzonville, soutenue par un bataillon du 98ᵉ (1) ; le IIIᵉ bataillon de ce régiment, laissé en arrière mais faisant face à gauche, avait pour mission d'observer avec attention le fond de la vallée au-dessous du village de Villers-l'Orme (2).

Bientôt, l'action s'engagea sur notre front et sur notre droite ; nous restâmes sur la défensive et le choc fut soutenu avec une grande fermeté ; les projectiles de l'ennemi nous causèrent d'abord fort peu de mal. En raison de la supériorité de notre position, les nôtres ont dû lui faire éprouver des pertes sensibles : son feu se ralentit. Vers 6 heures, ses colonnes semblèrent s'éloigner et abandonner la partie. Mais cette manœuvre cachait un mouvement tournant et avait pour but une attaque générale contre notre ligne entière : elle eut lieu avec beaucoup d'audace, d'élan et d'ensemble. Nos troupes soutinrent ce choc avec vigueur et gardèrent leurs positions. Malheureusement, notre succès enhardit le commandant du bataillon du 64ᵉ (3) qui occupait le bois : il voulut en sortir, faute qu'il n'aurait jamais dû commettre, pour se porter en avant. L'ennemi en profita : il envoya contre lui des colonnes successives qui l'obligèrent à rétrograder. Ce bataillon, poussé par l'ennemi, traversa le bois. Les Prussiens y pénétrèrent à sa suite et n'eurent plus d'autres adversaires que les trois compagnies de chasseurs qui ne l'avaient pas quitté (4). Le résultat de cette faute fut des pertes sensibles dans le bataillon de chasseurs et dans celui du 64ᵉ.

La nuit arrivait, mais le feu n'en continuait pas moins avec vigueur et les Prussiens acharnés gagnaient du terrain. C'est dans ce moment que plusieurs batteries de la 1ʳᵉ division, rappelées en toute hâte et précédant la 2ᵉ brigade de cette division et les troupes de la 3ᵉ division, vinrent nous prêter leur concours. C'est quelques instants après qu'une attaque furieuse (?) des Prussiens se prononça et jeta quelque désordre

---

(1) Le IIᵉ.

(2) Le IIIᵉ bataillon du 98ᵉ ne revint de l'île Chambière à la position indiquée que vers la fin du combat.

(3) $\dfrac{\text{II}}{64}$.

(4) Cette dernière affirmation est en contradiction avec les rapports du commandant Carré (5ᵉ B. Ch) et du colonel Lion (13ᵉ). D'ailleurs, le rapport du général Grenier passe sous silence, comme celui du général de Bellecourt, la prise du bois par les Prussiens et sa réoccupation par les troupes françaises. Voir à ce sujet les annotations aux rapports : de la 1ʳᵉ brigade ; du 5ᵉ bataillon de chasseurs et du 13ᵉ de ligne, ainsi que le rapport du général de Cissey.

dans une batterie et la troupe de soutien qui se trouvaient sur la route de Bouzonville.

J'arrêtai promptement ce mouvement de retraite ; je reportai cette troupe en avant en faisant sonner la charge et aux cris de « Vive l'Empereur ! » et je les fis appuyer par un bataillon du 73e (1), son colonel en tête. La charge fut répétée sur toute la ligne et nous reprîmes victorieusement toutes les positions en chassant devant nous l'ennemi qui se retira pour ne plus reparaître.

La 2e division regagna son camp sans être inquiétée, pour prendre les positions occupées le matin.....

Le général de Bellecourt, commandant la 1re brigade de la 2e division du 4e corps, au général Grenier, commandant la division (Lettre).

Camp sous Metz, 15 août.

Mon Général,

J'ai l'honneur de vous adresser le rapport sommaire que vous m'avez demandé sur le combat qui s'est livré hier, 14 août 1870.

Lorsque l'ennemi a été signalé depuis les positions encore occupées sur la rive droite par la division, j'ai fait occuper par ma brigade les crêtes qui se trouvent entre le village de Mey et la route de Bouzonville.

Le 5e bataillon de chasseurs a été envoyé pour occuper le bois en avant du village, qui domine un ravin presque perpendiculaire à la route de Saint-Avold, par laquelle l'ennemi s'avançait. Deux compagnies de ce bataillon étaient placées en soutien de l'artillerie (2).

J'ai disposé le 13e de la façon suivante :

Le Ier bataillon, déployé à la gauche du bois, défendait les crêtes et protégeait l'artillerie (3) placée de façon à prendre en écharpe l'ennemi qui s'avançait par la route de Saint-Avold.

Les deux autres bataillons également déployés suivant les mouvements du terrain.

Le 43e, à la gauche du 13e, continuait la ligne jusqu'à la route de Bouzonville.

---

(1) $\frac{11}{73}$.

(2) $\frac{2,3}{5 \text{ Ch}}$.

(3) $\frac{7}{1}$.

D'après les mouvements de l'ennemi, il me parut évident que ses efforts se porteraient sur le bois placé à ma droite, clef du ravin et des communications de notre division et de celles du 3ᵉ corps placé à ma droite.

Le combat ne tarda pas à s'engager, et notre position, soutenue par l'artillerie de la division, nous permit de faire un mal sensible à l'ennemi sans presque éprouver de pertes.

Mais l'attaque de l'enuemi s'accentuant de plus en plus sur le bois dont j'ai parlé, je dus vous demander du renfort de ce côté et je reçus de vous un bataillon du 64ᵉ (1) que j'envoyai occuper fortement le bois en laissant une réserve derrière.

Ce bataillon avait avec lui son drapeau.

Au lieu de rester caché dans le bois et d'en défendre la lisière, il se porta en avant du bois et força par ce mouvement le 1ᵉʳ bataillon du 13ᵉ de ligne à s'avancer également; mais ce bataillon ne le fit qu'avec intelligence, en prenant une bonne position.

C'est alors que l'ennemi concentra plus que jamais sur le bois le feu de ses obusiers et de ses mortiers (?) qui le rendirent complètement inhabitable et le firent évacuer par le bataillon du 64ᵉ de ligne.

Le 5ᵉ bataillon de chasseurs eut beaucoup à souffrir et fit des pertes cruelles (2).

Les deux premiers bataillons du 13ᵉ de ligne soutinrent le feu avec la plus grande vigueur et maintinrent l'ennemi à distance.

Dans cette affaire, le 43ᵉ, déployé sur la gauche et ayant devant lui toute notre artillerie, dont notre batterie de canons à balles, est le corps qui a le moins souffert.

Vous avez terminé l'affaire, mon Général, en vous servant de ce régiment pour battre la charge et marcher en avant.

. . . .

Rapport du commandant Carré, commandant le 5ᵉ bataillon de chasseurs à pied.

Camp de Woippy, 15 août.

A 3 heures de l'après-midi, le bataillon venait de prendre position à la droite de l'artillerie de la division, sur le plateau situé entre le vil-

---

(1) Le IIᵉ du 64ᵉ.
(2) Le rapport du général de Bellecourt passe sous silence l'évacuation complète du bois par les troupes françaises et son occupation par les troupes prussiennes. Il paraît avoir admis — à tort d'après le rap-

lage de Mey et la route de Bouzonville à Metz. Ainsi placé, il devait couvrir la retraite de la division qui, la dernière du corps d'armée, devait effectuer le passage de la Moselle au pont de bateaux établi en avant et en arrière de l'île Chambière. A ce moment l'ennemi commença à apparaître sur le terrain situé entre Mey et Borny. Sur ma demande, M. le général de Bellecourt prescrivit que trois compagnies du bataillon iraient occuper le bois situé en avant de Mey, position très importante. M. le capitaine Chabert fut chargé du commandement de ces trois compagnies (1) et je me réservai celui des trois autres, dont deux fournirent des tirailleurs au centre de la ligne de la brigade, la troisième restant en arrière. Mais M. le Général de division ayant prescrit à cette dernière (2) d'escorter et de protéger une batterie d'artillerie de la division, je ne laissai plus qu'une compagnie (3) en tirailleurs pour remplir l'espace, d'ailleurs restreint, compris entre les deux régiments de la brigade et je conservai l'autre en réserve (4).

Pendant ce temps, les trois compagnies désignées avaient occupé le bois de la manière suivante : quelques tirailleurs en avant du bois, car ceux qui étaient à la lisière même ne pouvaient pas découvrir le ravin placé entre le village de Nouilly et le bois, le gros des compagnies garnissant la lisière sur la face de devant et sur la moitié de chacune des faces de droite et de gauche.

Aussitôt que l'ennemi déboucha du village (5), les tirailleurs ouvrirent le feu sur lui ; il marchait par section et notre feu lui fit beaucoup de mal. D'ailleurs, au lieu de répondre à ce feu, les Prussiens levaient la crosse en l'air, ce qui indiquait qu'ils demandaient du renfort (6). Ces

---

port du commandant Carré — que le 5ᵉ bataillons de chasseurs n'a pas quitté le bois en question. Par suite, il est également muet sur le retour offensif que relate le colonel Lion, retour offensif qui assura aux troupes françaises la possession définitive du bois de Mey.

(1) Les 1ʳᵉ, 5ᵉ et 6ᵉ.
(2) La 2ᵉ.
(3) La 3ᵉ.
(4) La 4ᵉ.
(5) De Nouilly.
(6) Le véritable but de cette pratique maintes fois constatée dans les combats livrés autour de Metz, reste, en fait, inconnu. L'interprétation qu'en donne le commandant Carré est la seule de son espèce. Les troupes françaises crurent toujours — malheureusement pour elles — que ce signal était celui d'une troupe incapable de lutter plus longtemps et désireuse de déposer les armes.....

renforts ne tardèrent pas à arriver et, appuyant sur leur gauche, vinrent attaquer le bois par sa face de droite.

Les tirailleurs furent obligés de se replier sur la face de devant et les chasseurs, par un feu bien ajusté, firent subir aux Prussiens de grosses pertes. Mais le nombre de ceux-ci ne faisait qu'augmenter et le bataillon d'infanterie (1) qui devait soutenir les trois compagnies n'avait pas encore pu arriver jusqu'à elles; le bois est d'ailleurs très touffu et très difficile à traverser.

Ces trois compagnies durent donc céder devant le nombre, de beaucoup supérieur, des assaillants (environ 4,000 à 5,000 hommes) [sic], et le bataillon envoyé pour les soutenir ne put que le précéder dans sa retraite (2). Mais bientôt, un autre bataillon d'infanterie (3) étant venu se joindre aux trois compagnies et l'artillerie ayant réussi à arrêter dans leur marche les pelotons ennemis qui se dirigeaient vers le bois, l'offensive fut reprise et le bois de nouveau occupé (4) par les trois compagnies et par le bataillon du 43e (5). Un autre bataillon, du 64e (6), vint se joindre à cette troupe et, à partir de ce moment, le rôle des compagnies, déjà très décimées par la retraite et par le retour offensif, se réduisit à celui de tirailleurs, qui fut rempli par elles jusqu'au dernier moment.

Pendant ce temps, la compagnie (7) en tirailleurs au centre de la brigade observait attentivement les mouvements de l'ennemi et celle (8) de soutien de la batterie d'artillerie la suivait dans toutes ses positions. C'est vers la fin du combat seulement que ces compagnies purent ouvrir un feu efficace sur l'ennemi et à bonne portée; elles contri-

---

(1) $\frac{11}{64}$.

(2) Cette phrase est peu compréhensible, mais, rapprochée des suivantes, elle indique néanmoins, que le bois fut évacué, puis réoccupé plus tard avec l'aide d'autres bataillons; ce retour offensif correspond, sans nul doute, avec celui dont parlent le général de Cissey et le colonel Lion dans leurs rapports.

(3) Sans doute du 13e.

(4) Le bois avait donc été abandonné par les chasseurs, ainsi que cela résulte d'ailleurs du rapport du colonel Lion (du 13e) et de celui du général de Cissey.

(5) Il faut sans doute lire : *le 1er bataillon du 13e*. (Voir le rapport du colonel Lion.)

(6) Le 1er bataillon du 64e.

(7) La 3e.

(8) La 2e.

buèrent, à la fin du combat, à arrêter, de concert avec les bataillons du 43e, le retour offensif des Prussiens. Elles ont, dans ces derniers épisodes, eu beaucoup à souffrir du feu de l'ennemi, particulièrement de celui de son artillerie; elles sont venues, après la fin de l'action, se rallier en arrière de la ligne à la compagnie de réserve.

Le bataillon a perdu dans ce combat : 4 officiers tués et 4 blessés; 114 hommes tués, blessés ou disparus.

Rapport du colonel Lion, commandant le 13e régiment d'infanterie (2e division du 4e corps).

Camp de Metz, 15 août.

Hier, 14 août, le 13e de ligne avait reçu l'ordre, ainsi que la division, de quitter son campement pour traverser la Moselle à Metz. Il allait se mettre en marche quand, l'ennemi ayant été signalé sur la droite des positions occupées encore par la division, on a dû prendre les armes pour venir occuper les crêtes qui se trouvent entre le village de Mey et la route de Bouzonville (1).

Le Ier bataillon a été placé sur la gauche du bois (2), en avant du village, occupé par les chasseurs à pied; le reste du régiment (3), déployé sur la gauche, défendait les crêtes et appuyait l'artillerie, placée de façon à prendre en flanc l'ennemi, qui s'avançait par la route de Saint-Avold (4).

Le combat n'a pas tardé à s'engager, et notre position nous a permis de faire un mal sensible à l'ennemi, sans en éprouver nous-mêmes au commencement de l'action.

Mais un bataillon du 64e (5), qui avait été envoyé pour soutenir notre droite fortement menacée par l'ennemi, se laissant emporter par son ardeur, sortit du bois dont il aurait dû conserver à tout prix la position; ayant été ramené, il fut cause que les Prussiens purent s'emparer momentanément de ce bois.

---

(1) D'après le rapport du général Grenier, la position au Nord-Est de Mey ne fut occupée qu'après le commencement de la canonnade.

(2) Avec trois compagnies (2e, 3e, 6e) en tirailleurs. (Historique de 1875.)

(3) Le IIIe bataillon seulement, avec une compagnie (1re) en tirailleurs. Le IIe fut placé tout d'abord derrière le bois de Mey et déploya au Sud de ce bois deux compagnies (2e et 5e). (Historique de 1875.)

(4) Indications sommaires complétées d'une manière très précise par l'Historique du 13e. (Rédaction de 1875.)

(5) Le IIe bataillon du 64e.

Le 1er bataillon du régiment, qui s'était porté au secours du 64e (1), dut suivre le mouvement de retraite.

Il importait de chasser à tout prix l'ennemi d'une position dont la possession aurait eu pour conséquence de forcer toute la division à rétrograder.

Le Ier bataillon, rallié et appuyé par le IIe, prit part immédiatement à l'attaque du bois, dont l'ennemi fut vigoureusement chassé.

Cette attaque nous coûtait des pertes sensibles, mais forçait l'ennemi à la retraite.....

Le colonel de Viville, commandant le 43e régiment d'infanterie, au général de Bellecourt, commandant la 1re brigade de la 2e division du 4e corps (Lettre).

Camp sous Metz, 15 août.

Mon Général,

J'ai l'honneur de vous adresser la situation des tués, blessés, contusionnés et disparus du 43e. Le chiffre des tués et blessés, vu la position exceptionnelle de ce régiment en arrière d'un front de 34 pièces d'artillerie, est relativement peu élevé, et je dois attribuer ce résultat à la disposition que j'ai prise de faire coucher mes bataillons déployés en ordre mince.

Dès le début de l'affaire, les bataillons du 43e, déployés en ordre mince, ont été couverts par des lignes de tirailleurs serrés qui ont gardé leurs positions pendant toute la bataille, quelques efforts qu'avait faits l'ennemi pour déboucher d'un ravin où il s'était massé.

Les tirailleurs, couchés à plat ventre un peu en arrière de la crête des champs labourés, tiraient à coup sûr dès qu'un ennemi se laissait apercevoir pour marcher en avant.

A la fin de la bataille, quand la nuit fut venue, je fis relever mes tirailleurs par d'autres tirailleurs serrés, qui s'embusquèrent comme les précédents.

L'artillerie ayant repassé en arrière des bataillons, des colonnes prussiennes, qui avaient cherché à nous tourner en se jetant dans le village de Servigny-les-Sainte-Barbe par la route de Boulay, marchaient sur le régiment; mais, reçues à courte distance par les tirailleurs auxquels il avait été défendu de tirer et après une fusillade des plus vives à laquelle mit fin une charge à la baïonnette de tout le 43e, elles se retirèrent et le combat se termina sur toute la ligne.....

---

(1) Du Ier bataillon, ainsi qu'il ressort de l'Historique du 64e.

Le général Pradier, commandant la 2ᵉ brigade de la 2ᵉ division du 4ᵉ corps, au général Grenier, commandant la division (Lettre).

Au camp sous Metz, 15 août.

Mon Général,

J'ai l'honneur de vous adresser mon rapport sur la manière dont ma brigade a été engagée dans la journée d'hier 14 août.

Le 64ᵉ était en seconde ligne et sur votre ordre, vers 4 h. 30 (1), le IIᵉ bataillon de ce régiment a été envoyé dans le bois près du village de Mey : ce point était déjà occupé par l'ennemi (2).

Le commandant Lefebvre a enlevé son bataillon avec beaucoup d'entrain et s'est élancé à la suite de ses tirailleurs. Au delà du bois traversé, on se relia au 5ᵉ bataillon de chasseurs, dans des vignes où les Prussiens se retiraient en se défendant pied à pied.

L'adjudant-major Guille-Desbuttes avertit le commandant que l'ennemi recevait de nouvelles forces à chaque instant et qu'il allait tourner la position. Le 5ᵉ bataillon de chasseurs fut prévenu de suite et l'on battit en retraite. Sur le flanc droit, l'ennemi qui s'avance en masse (3), est refoulé en désordre par trois feux à commandements que le capitaine Desnos (Eugène) fait exécuter à trois compagnies qu'il a près de lui. Malgré tout, les Prussiens avancent, on craint pour le drapeau et le commandant Lefebvre ordonne de rentrer dans le bois. C'est en ce moment, vers 7 h. 30, que le commandant, blessé (il est mort ce matin), remet le commandement au capitaine Desnos (Charles). Cet officier défendit la position jusqu'à 8 heures, après avoir été soutenu par un bataillon du 98ᵉ (4) et un peu plus tard par des compagnies du 1ᵉʳ de ligne (5). Enfin, débordés de tous côtés, on put, à la faveur de la nuit, regagner les emplacements que l'on occupait avant le combat.

Le Iᵉʳ bataillon du 64ᵉ était chargé de défendre le passage entre le bois et le village de Mey (6) : trois de ses compagnies ont appuyé le

---

(1) Heure manifestement très erronée.
(2) Erreur évidente.
(3) Attaque du *3ᵉ* régiment.
(4) Le Iᵉʳ bataillon du 98ᵉ.
(5) Le IIIᵉ bataillon du 1ᵉʳ. Le rapport passe sous silence la perte du bois et par suite aussi sa réoccupation.
(6) Ceci paraît être une erreur, car le texte et le croquis de l'Historique du 64ᵉ (Man. de 1871), placent le Iᵉʳ bataillon au Nord du bois de Mey. Or, cet Historique fut rédigé par sept officiers, dont six étaient présents à la bataille de Borny, et, parmi ceux-ci, deux appartenaient au Iᵉʳ bataillon.

mouvement du II° bataillon et ont été engagées à la droite du bois, quand ce bataillon s'est porté dans les vignes en avant du bois. Il a suivi le mouvement de retraite du II° bataillon après avoir épuisé toutes ses munitions et avoir été obligé d'en prendre d'autres dans un caisson du 13° de ligne, le sien étant trop éloigné du lieu de l'action.

Le III° bataillon du 64° a été placé par moi, dans le village de Mey, avec mission de le défendre jusqu'à la dernière extrémité, après l'avoir mis en état de défense. L'ennemi a rejeté, après une attaque fort vive, les défenseurs des jardins extérieurs dans les maisons; mais il s'est arrêté là et fut même obligé de battre en retraite sous le feu plongeant des hommes abrités et postés sur les toits. Le 98° a été placé sur le flanc gauche de notre position, à gauche de la route de Metz à Bouzonville (1); il était chargé de surveiller la route de Kédange.

Son Ier bataillon, placé derrière l'artillerie, fut rendu disponible par l'arrivée de la 1re division et, avec l'autorisation de M. le Général commandant en chef, je m'empressai de l'amener au secours du 64°.

Ce bataillon fut déployé en face de la partie gauche du bois en terrain découvert; il reçut à bout portant l'ennemi qui sortait du bois. On tiraílla jusqu'à la nuit close et l'ennemi battant en retraite, le feu cessa tout à fait.....

Historique du 64° régiment d'infanterie (2° division du 4° corps).

14 août.

Les éclaireurs de l'ennemi, seuls, sont en vue. A 2 heures de l'après-midi, le 4° corps reçoit l'ordre de passer sur la rive gauche de la Moselle, au moyen des ponts de bateaux établis dans l'île Chambière. Dans son mouvement, le 64° est arrêté sur la route près du château de Grimont, lorsqu'il entend la canonnade commencée vers le village de Noisseville. Bientôt, il est porté vers Mey, village à la hauteur duquel chaque bataillon, en colonne par division, dépose les sacs; puis, sur l'ordre du général de division, il est rangé en bataille, en deuxième ligne d'abord, et, bientôt après en première.

La droite du Ier bataillon (commandant Plan), est placée derrière un petit bois : la gauche du III°, près de la route de Bouzonville (2).

Le II° bataillon (commandant Lefebvre), ne tarde pas à être engagé dans le bois, pour relever le 5° bataillon de chasseurs à pied qui a

---

(1) Les II° et III° bataillons seulement.

(2) L'Historique appelle *route de Bouzonville*, le chemin de Mey à la Salette. Le croquis qui accompagne l'Historique et la suite du récit ne laissent pas de doute à cet égard, car la véritable route de Bouzonville est appelée sur le croquis *route de Vigy*.

épuisé ses munitions. Il y entre par une conversion à droite, le trouve libre et le dépasse.

Le commandant Lefebvre déploie une compagnie en tirailleurs dans les vignes qui s'étendent de ce côté dans la direction de Nouilly et Noisseville; il couvre son front par une nouvelle ligne de tirailleurs, composée de deux compagnies, et conserve les deux qui lui restent près de lui afin de recevoir l'ennemi par des feux d'ensemble.

La 6e compagnie (capitaine Remi), se trouvait détachée aux vivres.

Le IIIe bataillon (commandant Le Mouel), se trouvait en arrière des Ier et IIe quand le général Grenier vint en personne donner ordre à son commandant de se porter au pas de course à Mey, qui n'était pas occupé et dont la position était très importante; d'y faire des travaux de défense et de ne rien négliger pour s'y maintenir jusqu'à la dernière extrémité. Cet ordre fut immédiatement exécuté, mais il ne fut pas possible de faire tous les travaux nécessaires à une défense sérieuse.

Les habitants avaient abandonné le village en emportant tous les outils; on dut se borner à établir rapidement des barricades aux issues tournées vers l'ennemi qui, tenu à distance par les feux partant des toits des maisons et des tirailleurs déployés en avant des clôtures, se retira sans entreprendre une attaque de vive force.

Le Ier bataillon (commandant Plan), envoie successivement ses compagnies en tirailleurs occupant plusieurs lignes, dont le front va de l'extrémité Nord du bois jusque près de la route, où est établie une batterie de mitrailleuses.

La fusillade est très vive sur ce point et tient en respect les colonnes prussiennes qui se pressent vers Nouilly. Nos tirailleurs ne cessent d'avancer, se glissant de sillon en sillon, vers le fond du ravin qui sépare les terres labourées de Nouilly; mais le jour baisse; il devient difficile de distinguer l'uniforme des troupes un peu éloignées.

Tout à coup, on entend des cris de : « Cessez le feu ! Nous tirons sur des chasseurs français ! » Il y a un moment d'hésitation ; le feu cesse puis recommence, quelques hommes ayant meilleure vue affirment distinguer la plaque du casque prussien. Les colonnes prussiennes qui ont profité de ce moment de répit pour avancer et se montrer dans le bas du ravin s'arrêtent et se couchent sans presque plus tirer. Cette manœuvre jette de nouveau l'incertitude dans nos rangs.

Les cris de : « Ce sont des Français ! » reprennent.

Le feu cesse encore et les Prussiens se hâtent d'avancer vers la pointe du bois ; mais on les distingue mieux et, à 150 mètres, on les reçoit par une vive fusillade. Leur position est critique.

Alors l'ennemi, au nombre d'une compagnie environ, lève la crosse en l'air : « Ils se rendent ! » crie-t-on.

Notre feu cesse à peu près complètement.

Les Prussiens s'avancent, toujours la crosse en l'air, mais avec quelque hésitation et comme des gens étonnés d'en être quitte à si bon marché; puis, dès qu'ils sont à 25 ou 30 mètres de la lisière du bois, ils s'y précipitent au pas de course et commencent un feu violent qui prend nos tirailleurs en écharpe : « A la baïonnette ! » s'écrie-t-on, et la ligne va se précipiter sur eux, quand, de l'extrémité Sud du bois, du côté de Mey, partent de nouveaux coups de feu.

En voici l'explication : les trois compagnies du IIᵉ bataillon (commandant Lefebvre), lancées en tirailleurs, avaient longtemps lutté contre des masses prussiennes qui se renouvelaient sans cesse. Le commandant Lefebvre leur avait envoyé une compagnie de renfort, puis une section de sa dernière compagnie, qui gardait le drapeau.

Il s'aperçut qu'une colonne prussienne suivait la direction du ravin sans tirer et dans l'intention probable de le couper de Mey. Le drapeau qu'il avait près de lui commençait à être menacé. Il voulut ramener la ligne en arrière. Dans ce moment, il perdit un assez grand nombre d'hommes et lui-même fut blessé. Le commandement du bataillon est pris par le capitaine Desnos (Charles).

Quelques instants auparavant, le porte-drapeau avait été atteint d'une balle. Le drapeau fut ramassé par le sapeur Sabot et le capitaine Desnos (Eugène) et remis entre les mains de M. Morée, sous-lieutenant. L'ennemi avait pressé nos troupes et était entré à leur suite dans le bois. Ce sont ces feux qui apparurent tout à coup à l'extrémité Sud du côté de Mey. Pris en flanc et menacés sur leurs derrières, les tirailleurs qui se trouvaient entre les bois et la route de Bouzonville furent arrêtés dans leur charge à la baïonnette et se replièrent dans leur première position. Ils se répandirent derrière les haies et recommencèrent le feu. Mais la nuit était venue et au bout de quelques instants, la fusillade cessa complètement.

D'ailleurs, l'ennemi, menacé à son tour sur ses derrières par une vigoureuse charge à la baïonnette faite par la division sur la route de Bouzonville, vers Nouilly, s'empresse d'abandonner le bois.

Les bataillons du 64ᵉ se rallièrent au drapeau dans un champ voisin de celui où il avait laissé ses sacs qu'il alla reprendre. Il alla successivement occuper toutes les positions qu'il occupait avant le combat et revint faire le café sous le fort Saint-Julien; puis, dans la nuit, il passa sur la rive gauche de la Moselle et campa dans le voisinage du polygone.

Après le combat, la 4ᵉ compagnie du IIIᵉ bataillon (capitaine Farbos), fut envoyée en grand'garde, dans la plaine située sur la droite de la route allant de Saint-Avold à Metz. On ne savait alors si le régiment camperait ou non à l'endroit où il s'était rallié. Trois petits postes détachés de la compagnie avaient été placés en avant.

Historique du 98ᵉ régiment d'infanterie (2ᵉ division du 4ᵉ corps).

14 août.

Le 4ᵉ corps, d'après les ordres qu'il a reçus la veille, opère son passage sur la rive gauche de la Moselle. La division de cavalerie et la 3ᵉ division sont passées vers 4 heures du soir ; à la même heure le mouvement de la 1ʳᵉ division s'achève et celui de l'artillerie de réserve va commencer. La 2ᵉ division doit se mettre en route vers 5 heures. Mais, vers 4 h. 15, l'ennemi attaque le 3ᵉ corps, sur les routes de Saint-Avold et de Boulay. Vers 5 heures, des troupes sont vues sur la route de Bouzonville, qui traverse le bivouac de la 2ᵉ division, en même temps que de fortes colonnes descendent de la route de Boulay dans les ravins et les vallons qui séparent cette route de celle de Bouzonville. Le 3ᵉ corps, soutenu par la Garde impériale, fait face aux attaques de notre droite et la 2ᵉ division, la seule restant du 4ᵉ corps, du reste entièrement rappelé (1), doit, dans le principe, faire face à l'attaque sur la route de Bouzonville, à celle qui se prononce, très forte, sur le flanc Ouest de cette route et même à la possibilité d'une attaque sur le flanc Est, parce que, entre la route et le vallon, court une route bien entretenue conduisant aussi à Bouzonville. La 2ᵉ division est par suite disposée en fer à cheval ; l'artillerie divisionnaire au saillant du fer, ayant une section face à la route, l'autre face au côté Ouest de cette route. Dans la disposition des troupes, le Iᵉʳ bataillon du régiment est placé derrière l'artillerie divisionnaire, la droite à la route et face au village de Villers-l'Orme (2) ; le IIᵉ et le IIIᵉ bataillon garnissent le sommet du versant Ouest du vallon parallèle à la route et à la Moselle ; leur direction est, par suite, à peu près et perpendiculaire à celle du Iᵉʳ bataillon. Vers 6 heures, l'artillerie du corps d'armée arrive et est immédiatement suivie de la 1ʳᵉ division du 4ᵉ corps, laquelle division vient se placer au saillant de la position.

La présence de cette division rendant disponible le Iᵉʳ bataillon du régiment, ce bataillon conduit par le général Pradier commandant la brigade, traverse le champ de bataille derrière la droite de la 2ᵉ division, sous un feu violent d'artillerie et de mousqueterie, feu que l'état de mouvement du bataillon empêche de régler et qui, par suite, est peu dangereux. Le bataillon arrive ainsi à l'extrême droite de la division devant un bois situé sur la crête, entre les villages de Mey et de Nouilly, bois dans lequel et autour duquel le 5ᵉ bataillon de chasseurs à pied, le 64ᵉ et le 13ᵉ de ligne soutiennent contre l'ennemi un combat acharné.

---

(1) .....sur le champ de bataille.....
(2) Première position du Iᵉʳ bataillon.

A l'arrivée du bataillon, le nombre considérable des ennemis forçait les nôtres à abandonner le bois; le Ier bataillon sert de point d'appui à cette retraite : il reçoit dans ses rangs les hommes des corps ci-dessus désignés et prend place avec eux à 250 mètres de la lisière du bois, dans le fossé moyennement profond d'un chemin conduisant de Villers-l'Orme à Mey et derrière une haie qui borde ce chemin, fournissant à la fois des feux du fossé et de la haie. Ces feux durent jusqu'à la nuit. Pendant ce temps, le IIe et le IIIe bataillon ont gardé leur position et ont eu à subir des feux et des tentatives d'attaque par l'infanterie prussienne.

A 10 heures du soir, les trois bataillons du régiment sont réunis à l'emplacement de leur campement du matin; à 11 heures, ils sont placés sur les glacis du fort Saint-Julien, entre ce fort et le château de Grimont; ils ne restent qu'une heure à cette position.

L'affaire de Borny a coûté au régiment : 1 soldat tué, 3 soldats disparus, 1 officier supérieur et 11 sous-officiers et soldats blessés.

Le lieutenant-colonel de Larminat, commandant l'artillerie de la 2e division du 4e corps, au général Grenier, commandant la division (Lettre).

Au camp devant Metz, 15 août.

Mon Général,

J'ai l'honneur de vous rendre compte du rôle joué dans la journée d'hier 14 août, par chacune des trois batteries de la division.

Lorsque l'affaire s'est engagée, ces batteries occupaient des positions qui devaient leur permettre de protéger efficacement la retraite du 4e corps sur la rive gauche de la Moselle, la division devant former l'arrière-garde pendant ce mouvement. Mais, lorsque l'on vit l'affaire, engagée d'abord dans le bois d'Ars-Laquenexy, s'étendre vers la gauche de notre position et des troupes assez nombreuses s'avancer par la route de Boulay, l'infanterie reprit des positions plus avancées pour flanquer la gauche du 3e corps, que l'ennemi semblait vouloir tourner. L'artillerie dut suivre le mouvement de l'infanterie et prendre de nouvelles positions lui permettant de battre les pentes que l'ennemi devait forcément parcourir.

La 7e batterie se porta en avant et à gauche du petit bois situé en avant de Mey, dans la direction de Villers-l'Orme; mais la première salve ayant attiré sur elle le feu d'une batterie placée à Bellecroix, qui la prenait en rouage, je la fis retirer en arrière, de manière à être couverte par ce bois, qui était occupé par les chasseurs; suivant les circonstances, cette batterie changea même deux fois de position et dirigea toujours son feu très vif tantôt sur les masses d'infanterie qui se montraient sur la route ou à droite de Noisseville, tantôt sur les batteries ennemies qui concentraient leurs feux sur la batterie de mitrailleuses.

Cette batterie (1), commandée par le capitaine Prunot, a été la plus maltraitée : elle a eu 1 premier servant tué, 6 blessés, dont le maréchal des logis-chef et 2 disparus; on ne sait encore si ces deux derniers se sont égarés dans l'obscurité au moment de la retraite ou s'ils ont été tués par la fusillade assez vive que l'ennemi dirigea alors sur la colonne. Elle a perdu en outre 6 chevaux tués et en a eu 8 blessés dont celui du capitaine Prunot et celui du lieutenant Miciol.

La 5e batterie, capitaine de Saint-Germain, occupa pendant toute l'action une bonne position sur le chemin de traverse menant de Nouilly à Villers-l'Orme, à travers le théâtre de l'action ; son feu, très habilement dirigé par le capitaine de Saint-Germain, produisit d'excellents effets : il força une batterie ennemie à changer de position ; il dispersa plusieurs fois les masses de l'infanterie ennemie et éteignit le feu des tirailleurs embusqués dans les vignes de Noisseville. Aussi cette batterie devint bientôt le point de mire de plusieurs batteries ennemies, qui dirigèrent sur elle un feu très vif. Heureusement, un pli de terrain situé en avant de la batterie les arrêtait tous ou les faisait ricocher par dessus la position. Les tirailleurs ennemis s'acharnèrent aussi après cette batterie et lui blessèrent deux combattants : M. Doumane, sous-lieutenant, atteint par une balle à la cuisse droite; le maréchal des logis Daguin, blessé au pied; deux chevaux furent aussi blessés dont celui de M. Genet, lieutenant en premier. La même batterie eut, le soir, un trompette assez gravement blessé au cou par la maladresse d'un fantassin qui déchargeait son fusil.

La 6e batterie, qui, au début de l'action, était à gauche de la route de Bouzonville, fut postée sur la droite par le capitaine Erb, son commandant, quand il vit la tournure que prenait l'affaire. Elle contribua par un feu très vif et bien dirigé à modérer l'effort que l'ennemi dirigeait sur notre gauche; elle fit beaucoup de mal à l'ennemi, sans en éprouver aucun (2).

Note du lieutenant-colonel de Larminat, commandant l'artillerie de la 2e division du 4e corps. (Relevé numérique des pertes éprouvées le 14 août.)

Au camp, 19 août.

5e batterie : 1 officier blessé, 4 hommes blessés.

---

(1) $\left(\frac{7}{1}\right)$.

(2) Elle eut cependant deux chevaux blessés.

6ᵉ batterie : Néant.
7ᵉ batterie : 1 homme mort, 2 disparus, 6 blessés.

Chevaux.

État-major : 1 cheval tué, au commandant Vogier.
5ᵉ batterie : 2 chevaux blessés, dont 1 d'officier.
6ᵉ batterie : 2 blessés.
7ᵉ batterie : 7 tués ou disparus.

Munitions consommées.

5ᵉ batterie : 198 boîtes pour canon à balles.
6ᵉ batterie : 298 obus ordinaires, 26 obus à balles.
7ᵉ batterie : 330 obus ordinaires.

Totaux : 628 obus ordinaires, 26 obus à balles et 198 boîtes à mitraille.

Historique des 5ᵉ, 6ᵉ et 7ᵉ batteries du 1ᵉʳ régiment d'artillerie (2ᵉ division du 4ᵉ corps).

14 août.

Le mouvement annoncé s'effectue dès le matin. Les bagages filent les premiers.

La division Lorencez passe la première de l'autre côté de la Moselle. La 2ᵉ division doit suivre ; une section (Coutances) de la batterie Prunot doit marcher avec la tête de cette division. Le reste de la batterie Prunot et la batterie Saint-Germain au centre de la division. La batterie Erb forme l'arrière-garde et, à cet effet, elle est détachée dès le matin aux avant-postes, en avant de Villers-l'Orme.

Le mouvement a commencé pour la 3ᵉ division, dont la tête est déjà sur l'autre rive de la Moselle. Les avant-postes se replient et la batterie Erb abandonne sa position avancée et va se former en arrière de la route, en avant du château de Grimont.

Les premiers coups de canon partis de notre droite à 4 heures moins un quart, nous annoncent que l'ennemi se décide à contrarier notre mouvement de retraite.

L'ennemi s'avance par la route de Sarrelouis et prend position dans les villages de Noisseville, Servigny, Poixe et Failly, que nous avons déjà abandonnés. En outre, il manifeste l'intention de pousser sur notre centre en avant de Noisseville. La division se reporte en avant pour arrêter sa marche. Les batteries suivent le mouvement. La batterie Saint-Germain se met en batterie sur le chemin de Mey à la route de Bouzonville. En avant d'elle, à 1000 mètres environ, court un ravin assez profond pour permettre à des troupes de s'y abriter. Elle prend pour objectif les batteries ennemies établies entre Noisseville et Servigny et les troupes cherchant à sortir du ravin sur le plateau. Plusieurs fois, l'infanterie allemande cherche à franchir la crête du ravin et à s'avancer sur le plateau; mais, à chaque tentative, les mitrailleuses, attendant que leurs lignes soient en vue, les déciment et les rejettent dans le ravin.

La batterie Prunot s'établit à la droite de la batterie Saint-Germain, enfilant en partie le ravin dangereux pour cette dernière.

Même objectif à peu près que la batterie Saint-Germain.

La batterie Erb se place à 100 mètres environ en avant des autres batteries, à cheval sur la route de Bouzonville, à 10 mètres en arrière de l'auberge. Les deux premières sections à droite de la route, battant le terrain compris entre la route de Sarrelouis et Poixe, prennent pour objectif les masses d'infanterie que l'on aperçoit se glissant dans les vergers de Servigny et les batteries ennemies de Noisseville, la section de gauche, à gauche de la route, en potence sur la ligne de la batterie, battant Servigny et ayant surtout pour mission d'enfiler la route de Bouzonville. Cette batterie occupe ainsi l'extrême gauche de la division et même de la ligne. Elle n'a à sa gauche qu'un seul bataillon de la division, qui occupe le village de Villers-l'Orme. Elle se trouve un peu en l'air, surtout avec le ravin bordant sa gauche; mais cette position est très favorable sur les lignes ennemies.

Le feu de l'artillerie devient très vif : l'ennemi fait avancer de nouvelles batteries. De la route de Sarrelouis à celle de Bouzonville, il a réparti ainsi ses feux : des batteries à gauche et à droite de Noisseville, qui, sous l'effet de notre tir, changent plusieurs fois de position; une batterie près de Servigny. Un peu plus tard, il établit à gauche une batterie qui enfile la route de Bouzonville et prend d'écharpe la batterie Erb. En même temps, il porte des troupes sur sa droite, menaçant ainsi notre gauche.

Heureusement, entendant cette canonnade, les portions des 3e et 4e corps qui ont déjà passé la Moselle reviennent en toute hâte; l'artillerie au grand trot.

Vers 5 h. 30, deux batteries de 4 rayé viennent se placer entre la batterie Saint-Germain et la batterie Erb.

Vers 6 h. 15, la batterie Florentin (1) de la réserve du 4e corps, vient s'établir à la gauche de la batterie Erb, dans l'espace restreint

---

(1) $\frac{11}{1}$.

laissé entre la route et le ravin. Deux salves d'obus à balles qu'elle lance sur la batterie ennemie à gauche de Poixe, forcent celle-ci à se retirer et dégagent ainsi la batterie Erb. Vers 7 h. 30, le feu diminue d'intensité; il se calme peu à peu et cesse complètement quelques instants après.

L'ennemi semblant renoncer à toute attaque, la retraite recommence.

La batterie Erb, en vue d'un mouvement offensif qui n'eut pas lieu, se met en batterie dans une position presque perpendiculaire à celle qu'elle avait occupée dans l'action, pouvant donner des feux sur Nouilly et Noisseville.

La retraite s'effectue avec un peu de désordre : les troupes sont entassées les unes sur les autres; les batteries en colonnes par section à intervalles serrés, pressées les unes contre les autres et embarrassées par l'infanterie.

En ce moment (8 h. 30), une vive fusillade se fait entendre : une grêle de balles passe un peu au-dessus de nos têtes.

Le désordre augmente; heureusement la charge sonne, une partie de notre infanterie s'élance la baïonnette en avant et refoule l'ennemi qui pensait nous surprendre grâce à l'obscurité.

Cette charge termine complètement l'action.

Les batteries vont camper près et à gauche du fort Saint-Julien (11 heures du soir).

Malgré le feu très vif que nous avons eu à subir, nos pertes sont minimes.

Comme les capitaines commandants ont pris la précaution de se placer dans des terrains meubles, les projectiles ennemis se sont enfoncés profondément en terre avant d'éclater et les éclats ne ressortaient pas à l'extérieur.

Plusieurs obus ennemis n'ont pas éclaté et sont apportés intacts; ils sont du calibre de 6.

Notre impression est que nous pouvons lutter facilement avec l'artillerie ennemie, malgré sa supériorité de calibre.

Journal de marche de la 3ᵉ division du 4ᵉ corps.

14 août.

La division reçoit, vers 9 heures du matin, l'ordre de quitter les positions de Chieulles pour aller à Longeville et à Moulins-lès-Metz, en traversant la Moselle sur les ponts de bateaux établis à l'île Chambière. La 1re brigade commence son mouvement à midi; elle accompagnait l'artillerie. La 2e brigade, conservant ses positions à gauche de

Chieulles et ses postes avancés à Malroy et à Rupigny, reste dans ses bivouacs jusqu'à 4 heures de l'après-midi (1).

La 1re brigade passa les ponts vers 4 heures et elle s'acheminait vers Longeville, malgré l'encombrement de la route aux environs de Metz, lorsque le général en chef prescrivit de rétrograder et de venir bivouaquer à hauteur de Woippy, au lieu dit « la Maison-Neuve » (route de Metz à Thionville).

La 2e brigade, dont le poste avancé de Rupigny repoussa une reconnaissance prussienne, se mit en mouvement à 4 heures. Elle avait déjà en partie traversé les ponts, lorsque le général en chef lui ordonna de poser les sacs à terre et de se porter en toute hâte sur la route de Boulay, où la division Grenier était fortement engagée. Le 65e de ligne gravit au pas de course les hauteurs qui couronnent le fort Saint-Julien et se déploya (2) sur le plateau en arrière de la 1re brigade de la 1re division d'infanterie (3) (général de Cissey).

La 1re brigade de la division, ayant laissé ses sacs au bivouac près la Maison-Neuve, arriva vers 6 heures du soir à hauteur du fort Saint-Julien et y fut arrêtée pour servir de réserve. Le général en chef fit alors avertir que l'ennemi essayait un mouvement tournant sur notre gauche; la 1re brigade fut portée de ce côté et placée près du château de Grimont et sur la route de Metz à Bouzonville, au Pigeonnier.

La division resta ainsi en position jusqu'à la fin de la journée, sans prendre une part très active à la bataille; cependant, le 65e arrivé le premier sur le théâtre de la lutte et soutenant directement la division de Cissey, a eu 1 officier (M. le sous-lieutenant Léveillé) blessé, 1 homme tué et 15 blessés; au 15e de ligne, 1 homme aussi a été blessé.

. . . .

A 1 heure du matin, la division revint à son bivouac près de Woippy; elle y était rentrée tout entière à 4 heures du matin.

---

(1) Heure très erronée. A 4 heures, la queue de la division était arrivée près des ponts. Toutes les heures de ce Journal de marche sont entachées d'erreurs importantes.

(2) D'après le rapport Berger, le 65e se forma en colonne par bataillons.

(3) C'est-à-dire au Sud de la route de Bouzonville, entre Mey et le parc de Grimont. Le Journal de marche ne parle pas du 54e. D'après l'Historique de ce régiment, il fut déployé en avant du fort Saint-Julien et à cheval sur la route de Bouzonville; formation : en bataille par bataillons en colonne (rapport Berger).

Rapport du général Pajol, commandant la 1ʳᵉ brigade de la 3ᵉ division du 4ᵉ corps, sur l'affaire du 14 a o.

Près de Metz, 20 août.

Le 14 août, la 1ʳᵉ brigade s'était portée de Chieulles à Woippy (la Maison-Neuve), et elle s'installait dans ses bivouacs, lorsque, à 4 h. 30 du soir, par ordre du général en chef, elle dut se porter, sans sacs, sur la route de Metz à Boulay, où un combat très vif était soutenu par la division Grenier.

Le 15ᵉ de ligne, formant tête de colonne de ma brigade, déboucha près du fort Saint-Julien à 5 h. 30, et fut formé en bataille à la droite de la route. Le 33ᵉ de ligne, arrivant ensuite, se plaça derrière le 15ᵉ.

Dans cette position, la brigade se trouvait tout à fait en réserve.

Sur l'avis du général en chef que des colonnes ennemies menaçaient de tourner notre gauche en gagnant la route de Bouzonville à Metz, le 15ᵉ de ligne fut immédiatement porté, d'après l'ordre de M. le général de Lorencez, sur la ferme de Grimont (1), afin de déboucher du côté menacé. En même temps, le 33ᵉ de ligne marchait vers le Pigeonnier situé sur la route de Bouzonville à Metz.

Bientôt, le 2ᵉ bataillon de chasseurs à pied rejoignit la brigade et fut placé en avant et à droite du 15ᵉ de ligne.

La 1ʳᵉ brigade conserva ses positions jusqu'à la fin de la bataille et ne les quitta que vers 1 heure du matin, pour rentrer à son bivouac près de Woippy.

Dans cette affaire, le 15ᵉ de ligne a eu trois hommes blessés légèrement. Ils seront portés sur un état spécial.

Historique du 2ᵉ bataillon de chasseurs à pied (3ᵒ division du 4ᵉ corps).

14 août.

Départ à 1 heure de l'après-midi pour rentrer sous Metz. Le bataillon marche à la queue de la division. Il passe la Moselle à 4 heures, sur des ponts de bateaux, entend le bruit du canon en arrière, dépose ses sacs près de la route de Metz à Thionville et revient sur ses pas. Il est d'abord placé en colonne sur le chemin qui conduit de Metz à Sainte-Barbe, sur la crête qui est près et au Sud du château de Grimont ; puis il est déployé dans cette position. Les 3ᵉ, 5ᵉ et 6ᵉ compagnies sont en soutien d'artillerie.

---

(1) Où il se trouva réuni au IIᵉ bataillon du 6ᵉ, envoyé sur le même point et dans le même but.

Historique du 15ᵉ régiment d'infanterie (3ᵉ division du 4ᵉ corps).

14 août.

Le régiment part de Chieulles, passe la Moselle sur des ponts de bateaux, commence à camper à Saint-Éloi vers 4 h. 30, lorsque le canon se fait entendre du côté de Borny. La division prend les armes, repasse la Moselle et arrive sur les hauteurs, en avant du fort Saint-Julien, près du château de Grimont. Le 15ᵉ se trouve en 2ᵉ ligne et n'a qu'un seul homme blessé. En avant du régiment étaient les 1ʳᵉ et 2ᵉ divisions du 4ᵉ corps; à droite, le 3ᵉ corps (général Decaen); à gauche, le 6ᵉ (maréchal Canrobert).

Historique du 33ᵉ régiment d'infanterie (3ᵉ division du 4ᵉ corps).

14 août.

On apprend le matin, qu'à partir du 12 août, l'Empereur a donné le commandement de l'armée de Metz, composée des 2ᵉ, 3ᵉ, 4ᵉ, 6ᵉ corps et de la Garde impériale, à M. le maréchal Bazaine.

A 2 heures du soir, le 33ᵉ rappela les grand'gardes et se dirigea, en suivant la 2ᵉ brigade de la division (1), vers la route de Metz à Bouzonville. Il tourna à gauche et descendit, en longeant le fort Saint-Julien, dans la vallée de la Moselle; il traversa les deux bras de cette rivière et l'île Chambière. Une bataille s'engageait alors en avant du fort Saint-Julien.

Le 33ᵉ ne s'arrêta pas, traversa le chemin de fer et suivit la route de Saulny. Rendu à 6 kilomètres environ de l'île Chambière, on lui fit déposer les sacs et il rétrograda au pas gymnastique; il traversa de nouveau la Moselle, grimpa les pentes du Saint-Julien, précédé du 15ᵉ de ligne, arriva, en contournant le fort, derrière le bois de Grimont. On se battait de part et d'autre avec acharnement. Le 15ᵉ de ligne se déploya immédiatement sous un feu terrible (?) à gauche du bois de Grimont.

L'action étant concentrée sur le bord droit de la Moselle, le 33ᵉ ne put se déployer et resta en réserve derrière le bois de Grimont.

Cette bataille, qui prit le nom de bataille de Borny, se termina à 8 heures du soir, une demi-heure après l'arrivée du 33ᵉ sur le champ de bataille. A 9 heures, ce régiment bivouaqua à la ferme de Grimont, où il resta jusqu'à 3 heures du matin; il regagna ensuite le campement de la veille, près du Goupillon.

---

(1) Erreur évidente. Voir le Journal de marche de la division et le Rapport Berger.

Rapport du général Berger, commandant la 2ᵉ brigade de la 3ᵉ division du 4ᵉ corps, sur la journée du 14.

Le 14 août, la 2ᵉ brigade occupait les positions en arrière de Chieulles et, sur la gauche, le village de Malroy, ainsi que le village de Rupigny, en avant de Chieulles. Le poste avancé qui occupait cette position a surpris une forte patrouille prussienne qui, sans défiance, venait occuper le village de Rupigny. Le capitaine qui la commandait ainsi que plusieurs hommes et chevaux furent tués.

A 4 heures on reçut l'ordre de quitter les positions. Vers 6 heures (1) du soir, le 54ᵉ avait déjà passé les ponts de bateaux, une canonnade intense se faisait entendre, lorsque je reçus l'ordre de faire mettre les sacs à terre et de reprendre avec ma brigade les hauteurs de Saint-Julien. Le 65ᵉ, qui n'avait pas encore passé les ponts (ce régiment faisait l'arrière-garde), mit les sacs à terre et fut le premier qui put gagner les positions. C'est au pas gymnastique que la côte de Saint-Julien fut gravie par les deux régiments.

En arrivant sur le plateau, le 65ᵉ fut placé en colonne par bataillon derrière la 1ʳᵉ brigade de la 1ʳᵉ division. Le 54ᵉ, que j'avais en entier sous la main, fut également établi en bataille par bataillons en colonne. C'est dans cette position que les deux régiments attendirent l'issue du combat, exposés tous les deux à une assez grande quantité de projectiles, qui leur fit éprouver peu de pertes : le 65ᵉ, placé en avant, en a eu plus que le 54ᵉ.

Journal de marche de la 2ᵉ brigade de la 3ᵉ division du 4ᵉ corps (2).

14 août.

Le 14 août, notre division, qui était réunie, reçoit l'ordre de se diriger sur Metz par Saint-Julien et d'aller s'installer du côté de Devant-les-Ponts, en passant la Moselle sur des ponts de chevalets établis à Chambière. Ma brigade fut chargée de l'arrière-garde. J'avais prescrit à toutes mes grand'gardes d'établir quelques embuscades, dans le but de pincer quelques-uns de ces hardis hulans. Tous les postes avancés devaient se replier sur leurs corps à midi, puis se

---

(1) Heures évidemment très erronées. Celles du rapport Pajol paraissent admissibles et comme la 2ᵉ brigade était en queue pendant la marche en retraite, elle dut arriver avant 5 h. 30 sur le plateau du fort Saint-Julien.

(2) Ce Journal de marche paraît être la reproduction d'un second rapport du général Berger.

mettre en route pour Metz. Le capitaine du 54ᵉ de grand'garde à Charly, avait très bien suivi mes instructions : il avait fait embusquer une vingtaine d'hommes commandés par un jeune et solide officier. Le mouvement de retraite fut même assez accentué pour ne pas donner aux hulans le plus petit doute sur l'évacuation du village de Charly; aussi vit-on les hulans quitter immédiatement leur position pour aller prévenir le gros de la troupe qui était prête à marcher. L'officier qui commandait le peloton était tellement persuadé que nous avions abandonné la position, qu'il négligea les précautions, dont ils se départissaient rarement, de se faire couvrir par quelques cavaliers. Le peloton embusqué entendit distinctement les cavaliers arriver au grand trot ; lorsqu'ils furent à la hauteur de nos soldats, l'officier fit exécuter un feu de peloton ; s'il l'avait renouvelé, il ne serait pas resté un cavalier debout. A cette décharge, reçue presque à bout portant, l'officier qui était en tête tomba ; c'était un capitaine ; le trompette ainsi que cinq cavaliers et plusieurs chevaux furent tués. Si nos soldats n'avaient pas cherché à s'emparer de plusieurs chevaux qui n'avaient plus de cavaliers, nul doute que les pertes causées à l'ennemi eussent été plus graves. Depuis cette petite surprise causée aux hulans, nous avons été à même, par la suite, de constater combien ils étaient devenus circonspects ; ils avaient été toujours si heureux dans leur manière de nous suivre, qu'ils s'étaient beaucoup départis de leur prudence vis-à-vis de nous. Sauf ce petit incident, toute ma brigade avait quitté ses positions à midi.

Il était environ 3 h. 30 (1) ; nous venions d'arriver sur le terrain affecté au bivouac de notre brigade, lorsque nous entendîmes les premiers coups de canon retentir du côté des positions que nous venions de quitter. Rompre les faisceaux, laisser les sacs sur l'emplacement où nous nous trouvions et prendre le pas gymnastique vers la direction d'où venait le bruit de la canonnade, qui semblait devenir à chaque instant plus intense, fut l'affaire de quelques minutes. Le 65ᵉ de ligne, qui était d'extrême arrière-garde et qui n'avait pas encore franchi la Moselle, mit ses sacs à terre là où il se trouvait lorsqu'il entendit les premiers coups de canon et se dirigea de lui-même sur le théâtre du combat. Revenir d'où nous étions, monter la côte de Saint-Julien exigea au moins une heure. Il était 5 heures du soir, lorsque ma brigade formée en échelons par régiments reçut les premiers projectiles prussiens. Son rôle fut tout passif. Un de mes régiments, le 54ᵉ, en appuyant fortement à gauche, mit à couvert le flanc gauche de l'armée. A la faveur de la nuit, qui était très sombre,

---

(1) Certainement plus tard.

quelques tirailleurs auraient pu passer entre la Moselle et la route. A 9 heures du soir, le feu cessa à peu près sur toute la ligne. Ma brigade eut deux officiers atteints, dont un tué, et quinze hommes tués ou blessés, surtout dans le 65ᵉ qui était arrivé assez à temps pour occuper sur le champ de bataille une place qui lui a permis de faire usage de ses armes.....

Historique du 54ᵉ régiment d'infanterie (3ᵉ division du 4ᵉ corps).

14 août.

Le 14 au matin, une reconnaissance de hulans vient donner dans le poste avancé du village de Chieulles ; elle est reçue à coups de fusil par la 2ᵉ compagnie du IIᵉ bataillon, lieutenant Loyer. Deux cavaliers tombent, parmi lesquels l'officier commandant ; ils sont emportés par leurs camarades ; leurs chevaux, errant à l'aventure, se font prendre par les soldats du poste avancé.

Vers les 11 heures, le camp de Chieulles est définitivement levé. La 2ᵉ brigade prend la route de Metz, traverse Saint-Julien-lès-Metz, vient se masser à l'île Chambière pour effectuer là le passage de la Moselle sur l'unique pont de bateaux qui existe alors.

Au moment de se masser, le canon fait entendre ses coups précipités du côté du fort Saint-Julien. Le 54ᵉ n'en passe pas moins la rivière et vient camper dans des jardins au Sansonnet. Mais à peine les sacs sont-ils posés à terre que l'ordre arrive de les laisser là et de rebrousser chemin au pas de course, en avant du fort Saint-Julien.

La Moselle est passée de nouveau et, après une marche effrénée, le 54ᵉ vient prendre position en avant du fort Saint-Julien. Les trois bataillons sont déployés, le Iᵉʳ et le IIᵉ à droite de la route de Sainte-Barbe, le IIIᵉ à gauche.

Il est 7 heures du soir, la canonnade, la fusillade et les hurrahs des Allemands se font entendre encore. La bataille de Borny a commencé à 4 heures. Les 1ʳᵉ et 2ᵉ divisions du 4ᵉ corps, qui étaient aussi en marche pour passer la Moselle, ont soutenu bravement le choc de l'ennemi ; la 3ᵉ division est venue pour les soutenir, mais les sons joyeux des clairons français sonnant la charge, les cris rauques des Allemands qui s'éloignent font vite comprendre que ceux-ci n'ont pu réussir à forcer les lignes françaises.

La nuit met fin à la bataille. Le 54ᵉ, qui n'a pas tiré un seul coup de fusil, a continué sa marche dans l'ordre indiqué plus haut et en est quitte pour deux ou trois hommes blessés.

Vers 10 heures du soir, tout le régiment est placé de grand'garde en avant et contre le bois de Grimont.

Historique du 65ᵉ régiment d'infanterie (3ᵉ division du 4ᵉ corps).

14 août.

L'armée française exécute le passage de la Moselle à Metz. Vers 3 heures, le 65ᵉ commence son mouvement de retraite en suivant la route de Thionville à Metz. Le IIIᵉ bataillon, formant l'arrière-garde de la division, était précédé d'une batterie d'artillerie. Mais l'insuffisance des deux ponts de bateaux établis sur la Moselle rend le passage très lent. A 6 heures du soir (1), il n'y avait encore sur la rive gauche que le Iᵉʳ et le IIᵉ bataillon ; le IIIᵉ, retardé par le passage de l'artillerie, était encore dans l'île Chambière et s'apprêtait à passer à son tour sur la rive gauche, lorsqu'il fut arrêté par le général de Ladmirault qui lui donna l'ordre de poser ses sacs et de se porter au secours des troupes engagées sur les hauteurs en avant du fort Saint-Julien. Le IIᵉ bataillon, puis le Iᵉʳ, qui étaient déjà près de Woippy, ne tardèrent pas à recevoir le même ordre. Les sacs furent déposés dans des jardins, sur le bord de la route, et les troupes, prenant le pas de course, passèrent de nouveau la Moselle.

En arrivant sur le plateau, le régiment fut formé en une seule colonne de bataillons en colonne à demi-distance, la gauche en tête, et prit position au Sud-Est du fort Saint-Julien, à droite de la route de Sainte-Barbe et en face du village et du bois de Mey, alors occupé par l'ennemi. Le 65ᵉ était alors en 3ᵉ ligne, quoique très près de l'ennemi, vu le peu de profondeur du champ de bataille. Dans cette position, il était exposé à un feu violent d'artillerie et aux décharges de mousqueterie qui, partant de Mey (2), passaient encore par-dessus le régiment.

L'arrivée de nouvelles batteries sur notre gauche éteignit le feu de l'artillerie prussienne. Le bois de Mey et le village furent emportés par les troupes de la 1ʳᵉ et de la 2ᵉ division (3). Vers 9 heures, le combat semblait terminé ; la nuit étendait ses ombres sur le champ de bataille ; tout à coup une vive fusillade retentit vers la gauche de nos positions ; des milliers de projectiles passent en sifflant sur nos têtes et dans nos rangs. Nos soldats, surpris, hésitent ; une certaine confusion se met dans les bataillons ; cette confusion est encore augmentée par les fuyards appartenant à d'autres régiments qui traversent nos rangs. La voix bien connue de leurs officiers, celle plus puissante encore des clairons et tambours sonnant la charge exercent sur les cœurs leur

---

(1) Certainement plus tôt.
(2) *Lire :* des environs de Mey.....
(3) Le village de Mey ne fut jamais occupé par les Allemands.

influence magique. Soudain les rangs se reforment, le colonel Sée fait déployer sur la droite les bataillons qui se portent ensuite en avant. Mais déjà l'ennemi opérait sa retraite ; le 65ᵉ brûle à peine 100 cartouches. Il vient ensuite s'établir près du château de Grimont et bivouaque une partie de la nuit.

Nos pertes dans cette journée furent de : 17 hommes blessés, 1 tué et 1 officier grièvement blessé, M. Leveillé, sous-lieutenant.

Historique des 8ᵉ, 9ᵉ et 10ᵉ batteries du 1ᵉʳ régiment d'artillerie (3ᵉ division du 4ᵉ corps).

14 août.

Les batteries de combat des batteries Guérin $\left(\frac{8}{1}\right)$, Baritot $\left(\frac{9}{1}\right)$ et Desveaux $\left(\frac{10}{1}\right)$ prennent position, dès le matin, sur les collines en arrière de Malroy, à gauche de la route de Bouzonville, pour battre cette route au besoin.

A 9 heures du matin, on reçut l'ordre de faire manger la soupe aux hommes et de se préparer à lever le camp au premier ordre, tout le 4ᵉ corps devant aller traverser la Moselle au polygone de Metz. La 3ᵉ division, avec ses batteries, commença le mouvement vers midi ; la batterie Desveaux occupait la gauche de la division, qui se dirigea sur Saint-Julien, traversa la Moselle sur les ponts de bateaux et se disposait à camper sur le territoire de Woippy, lorsque, vers 4 h. 30 du soir, aux premiers coups de canon, elle fut rappelée sur la rive droite de la Moselle.

Après avoir refait en partie la route de l'après-midi et monté au trot la côte de Saint-Julien, les batteries Guérin et Baritot arrivèrent vers 6 h. 45 sur le champ de bataille, où se trouvait déjà la batterie Desveaux qui, nous l'avons dit, occupait dans la marche primitive la gauche de la division.

La batterie Guérin fut placée en avant et à très petite distance du bois de Mey (400 mètres environ), qui était alors occupé par des tirailleurs ennemis. Les canons à balles étaient chargés et le capitaine allait commander le feu, lorsqu'il aperçut une ligne de tirailleurs du 33ᵉ (1) de ligne qui, cachés par de petits buissons, marchaient au pas de course sur le bois de Mey. Au même moment, le général de brigade Berger (2)

---

(1) *Lire* : 13ᵉ.
(2) Il y a sans doute confusion de nom, car ni le 54ᵉ ni le 65ᵉ ne furent engagés. Il s'agit peut-être du général Pradier.

venait le prévenir de ne pas tirer, des compagnies à lui étant en avant de la batterie.

Sur l'ordre du lieutenant-colonel Legardeur (1), la batterie fit un changement de front sur la droite, qu'on croyait menacée, et resta dans cette position jusqu'à la fin de la bataille, sous une grêle de balles.

La batterie Desveaux, arrivée isolément, se mit à la disposition du général commandant l'artillerie du 4e corps, qui la plaça à gauche du bois de Mey, pour remplacer une batterie du 15e qui venait d'être fortement endommagée. Elle a évité le même sort en se plaçant à 50 mètres en avant : tous les coups de l'ennemi restaient longs. Le bois était occupé par des tirailleurs ennemis qui, prenant la batterie de flanc, à moins de 400 mètres, la forcèrent à céder la place à la batterie Baritot qui arrivait en face pour mitrailler le bois.

La batterie Baritot fut dirigée sur le bois qui est entre Mey et Nouilly et y remplaça la batterie Desveaux. Au moment où elle se mit en position, les Français abandonnaient le bois ; ils reculaient dans un tel désordre que, pendant un certain temps, les pièces ne purent faire feu ; mais dès qu'ils entendirent les premiers coups de canon de cette batterie, ils s'arrêtèrent sur son flanc droit. La distance qui séparait du bois était si faible qu'on tira à mitraille : 27 boîtes à balles eurent raison des Prussiens, car le feu, qui était violent au moment de la mise en batterie, cessa presque complètement.

La marche faite par la batterie Baritot pour se porter en avant présenta quelques difficultés : elle fut obligée de traverser deux ou trois lignes d'infanterie qui étaient couchées et qu'il fut presque impossible de faire lever.

M. le capitaine Migurski remplaça à la batterie, section de gauche, M. Camps, qui avait été blessé au moment de la mise en batterie.

A la fin de la soirée, il y eut un retour offensif de deux régiments ennemis (2), avec une fusillade qui passa par-dessus la tête de nos hommes et qui fut promptement éteinte par l'élan de notre infanterie, qui chargea ces deux régiments à la baïonnette et les massacra.

Le combat terminé, les trois batteries divisionnaires vinrent, vers 9 heures du soir, bivouaquer à hauteur et en avant du château de Grimont. Elles repartirent vers minuit avec leur division pour se porter sur la rive gauche de la Moselle en repassant les ponts du polygone et vinrent camper avec leurs réserves entre la Maison-Neuve et le village de Woippy.

---

(1) Commandant l'artillerie de la division.
(2) Il s'agit sans doute de l'attaque des fusiliers du 4e régiment prussien.

Nos pertes dans ce combat furent les suivantes (1) :

BATTERIES.	OFFICIERS		HOMMES		CHEVAUX	
	TUÉS.	BLESSÉS.	TUÉS.	BLESSÉS.	TUÉS.	BLESSÉS.
Guérin...............	»	»	1	1	1	»
Baritot...............	»	1(1)	1	4	5	»
Desveaux............	»	»	»	3	2	9
Totaux......	»	1	2	8	8	9

(1) M. Camps, sous-lieutenant, blessé.

BATTERIES.	COUPS TIRÉS.				TOTAL.
	BALLES		OBUS ordinaires.	OBUS à balles.	
	ordinaires.	multiples.			
Guérin...............	»	»	»	»	»
Baritot...............	»	»	»	27	27
Desveaux............	»	»	98	13	111

Historique des événements dont a été témoin M. Migurski, capitaine en second à la 9e batterie du 1er régiment d'artillerie (2) (*3e division du 4e corps*).

14 août.

Le 14, dès le matin, la batterie de combat prend position en arrière de Malroy, entre la Moselle et la route de Bouzonville, sur une hauteur qui permet de surveiller tout le terrain en avant. Vers 1 heure de l'après-midi, nous quittons cette position et prenons la route de Metz ; nous traversons deux fois la Moselle et l'île Chambière pour venir camper en face de Woippy, entre le chemin de fer et la route de Thionville. Nous avions dételé et allions camper, quand on entendit le canon

---

(1) Ces chiffres diffèrent de ceux que fournit un état du mois de septembre. Ces derniers ont été adoptés comme paraissant plus exacts.
(2) Batterie Baritot.

sur le plateau de Saint-Julien. La batterie de combat reçut l'ordre de partir et repassa la Moselle aussi rapidement que le permettait l'encombrement des routes, monta au trot la côte de Saint-Julien et s'arrêta pour attendre des ordres en face du fort. Les réserves des trois batteries de la division avaient été laissées à Woippy, sous le commandement du capitaine en 2ᵉ de la 10ᵉ batterie et j'accompagnais ma batterie qui précédait de beaucoup le restant de la division.

Je me rendis auprès du général commandant en chef le 4ᵉ corps, pour lui annoncer notre arrivée ; il nous fit avancer et nous fûmes dirigés sur le petit bois de Mey, dont les Prussiens s'emparaient, menaçant l'aile droite de notre corps d'armée. Nous approchâmes jusqu'à 300 mètres environ de ce bois. A ce moment, deux compagnies d'infanterie (1) qui venaient d'en être chassées, se repliaient dans un tel désordre, qu'il nous fut très dificile de manœuvrer. Malgré une grêle de balles qui partaient du bois et malgré l'inexpérience de nos hommes dont les deux tiers environ faisaient partie de la 2ᵉ portion du contingent, nous parvînmes cependant à nous mettre en batterie et dirigeâmes sur le bois un feu à mitraille. Au bout de 30 coups environ, le bois fut évacué. Nous tirâmes encore quelques obus à balles dans la direction prise par les Prussiens. L'obscurité était venue. Nous nous retirâmes en bataille parallèlement à la route de Bouzonville et reçûmes encore quelques projectiles d'une batterie prussienne, qui ne nous fit aucun mal......

Vers 9 heures, nous quittâmes le champ de bataille et vînmes bivouaquer en avant du fort Saint-Julien, à droite de la route de Metz à Sainte-Barbe.

A minuit, la batterie quitte cette position, pour aller rejoindre son campement à Woippy.

Journal de marche de la division de cavalerie du 4ᵉ corps d'armée.

14 août.

Le 14, vers midi, la division passe les ponts jetés sur la Moselle, vis-à-vis de l'île Chambière, pour bivouaquer sous Metz.

A 7 heures du soir, elle repasse la Moselle et se dirige, par le village de Vallières, vers la droite du fort Saint Julien, afin de soutenir la 1ʳᵉ et la 2ᵉ division du corps d'armée, attaquées vigoureusement.

Le feu cesse au moment où elle arrive sur le lieu du combat et, vers

---

(1) Probablement du 13ᵉ régiment d'infanterie.

2 heures du matin, elle passe de nouveau la Moselle et campe sur les glacis près de la porte de Thionville (1).

Journal de marche de la 1re brigade de la division de cavalerie du 4e corps.

14 août.

Le 14, la division traverse la Moselle, avec le 4e corps d'armée, sur un pont de bateaux et s'établit sur les glacis de Metz. A 4 heures, attaque du général Steinmetz. La division repasse rapidement sur la rive droite et vient prendre position, à 8 heures du soir, en arrière du village de Failly (2) ; elle bivouaque jusqu'à minuit sur le champ de bataille de Borny et revient ensuite camper à la porte dite de Thionville.

Historique du 2e régiment de hussards (4e corps).

14 août.

A 1 heure du soir, la division quitte son bivouac, traverse la Moselle sur un pont de bateaux et vient camper sur les glacis de Metz A 4 heures du soir, le canon gronde du côté de Saint-Julien : c'est Steinmetz qui couvre son passage sur la rive gauche de la Moselle.

La brigade légère, commandée par le général de Montaigu, repasse rapidement sur la rive droite et vient prendre position, à 8 heures du soir, en arrière du village de Failly (3). Elle bivouaque jusqu'à minuit, pour prévenir tout mouvement offensif, sur le champ de bataille de Borny où la lutte a été des plus vives pendant la journée. Elle revient ensuite camper à la porte de Thionville.

Historique du 7e régiment de hussards (4e corps).

14 août.

Un mouvement général est ordonné à toute l'armée. Elle doit céder la rive droite de la Moselle et gagner la rive gauche. Le mouvement commence à 4 heures du matin. Le passage de la rivière s'effectue sur

---

(1) Le journal de marche ne fait pas mention des opérations du 3e dragons, ni des reconnaissances faites par ce régiment sur les routes de Bouzonville et de Sarrelouis.
(2) En réalité, près du fort Saint-Julien.
(3) *Ibid.*

deux ponts de bateaux, construits vis-à-vis de l'île Chambière, près de Metz. L'encombrement produit par les bagages est tel que le 4ᵉ corps d'armée ne commence son mouvement qu'à midi.

La division de cavalerie tout entière franchit la Moselle à 3 heures, stationne au Ban-Saint-Martin (?) et vient, entre 4 heures et 4 h. 30, s'installer sur les glacis de la place, entre l'île Chambière et la porte de Thionville.

A ce moment, le canon se fait entendre sur la rive droite abandonnée, entre les forts Queuleu et Saint-Julien. Le général de Ladmirault, qui se trouve sur la rive gauche ainsi que la division de Cissey dont le passage vient de s'effectuer, fait faire volte-face à cette division et lui donne l'ordre de se porter au pas gymnastique au secours de la division Grenier, laissée en arrière-garde. Ordre est donné à la cavalerie d'appuyer le mouvement, aussitôt que l'infanterie et l'artillerie auront de nouveau franchi les ponts de bateaux.

Arrivé à 7 h. 30 sur le plateau, sous le fort Saint-Julien, le régiment prend une part passive à l'action et assiste au dernier effort tenté par l'ennemi, à 8 heures du soir.

Le peloton d'escorte détaché près du général Grenier est le plus engagé. Les trois pelotons du 5ᵉ escadron, ainsi que le peloton d'escorte attaché à la division de Lorencez, restent sur la rive gauche de la Moselle et ne prennent aucune part à l'affaire.

Toute la division quitte le champ de bataille à minuit et va reprendre son campement sur les glacis de la place.

Pertes de la journée.

	OFFICIERS.	SOUS-OFFICIERS.	TROUPE.	CHEVAUX.
Blessés..............	»	»	2	1
Morts................	»	»	»	»
Disparus.............	»	»	»	»

Historique du 3ᵉ régiment de dragons (4ᵉ corps).

14 août.

Le régiment est désigné pour couvrir le passage de la Moselle par le 4ᵉ corps et surtout pour protéger la retraite de la 2ᵉ division (général Grenier). A cet effet, le colonel fit reconnaître par le 3ᵉ escadron (capitaine Peyron) la route de Bouzonville, et par le 1ᵉʳ (capitaine Jullien) la route de Boulay. Lui-même, avec les 2e et 4e escadrons (capitaines du Houx d'Hennecourt et Bigaré), occupait le centre et se reliait avec les deux premiers escadrons.

Les éclaireurs du capitaine Peyron aperçurent un groupe de hulans; ils lui tirèrent quelques coups de fusil.

Le régiment commençait sa retraite vers 2 h. 30, lorsque les éclaireurs du 1er escadron découvrirent des masses profondes d'infanterie qui sortaient des bois et se dirigeaient sur la droite de la route de Boulay. Au reçu de ces renseignements, le colonel fit immédiatement prévenir le général Grenier et se mit à sa disposition.

Le régiment arriva sur le champ de bataille à 3 h, 30 et le quitta à 8 h. 30.

Dans cette journée, le brigadier Auër (Jacques), du 1er escadron, fut blessé d'un coup de feu et 6 chevaux atteints, mais légèrement.

Le régiment campa, le 14, sous le fort Saint-Julien.

Rapport du général Lafaille sur le rôle de l'artillerie du 4e corps dans la journée du 14 août (1).

Plappeville, 15 août.

Le 14 août, le 4e corps d'armée, bivouaqué en avant du fort Saint-Julien, reçut l'ordre de passer la Moselle et d'aller camper dans la plaine de Thionville, en avant de Woippy. La 2e division, qui marchait la dernière, commençait vers 4 heures à descendre des hauteurs de Saint-Julien (2), lorsqu'elle fut attaquée par l'armée prussienne. Elle fit immédiatement face à l'ennemi. L'artillerie de cette division, qui se trouvait seule en ce moment sur le champ de bataille, prit les dispositions nécessaires pour combattre l'artillerie prussienne, permettre à notre infanterie de se déployer et repousser l'attaque.

La 5e batterie (Saint-Germain) du 1er régiment (2e division) vint se placer sur le chemin de traverse de Nouilly à Villers-l'Orme (3) et, par son feu, força une batterie ennemie à se retirer, dégagea complètement les vignes de Villers-l'Orme et arrêta plusieurs mouvements de l'infanterie prussienne.

La 6e batterie (Erb) du 1er régiment (2e division) dirigea son feu sur l'aile droite de l'ennemi, qu'elle parvint à contenir.

---

(1) Ce rapport, rédigé le 15 août, paraît avoir été rectifié et complété pour le rapport qui suit, lequel ne porte aucune date.
(2) Appréciation erronée.
(3) Erreur manifeste. *Lire* : chemin de Mey à Villers-l'Orme.

La 7ᵉ batterie (Prunot) du 1ᵉʳ régiment (2ᵉ division) se plaça en avant du bois de Mey (1) et, par son feu, protégea les formations des troupes qui arrivaient successivement.

Pendant que la 2ᵉ division tenait tête à l'ennemi, la réserve d'artillerie et l'artillerie des deux autres divisions se hâtaient de revenir sur leurs pas et, dépassant l'infanterie, arrivaient au trot sur les hauteurs de Saint-Julien pour prendre part à l'action.

Les 5ᵉ (Boniface) et 9ᵉ (Gibouin) batteries du 15ᵉ régiment (1ʳᵉ division) dirigèrent leur feu sur le village de Servigny.

La 12ᵉ batterie (Bottard) du 15ᵉ régiment (1ʳᵉ division) vint se placer à côté de la 5ᵉ batterie du 1ᵉʳ régiment.

La 10ᵉ batterie (Desvaux) du 1ᵉʳ régiment (3ᵉ division) fut placée par le général commandant l'artillerie du corps, de manière à soutenir les batteries de la 2ᵉ division, qui étaient très tourmentées par le feu de l'ennemi, et, par son tir, força l'ennemi à cesser son feu.

La 9ᵉ batterie (Baritot) du 1ᵉʳ régiment (3ᵉ division) alla se placer à 500 mètres environ du bois de Mey et, par un tir à mitraille, força à différentes reprises les tirailleurs prussiens à rentrer dans le bois.

La 11ᵉ batterie (Florentin) du 1ᵉʳ régiment (réserve) s'établit devant Villers-l'Orme, dirigea son tir contre les troupes ennemies qui s'accumulaient de plus en plus à la droite de l'ennemi. En un instant, elle incendia le village de Servigny et fit cesser pour le reste de la journée le feu de l'ennemi.

La 12ᵉ batterie (Gastine) du 1ᵉʳ régiment (réserve) dirigea ses feux entre Mey et Servigny.

Dans ce combat, le premier auquel le 4ᵉ corps ait pris part, l'artillerie a joué un rôle des plus importants. Par sa rapidité à se rendre sur le champ de bataille, par la bonne direction de ses feux, elle a pu arrêter le mouvement de l'armée prussienne; elle a permis à nos troupes d'infanterie de se développer; elle a ainsi empêché le succès de l'attaque des Prussiens et elle a le droit de revendiquer la plus large part dans le succès de la journée.

Rapport du général Lafaille sur le rôle de l'artillerie dans la journée du 14 août.

Le 14 août, dans la matinée, le 4ᵉ corps, bivouaqué en avant du fort de Saint-Julien, reçut l'ordre de passer la Moselle et d'aller camper dans la plaine de Thionville, aux environs de Woippy.

---

(1) On sait (rapport du lieutenant-colonel de Larminat) qu'elle n'y resta qu'un instant.

La 3ᵉ division commença le mouvement, suivie par la 1ʳᵉ division.

La 2ᵉ division devait passer la dernière et protéger, le cas échéant, le mouvement des deux autres divisions.

Cette 2ᵉ division, vers 4 heures du soir, commençait elle-même à descendre les hauteurs de Saint-Julien (1), quand une attaque de l'ennemi eut lieu vigoureusement sur toute la ligne.

Immédiatement, la 2ᵉ division, arrêtant son mouvement, fait face à l'ennemi, se met en devoir de l'arrêter; l'attaque paraissait précisément se concentrer sur la gauche de l'armée, c'est-à-dire sur le 4ᵉ corps.

Les 5ᵉ (canons à balles), 6ᵉ et 7ᵉ batteries du 1ᵉʳ régiment d'artillerie faisaient partie de cette division et se trouvaient pour le moment seules sur le champ de bataille.

La 7ᵉ batterie (capitaine Prunot) se plaça immédiatement en avant du bois de Mey (2), attira sur elle tous les feux de l'ennemi, changea plusieurs fois de position et prit à tâche, surtout au commencement de l'action, de protéger les formations et les mises en batterie des troupes qui, se ralliant au canon, arrivaient successivement sur le champ de bataille.

La 5ᵉ batterie (capitaine de Saint-Germain) vint prendre position au centre même du champ de bataille, se plaça sur le chemin de traverse de Nouilly (3) à Villers-l'Orme, rejeta en arrière une batterie ennemie, arrêta successivement plusieurs mouvements d'infanterie et dégagea complètement les vignes de Villers-l'Orme des tirailleurs ennemis qui les occupaient (?).

Protégée par un pli de terrain contre les batteries ennemies qui s'acharnaient contre elle, elle eut principalement à souffrir de la mousqueterie, mais elle demeura inébranlable.

Quant à la 6ᵉ batterie, elle s'attacha à tenir en respect l'aile droite de l'ennemi, dont l'intention évidente était de déborder le 4ᵉ corps.

Pendant ce temps, sur l'ordre du général commandant le 4ᵉ corps et sollicitée vivement par le général Laffaille, l'artillerie des deux autres divisions, dont une partie était déjà arrivée à son bivouac de Woippy, se hâtait de retourner sur ses pas et, dépassant l'infanterie, arrivait au trot sur les hauteurs de Saint-Julien.

---

(1) Erreur d'appréciation (voir les rapports relatifs à la 2ᵉ division) provenant sans doute de ce que le 64ᵉ venait, en effet, de défiler sur la route en rentrant des avant-postes.

(2) Où elle ne resta qu'un instant. (Rapport du lieutenant-colonel de Larminat.)

(3) *Lire* : Mey.

L'artillerie de la 1ʳᵉ division, qui était la plus rapprochée du champ de bataille, arrive la première. A mesure qu'elle se présente, une position de combat lui est immédiatement désignée.

La 5ᵉ batterie du 15ᵉ régiment fut placée à droite d'une batterie de 4 de la 2ᵉ division, dirigeant ses feux vers Servigny.

La 9ᵉ batterie du 15ᵉ régiment se plaça à la droite de celle-ci, légèrement inclinée vers la droite.

La batterie de canons à balles alla se joindre à celles de la 2ᵉ division. A partir de ce moment, l'avantage fut à nous et l'ennemi commença son mouvement de recul. Il était 6 heures du soir : que n'avions-nous encore plusieurs heures de jour devant nous! Tout nous présageait une victoire des plus complètes.

Nous avions encore à notre disposition l'artillerie de la 3ᵉ division qui arrivait sur le champ de bataille, la réserve qui la suivait et l'infanterie qui, développée en partie, faisait, dans la direction de Mey, subir les pertes les plus terribles à l'ennemi.

La 10ᵉ batterie (capitaine Desveaux) de la 3ᵉ division arriva la première et fut disposée par le général Laffaille à la gauche de l'artillerie, déjà placée; grâce à elle, les feux ennemis, qui faisaient fortement souffrir ces dernières batteries, deviennent de moins en moins intenses.

La 9ᵉ batterie (capitaine Baritot) va franchement se placer à 500 mètres du bois de Mey et, tirant à mitraille, fait, à différentes reprises, rentrer dans ce bois les tirailleurs ennemis qui tendent à en sortir.

A la même heure arrivait la 11ᵉ batterie du 1ᵉʳ régiment (capitaine Florentin). Elle est placée en batterie devant Villers-l'Orme, attaque les masses qui s'accumulent de plus en plus à la droite de l'ennemi; en un instant, elle incendie Servigny et fait disparaître pour le reste de la journée les forces ennemies.

La 12ᵉ batterie (capitaine Gastine) dirige ses feux entre Mey et Servigny et fait taire une batterie ennemie placée dans cette direction.

La nuit était venue; la bataille paraissait terminée et les troupes, songeant à prendre leurs places de bivouac, s'accumulent sur la route de Bouzonville. Hommes, chevaux, voitures se suivaient. Les Prussiens, remarquant cette accumulation, viennent se placer dans le sens de cette route et, commençant dans l'obscurité une fusillade des plus nourries, y mettent un instant le désordre. Heureusement, l'infanterie qui se trouve en première ligne (division Grenier) reste ferme; on sonne la charge et l'ennemi se disperse.

On dut comprendre dès ce jour combien il est important de s'attendre, malgré la nuit, à des retours offensifs et combien les précautions les plus minutieuses devraient toujours être prises à cet égard.

Les troupes prussiennes font difficilement l'abandon d'une position ou d'une batterie; elles s'exposent aux plus grands sacrifices pour reprendre ce qu'elles ont perdu.

Tenons-nous-le pour dit et montrons-leur que, de notre côté, nous savons garder ce dont nous nous emparons.

Rapport du chef d'escadron Prémer, commandant les 6ᵉ et 9ᵉ batteries du 8ᵉ régiment d'artillerie. (Réserve du 4ᵉ corps.)

Devant-les-Ponts, 15 août.

Les deux batteries de la division (batterie Maringer, 6ᵉ batterie du 8ᵉ régiment, et batterie Masson, 9ᵉ batterie du 8ᵉ régiment), sont arrivées vers 6 heures du soir en arrière du fort Saint-Julien, sur le plateau où l'engagement avait lieu. Elles ont été placées à la hauteur des deuxièmes lignes, à droite de la route de Bouzonville, sur le versant regardant les attaques prussiennes. Là, elles sont restées en colonne attendant l'ordre d'entrer en action.

Vers 7 h. 30, la batterie Masson, sur les indications du colonel Deville, se mit en batterie dans un espace forcément restreint. Son feu fut dirigé sur des batteries qui tiraient sur la batterie Gastine $\left(\frac{12}{1}\right)$ et sur une batterie de canons à balles (1), et quoiqu'elle n'ait tiré que fort peu de coups, elle attira sur elle en partie le feu de la batterie ennemie et des tirailleurs embusqués dans les bois. Elle n'a pu tirer que cinq coups d'obus ordinaires, l'obscurité rendant le tir par trop incertain. La batterie Maringer, restée en colonne derrière la batterie Masson, n'a point reçu l'ordre de se mettre en batterie.....

Rapport du capitaine Maringer, commandant la 6ᵉ batterie du 8ᵉ.

14 août.

Le 11, à 4 heures du matin, on a attelé, pris le café, puis nous sommes partis pour Metz, où nous sommes arrivés le même jour, nous avons campé entre le fort Saint-Julien et la route de Thionville du côté du village. La batterie a conservé le campement jusqu'au 13 où elle s'est portée sur le plateau de Grimont en avant du fort Saint-Julien. On s'attendait ce jour-là à une attaque qui n'eut pas lieu. Le soir elle a campé sous le fort jusqu'au lendemain 14, à 2 heures de

---

(1) Sans doute : $\frac{5}{1}$.

l'après-midi, heure à laquelle l'ordre nous est arrivé de passer la Moselle à l'île Chambière pour aller camper près du Ban-Saint-Martin.

A 5 heures du soir, nous étions encore à cheval cherchant un terrain libre pour camper, lorsque le canon et la fusillade se firent entendre sur le plateau que nous venions de quitter. L'ennemi se décidait enfin à nous attaquer.

Nous avons reçu l'ordre de faire immédiatement demi-tour, de traverser de nouveau la Moselle et de nous porter au trot sur le champ de bataille où nous sommes arrivés vers les 6 heures du soir. Là, j'ai reçu l'ordre de former ma batterie en colonne par pièce à droite de la route en avant du château de Grimont et d'attendre de nouveaux ordres.

La nuit étant arrivée, le feu a cessé sans que j'aie mis en batterie.

J'ai un homme contusionné et deux chevaux légèrement blessés.

La batterie est allée ensuite camper sous le fort où elle a passé la nuit.

Journal de campagne du lieutenant Palle, de la 9e batterie du 8e d'artillerie (réserve du 4e corps).

14 août.

Nous garnissons à 3 heures du matin. Sur les 8 heures, nous menons boire par petites fractions dans l'étang de Grimont. A 9 heures, on fait atteler pour repasser la Moselle; nous ne partons qu'à 1 heure. La route et le village de Saint-Julien sont encombrés par les voitures de réquisition : on n'avance que lentement en s'arrêtant tous les dix pas. La chaleur est étouffante.

Nous passons le petit bras de la Moselle (île Chambière) sur un des deux ponts en poutres jetés en aval du pont en fil de fer, et la grande Moselle sur les deux ponts de bateaux jetés à hauteur des batteries fixes. Là, trompés sur la direction, ne recevant pas d'ordres (le colonel Soleille n'était pas avec nous), on se dirige un peu au hasard vers la route de Longeville. A hauteur de la porte de France, nous nous trouvons circuler sur la même route et dans la même direction que le 2e corps. Le général Frossard dit en passant au commandant Prémer que nous nous sommes certainement trompés de route. Le commandant Ladrange (1), tête de colonne, engagé sur la route de Longeville, tourne par le village du Ban-Saint-Martin. Nous faisons le tour du Ban-Saint-Martin pour nous retrouver à la porte de France. On entendait déjà dire par-ci par-là qu'on entendait le canon sur la rive droite. Nous rencontrons alors l'état-major de notre corps, qui nous expédie sur

---

(1) Commandant les deux batteries de 12 de la réserve.

la route de Thionville. Nous allons camper à l'Ouest de la route, à peu près à hauteur de Saint-Éloi, derrière une houblonnière, vers 5 heures. On voyait les obus éclatant dans la direction du fort Saint-Julien.

A peine arrivés là, après cinq minutes de repos, les deux batteries du 8ᵉ et les deux batteries Ladrange $\left(\frac{11, 12}{1}\right)$ repartent, traversent les ponts de la Moselle, et, conduits par le capitaine Gillet, officier d'ordonnance du général Lafaille (excepté la batterie Florentin qui, coupée de nous, était partie par Saint-Julien), nous passons par Vallières, où nous grimpons sur le coteau, et nous débouchons sur le plateau à hauteur de notre campement du matin.

Le général Lafaille n'ayant pas alors besoin de nous, on nous place sur la petite route de Bouzonville, à hauteur du petit bouquet de bois qui est dans le fond du vallon entre Mey et Nouilly (1).

Les Prussiens s'étendaient en avant de Sainte-Barbe, de Servigny à Noisseville et leur ligne s'étendait vers le Sud, à cheval sur les deux routes de Sarrelouis et Sarrebrück. Nous étions sur le coteau en face Nouilly et Mey, le dos au fort Saint-Julien. (Le 3ᵉ corps était, disait-on, à l'extrême droite, vers Borny et au delà, appuyé par la réserve du général Canu vers le centre.)

La batterie se met en batterie à quelques mètres de la petite route de Bouzonville et tire deux coups sur les hauteurs de Lauvallier par-dessus les batteries divisionnaires placées à mi-côte (2), après quoi on reçoit l'ordre de cesser le feu. Les Prussiens cèdent le terrain. Trois villages sont en feu devant nous (peut-être Sainte-Barbe, Vrémy et Cheuby). Violente attaque sur Retonfey.

A la nuit, il y avait beaucoup trop d'artillerie accumulée à la gauche du 4ᵉ corps : elle se trouvait former deux étages de feu. A un retour offensif des Prussiens dans la direction de la route de Bouzonville, grand désordre dans ces batteries, qui reçoivent une grêle de balles heureusement trop hautes. Un brigadier est blessé à l'épaule. On a attribué cette fusillade à courte distance, quand on croyait l'ennemi déjà loin, à un régiment de cavalerie qui se serait approché au galop [soutenu par quelque infanterie (?)] et, la fusillade finie, serait reparti à la même allure. Le but était de jeter le trouble sur notre gauche et d'empêcher qu'elle ne s'avançât.

Nous sommes, à ce moment, dépassés par de l'infanterie qui suit la

---

(1) Il s'agit certainement du bois de Mey, placé en contre-bas par rapport à la batterie.

(2) C'est-à-dire le long du chemin de Mey à Villers-l'Orme.

route et le champ à gauche de cette route en sonnant la charge. L'état-major était déjà rentré à Grimont.

A 10 heures du soir, nous bivouaquons à notre campement du matin.

Rapport du chef d'escadron Ladrange, commandant les 11ᵉ et 12ᵉ batteries du 1ᵉʳ régiment d'artillerie (réserve du 4ᵉ corps).

Woippy, 14 août.

Dans la soirée du 14 août 1870, vers 5 heures du soir, les batteries de combat du 1ᵉʳ régiment d'artillerie (11ᵉ et 12ᵉ), faisant partie de la réserve du 4ᵉ corps, ont reçu l'ordre de se rendre en avant du fort de Saint-Julien pour s'opposer à une marche en avant de l'ennemi (1).

La 11ᵉ batterie, capitaine Florentin, arrivée la première sur le lieu du combat, s'est mise en batterie vers 6 h. 15 dans la direction de la route de Bouzonville et a ouvert le feu sur une batterie de l'ennemi placée de 2,500 à 3,000 mètres, qu'elle a forcé à changer de position. Dans ce premier engagement elle a eu deux hommes blessés et a consommé 84 coups à obus; puis elle a ouvert le feu sur une batterie qui était venue se placer un peu sur sa droite, à 1300 mètres environ, et sur laquelle elle a tiré avec succès 22 coups à obus à balles qui l'ont réduite au silence.

Pendant ce temps, la 12ᵉ batterie, capitaine Gastine, placée à sa droite et dans une position un peu oblique, ouvrait le feu sur un bois occupé par les tirailleurs ennemis soutenus à leur droite par une batterie; 48 coups à obus ordinaires ont été tirés dans cette direction. La retraite de la batterie ennemie et la nuit ont mis fin au combat.....

Les deux batteries sont rentrées à leur camp sur la rive droite de la Moselle, en avant de Woippy, vers 3 heures du matin.

Historique des 11ᵉ et 12ᵉ batteries du 1ᵉʳ régiment d'artillerie (réserve du 4ᵉ corps).

14 août.

Le 14 août au matin, les batteries avaient reçu l'ordre de se porter au delà du village de Longeville, de l'autre côté de Metz.

Un contre-ordre, qui leur indiquait le village de Woippy comme

---

(1) Le rapport passe sous silence les incidents de marche relatés par le lieutenant Palle.

destination, leur parvient au moment où elles atteignaient le Sauvage et les force à rebrousser chemin au travers de l'encombrement des troupes et des bagages qui remplissaient la route.

Les batteries arrivaient à Woippy vers 4 heures de l'après-midi, au moment où les premiers coups de canon de la bataille de Borny se faisaient entendre.

Le commandant Ladrange fait parquer les réserves et se met aussitôt en marche avec les deux batteries de combat (batterie Gastine en tête), pour repasser la Moselle.

Dans son empressement à courir au canon, le commandant part au trot avec la batterie Gastine, dès que celle-ci a traversé les ponts, et prend la route qui longe le fort Bellecroix pour remonter par le village de Vallières sur la partie du plateau où il suppose que le combat est le plus sérieusement engagé.

Batterie Florentin (11ᵉ *batterie*). — La batterie Florentin, en retard du temps qu'elle avait mis à passer les ponts, se trouve isolée au bas de Saint-Julien.

A ce moment on entendait très distinctement le canon dans la direction de Mey. La route de Saint-Julien était entièrement libre. La batterie s'élance au trot d'abord, au galop ensuite et arrive sur le plateau vers 6 heures du soir, au moment où l'artillerie de la 1ʳᵉ division canonnait le bois de Mey, que les Prussiens étaient parvenus à occuper.

Le général Lafaille, qui attendait avec impatience son artillerie, place lui-même la première batterie arrivée (1) vers le point dominant voisin de la cote 261, entre la route de Bouzonville et la pente de Villers-l'Orme, à 2,000 mètres environ en avant du fort Saint-Julien (2).

La mission de la batterie, indiquée par le général, était de défendre l'accès du champ de bataille par la route de Bouzonville et de surveiller toute la gauche du côté de Failly, Charly et Chieulles, direction dans laquelle nous n'avions personne à opposer à l'ennemi pour le moment.

Une batterie allemande, établie contre le village de Poixe, ouvre le feu sur nous dès notre mise en batterie; son tir, lointain et mal dirigé, ne nous fait aucun mal. Pendant une heure environ, nous nous contentons de riposter lentement. A ce moment, la batterie Erb $\left(\frac{6}{1}\right)$, qui se

---

(1) C'est-à-dire la 11ᵉ batterie, qui avait rattrapé le temps perdu en suivant la grande route, tandis que la 12ᵉ suivait péniblement le mauvais chemin de Vallières.

(2) Entre la Salette et l'auberge.

trouvait sur notre droite, dans une position oblique nécessitée par la direction de son tir, offrait à l'ennemi la tentation d'essayer un tir d'écharpe, à la condition de s'avancer jusqu'à moitié distance entre Poixe et le point que nous occupions.

Une plantation d'arbres qui régnait dans cette partie de la route favorisait cette entreprise hardie.

Grâce au canonnier Chapuis, qui signale le premier une colonne de voitures, le capitaine a tout le temps de se préparer à bien recevoir l'ennemi.

Le lieutenant Schneider redouble le feu de ses pièces, sans changer d'abord la direction de leur tir. Les quatre autres pièces préparent des obus à balles et pointent sur l'extrémité la plus rapprochée de nous de la ligne d'arbres.

Au moment où l'ennemi quitte la route pour se mettre en batterie à l'abri des arbres, nous ouvrons un feu d'obus à balles qui jette immédiatement le désordre et force la batterie ennemie à se retirer à la hâte, après avoir seulement tiré deux salves, dont les deux derniers coups dirigés sur nous.

Après cet incident, la batterie n'a plus qu'à reprendre son tir de riposte contre la batterie de Poixe et à tirer de temps à autre, à toute volée, contre les rassemblements de troupes qui se forment soit dans le village, soit à l'abri du pli de terrain situé en arrière de lui.

L'action terminée vers 8 h. 30 du soir, la batterie, en colonne par section, allait prendre son campement lorsque l'ennemi, nous surprenant par un retour offensif habilement dissimulé, dirige sur les troupes massées une fusillade des plus nourries (1).

La section de gauche, queue de colonne, essaye de se mettre en batterie, mais elle est débordée par l'infanterie qui va charger à la baïonnette et ne peut faire feu.

La 6ᵉ pièce, commandée par le maréchal des logis David, a, dans ce moment critique, deux timons cassés successivement; ces timons sont remplacés sous le feu et la pièce rejoint la batterie au bout d'un quart d'heure.

Cette journée, heureuse pour la batterie, ne lui avait coûté que deux hommes blessés dont l'un, il est vrai, assez grièvement.

Elle avait tiré 28 obus à balles et 84 obus ordinaires.

Batterie Gastine (12ᵉ *batterie*). — Après avoir passé les deux bras de la Moselle, nous prenons le chemin de Vallières et à l'entrée de ce village un sentier très raide qui nous conduit au plateau.

De là, nous gagnons le chemin de grande communication de Bouzon-

---

(1) Attaque des fusiliers du 4ᵉ régiment prussien.

ville, que nous suivons jusqu'à hauteur de Mey. Après un arrêt de quelques instants, le lieutenant-colonel de Narp, commandant l'artillerie de la 1re division du 4e corps, indique à la batterie une position pour tirer contre une batterie prussienne dont le feu gênait les mouvements de la division Grenier (2e division du 4e corps), batterie établie entre le bois de Mey et le village de Nouilly.

La nuit tombait déjà et nous n'avons eu que le temps de tirer 38 coups de canon jusqu'au moment où l'ordre a été donné de remettre les pièces sur les avant-trains et de nous replier sur le fort Saint-Julien.

Dans ce court engagement, la batterie a eu un 1er conducteur, le nommé Guillamet, sérieusement blessé. Cet homme est mort à l'hôpital de Metz des suites de ses blessures, le 3 septembre.

Pertes du 14.

11e batterie : 2 hommes blessés ; 12e batterie : 1 homme tué ; 11e batterie : 2 chevaux blessés. Pas d'avarie au matériel.

Vers 11 heures du soir, l'ordre est donné de se replier de l'autre côté de la Moselle.

Rapport du chef d'escadron Poilleux, commandant les 5e et 6e batteries à cheval du 17e régiment d'artillerie.

Les deux batteries à cheval de la réserve, destinées à opérer avec la division de cavalerie le 14 août, n'ont pu prendre part activement à l'action, la division de cavalerie n'étant arrivée sur le lieu du combat qu'au moment où les derniers feux de mousqueterie se faisaient entendre.

Historique des 5e et 6e batteries du 17e régiment d'artillerie à cheval (réserve du 4e corps).

14 août.

5e *batterie*. — Partie à 1 heure du soir avec la division de cavalerie, passé la Moselle à 3 heures sur un pont de bateaux jeté en aval de la ville, dans l'île Chambière.

A 6 heures du soir, la batterie n'était pas encore campée lorsqu'elle reçut l'ordre de se porter sur le champ de bataille. Elle franchit de nouveau la Moselle sur le pont de bateaux et arriva par la route de Vallières en avant du fort Saint-Julien. Le combat était presque fini et la nuit empêcha la batterie d'y prendre part.

6e *batterie*. — Dès le point du jour, la batterie reçut l'ordre d'atteler et de lever le camp. Elle s'établit en bataille, à intervalles de combat, le long du chemin qui conduit de la Croix-aux-Trois-Jambes à Chieulles.

Sur sa droite, de l'autre côté de la route de Bouzonville, se tenait la division de cavalerie et, en avant, des lignes d'infanterie.

L'agitation était extrême. A tout instant on s'attendait à une attaque. Des bandes d'habitants de la campagne, se retirant sur Metz, apportaient les nouvelles les plus alarmantes; à les entendre, d'innombrables troupes prussiennes étaient sur nous. Cependant on reçut, à 1 heure de l'après-midi, l'ordre de passer sur la rive gauche de la Moselle.

Vers 2 heures, en descendant la côte de Saint-Julien, nous entendîmes un coup de canon; ce fut le seul jusqu'au moment où, établis dans les terrains qui entourent la gare de Devant-les-Ponts, nous entendîmes commencer la bataille. Il pouvait être alors 4 heures du soir.

A 6 heures, on nous donna l'ordre de repasser la Moselle. Les deux seuls ponts par lesquels s'effectuait ce passage étaient si encombrés qu'en allant le plus rapidement possible nous ne pûmes arriver avant la nuit sur les hauteurs qui dominent Vallières. La bataille finissait en ce moment.

Rapport sur la part prise par l'état-major et les troupes du génie du 4ᵉ corps à l'affaire du 14 août 1870.

Pendant la journée du 14 août, le général commandant le génie du 4ᵉ corps et les officiers de l'état-major particulier du génie ont accompagné partout sur le champ de bataille le général en chef du corps et ont dirigé l'ensemble des travaux exécutés par les compagnies. Les commandants divisionnaires sont restés avec leurs généraux de division et ont dirigé les travaux exécutés par les compagnies directement sous leurs ordres.

Le commandant Lhotte, de la 2ᵉ division, a eu le pied contusionné par une balle.

La compagnie de réserve (2ᵉ mineurs), employée dès le matin à la réparation des ponts de campagne construits sur le grand bras de la Moselle, en aval de Metz, les a remis en état et a surveillé le passage des troupes sur ces ponts avant et après la bataille.

La 9ᵉ compagnie de sapeurs, attachée à la 1ʳᵉ division qui, dans la matinée du 14, avait déjà passé sur la rive gauche de la Moselle, est retournée sur les hauteurs de Grimont avec la division et a pris une part active au combat.

La 10ᵉ compagnie a suivi la 2ᵉ division dont elle fait partie, et n'a pas été sérieusement engagée.

Il en est de même de la 13ᵉ compagnie, qui, avec la 3ᵉ division, est restée en réserve pendant le combat.

Dans l'affaire du 14, la 9ᵉ compagnie a eu un sapeur blessé.

c) Opérations et mouvements.

Le général de Ladmirault au maréchal Bazaine
(D. T.).

Reçue à Borny, le 14 août, à 9 h. 25 matin

Le mouvement de mes bagages est commencé.

Le maréchal Bazaine au général de Ladmirault
(D. T.).

Borny, 14 août (l'heure manque).

Vous pouvez commencer votre mouvement par votre gauche. Vous irez vous établir, si vous le pouvez, sur la route de Conflans; sinon, vous prendrez position en arrière de manière à ce que vous puissiez prendre la route de Conflans demain matin. (Le 3e corps derrière le 4e.)

Ordre du 4e corps.

Château de Grimont, 14 août.

Les troupes du 4e corps évacueront les positions, pour se diriger vers les ponts de l'île Chambière, d'après les dispositions suivantes :

La 2e division prendra à l'avance toutes ses dispositions pour couvrir le mouvement général ; elle aura ses tirailleurs étendus sur une grande ligne, la droite à Mey, le centre contre les bois de Grimont et la gauche vers les pentes en arrière du bivouac occupé par la 3e division (1).

Le bataillon de la 2e division qui se trouve sur la route de Kédange près de la Moselle, y restera en position, en faisant face à la vallée (1). M. le Général commandant la 2e division distribuera en arrière de sa première ligne son artillerie, de manière à soutenir vigoureusement ce mouvement de retraite.

M. le Commandant de la 2e division disposera son 2e échelon sur les pentes Sud et Nord du fort Saint-Julien, de manière à bien couvrir le passage de la rivière. Une section d'artillerie ira se placer avec le bataillon sur la route de Kédange, aussitôt que la 1re ligne de tirailleurs du général commandant la 2e division se mettra en retraite, et, selon les circonstances, les pièces d'artillerie de cette division se dirigeront vers l'île Chambière pour prendre les ponts.

---

(1) C'est-à-dire à l'Ouest de la route de Kédange à mi-distance de Chieulles et du bois de Grimont.

Les 1re et 3e divisions exécuteront simultanément leur mouvement de retraite avec lenteur et se couvrant au loin par des tirailleurs.

La 1re division dirigera successivement ses bataillons par la route d'en haut en arrière de Saint-Julien, pour passer les ponts. Son artillerie prendra la tête de la colonne.

La 3e division se dirigera pour prendre la route de Kédange et se rapprocher de la Moselle. Son artillerie sera en tête pour passer les ponts.

L'artillerie de réserve quittera les positions aussitôt qu'elle verra le mouvement de retraite des 1re et 3e divisions et gagnera la rivière pour passer avant toutes les troupes d'infanterie.

Trois régiments de cavalerie passeront les ponts, avant tout mouvement commencé ainsi que l'artillerie à cheval attachée à cette division.

Un régiment de dragons sera désigné pour être jeté assez au loin sur la route de Kédange et sur celle de Bouzonville, afin d'observer l'ennemi de ce côté. Il rentrera pour passer les ponts avant les troupes de la 2e division. Pour passer les ponts de chevalets et de bateaux, les cavaliers doivent mettre pied à terre et tenir leurs chevaux par la bride.

La compagnie du génie de la réserve se portera à l'avance à l'entrée des ponts, pour parer aux besoins qui pourraient se présenter; le parc du génie s'engagera sur les ponts après l'artillerie de réserve. Des hommes de cette compagnie du génie, munis d'outils, seront dispersés çà et là pour les travaux qui se présenteraient.

Ce mouvement de retraite se fera sans sonnerie ni batterie.

Telles sont les dispositions adoptées, et l'heure sera indiquée pour commencer le mouvement de retraite des troupes.

P.-S. — Avoir bien soin d'attendre l'ordre donné pour commencer le mouvement.

Le général commandant en chef le 4e corps,
DE LADMIRAULT.

Le général de Ladmirault au maréchal Bazaine (D. T.).

Saint-Julien, 14 août, 10 h. 5 soir.

Je suis arrivé avec mon corps d'armée au secours de la division Grenier très vivement attaquée. J'ai repris et gardé mes anciennes positions.

J'ai pas mal de blessés, mais je manque de moyens pour les transporter. Envoyez-m'en.

Dois-je repasser la Moselle ou rester en position sur les hauteurs de Grimont?

---

(1) Le IIIe bataillon du 98e régiment.

d) Situation et emplacements.

4ᵉ CORPS.

Situation sommaire d'effectif au 14 août 1870.

DÉTAIL.	OFFICIERS.	SOUS-OFFICIERS ET TROUPE.	TOTAUX.	CHEVAUX.	EMPLACEMENTS.
État-Major général............	51	82	133	145	
1ʳᵉ division d'infanterie.					
État-Major................	10	»	10	35	
1ʳᵉ brigade. { 20ᵉ bataillon de chasseurs......	23	875	898	9	
1ᵉʳ régiment de ligne.........	66	2,028	2,094	29	
6ᵉ régiment de ligne.........	67	1,735	1,802	34	
2ᵉ brigade. { 57ᵉ régiment de ligne.........	68	2,065	2,133	26	
73ᵉ régiment de ligne.........	63	2,226	2,289	29	
Artillerie.. { 5ᵉ batterie. }15ᵉ	7	132	139	121	
9ᵉ batterie. }	4	145	149	127	
12ᵉ batterie. }	4	147	151	124	
Réserve.........	1	45	46	76	
Génie.......................	5	78	83	20	
Train des équipages...........	1	43	44	51	
Services administratifs	12	110	122	10	
Totaux pour la 1ʳᵉ division.	331	9,629	9,960	691	
2ᵉ division d'infanterie.					
État-Major................	15	»	15	47	
1ʳᵉ brigade. { 5ᵉ bataillon de chasseurs......	23	773	796	11	
13ᵉ régiment de ligne.........	65	2,299	2,364	34	
43ᵉ régiment de ligne.........	65	1,970	2,035	34	
2ᵉ brigade. { 64ᵉ régiment de ligne.........	66	2,074	2,140	29	
98ᵉ régiment de ligne.........	60	2,347	2,407	31	
A reporter......	294	9,463	9,757	186	

CORPS.	OFFICIERS.	SOUS-OFFICIERS et TROUPE.	TOTAUX.	CHEVAUX.	EMPLACE- MENTS.
Report	294	9,463	9,757	186	
Artillerie.. { 5ᵉ batterie.. } 1ᵉʳ.	5	149	154	127	
6ᵉ batterie..	4	155	159	123	
7ᵉ batterie..	4	151	155	120	
Réserve..........	»	48	48	74	
Génie...........	4	81	85	18	
Train des équipages..........	1	42	43	50	
Services administratifs........	13	66	79	43	
Totaux pour la 2ᵉ division.	325	10,155	10,480	741	
3ᵉ division d'infanterie.					
État-major.................	12	»	12	45	
1ʳᵉ brigade. { 2ᵉ bataillon de chasseurs......	22	841	863	10	
15ᵉ régiment de ligne..........	67	2,266	2,333	33	
33ᵉ régiment de ligne..........	67	1,952	2,019	43	
2ᵉ brigade. { 54ᵉ régiment de ligne..........	64	1,946	2,010	36	
65ᵉ régiment de ligne..........	60	2,143	2,203	40	
Artillerie.. { 8ᵉ batterie. } 1ᵉʳ.	7	155	162	128	
9ᵉ batterie.	4	148	152	120	
10ᵉ batterie.	4	148	152	126	
Réserve...........	1	46	47	76	
Génie.................	5	102	107	20	
Train des équipages...........	»	41	41	48	
Services administratifs........	14	57	68	43	
Totaux pour la 3ᵉ division.	324	9,845	10,169	738	
Division de cavalerie.					
État-major.................	10	»	10	41	
1ʳᵉ brigade. { 2ᵉ régiment de hussards......	46	616	662	652	
7ᵉ régiment de hussards.......	48	649	697	663	
A reporter....	104	1,265	1,369	1,356	

CORPS.	OFFICIERS.	SOUS-OFFICIERS et TROUPE.	TOTAUX.	CHEVAUX.	EMPLACEMENTS.
Report	104	1,265	1,369	1,356	
2ᵉ brigade. { 3ᵉ régiment de dragons	41	490	531	519	
11ᵉ régiment de dragons	40	540	580	536	
Train et services administratifs..	8	55	63	15	
TOTAUX pour la cavalerie ..	193	2,350	2,543	2,426	
Réserve d'artillerie.					
État-major	5	»	5	21	
1ᵉʳ régiment. { 11ᵉ batterie	4	196	200	169	
12ᵉ batterie	3	193	196	170	
8ᵉ régiment. { 6ᵉ batterie	4	142	146	120	
9ᵉ batterie	4	139	143	120	
17ᵉ régiment. { 5ᵉ batterie	4	157	161	182	
6ᵉ batterie	4	155	159	177	
Parc du corps d'armée	8	517	525	597	
TOTAUX pour l'artillerie....	36	1,499	1,535	1,556	
Réserve du génie	4	97	101	16	
Parc du génie	»	39	39	61	
TOTAUX	4	136	140	77	
Train des équipages. { 1ᵉʳ régiment : 2ᵉ compagnie	2	78	80	78	
1ᵉʳ régiment : 3ᵉ compagnie	2	188	190	204	
3ᵉ régiment : 10ᵉ compagnie	3	197	200	260	
Force publique	5	85	90	65	
Service des subsistances	2	80	82	2	
Service des hôpitaux	9	113	122	3	
Service du campement	1	»	1	»	
Trésor et postes	17	31	48	31	
TOTAUX	41	772	813	643	

Au château de Grimont, le 14 août 1870.

CORPS.	OFFICIERS.	SOUS-OFFICIERS et TROUPE.	TOTAUX.	CHEVAUX.	OBSERVATIONS.
RÉCAPITULATION GÉNÉRALE.					
État-major général	51	82	133	145	
1re division	331	9,629	9,960	691	
2e division	325	10,155	10,480	712	
3e division	324	9,845	10,169	738	
Division de cavalerie	193	2,350	2,543	2,426	
Réserve d'artillerie	36	1,499	1,535	1,556	
Services divers du quartier général	41	772	813	643	
Réserve et parc du génie	4	136	140	77	
TOTAL GÉNÉRAL	1,305	34,468	35,773	6,987	

RENSEIGNEMENTS

Préfet de la Haute-Marne au Ministre de la guerre (D. T.).

Chaumont, 14 août.

Je suis avisé que le maire de Vigneulles envoie à M. le Préfet de la Meuse une estafette pour lui annoncer que les Prussiens sont à Saint-Benoît (1). J'apprends d'un autre côté que le génie vient de faire sauter le pont de Langley entre Charmes et Noinexy. Un avis d'Épinal fait savoir que l'ennemi est à Charmes et que toutes les gares entre Blainville et Épinal sont évacuées.

Sous-Préfet de Commercy au Ministre de l'intérieur (D. T.).

Commercy, 14 août, 6 h. 27 soir. Expédiée à 8 h. 20 soir.

M. le Maire de Saint-Mihiel m'informe que les Prussiens ont poussé ce matin une reconnaissance jusqu'à Saint-Benoît.

150 campent près de cette commune.

Ils étaient en force à Beney.

Sous-Préfet de Toul au Ministre de la guerre (D. T.).

Toul, 14 août, 6 h. 45 soir. Expédiée à 8 h. 20 soir.

Prussiens signalés à 1500 mètres de la ville vers 2 heures; reconnaissance faite par gendarmes et cuirassiers. Rencontre d'un détachement de 200 hulans, échange de coups de feu, un gendarme tué, un disparu, deux chevaux blessés. Arrivée d'un parlementaire qui somme la place de se rendre et se retire après un refus énergique.

Excellente attitude de la population. Gardes mobile et nationale se sont portées avec empressement sur les remparts.

---

(1) 6 kilomètres à l'Est de Vigneulles.

Le Ministre des affaires étrangères à l'Empereur (D. T.).

Paris, 14 août, 1 heure soir.

Voici des renseignements que je vous transmets. Ils viennent d'une autre source que ceux que je vous ai transmis hier (1).

« Les deux armées du Prince royal et du prince Frédéric-Charles ont fait leur jonction sur le terrain qui se trouve entre Sarreguemines et Forbach. La IIIe armée (de Steinmetz) est réunie aux deux autres. On évalue les forces de ces trois corps à 430,000 hommes. Le quartier général du Roi de Prusse était, il y a trois jours, à Sarreguemines. »

Hier, il était arrivé aux ambassadeurs la nouvelle que Nancy était occupée par l'ennemi. Les ambassadeurs tiennent cette nouvelle pour certaine, malgré le bulletin annonçant le délogement des Prussiens de Pont-à-Mousson.

Mais voici ce dont il s'agit aujourd'hui quant au plan de campagne de l'ennemi. Les masses prussiennes qui s'avancent sur la route de Nancy annoncent-elles la marche de la grande armée prussienne sur cette route, ou ne sont-elles qu'un simulacre d'attaque ? Quelques diplomates et attachés militaires des ambassades sont de ce dernier avis. Ils prétendent que la grande armée prussienne ne marche pas dans la direction de Metz, mais tend en ce moment, venant de Mertzig, à se créer un passage entre Thionville et Luxembourg, afin de se diriger directement sur Reims.

X..., de Bruxelles, au Ministre des affaires étrangères, à Paris (D. T.).

Bruxelles, 14 août, 11 h. 45 matin.

Dépêche prussienne. — Saint-Avold :

« Le Roi a publié une proclamation dont l'article 1er est ainsi conçu :
« La conscription est abolie dans toute l'étendue du territoire fran-
« çais occupé par les troupes allemandes. »

X..., de Bruxelles, au Ministre des affaires étrangères, à Paris (D. T.).

Bruxelles, 14 août, 4 h. 40 soir.

Bulletin officiel prussien. — « Herny (Moselle), quartier général, 13 août, 10 heures du matin.

---

(1) Dépêche du Ministre des affaires étrangères à l'Empereur, datée du 13 août, 1 heure du matin. Page 92.

« Un bataillon français qui avait été envoyé de Metz par le chemin de fer à **Pont-à-Mousson** s'est retiré à la hâte ce matin, en abandonnant ses bagages, lorsque notre infanterie est allée occuper cette ville.

« Nancy a été évacuée par l'ennemi. Notre cavalerie a détruit le chemin de fer au Nord de la ville. D'autres détachements de cavalerie ont pris un transport de fourrages aux avant-postes des troupes françaises qui se trouvent sur les glacis de Metz. »

X..., de Bruxelles, au Ministre des affaires étrangères, à Paris (D. T.).

Bruxelles, 14 août, 8 h. 20 soir.

M. *** me télégraphie que la Prusse lève, dans les provinces rhénanes, tous les hommes valides de 16 à 50 ans et les envoie vers Strasbourg.

Bulletin de renseignements du 4ᵉ corps (1).

Château de Grimont, 14 août.

Le 12 au soir, le roi de Prusse était à Saint-Avold. Le gros de l'armée se dirigeait vers Nancy, Pont-à-Mousson, Frouard ; ce dernier point paraît être l'objectif capital de l'ennemi, qui le considère comme la clef de la Champagne (?)

Il est difficile de se faire une idée de la masse de troupes concentrées entre Sarrebrück et Strasbourg. Les trois derniers convois, contenant de grosses pièces d'artillerie dirigées sur ce dernier point, sont partis de Trèves le 12 au matin. Les hussards de la Garde ont passé le même jour à Trèves.

Trèves, Wittlich, Sarrebrück et Conz sont complètement dégarnis. Chevaux et voitures arrivent continuellement, venant de Coblenz, Cologne, Dusseldorf. Une file de 4,000 voitures longe la Sarre, entre Merzig et Sarrelouis ; on ignore le point précis sur lequel elle est dirigée.

Les dernières nouvelles relatives à l'armée du Nord, commandée par Vogel de Falkenstein, sont qu'elle est dirigée vers le Sud pour rejoindre celle du Roi. Dans les premiers jours, on attend les troupes de passage à Trèves.

Par ordre :

Le général chef d'état-major général du 4ᵉ corps,
Osmont.

---

(1) Adressé au chef d'état-major de l'armée du Rhin.

Bulletin de renseignements du 6ᵉ corps (1).

Petit séminaire de Metz, 14 août, matin.

Un habitant d'Augny annonce qu'il a passé la nuit dans les vignes, à côté des avant-postes prussiens, près d'Augny ; que la troupe qui a occupé hier ce village se composait de 500 ou 600 cavaliers et qu'elle s'y trouve encore ce matin. Ces nouvelles sont certaines.

La même personne dit qu'il y a environ 10,000 hommes d'infanterie prussienne campés dans les prairies, en arrière de Cuvry. Il ne les a pas vus, mais il le tient d'habitants de Cuvry (2).

Par ordre :
Le chef d'état-major général du 6ᵉ corps,
HENRY.

Au petit séminaire, près Metz, 14 août, 5 heures soir (3).

A Augny, 4 ou 5 hulans se promènent librement dans les rues et auraient fait une décharge sur quelques-uns de nos fantassins entrés sans armes dans ce village.

Entre Fey, Marly et les bois, seraient campés trois régiments :
Un de hulans ;
Un de dragons ;
Un de hussards de la Mort (talpac noir et jaune).

En arrière, se déploierait dans les bois, un gros d'infanterie qui serait déjà parvenu jusqu'à la côte Saint-Blaise, recouverte en partie par ces mêmes bois (4).

De là, l'ennemi surveille facilement nos mouvements dans la plaine.

(Renseignements fournis par des habitants se réfugiant de Marly à Montigny.)

Par ordre :
Le chef d'état-major général du 6ᵉ corps,
HENRY.

---

(1) Adressé au Maréchal commandant en chef.

(2) Renseignements très exagérés puisqu'il ne s'agit que des avant-postes de la 1ʳᵉ division de cavalerie.

(3) Adressé au général de division chef d'état-major général de l'armée du Rhin.

(4) Renseignement erroné.

Le général Frossard au maréchal Bazaine (D. T.).

(Reçue le 14 août à 5 h. 10 matin).

Nos avant-postes du château de Mercy ont entendu, depuis 10 heures du soir jusqu'à ce matin, un mouvement de cavalerie et d'artillerie dont la direction, parallèle à notre front, allait vers Ars-Laquenexy.

On lit, en marge, de la main du général Lapasset :
Dépêche complétée :
Le mouvement de concentration a eu lieu vers Ars-Laquenexy, où, depuis 1 heure de l'après-midi (1), des forces assez considérables s'étaient massées ; on les entendait et 500 de leurs tirailleurs ont combattu l'après-midi avec le 97ᵉ.

Ce matin, nos découvertes n'ont vu ni entendu personne. Tout fait présumer que cette concentration s'est éloignée d'Ars-Laquenexy. Dans quelle direction ?
C'est la question.

L'intendant militaire Vigo-Roussillon, du 6ᵉ corps, au maréchal Canrobert (D. T.).

Étain, 14 août, 7 h. 8 matin.

Arrivé à Étain. — Coureurs ennemis à Corny, Novéant, Ars-sur-Moselle ; détachement à Pont-à-Mousson. Leurs patrouilles, venues hier sur la route de Mars-la-Tour (2), menacent de couper les fils, d'arrêter les courriers. Il sera nécessaire d'escorter les convois que je vais expédier dans deux jours.

Le Sous-Préfet de Briey au Préfet de la Moselle et au quartier général, à Metz (D. T.).

Briey, 14 août, 9 h. 55 soir.

La gendarmerie de Conflans se replie sur Briey, annonçant une reconnaissance prussienne à Mars-la-Tour et la présence de Prussiens dans le bois de Saint-Marcel, à 6 kilomètres de Conflans (3).

---

(1) Le 13 août.
(2) Aucune patrouille allemande n'était parvenue dans la journée du 13 sur la route de Mars-la-Tour.
(3) Tous renseignements erronés.

Le Général commandant supérieur à Verdun au maréchal Bazaine, à Metz (D. T.).

Verdun, 14 août, 2 h. 55 soir.

. . . .
Des coureurs ont été vus passant la Moselle à Ars.

Le Préfet de la Meuse au quartier général, à Metz (D. T.).

Bar-le-Duc, 14 août, 4 heures soir.

On m'annonce que l'ennemi est à Vigneulles ; il est en grande force et sera ce soir à Saint-Mihiel (1).
Les troupes de Saint-Mihiel évacuent.

Le capitaine Vosseur, en mission à Toul, au général Lebrun, sous-chef d'état-major général, à Metz (D. T.).

Toul, 14 août, 5 h. 17 soir.

Armée ennemie (infanterie) est arrivée le 12 à Château-Salins, Vic, Dieuze.
Le 13, un régiment hussards est venu à Nancy et est parti le 14.
Dragons, cuirassiers, ont poussé fortes reconnaissances sur Toul, qui, depuis le matin, était environnée de 2,000 hommes.
Le soir, route de Strasbourg par Vesoul, Chaumont, Neufchâteau, absolument libre. Aucun ennemi signalé.
Général de Failly a couché le 13 à Remoncourt ; va sur Vittel.
Marsal informe qu'elle est disposée à se défendre à outrance.
Je sortirai de Toul, si c'est possible, ce soir. A Toul, sommations de reddition énergiquement repoussées.

Le Général commandant supérieur à Verdun au maréchal Bazaine (D. T.).

Verdun, 14 août, 5 h. 35 soir.

Sur un avis sérieux du Préfet de la Meuse, que l'ennemi en grande force sera ce soir à Saint-Mihiel, j'ai donné l'ordre de faire sauter ce qui est nécessaire pour arrêter sa marche au maire de Saint-Mihiel et au Préfet.
J'en informe le ministère de la guerre.

---

(1) Renseignement erroné.

Le Ministre de la guerre au maréchal Bazaine (D. T.).

Paris, 14 août, 5 h. 50 soir.

M. le Préfet de la Meuse m'annonce à 4 heures que l'ennemi est à Vigneulles en grande force, sera ce soir à Saint-Mihiel, et que les troupes de Saint-Mihiel évacuent.

Le colonel du 4ᵉ chasseurs d'Afrique télégraphiait à 1 h. 22 au général du Barail, à Metz, qu'il serait mardi à Metz avec tout son régiment et les deux batteries d'artillerie qu'il protège. Je présume que vous êtes informé, mais cependant je vous télégraphie pour plus de sûreté.

L'Agent spécial de Thionville au Major général, à Metz (D. T).

Thionville, 14 août, 7 heures soir.

Aucun mouvement aujourd'hui entre Trèves et Sarrebourg.
Je crois exagéré le chiffre donné hier.

Renseignements sans indication d'origine (1).

14 août.

Les troupes concentrées sur nos frontières, du côté de Creuzwald, sont reparties, emmenant tout le bétail de nos cultivateurs. On ne sait sur quel point elles se sont dirigées.

Des hulans ont reparu à Sierk (environ 300) et plusieurs officiers d'artillerie ont été vus aux environs de Perl.

Je crois que les miches de pain demandées par le Rezierungs-Rath de Trèves sont pour les troupes concentrées entre Perl et Sarrebourg.

Note.

Au grand quartier général, à Metz, 13 août.

Le capitaine commandant la compagnie de francs-tireurs de Frouard arrive à pied à Metz de Pont-à-Mousson à 1 h. 30. Voici les nouvelles qu'il apporte :

Aussitôt après le départ des troupes françaises de Pont-à-Mousson, se sont montrées des masses prussiennes ; elles ont augmenté jusqu'à 4 h. 30 du soir, le 13. Le capitaine estime qu'il y a environ

---

(1) Paraissent provenir de l'agent spécial de Thionville.

100,000 hommes sur les deux rives. L'ennemi a passé la Moselle, sur une foule de points à la fois. Des hulans ont poursuivi les francs-tireurs jusqu'à moitié chemin de Ars à Metz.

Les francs-tireurs ont été coupés et une partie dispersée. Ils ont tué quelques éclaireurs de l'ennemi.

L'Agent spécial de Thionville au Major général, à Metz (Lettre).

Thionville, 14 août.

Monsieur le Major général,

J'ai eu l'honneur, hier soir, de vous faire connaître par le télégraphe que de nouveaux mouvements de troupes s'effectuaient sur la ligne de la Sarre.

Un assez grand nombre de troupes prussiennes paraissent se concentrer entre Sarrebourg, Mertzig et Perl. Elles ont beaucoup de canons et seraient destinées à opérer entre Thionville et Metz. On dit, en Prusse, que c'est demain, 15 août, que ces troupes commenceront leurs opérations. Elles doivent se renforcer jusqu'à ce soir pour arriver au chiffre de 35,000 hommes.

Parmi les régiments qui composent ce corps, on cite le 8⁰ d'artillerie et des détachements des *27⁰, 29⁰* et *69⁰* de ligne. On a aussi remarqué des hulans, de la landwehr et des hussards, notamment les hussards de la Garde royale.

Le 7ᵉ hulans (noirs) et le *71⁰* de ligne occupaient avant-hier Blesingen et Bivingen.

On attribue à l'armée prussienne le projet de s'emparer de Frouard pour empêcher l'arrivée de nouveaux renforts. On dit que les Prussiens considèrent Frouard comme la clef de la Champagne.

J'apprends ce matin, à Thionville, que les troupes qui s'étaient concentrées autour de Creuzwald sont parties, hier soir, emmenant tout le bétail de nos cultivateurs. On croit que toutes ces troupes vont se porter sur Thionville : elles doivent se concentrer entre Sarrebourg et Mertzig.

Ci-joint un numéro de l'*Avenir* de Luxembourg, qui publie la proclamation que le roi de Prusse adresse au peuple français.

Un bien plus grand nombre d'Anglais que d'habitude séjournent en ce moment à Luxembourg. On croit qu'ils font le métier d'espions pour le compte de la Prusse.

Un comité d'espionnage est organisé, à Luxembourg, par M. ***, beau-père du général de ***.

Il serait peut-être prudent de supprimer tous les trains de voyageurs entre Luxembourg et Thionville.

Depuis deux jours je fais garder à vue et repousser à l'étranger tous les étrangers qui ne m'inspirent pas toute confiance et qui ne sont pas porteurs, en outre, de papiers parfaitement en règle.

Il n'a pu être constaté que des cavaliers prussiens aient réellement poussé des reconnaissances jusqu'à Evrange ou Mondorf.

Point de nouvelles de l'armée du général Vogel de Falkenstein. Quelques-uns le croient toujours en route sur Trèves. Les habitants du district de Trèves viennent d'être requis de livrer pour aujourd'hui autant de fois 9 kilos de pain qu'il y a de ménages. Chaque chef de famille, riche comme pauvre, aura à fournir trois miches de 3 kilos.

A Trèves, à Evern et à Zewen, on attend des troupes.

Du général Letellier-Blanchard, commandant le grand quartier général (Note).

Moulins-lès-Metz, 14 août.

Des éclaireurs prussiens ont été vu à Jouy, rive droite de la Moselle, à 6 kilomètres de Moulins, dans l'après-midi d'hier samedi. Ils se sont bornés à prendre des renseignements. De là, ils se sont dirigés sur Augny, à 3 kilomètres à l'Est.

Aujourd'hui, une troupe de 200 cavaliers environ serait venue à Corny et y aurait déjeuné.

Le bruit court qu'un corps de troupe occuperait les hauteurs de Arry, de Fey et les bois avoisinants, rive droite.

Des éclaireurs seraient venus ce matin sur la côte escarpée de la Phraze, entre Novéant et Dornot, rive gauche.

Rapports du lieutenant-colonel du génie Goulier au général Coffinières.

Poste d'observation de la cathédrale, 14 août, 8 heures matin.

Hier soir, 13 août, de 7 heures 30 à 9 heures, on a exploré tout l'horizon sans constater aucun feu de bivouac en dehors de nos campements.

Comme hier, un feu situé à gauche de Bellecroix présente un éclat extraordinaire.

Ce matin, 14 août, de 5 h. 30 à 8 heures, le brouillard a empêché d'observer.

On a cru reconnaître que nos camps de la plaine de Thionville étaient levés. Ceux qui sont établis à l'Ouest de Montigny et en deçà de la Grange-Mercier sont encore en place.

M. *** m'avertit que, depuis plusieurs jours, les bois de Rozérieulles et de Jussy sont infestés de gens parlant l'allemand et qui sifflent la nuit pour signaler leur position les uns aux autres.

3 heures soir.

Depuis 1 heure après-midi, on voit les troupes françaises se retirer de leurs positions. L'artillerie, puis les troupes d'infanterie reviennent par la route de Metz à Bouzonville, qui passe à l'Est du fort de Saint-Julien, et se dirigent vers les ponts de l'île Chambière. La cavalerie quitte ses campements en avant de Montigny et traverse le pré Saint-Symphorien. L'infanterie, qui était en bataille sur le plateau du Sablon, suit le mouvement de la cavalerie.

Les troupes qui étaient postées en avant de Servigny-les-Sainte-Barbe et la grand'garde établie sur la route, au Nord de Sainte-Barbe, rallient celles qui étaient campées en arrière de Poixe et opèrent leur retraite vers la route de Bouzonville. Immédiatement, deux escadrons de cavalerie (ennemie [?]) occupent le chemin au Nord de Sainte-Barbe et détachent des vedettes sur le terrain en avant d'elle. Une avant-garde de cavalerie française sort de Servigny et se dirige vers les troupes françaises en retraite.

A 2 h. 45, Sa Majesté et toute Sa Maison quitte la préfecture de Metz se dirigeant vers le Pont Pontiffroy.

On voit 7 à 8 cavaliers sur le chemin du Petit-Marais à Colligny, à gauche de la route de Sarrebrück. Quatre autres sont vus sur la même route, dans la direction de Maizery.

Aucune masse ennemie ne paraît à l'horizon entre Sainte-Barbe et Mercy-le-Haut.

On ne voit rien d'intéressant vers la basse Moselle.

4 h. 30 soir.

L'escadron de cavalerie ennemie posté sur le chemin du Nord de Sainte-Barbe porte des lances munies de flammes blanches ou blanches et noires.

Depuis le dernier rapport, on a exploré toutes les collines de la rive droite de la basse Moselle sans y voir aucune trace de l'ennemi, au moins à l'Ouest de la direction qui passe par Châtillon.

A droite du fort Saint-Julien, qui masque ces collines, on voit passer, en deçà du village de Gondreville (1) et se dirigeant de Vry vers ce village un régiment ennemi.

---

(1) 3 kilomètres Nord-Est de Vry.

Une dizaine de cavaliers, au plus, sont espacés sur le chemin de Petit-Marais à Colligny.

Aucune autre trace de l'ennemi à l'horizon jusqu'à la direction du fort de Queuleu.

Cavaliers à flammes blanches (un escadron), sur la hauteur entre Basse-Beux et Pontoy.

Une canonnade commence vers Ogy.

5 h. 29 soir.

Le feu vers Ogy a cessé; le régiment ennemi qui était en vue semble s'être retiré sur Colligny.

Mais le feu s'est engagé vers la direction du petit bois situé à l'Est du chemin de traverse de Petit-Marais à la maison isolée. Notre canonnade s'adresse à quelques cavaliers isolés et probablement aux troupes postées dans ce bois. Des colonnes s'avancent en effet sans faire feu. Des régiments ennemis occupent tout le chemin de traverse depuis ce bois jusqu'à la droite de Puche; les troupes ennemies s'avancent en bon ordre vers les nôtres, qui sont postées derrière des arbres et qui doivent être en partie masquées à l'ennemi.

Des masses prussiennes arrivent par la route de Sarrelouis et descendent vers Lauvallier.

Nous avons des troupes postées à gauche de Bellecroix et prêtes à les bien recevoir.

5 h. 45 soir.

De l'artillerie ennemie arrive en quantité considérable par la route de Bouzonville, qui passe près de Sainte-Barbe, et se dirige sur ce village.

Un escadron de cavalerie ennemie est posté derrière Poixe.

Une canonnade, sans grand effet apparent, a lieu pendant une heure.

La ligne de bataille ennemie s'étend depuis la route de Bouzonville (passant par Sainte-Barbe) jusqu'à Ogy. Elle passe en deçà de Poixe, de Servigny-lès-Sainte-Barbe, de Noisseville, de Marsilly où et au delà, jusque vers Ars-Laquenexy.

Des bataillons en bataille commencent d'abord leur mouvement depuis la route de Sarrelouis vers le moulin de la Tour. L'effort se porte ensuite sur notre gauche qui, heureusement, est ralliée par des troupes venant de Metz par la route de Bouzonville.

A 6 h. 55, une attaque très vive de Noisseville. Il fait trop sombre pour distinguer les troupes qui reculent.

L'engagement se prend sur toute la ligne.

7 h. 30 soir.

L'artillerie ennemie a fait, de Noisseville, une canonnade très vive, à laquelle nous ne répondons pas. Leurs bataillons sont placés en arrière de ce village.

Vers notre gauche, leur ligne a reculé vers Sainte-Barbe. L'action reste très vive vers notre gauche; mais il est difficile, à cause de la diminution de la lumière, de juger exactement ce qui se passe.

7 h. 40 soir.

Le feu cesse à Noisseville mais on tire encore à notre aile gauche et derrière Borny. Une canonnade commence sur la route de Strasbourg et sur la position de Mercy-le-Haut, tant à droite qu'à gauche de cette route.

7 h. 50 soir.

Violent incendie à Servigny-lès-Sainte-Barbe. Un incendie commence à Poixe.

Le colonel du génie Merlin, commandant le fort Queuleu, au général Coffinières (D. T.).

Queuleu, 14 août, 6 h. 30 soir.

Une affaire sérieuse s'engage vers la gauche du fort. J'ai reçu deux bataillons du 2ᵉ de ligne. Les deux bataillons du 93ᵉ sont encore ici. Ils ont l'ordre de partir.

Demander au Major général si je puis les conserver pour la nuit.

Queuleu, 14 août, 10 h. 30 soir.

Bataille commencée à 4 h. 30 s'est développée de la route de Bouzonville par le haut de la vallée de Vallières, Mey, Ars-Laquenexy.

Feu très vif vers 7 h. 30, commencé vers Mercy-le-Haut et la Haute-Bévoye. Fort Queuleu commencé feu avec obusier de 22 et mitrailleuse sur colonne débouchant de Peltre; éteint feu ennemi.

Résumé : deux lignes de réserve en avant Borny n'ont pas donné, sont restées en place.

Deuxième réserve au bas du fort n'a pas donné; donc probabilité de victoire (?).

Cependant des hauteurs de Peltre feu vif sur le fort jusqu'à 8 h. 30; obus passés au-dessus, éclatés, aucun blessé.

Ce soir, bonne garde de bataillon sur les remparts; un bataillon des voltigeurs de la Garde en réserve.

Tout va bien. Tous très fatigués.

Le colonel d'artillerie Protche, commandant le fort Saint-Julien, au général Coffinières (D. T.).

Saint-Julien, 14 août, 5 heures soir.

On aperçoit du fort un engagement assez sérieux d'artillerie à la jonction des routes de Faulquemont et Boulay.

Saint-Julien, 14 août, 6 h. 49 soir.

Le feu ralentit sur notre droite, nous gagnons du terrain.

Saint-Julien, 14 août, 7 h. 35 soir.

Le feu continue vivement et de pied ferme sur notre gauche entre Mey et Villers-l'Orme.

Saint-Julien, 14 août, 8 h. 5 soir.

Le feu ralentit sur toute la ligne. Nous gagnons du terrain sur notre gauche. Deux villages brûlent.

Saint-Julien, 14 août, 8 h. 30 soir.

Le feu a commencé sur notre droite. Artillerie contre artillerie. Il s'est étendu sur notre gauche où il est devenu très vif. L'infanterie a été fortement engagée dans les bois de Mey. Il a semblé que ce village était disputé. Il semble à nous en ce moment.

Le village de Servigny est en flammes.

Le feu est à peu près fini.

La ligne de bataille prussienne avait bien trois lieues d'étendue.

Terrain gagné partout.

Saint-Julien, 14 août, 8 h. 35 soir.

Après une vive fusillade du côté de Servigny, nos tambours et nos clairons battent « en avant ». On charge. On entend toujours « en avant » et la charge.

Saint-Julien 14 août, 9 h. 13 soir.

Le feu a cessé sur toute la ligne. Il semble que nous sommes maîtres des positions.

Deux bataillons du 63e ont pris position dans le fort à 6 heures.

Le chef de bataillon du génie Duchêne, commandant le fort de Plappeville, au général Coffinières (D. T.).

Fort de Plappeville, 14 août, 12 h. 15 matin.

On voit distinctement des feux et même des signaux se propager derrière le bois de Woippy, dans la direction de Norroy-le-Veneur, et qui semblent menacer la gauche des troupes campées près de Woippy.

Je demande à conserver les deux bataillons qui forment ma garnison et dont le départ compromettait le fort.

Le chef de bataillon Duchêne, commandant le fort de Plappeville, au général Coffinières.

Fort de Plappeville, 14 août, 7 h. 50 matin.

Nuit calme.

On a continué à voir pendant la nuit des feux éloignés dans la direction de Sémécourt; ils étaient moins considérables ce matin.

Les deux bataillons de la garnison ont complété, pendant la nuit, leur approvisionnement de quatre jours de vivres.

On travaille ce matin aux lignes qui doivent relier les forts de Plappeville et de Saint-Quentin.

Paris. — Imprimerie R. CHAPELOT et Cⁱᵉ, 2, rue Christine.

LIBRAIRIE MILITAIRE R. CHAPELOT & Cᵉ
Rue et Passage Dauphine, 30, Paris

CAUSES
DES SUCCÈS ET DES REVERS
DANS LA GUERRE DE 1870

Essai de critique de la guerre franco-allemande jusqu'à la bataille de Sedan

PAR

le **Général DE WOYDE**, DE L'ARMÉE RUSSE

TRADUIT

Par le **Capitaine THIRY**, DU 79ᵉ RÉGIMENT D'INFANTERIE

Paris, 1900, 2 vol. in-8 avec ATLAS. 16 fr.

Paul CHARBONNET

ATLAS
DES
GUERRES CONTEMPORAINES
1792-1901

CARTES-CROQUIS

de toutes les campagnes et des principaux champs de bataille

avec un Tableau succinct de l'expansion coloniale européenne au XIXᵉ siècle

Iʳᵉ PARTIE : GUERRES DE LA FRANCE. — IIᵉ PARTIE : GUERRES DE L'ÉTRANGER.
IIIᵉ PARTIE : EXPANSION COLONIALE EUROPÉENNE

Paris, 1903, 1 vol. in-folio. . . . . , 8 fr.

Paris. — Imprimerie R. CHAPELOT et Cᵉ, 2, rue Christine.

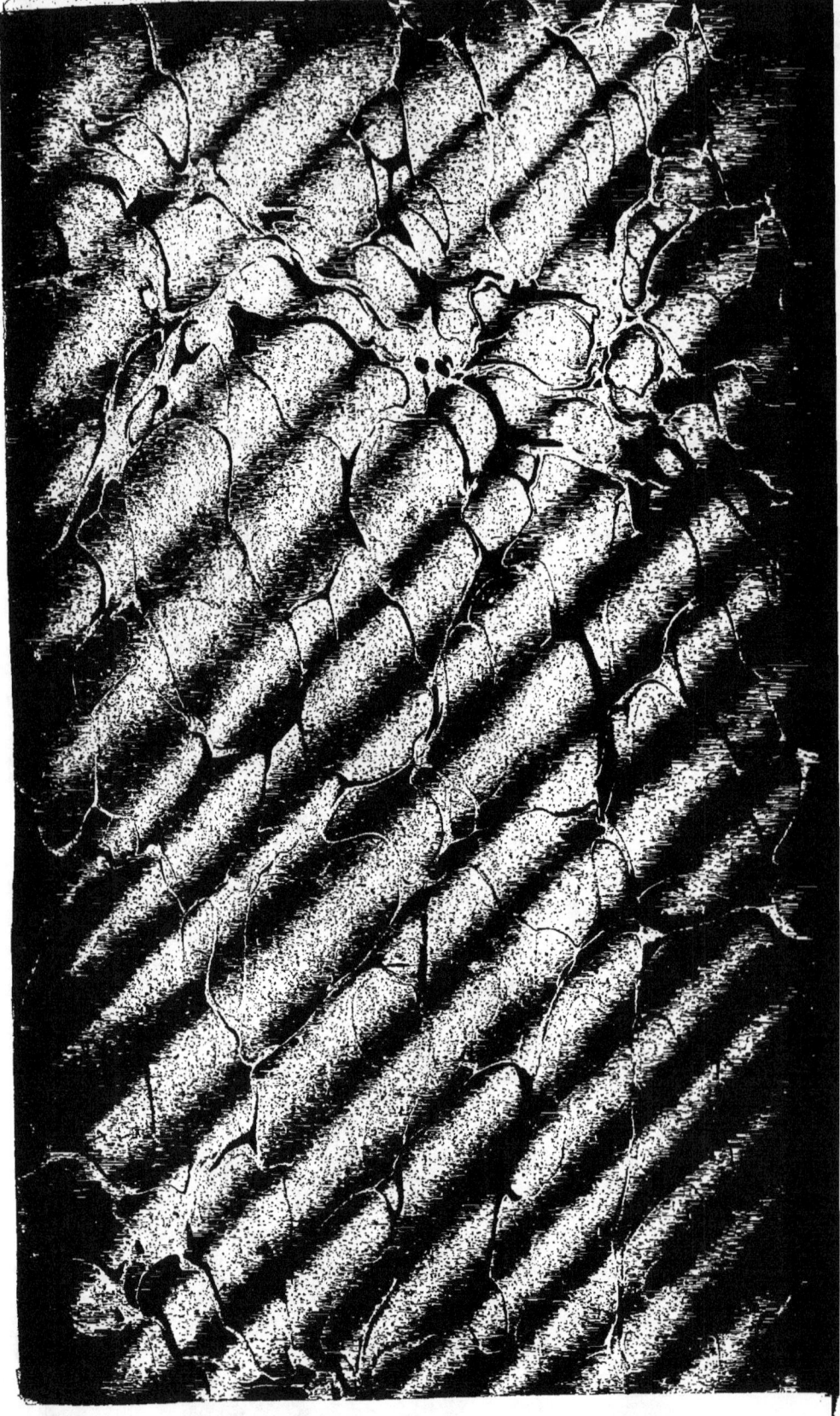

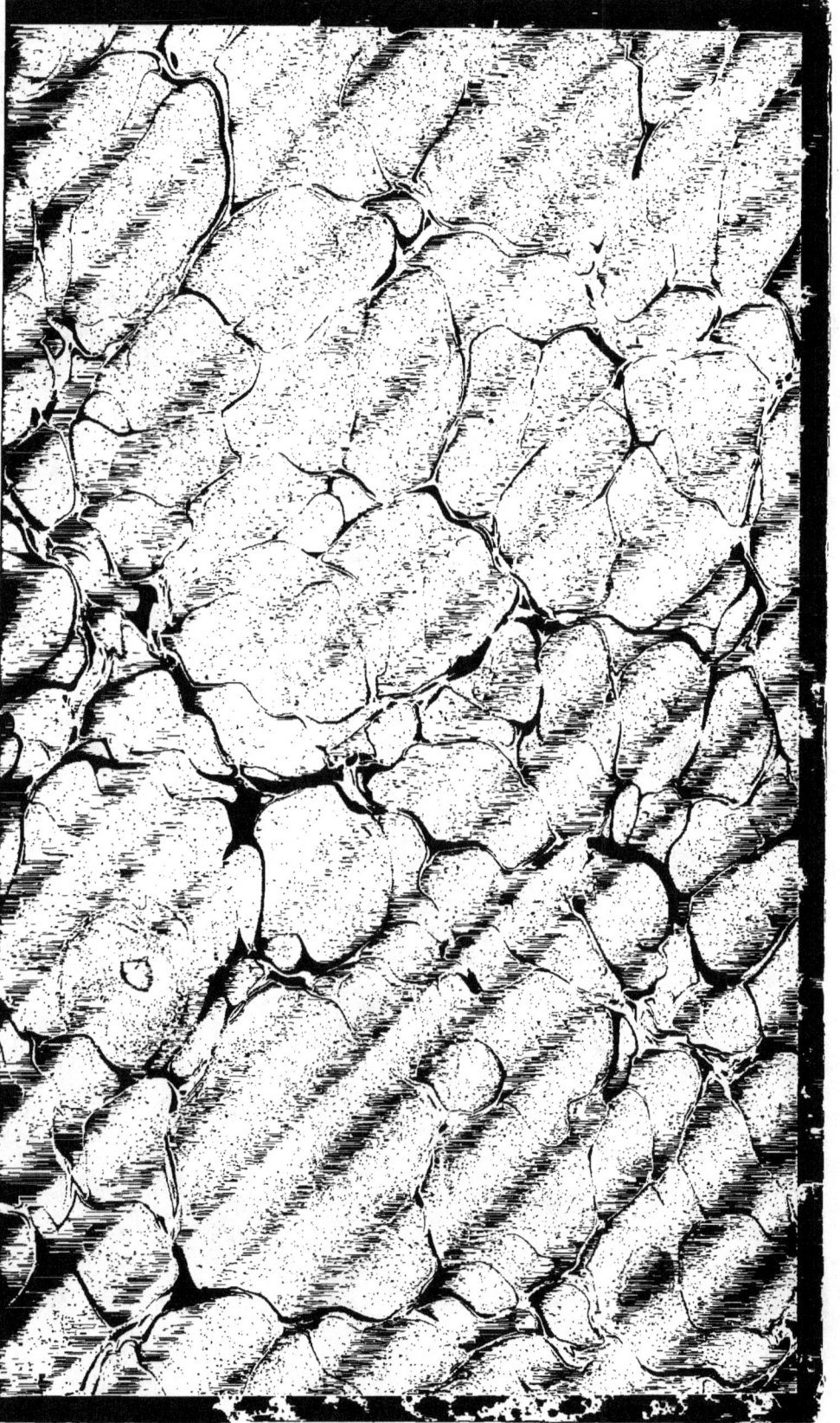

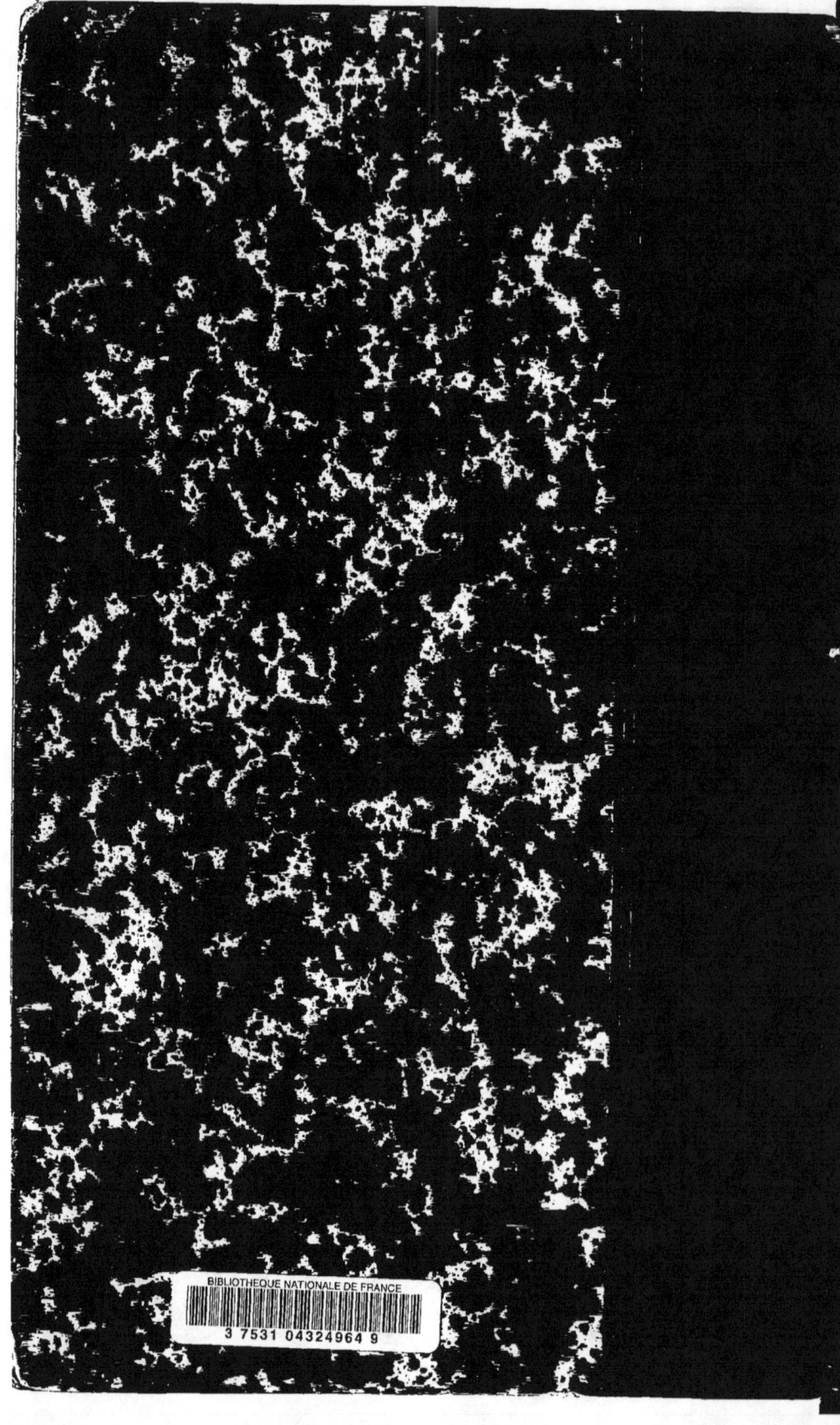

www.ingramcontent.com/pod-product-compliance
Lightning Source LLC
Chambersburg PA
CBHW060607170426
43201CB00009B/935